만문 삼국지

三譯總解

만문 삼국지

三譯總解

최동권 · 강성춘 · T. otgontuul 지음

한국학술정보㈜

三譯總解의 三譯은 三國志譯의 준말로서 1774년(영조 50년)에 펴낸 만주어 교재이다. 滿文 삼국지 가운데서 10회분을 가려 뽑아 만주어를 한글로 전사하고, 우리말 번역을 붙여 만주어 과거시험용으로 쓰였다.

滿文으로 쓰여진 삼국지는 順治 7년(1650) 만주인 Kicungge(祁充格)가 번역한 24권으로 된 만문(滿文) 三國志와 擁正 年間(1723~1735)에 간행된 만한합벽(滿漢合璧)의 삼국지가 있다. 삼역총해는 三國志演義 한문 판본 중 嘉靖本을 저본으로 만주인 Kicungge(祁充格)가 번역한 만문 삼국지를 저본으로 하고 있다. 삼역총해는 만문 삼국지를 저본으로 하고 있지만 그 내용을 그대로 전용한 것만은 아니고 삼국지연의 한문판본(이탁오 본)을 참조하여 원문에 가깝게 수정 보완하였다.

삼역총해의 간행 경위는 중간삼역총해 속에 포함되어 있는 이담(李湛)의 중간삼역총해 서와 초간본 삼역총해 서를 통해 확인할 수 있다. 1680년(숙종6년)에 최후택, 이즙, 이의백 등이 삼역총해 10권과 청어노걸대 8권을 새로 편찬하고, 전부터 사용해 오던 5종 만주어 교재 중에서 팔세아·소아론 각 1권을 개정하여 1684년(숙종10년)에 새로운 만주어 교재 4종 20권을 완성하여 과거 시험용 교재로 사용하기 시작하였다.

청어총해라고도 하는 모두 20권에 달하는 이 만주어 교재들은 필사본으로 전하여오다가 1703년(숙종29년) 초간 때에는 수정관(讐整官) 김세홍·오윤무·정선·이해 등 4人과 서사관(書寫官) 이세만·김상밀·이진형·이동규 등에 의하여 판하본(板下本)이 만들어지고 박창유 등 6인이 자금을 출연하여 출판하였다. 1774년(영조50년)에는 초간본이 낡고 번역에도 차이가 나서 重刊하게 되었다. 중간삼역총해는 검찰관 김진하·고사언이 초간본을 수정하고 서사관(書寫官) 장재성이 썼다.

삼역총해 초간본은 전해지지 않고 중간삼역총해만 볼 수 있다. 이 책은 규장각도서, 일본 고마자와대학(駒澤大學) 아라아시문고(濯足文庫), 파리국민도서관에 완질본이 전하며, 대영도서관(The British Library)에 권4가 사본(寫本)으로 채워진 한 질이 전한다. 이 중 규장각본이 1956년 연세대학교 동방학연구소에서 팔세아, 소아론, 동문유해와 함께 영인, 출판되었다.

이 책은 만주어와 근대국어 연구에 귀중한 자료가 되는 삼역총해의 이해를 돕기 위해 규장각본의 만주어를 전사하고 만주어와 한국어 색인을 정리하였다. 만주문은 P. G. von Möllendorff의 표기법에 따라 전사하고 국어 번역은 근대국어 연구에 도움이 되도록 원본 자료를 그대로 인용하였다. 그리고 만주어 표현이 규범적 문어형과 차이가 있는 어휘는 *로 표시한 후 색인에서 차이를 밝혔다.

이 책의 간행을 계기로 만문 삼국지와 삼역총해에 대한 이해와 만주어, 근대국어 연구에 기여할 수 있기를 기대한다.

차 례

鳳儀亭呂布戲貂蟬

fung i ting de lioi bu diyocan i baru efihe.
鳳 儀 亭 에셔 呂 布 貂蟬 과 놀았다.

wang yun ebšeme ilibufi hendume uba gisurere ba waka mini emgi elben
王 允이 밧비 말려 니로되 이곳이 말홀 곳이 아니라 나 흠씌 초

i boode genefi turgun be gisureki. lioi bu uthai wang yun be dahame wang
가의 가셔 일 을 니른쟈. 呂 布ㅣ 즉시 王 允을 조차 王

yun i boode genefi morin ci ebuhe manggi (1:1a)
允 의 집의 가셔 물 게 ᄂ리니

wang yun lioi bu be amargi boode dosimbuha wang yun hendume jiyangjiyūn ai turgunde
王 允이 呂 布를 후 당에 드리고 王 允이 니로되 쟝군이 므슴 일로

mini sakda niyalma be wakalambi? lioi bu hendume niyalma minde alanjime
나 늙은 사름 을 그릇 너기ᄂ니? 呂 布ㅣ 니로되 사름이 내게 알외되

simbe emu sargan jui be sejen de tebufi cenghiyang ni boode (1:1b)
너를 흔 계집 ᄌ식 을 술의 에 시러 승샹 의 집의

benehe sembi tere diyocan waka oci we? wang yun hendume jiyangjiyūn dule
보내다 ᄒ니 그 貂蟬이 아니 면 뉜고? 王 允이 니로되 쟝군은 샹풍

sarkū nikai. lioi bu hendume sini dorgi weile be ainambahafi sambi? wang yun
모로ᄂ 쏘다. 呂 布ㅣ 니로되 네 안 일 을 엇지어더 알리? 王 允이

hendume sikse inenggi taise han i (1:2a)
니로되 어제 太師ㅣ

yamun de mini baru hendume minde emu gisun bi cimaha inenggi sini boode
됴당 에셔 날 향ᄒ여 니로되 내게 흔 말 이시니 ᄂ일 네 집의

geneki sere jakade bi tuttu emu ajige sarin dagilafi aliyaha bihe enenggi
가려 ᄒ노라 홀제 내 그러모로 흔 젹은 잔치를 쟝만ᄒ여 기ᄃ리더니 오늘

taise jifi sarilara dulimbade hendume (1:2b)
太師ㅣ 와셔 잔치 가온대 니로되

bi　donjici　sinde　emu　sargan　jui　bi　gebu　diyocan.　mini　jui　fung　siyan　de
내　드르니　네게　흔　쫄이　이시니　일홈은　貂蟬이라.　내　즈식　奉　先　의게

bumbi　seme　angga　aljahabi　sere　simbe　aikabade　burakū　ojorahū　seme　cohome
주마　흐고　허흐다　흐니　너를　힝혀　주지　아닐싸　흐여　부러

jombume　jihe.　sakda　niyalma　bi　taise　i　beye　jici (1:3a)
권흐라　오랴.　늙은　사름　내　太師　의　몸이　오니

ai　gelgun*　akū　jurcembi?　seme　uthai　diyocan　be　tucibufi　amha　taise　de
엇지　싱심이나　어긔로오리?　흐고　즉시　貂蟬　을　내여셔　싀아비　太師　의게

hengkileme　acabuha　taise　hendume　enenggi　sain　inenggi　bi　urun　be　uthai
절흐여　뵈니　太師ㅣ　니로되　오늘　됴흔　날이니　내　며느리　를　즉시

gamafi　sarin　dagilafi　fung　siyan　de　buki　seme　gamaha (1:3b)
드려가　잔치　쟝만흐여　奉　先　의게　주쟈　흐고　드려가니

jiyangjiyūn　seole.　taise　i　beye　jifi　uttu　gisureci　bi　ai　gelgun*　akū　marambi?
쟝군은　혜아려보라.　太師　의　몸이　와셔　이리　니르니　내　엇지　싱심이나　거슬리?

lioi　bu　hendume　setu　ume　wakalara.　lioi　bu　bi　ere　tašaraha　weile　be　cimaha　inenggi
呂　布ㅣ　니로되　司徒는　그릇너기지　말라.　呂　布ㅣ　내　이　그른　일　을　닉일

aliki.　wang　yun　hendume　mini　ajige (1:4a)
밧쟈　王　允이　니로되　내　젹은

sargan　jui　miyamiga*　i　jaka　majige　bihe　jiyangjiyūn　i　boode　gamaha　manggi　beneki.
쫄의　단장　의　껏　젹이　잇더니　쟝군　의　집의　드려가거든　보내마.

lioi　bu　baniha　arafi　genehe.　tere　dobori　dungdzo　diyocan　be　gaifi　jai　inenggi
呂　布ㅣ　샤례흐고　가다.　그　밤의　董卓이　貂蟬　으로　더브러　잇흔날

morin　erin　de　isitala　ilirakū　lioi　bu (1:4b)
오　시　다둣도록　니지　아니흐니　呂　布ㅣ

medege　gaime　cenghiyang　ni　yamun　de　geneci　umai　mejige　akū　dulimbai　boode
긔별을　듯보라　승샹　부　에　가니　아조　긔별이　업거놀　즁당에

dosifi　takūrara　hehesi　de　fonjime　taise　aibide　bi?　hehesi　jabume　taise
드러　부리는　계집　의게　무로되　太師ㅣ　어듸　잇느뇨?　시쳡이　딕답흐되　太師ㅣ

ice niyalma i emgi dedufi ilire unde (1:5a)
새 사룸과 혼가지로 누어셔 니지 못ᄒ엿ᄂ니라.

lioi bu tuwaki seme hūlhame dungdzo deduhe booi jakade genehe. tereci diyocan
呂 布ㅣ 보려 ᄒ고 ᄀ만이 董卓이 자ᄂ 집 겻히 가다. 그적의 貂蟬이

ilifi fa jakade funiyehe ijime tulesi tuwaci omoi dolo emu niyalma i helme
니러셔 창 겻히 마리 비스며 밧글 보니 못 가온대 혼 사룸 의 그림재

sabumbi beye den bime madaga. cencileme (1:5b)
뵈니 몸이 놉고 퍼지더라. ᄀ만이

tuwaci lioi bu omoi dalin de ilihabi diyocan jortai gasara joboro cira arame
보니 呂 布ㅣ 못 ᄀ 의 셔시니 貂蟬이 부러 근심ᄒ고 셜워ᄒᄂ ᄂᄎᄎ 짓고

fungku jafafi yasai muke fumbi lioi bu goidame tuwafi tucime genefi eitereme
슈건 잡아셔 눈 믈 쓰스니 呂 布ㅣ 오래 보고 나가셔 온가지로

gūnici yargiyan akū jai dasame dosifi (1:6a)
싱각ᄒ되 분명치 아니니 다시 곳쳐 드러셔

tuwaci dungdzo dulimbai boode tefi buda jembi dungdzo lioi bu be sabufi
보니 董卓이 즁 당에 안자셔 밥 먹더니 董卓이 呂 布를 보고

fonjime tule aika baita bio? lioi bu akū seme jabufi ashan de ilifi hūlhame
무로되 밧긔 므슴 연괴 잇ᄂ뇨? 呂 布ㅣ 업다 ᄒ여 딕답ᄒ고 뫼셔 셔셔 ᄀ만이

tuwaci ucei tuhebuku i dolo emu niyalma amasi (1:6b)
보니 지게 쥬렴 안히 혼 사룸이 가며

julesi yabume dere be dulin tucibufi tulergi baru yasa arame tuwambi lioi bu
오며 ᄂᄎᄎ 반만 내여셔 밧글 향ᄒ여 눈 지어 보니 呂 布ㅣ

diyocan be takafi beye i fayangga beye de akū oho. dungdzo lioi bu i gisun
貂蟬인 줄 알고 몸 에 넉시 몸 에 업더라. 董卓이 呂 布 의 니르ᄂ

hese ijishūn akū jing dorgi baru tuwara be safi hendume (1:7a)
말이 슌치 아니ᄒ고 졍히 안흘 향ᄒ여 보 믈 알고 니로되

fung siyan baita akū oci taka bedere. lioi bu nememe kenehunjeme boode bederehe.

奉 先은 일이　업스니 아직 믈러시라. 呂 布ㅣ 더욱　　의심ᄒ고　집의 믈러가다.

sargan lioi bu i joboro cira be safi fonjime si enenggi dung taise de wakalabuha
계집이 呂 布 의 수심ᄒᄂᆫ 늣 츨 보고 무로되 네 오ᄂᆯ 董 太師 의게 그릇ᄒᆫ가

aise? lioi bu hendume (1:7b)
엇진고? 呂 布ㅣ 니로되

taise mimbe adarame kadalame mutembi. sargan geleme jai fonjiha akū. lioi bu
太師ㅣ ᄂᆞ롤 엇지 검거ᄒ여 당ᄒ리. 계집이 두려 다시 뭇디 아니ᄒ더라. 呂 布ㅣ

tereci diyocan be gūnime inenggidari cenghiyang ni yamun de dosici emgeri
그적의 貂蟬 을 싱각ᄒ고 날마다 승샹 부 에 드러도 ᄒ번

bahafi acarakū dungdzo diyocan be gaihaci boco de dosifi (1:8a)
어더 보지 못ᄒ고 董卓이 貂蟬 을 어르니 싀 에 드러셔

emu biya funcetala baita icihiyame tucirakū. tere fonde jing niyengniyeri erin
ᄒᆫ 들 남도록 일을 출ᄒ라 나지 아니터라. 그 시졀이 졍히 봄 ᄲᅢ

ofi dungdzo ajige nimeku bahafi nimere de diyocan etuku surakū tuwakiyame
되여시니 董卓이 젹은 병 어더셔 알흘 제 貂蟬이 옷슬 벗지 아니코 딕희여

eršembi dungdzo ambula urgunjehe. emu (1:8b)
편안이ᄒ니 董卓이 크게 즐겨ᄒ더라. ᄒᆞᆯ

inenggi dungdzo besergen de amhaha de lioi bu genefi besergen i dalbade iliha
른 董卓이 평상 에 잘 제 呂 布ㅣ 가셔 평상 ᄀ의 셔니

diyocan besergen i amala ilifi yasai faha guriburakū jing lioi bu be tuwambi
貂蟬이 평상 뒤히 셔셔 눈 망올을 옴기지 아니코 졍히 呂 布 를 보고

emu galai ini beye be jorimbi emu galai dungdzo be jorime yasai (1:9a)
ᄒᆫ 손으로 제 몸 을 ᄀᆞ르치고 ᄒᆫ 손으로 董卓 을 ᄀᆞ르치며 눈

muke emdubei tuhebumbi lioi bu safi dolo feser seme genefi damu uju gehešembi
믈이 니음ᄃᆞ라 ᄶᅥ르치니 呂 布ㅣ 알고 안이 바아지ᄂᆫ 둣ᄒ여 가셔 다만 머리 그더기니

dungdzo amu suwaliyame lioi bu i arbušara be sabufi amasi forofi tuwaci diyocan
董卓이 ᄌᆞᆷ에 쓰이여 呂 布 의 거동 을 보고 뒤 도라 보니 貂蟬이

wei ping ni amala ilihabi (1:9b)
병 풍 뒤히 셔시니

ambula jili banjifi lioi bu be esukiyeme hendume si ai gelgun* akū mini haji
크게   셩 내여   呂布를   쑤지저   니로되   네 엇지 싱심이나   내 ᄉ랑ᄒᆞ는

hehe i baru efiyembi? sefi hashū ici ergi urse be hūlafi ere be jai boode
계집 향ᄒᆞ여   희롱ᄒᆞ는다?   ᄒᆞ고 좌 우 편 뉴들 을 블러 이를 다시 집의

ume dosimbure seme fafulafi lioi bu be bošome tucibuhe (1:10a)
드리지 말라   ᄒᆞ여 금ᄒᆞ고   呂布를   쏘차   내치니

lioi bu jili banjifi ambula seyeme boode bederehe. niyalma tere be li žu de
呂布ㅣ 셩 내여 크게 벼로고 집의 블러가니라. 사름이 그 롤 李 儒 의게

alanaha li žu ebuhu sabuhū dungdzo de acanjifi hendume taise ai turgunde
알외니 李 儒ㅣ   황망이   董卓 의게 뵈라와셔 니로되   太師ㅣ 므슴 일로

fung siyan be wakalaha?   dungdzo (1:10b)
奉   先 을 그릇너기ᄂᆞ니?   董卓이

hendume mini haji hehe be hūlhame tuwara turgunde bošome tucibuhe. li žu
니로되   내 ᄉ랑ᄒᆞ는 계집 을 ᄀᆞ만이   본   일로 쏘차 내쳣노라. 李 儒ㅣ

hendume taise abkai fejergi be gaiki seci ainu ere ajige weilei turgunde
니로되   太師ㅣ 텬   하 롤 가지고져 ᄒᆞ면 엇지 이 젹은 일에 타스로

wakalambi aikabade wen heo i mujilen gūwaliyaka de amba (1:11a)
그릇너기ᄂᆞ니   힝혀   溫 侯 의 ᄆᆞ음이   변ᄒᆞ면   큰

weile muterakū kai. dungdzo hendume adarame? li žu hendume cimaha inenggi
일   이로지 못ᄒᆞ리라. 董卓이   니로되   엇지ᄒᆞ리오? 李 儒ㅣ 니로되   ᄂᆡ일

tere be gajifi aisin ulin šangname bufi sain gisun i torombu uttu oci wajiha kai.
져 롤 드려와 금 빅을   상   주고 됴흔 말 로 혜아려 이리ᄒᆞ면 ᄆᆞᆺᄎᆞ리라.

dungdzo jai inenggi lioi bu be gajifi boode dosimbufi hendume (1:11b)
董卓이   잇흔날   呂布를   드려와 집의   드려셔   니로되

bi sikse nimeme ofi dolo faihacame gisurehe gisun be hono sarkū simbe
내 어제 병드러셔 ᄆᆞ음이 훗터져   니른   말 을 아조 아지 못ᄒᆞ고 너롤

wakalahabi si ume ehe gūnire. cimaha inenggi ci mini jaka ci ume hokoro sefi
그릇 너겨시니 네 사오나이 싱각지 말라.   ᄂᆡ일 브터 내 겻 ᄒᆡ ᄯᅥ나지 말라 ᄒᆞ고

juwan gin aisin orin gecuheri šangname buhe (1:12a)
열 근 금과 스므필 망뇽을 샹ᄒᆞ여 주니

lioi bu baniha arafi hendume amba niyalma mimbe wakalaha be bi ai gelgun* akū
呂 布ㅣ 샤례ᄒᆞ고 니로되 대 인이 나를 그릇 너기심 을 내 엇지 싱심이나

ehe gūnimbi sefi tereci dolo dosime yabume umai olhoro targarakū.
사오나이 싱각ᄒᆞ리 ᄒᆞ고 그적브터 안ᄒᆞ로 드러 ᄃᆞ니며 일졀 두려 ᄭᅥ리지 아니ᄒᆞ더라.

dungdzo i nimeku majige yebe ofi diyocan be (1:12b)
董卓 의 병이 졋이 ᄒᆞ리고 貂蟬 을

baha ci ebsi mei žu hecen de generakū han i yamun de genembihe de lioi bu
어듬 으로브터 郿 塢 城 에 가지 아니ᄒᆞ고 황뎨 아문 에 갈 제 呂 布ㅣ

ji gida jafafi morin yalufi sejen i juleri yabumbi dungdzo yamun i juleri sejen ci
화극 잡고 ᄆᆞᆯ 타셔 술의 앏히 가니 董卓이 아문 앏히 술의예

ebufi loho ashahai han i diyan de tafumbi* lioi bu gida jafahai (1:13a)
ᄂᆞ려셔 환도 ᄎᆞᆫ재 황뎨 뎐 에 오르니 呂 布ㅣ 창 잡은재

tafukū i juleri ilimbi tanggū hafasa gemu yamun i hūwa de niyakūrafi uju gidafi
섬 앏히 셔시니 빅 관들이 다 아문 ᄯᅳᆯ 히 ᄭᅮ러셔 머리 수겨셔

gisun be donjimbi yamun ci bederere de lioi bu morin yalufi juleri yabumbi
말 을 듯고 아문 으로셔 믈러갈 제 呂 布ㅣ ᄆᆞᆯ 틱고 앏히 가더니

emu inenggi lioi bu dungdzo be (1:13b)
ᄒᆞᆯ른 呂 布ㅣ 董卓 을

dahame yamulame genefi dorgi duka de isinafi majige tefi tuwaci dungdzo
조차 됴회예 가셔 안 문 에 다ᄃᆞ라 젹이 안자셔 보니 董卓이

hiyandi han i baru gisurembi lioi bu ebuhu sabuhū gida jafafi dorgi duka be tucifi
獻帝ᄭᅴ 향ᄒᆞ여 말ᄒᆞ니 呂 布ㅣ 황망이 창 잡고 안 문 을 나셔

morin yalufi cenghiyang ni boode jihe morin be (1:14a)
ᄆᆞᆯ 틱고 승샹 부에 와셔 ᄆᆞᆯ 을

jugūn i dalbade hūwaitafi gida jafahai diyocan be baime amargi boode dosika diyocan

길　　신의　　미고　　　창　잡은재　貂蟬 을 츠즈라 후　　당에 드니　　貂蟬이

lioi bu i baire be sabufi okdome tucifi hendume si amargi yafan i fung i ting
呂 布 의　츠즘　을 보고　마자　나셔　니로되 네 뒷　동산　鳳 儀 亭

ni jakade genefi mimbe aliya.　bi uthai genere. (1:14b)
겻히　　가셔　　나룰　기드리라. 내 즉시　가마.

lioi bu　yafan de genefi fung i　ting ni fejergi jerguwen i dalbade ilifi aliyaha
呂 布ㅣ 동산 에 가셔　鳳 儀　亭　아릭　난간　ᄀᆞ의 셔셔 기드리고

bici　diyocan jimbi tuwaci biya i dorgi enduri sargan jui adali. diyocan songgome
잇더니 貂蟬이 와시니 보니　들　속에　　셔녀　ᄀᆞᆺ더라. 貂蟬이　울고

lioi bu i　baru hendume bi udu (1:15a)
呂 布룰　향ᄒᆞ여 니로되 내 비록

wang setu i banjiha sargan jui waka bicibe mimbe tana gui adali gosime ujimbihe
王 司徒 의　난　쏠이　아니라도　나룰　쥬 옥 ᄀᆞᆺ치 ᄉᆞ랑ᄒᆞ여 길럿더니

jiyangjiyūn de ucarafi bumbi sere jakade mini gūnin de elhe bihe taise gosin akū
쟝군　의게 만나셔　주려 ᄒᆞᆯ 제　내　싱각 에 편안ᄒᆞ더니 太師ㅣ ᄉᆞ랑치 아닛는

mujilen be deribufi mini beye be (1:15b)
ᄆᆞᄋᆞᆷ 을 시작ᄒᆞ여셔 내 몸 을

nantuhūn arara be we gūniha buceki seci buceme baharakū bihe te jabšan de
더러이 밍글 들 뉘 싱각홀고 죽고져 호되 죽지 못ᄒᆞ엿더니 이제 요힝 으로

jiyangjiyūn be bahafi acaha unenggi mujilen be tucibuki. beye emgeri nantuhūn
쟝군 을 어더 만나 진졍 을 내게ᄒᆞ쟈. 몸이 ᄒᆞᆫ번 더러이

oho be dahame jiyangjiyūn te hūsun buci ojorakū oho.　(1:16a)
되 믈 조차 쟝군이 이제 힘　써도 되지 못ᄒᆞ리라.

jiyangjiyūn i juleri bucefi jiyangjiyūn i gūnin lakcakini sefi jerguwen be jafafi
쟝군 의 앏히셔 죽어　쟝군 의 싱각을 ᄭᅳᆫ코져 ᄒᆞ노라 ᄒᆞ고 난간 을 잡고

šu ilgai omo de fekuki sere de lioi bu ebšeme tebeliyeme jafafi songgome hendume
년 못 시 ᄭᅱ려 ᄒᆞᆯ 제 呂 布ㅣ 밧비 안아 잡아셔 울고 니로되

bi sini mujilen be aifini saha. (1:16b)
내 네 ᄆᆞᄋᆞᆷ 을 임의 알앗노라.

damu emgi bahafi gisurehekū i jalin de   korsombi diyocan inu lioi bu be
다만 흠씌 어더 니르지 아닌   타스로 셜워ᄒ노라 ᄒ니 貂蟬 도 呂 布 를

tatame jafafi hendume bi ere jalan de jiyangjiyūn i sargan oci   ojorakū.
ᄃ릐여 잡고 니로되 내 이 싱 에ᄂ   쟝군   의 계집이 되려ᄒ여도 되지 못ᄒ리라.

amaga jalan de jiyangjiyūn i sargan ojoro be   buyere. (1:17a)
후   셰 예 쟝군   의 계집이 되 믈 원ᄒ노라.

lioi bu hendume bi simbe gaime muterakū oci ere jalan i mangga haha waka kai.
呂 布ㅣ 니로되 내 너를 어르기를 이로지 못ᄒ면 이 싱 의 착ᄒ ᄉ나희 아니라.

diyocan hendume bi emu inenggi be emu aniya i gese banjimbi gosici hūdun
貂蟬이 니로되 내   ᄒᆯᄅᆯ   ᄒᆫ ᄒᆡ ᄀᆺ치 사니 어엿블씨면 급히

tucibure be   buyere. lioi bu hendume bi han i (1:17b)
내   믈 원ᄒ노라. 呂 布ㅣ 니로되 내 황뎨

yamun ci šolo tuwafi hūlhame jihe. sakda hūlha kenehunjerahū. hūdun geneci
아문 에셔 틈 보와 ᄀ만이 오롸. 노 젹이 의심ᄒᆯ셰라. 급히 가

acambi sefi gida jafafi geneki sere de diyocan etuku be tatame jafafi hendume
보쟈 ᄒ고 창 잡고 가려 ᄒᆯ제 貂蟬이 옷 슬 ᄃ릐여 잡고 니로되

jiyangjiyūn sakda hūlha de   uttu geleci (1:18a)
쟝군이 노 젹 의게 이리 두려ᄒ면

bi abka šun be sabure inenggi akū oho. lioi bu ilifi hendume bi emu arga
내 하늘 ᄒᆡ 를 볼 날이 업스리라. 呂 布ㅣ 셔셔 니로되 내 ᄒᆫ 씌

deribufi muse eigen sargan ofi banjiki. diyocan hendume bi sargan jui fonci
시작ᄒ여셔 우리 남진 계집 되여 사쟈. 貂蟬이 니로되 내 쳐녀 젹의

jiyangjiyūn i gebu be akjan akjandara adali donjiha (1:18b)
쟝군 의 일홈 을 벼락 침 ᄀᆺ치 듯고

ere jalan de jiyangjiyūn i teile seme gūniha bihe elemangga niyalma de kadalabure be
이 싱 의ᄂ 쟝군 ᄲᅢᆫ이라 ᄒ여 싱각ᄒ고 잇더니 도로혀 사름 의 검거ᄒ임 을

we gūniha sefi yasai muke aga agara gese tuhebume ishunde fakcame jenderakū
뉘 싱각ᄒ리 ᄒ고 눈 믈이 비오듯 ᄶᅥ르치니 셔로 ᄶᅥ나매 ᄎᆷ지 못ᄒ여

bisire de dungdzo diyan i dele tefi (1:19a)
이실 제 董卓이 뎐 우희 안자셔

amasi forofi tuwaci lioi bu akū dolo kenehunjeme sejen de tefi amasi boode
뒤 도라 보니 呂 布ㅣ 업거늘 ᄆ옴에 의심ᄒ여 술의 에 타셔 도라 집의

bederefi tuwaci lioi bu i morin dukai tule hūwaitahabi dukai niyalma de fonjiha manggi
믈러와 보니 呂 布 의 물이 문 밧긔 미여시니 문 사룸 의게 무르니

alame wen heo amargi boode dosika (1:19b)
알외되 溫 侯ㅣ 후 당에 드니라

dungdzo hashū ici urse be bederebufi emhun amargi boode dosifi baici lioi bu
董卓이 좌 우편 뉴들 을 믈리치고 혼자 후 당에 드러셔 츠즈니 呂 布와

diyocan gemu saburakū takūrara hehesi de fonjire jakade jabume wen heo gida
貂蟬을 다 보지 못ᄒ고 부리ᄂ 시녀 의게 무르니 되답ᄒ되 溫 侯ㅣ 창

jafafi teike ubade jihe bihe (1:20a)
잡고 앗가 여긔 와 잇더니

absi genehe be sarkū. dungdzo amargi yafan de dosifi tuwaci lioi bu gida de
아무듸 간 줄 몰래라. 董卓이 뒷 동산 에 드러셔 보니 呂 布ㅣ 창 에

nikefi diyocan i emgi fung i ting ni fejile ilihabi dungdzo hanci genefi den
지혀셔 貂蟬과 홈씌 鳳 儀 亭 아릭 셔시니 董卓이 갓가이 가셔 놉흔

jilgan i emgeri esukiyere jakade lioi bu (1:20b)
소릭로 ᄒ번 쑤지즈니 呂 布ㅣ

amasi forofi dungdzo be sabufi ambula golohobi dungdzo uthai lioi bu i gida be
뒤 도라 董卓 을 보고 크게 놀라니 董卓이 즉시 呂 布 의 창 을

durire jakade lioi bu uthai burlaha. dungdzo amcara de lioi bu sujure hūdun
아스려홀 제 呂 布ㅣ 즉시 드라나다. 董卓이 쏠올 제 呂 布ㅣ 드룸이 급ᄒ니

dungdzo targū ofi amcaci (1:21a)
董卓이 슬디매 쏠오되

amburakū jafaha gida be amcame maktaha lioi bu gida be ashūra jakade orho i

밋지 못ᄒᆞ여 잡은 창 을 밋처 더지니 呂布ㅣ 창 을 바으니 플

dolo tuhenehe. dungdzo geli gida be tomsome gaijara sidende lioi bu susai

속에 ᄶᅥ러지다. 董卓이 ᄯᅩ 창 을 주어 가지려 ᄒᆞᆯ ᄉᆞ이예 呂布ㅣ 쉰

okson i dubede goro oho dungdzo amcame (1:21b)

거롬 싯히 멀리 되니 董卓이 ᄶᅩ아

yafan i duka be tucire de tulergi ci emu niyalma deyere gese sujume jime dungdzo i

동산 문 을 나려ᄒᆞᆯ 제 밧그로셔 ᄒᆞᆫ 사ᄅᆞᆷ이 ᄂᆞᆫ ᄃᆞ시 ᄃᆞ라 와 董卓 이

tunggen de karcafi dungdzo na de tuheke. (1:22a)

가ᄉᆞᆷ 에 마초여 董卓이 ᄯᅡ 히 ᄶᅥ러지다.

三譯總解 第2

關云長千里獨行

guwan yūn cang mingga babe emhun yabuha.
関　云　長　千　里를　홀로　갔다.

ts'oots'oo i harangga jiyangjiyūn sai dolo damu ts'ai yang guwan gung be
曹操　의　쇽흔　쟝슈　들의　듕에　다만　蔡　陽이　關　公　을

yebelerakū kemun i ehecume bihengge genehe seme donjifi amcaki sere jakade
혜지 아니코　미양　해ᄒᆞ려홈이　잇더니　가다　ᄒᆞ여　듯고　쓸아지라　ᄒᆞ니

ts'oots'oo hendume da ejen be onggorakūngge (2:1a)
曹操ㅣ　니로되　본　님금　을　닛지　아닛는　거슨

yala abkai fejile jurgangga niyalma jici genggiyen geneci genggiyen ningge yala
과연　텬　하의　옛　사ᄅᆞᆷ이오　오미　ᄆᆞᆰ고　가미　ᄆᆞᆰ은　거슨　과연

haha. suwe gemu alhūdaci acambi sefi ts'ai yang be amcaburakū esukiyeme
ᄉᆞ나희라.　너희　다　본바듬이　맛당타　ᄒᆞ고　蔡　陽　을　쓸오지　아니케　ᄡᅮ지저

bederebuhe manggi ceng ioi hendume guwan ioi cenghiyang de acarakū (2:1b)
믈리티니　程　툐이　니로되　關　羽ㅣ　승샹　ᄭᅴ　뵈지　아니코

dergi hese akū genehengge uba antaka? ts'oots'oo hendume fe ejen de bederefi
웃　뎐교　업시　간거시　이　엇더ᄒᆞ뇨?　曹操ㅣ　니로되　녯　님금　의게　믈러가셔

jurgan be akūmbukini. ceng ioi hendume cenghiyang ni waliyame gamara be
의　롤　온젼케　ᄒᆞ쟈.　程　툐이　니로되　승샹　이　ᄇᆞ려　ᄃᆞ려가게 홈　을

geren jiyangjiyūn sai dolo gemu acarakū. (2:2a)
여러　쟝슈　들이　속으로　다　맛당치 아니타　ᄒᆞᄂᆞ라.

ts'oots'oo hendume adarame acarakū ceng ioi hendume guwan ioi de
曹操ㅣ　니로되　엇지ᄒᆞ여　맛당치 아니타　ᄒᆞᄂᆞ니　程　툐이　니로되　關　羽　의게

ilan weile bifi meni geren jili banjihabi guwan ioi julge hiya pi hecen de
세　죄　이시니　우리　여러이　셩　내ᄂᆞ니　關　羽ㅣ　녜　下　邳　城　의셔

hafirabufi dahaha cenghiyang imbe ashan i jiyangjiyūn obufi (2:2b)
군박ᄒᆞ여　항ᄒᆞ니　승샹이　저를　편　쟝군　ᄒᆞ이고

ilan inenggi emgeri ajigen sarin sunja inenggi emgeri amba sarin morin yalure de
사흘에 흔번 젹은 연ᄒᆞ고 닷새예 흔번 큰 연ᄒᆞ고 물 틀 제

aisin morin ci ebure de menggun bume udu ajige gung araha seme uthai šeo ding
금과 물 게 ᄂᆞ릴제 은 주고 비록 젹은 공 짓다 ᄒᆞ여 즉시 壽 亭

heo obume ujihengge gosire jirgara i te de isinaha kai (2:3a)
侯 ᄒᆞ이고 치며 ᄉᆞ랑홈애 한거홈이 져 의게 밋츠되

gaitai andande cenghiyang be waliyafi genehengge tondo akū tere weile emu,
겨리 승샹 을 ᄇᆞ리고 가ᄂᆞᆫ거슨 튱이 아니니 그 죄 흔나히요,

cenghiyang ni gisun bahakū deleri uthai geneme dukai hafan be waki sehengge
승샹 의 말을 엇지 아니코 셜리 즉시 가 문 관원 을 죽이려 ᄒᆞᄂᆞᆫ거슨

gurun i fafun be yohindarakū tere (2:3b)
나라 법 을 업슈이 너기미니 그

weile juwe fe ejen ajige baili be safi cenghiyang ni amba sain be onggofi
죄 둘히요, 녯 님금의 죠고만 은혜 ᄅᆞᆯ 알고 승샹 의 큰 어질 믈 닛고

balai gisun i bithe arame yokcin akū ondohongge tere weile ilan. guwan ioi
잡 말로 글 지어 혜지 아니 ᄒᆞᄂᆞᆫ거시 그 죄 세히라. 關 羽ㅣ

yuwan šoo de geneci tasha be sindafi niyalma be koro acaburengge (2:4a)
袁 紹 의게 가면 범 을 노하 사름 을 셔름 만나게 흔 거시니

kai. amala jobolon be lashalame ts'ai yang be amcabufi waki dere. ts'oots'oo
홋 근심 을 ᄭᅳᆫ흐려 ᄒᆞ면 蔡 陽 으로 ᄶᅩ아 죽여지라. 曹操ㅣ

hendume tuttu waka. bi neneme angga aljaha dahame tuttu waliyame gamambi
니로되 그러치 아니타. 내 젼에 허ᄒᆞ여심으로 그러모로 ᄇᆞ려 ᄃᆞ려가게 ᄒᆞ니

amcafi waha sehe de abkai fejergi niyalma gemu (2:4b)
ᄶᅩ아 죽이라 ᄒᆞ면 텬 하 사름이 다

mimbe akdun akū sembi tere ini ejen i jalin de kai. ume amcara. ceng ioi
나ᄅᆞᆯ 신 업다 ᄒᆞ리니 졔 제 님금을 위홈이라. ᄶᅩ오지 말라. 程 昱이

hendume yūn cang ni acanjihakū genehengge eitereci doro akū kai. ts'oots'oo
니로되 雲 長 이 뵈지 아니코 가ᄂᆞᆫ 거슨 온가지로 ᄒᆞ여도 녜 업스니라. 曹操ㅣ

hendume tere juwe jergi jihe bihe bi   bederebuhe. (2:5a)
니로되 제 두 번 왓거늘 내 믈리쳣다.

mini buhe aisin menggun suje ulin be gemu minde werihengge yūn cang yala
내 준 금 은 비단 쳘량 을 다 내게 둔 거슨 雲 長이 과연

mingga yan aisin sehe seme gūnin be halarakū, jurgan be dele
쳔 냥 금으로 도 싱각 을 밧고지 못홀거시오, 의 를 웃듬으로ᄒ여

ulin be aldangga obuhengge* unenggi haha kai. tenteke niyalma be bi (2:5b)
쳘량 을 멀리 ᄒᄂᆞᆫ 거슨 진실로 ᄉᆞ나희라. 져런 사름 을 내

ambula saišambi. ceng ioi hendume amala jobolon ohode cenghiyang ume jabcara.
크게 착히 너기노라. 程 뇨이 니로되 후에 근심 되거든 승샹은 원치 말라.

ts'oots'oo hendume yūn cang jurgan be jurcere gūwaliyandara niyalma waka. tere
曹操ㅣ 니로되 雲 長이 의 를 어긔쳐 변홀 사름이 아니라. 제

meni meni ejen i jalin niyalma be dere banici ombio? (2:6a)
각각 님금 의 위홈이니 사름 을 인졍ᄒ미 되ᄂᆞ냐?

yūn cang goro genehekū bi umesi amba dere gaime fudeki. jangliyoo si
雲 長이 멀리 가지 아녀시니 내 아조 큰 졍으로 젼송ᄒ쟈. 張遼ㅣ 네

neneme genefi ilibu. bi amala jugūn de baitalara aisin menggun emu fan bolori
몬져 가셔 머무로라. 내 후에 길 히 쓸 금 은 ᄒᆞᆫ 반과 ᄀᆞ을에

eture fulgiyan sese noho gecuheri etuku emge gamafi fudembi (2:6b)
닙ᄂᆞᆫ 붉은 금ᄉ 망뇽 옷 ᄒᆞ나 가져가 젼송ᄒ여

tere mimbe erindari gūnikini. ceng ioi hendume yūn cang ainaha seme ilirakū.
제 나를 ᄶᆡᄶᆡ 싱각ᄒ게 ᄒ쟈. 程 뇨이 니로되 雲 長이 아므리 ᄒ여도 머무지 아니리라.

ts'oots'oo hendume bi emu udu juwan moringga be gaifi genembi sefi jangliyoo
曹操ㅣ 니로되 내 ᄒᆞᆫ 여라믄 믈튼 이 를 거ᄂᆞ려 가리라 ᄒ고 張遼

be neneme genefi ilibu seme unggihe. yūn cang (2:7a)
로 몬져 가셔 머무로라 ᄒ여 보내다. 雲 長

ni yaluha citu morin emu inenggi mingga babe yabumbi unenggi geneci amcara ai
의 튼 젹토매 ᄒᆞᄅ 쳘 리를 힝ᄒ니 진실로 가면 쓸오리 어이

bi? sejen be aliyakiyame morin be sindarakū hadala tatame elhei genere de
이시리? 술의 를 기드려 물 을 노치 아니코 구레를 드리고 날회여 갈 제,

amargi ci niyalma hūlame yūn cang taka elhei yabu. (2:7b)
뒤 히셔 사름이 부로되 雲 長은 아직 날회여 힝ᄒᆞ라.

guwan gung gūnime mini tukiyehe gebu be hūlara niyalma ainaha seme mimbe
關 公이 싱각ᄒᆞ되 내 즛 를 부르는 사람은 아므리 ᄒᆞ여도 나를

necirakū dahara niyalma be hūlafi sejen be gamame amba jugūn be
거오지 아니리라 ᄒᆞ고 조츤 사름 을 블러셔 술의 를 가져 큰 길 로

jafafi hacihiyame gene seme unggifi amasi forofi tuwaci jangliyoo morin (2:8a)
잡아 직촉ᄒᆞ여 가라 ᄒᆞ여 보내고 뒤흐로 도라 보니 張遼ㅣ 물

dabgime jimbi guwan gung citu morin be tatafi cinglung jangkū be jafafi hendume
ᄲᆞᆯ리 오니 關 公이 젹토마 를 드리고 청농도 를 잡고 니로되

wen yuwan mimbe jafame jihekū semeo? jangliyoo hendume mini beye de
文 遠이 나를 아니 잡으라 오느냐? 張遼ㅣ 니로되 내 몸 에

uksin akū gala de agūra akū ainu kenehunjembi? cenghiyang ahūn be (2:8b)
갑옷 업고 손 에 장기 업거든 엇지 의심ᄒᆞ느니? 승샹이 형 을

goro genembi seme cohome fudeme jimbi necire mujilen umai akū. guwan gung
멀리 간다 ᄒᆞ여 부러 젼송ᄒᆞ라 오니 해홀 ᄆᆞᄋᆞᆷ이 아조 업스니라. 關 公이

hendume cenghiyang ni ere jiderengge urunakū encu gūnin bi. jangliyoo
니로되 승샹 이 이리 오는거슨 반드시 다른 싱각이 잇느니라. 張遼ㅣ

hendume cenghiyang ni gisun meni meni ejen i jalin ume amcara. (2:9a)
니로되 승샹 의 말이 각 각 님금 의 위흠이니 ᄶᅩ오지 말라.

ahūn be cihai genefi jurgan be akūmbukini sembi damu fudehekū ofi ajige deo
형 을 ᄆᆞᄋᆞᆷ으로 가셔 의 를 온젼케 ᄒᆞ니 다만 젼송 아니랴 ᄒᆞ고 젹은 아ᄋᆞ

mimbe neneme genefi ahūn be ilibu seme unggihe. guwan gung hendume
나를 몬져 가셔 형 을 머무로라 ᄒᆞ여 보내엿다. 關 公이 니로되

cenghiyang udu cooha gaifi jihe seme bi emhun buceme (2:9b)
승샹이 비록 군 거ᄂᆞ리고 온다 ᄒᆞ여도 내 혼자 죽도록

20

afambi   sefi   amasi   emu   udu   juwan   okson   bederefi   ba   ling   kiyoo   i   ninggun   de
싸호리라   ᄒᆞ고   뒤흐로   ᄒᆞᆫ   여라문   보   믈러가셔   霸   陵   ᄃᆞ리   우희셔

morilahai   ilifi   tuwaci   ts'oots'oo   emu   udu   moringga   be   gaifi   deyere   gese   jimbi
믈ᄐᆞᆫ   재   셔셔   보니   曹操ㅣ   ᄒᆞᆫ   여러   믈ᄐᆞᆫ   이   ᄅᆞᆯ   거ᄂᆞ리고   ᄂᆞᆫ   ᄃᆞ시   오니

amala   sioi   cu,   sioi   hūwang,   ioi   jin,   li   diyan   se   i   jergi   (2:10a)
뒤히   許   褚   徐   晃   于   禁   李   典   들   의   등

urse   dahahabi.   ts'oots'oo   guwan   gung   ni   jangkū   be   hetu   obufi   morilahai   kiyoo   i
뉴들이   조찻더라.   曹操ㅣ   關   公   의   언월도   ᄅᆞᆯ   빗기고   믈ᄐᆞᆫ   재   ᄃᆞ리

ninggun   de   iliha   be   safi   geren   jiyangjiyūn   sa   be   ili   seme   juwe   ergi   de   faidame
우희   셔심   을   보고   여러   쟝슈   들을   머물라   ᄒᆞ여   두   편   의   버러

ilibuha.   guwan   gung   geren   i   gala   de   gemu   agūra   akū   (2:10b)
셰오다.   關   公이   여러   의   손   에   다   쟝기   업슴

be   safi   mujilen   sulaka   oho.   ts'oots'oo   hendume   yūn   cang   ai   uttu   hūdun   yabumbi?
을   보고   ᄆᆞ음이   누굿ᄒᆞ다.   曹操ㅣ   니로되   雲   長이   어이   이리   ᄲᆞᆯ리   가ᄂᆞ니?

guwan   gung   morin   i   ninggun   de   beye   be   mehume   doro   arafi   hendume   guwan   mu
關   公이   ᄆᆞᆯ   우   희셔몸   을   굽여   녜ᄒᆞ여   니로되   關   某ㅣ

bi   neneme   cenghiyang   de   habšaha bihe   te   fe   ejen   yuwan   (2:11a)
내   몬져   승샹   ᄭᅴ   품ᄒᆞ엿더니   이제   녯   님금이   袁

šoo   de   bi   guwan   mu   dobori   dulime   generakūci   ojorakū   cenghiyang   ni
紹   의게   이시니   關   某ㅣ   밤   새도록   가지   아니치   못홀   ᄶᅥ시니   승샹

yamun   de   jing   acanaci   bahafi   acarakū   ofi   alara   bithe   arafi   aisin   menggun   be
마을   의   졍히   뵈려호되   어더   보지   못ᄒᆞ고   엿줍ᄂᆞᆫ   글   민드라   금   은   을

fempilefi   doron   be   lakiyafi   buhe   jaka   be   gemu   amasi   cenghiyang   de   (2:11b)
봉ᄒᆞ고   인   을   걸고   준   거슬   다   도르   승샹   ᄭᅴ

bederebufi   jihe.   ainara   cenghiyang   nenehe   gisun   be   ume   aifure.   ts'oots'oo
믈리쳐   주고   왓노라.   엇지ᄒᆞ리   승샹은   젼   말   을   져ᄇᆞ리지   말라.   曹操ㅣ

hendume   bi   abkai   fejile   akdun   be   tuwabuki   sembime   nenehe   gisun   be   aifuha   doro
니로되   내   텬   하의   신   을   뵈고져   ᄒᆞᄂᆞ니   젼   말   을   져ᄇᆞ릴   리

bio?　jiyangjiyūn de aikabade jugūn de baitalara jaka　akū ayoo seme (2:12a)
이시리오?　쟝군 의게 힝혀 길 히 쓸 것　업스면 어이료 ᄒᆞ여

jugūn de baitalara jaka fudeme benjihe seme hendufi emu jiyangjiyūn morin i
길 히 쓸 쩌스로 젼숑ᄒᆞ게 가져왓노라 ᄒᆞ여 니ᄅᆞ고 혼 쟝슈ㅣ 물

dele emu fan aisin tukiyefi buci guwan gung hendume jing gosime buhengge be
우희 혼 반 금 드러 주니 關 公이 니로되 졍히 ᄉᆞ랑ᄒᆞ여 준거슬

hono baitalame wajirakū ere aisin be cooha i niyalma de šangna. (2:12b)
오히려 써 진치 아녀시니 이 금 을 군ᄉᆞ 사롬 의게 샹ᄒᆞ라.

guwan mu genembime suilabume bure kesi be gaici ojorakū. ts'oots'oo hendume
關 某ㅣ 간다 ᄒᆞ고 슈고ᄒᆞ여 주ᄂᆞᆫ 덕 을 가지지 못ᄒᆞᆯ로다. 曹操ㅣ 니로되

ere majige jaka jiyangjiyūn i amba gung de tumen de emgeri karularengge dere.
이 젹은 거스로 쟝군 의 큰 공 에 만 에 ᄒᆞᆫ번이나 갑ᄒᆞ려 ᄒᆞ거시라.

guwan gung hendume cenghiyang ni ambula gosiha be gūnici tere (2:13a)
關 公이 니로되 승샹 이 크게 ᄉᆞ랑홈 을 싱각ᄒᆞ니 그

majige suilaha be karulaha seci ombio? amaga inenggi aikabade acaci encu baili
죠고만 슈고로옴 으로 갑ᄒᆞ려 ᄒᆞᆫ들 되랴? 훗 날 힝혀 만나면 별로 은혜

isibure. ts'oots'oo injefi hendume yūn cang tondo jurgangga niyalma. mini hūturi
밋게ᄒᆞ리라. 曹操ㅣ 웃고 니로되 雲 長은 튱 의옛 사롬이라. 내 복이

nekeliyen ofi bahafi guculerakū sese noho fulgiyan (2:13b)
여롬 으로 어더 사괴지 못ᄒᆞ니 금ᄉᆞ 불근

gecuheri etuku be majige mujilen de okini seme emu jiangjiyūn be juwe galai
망농 옷 슬 죠고만 ᄆᆞᄋᆞᆷ 에 삼쟈 ᄒᆞ고 혼 쟝슈 로 두 손에

alime jafabufi benjihe manggi yūn cang ts'oots'oo be aikabade gūwaliyandarahū
바다 잡아 보내니 雲 長이 曹操 룰 힝혀 변ᄒᆞᆯ까

seme morin ci eburakū cinglung jangkū i dubei gecuheri etuku be tukiyeme
ᄒᆞ여 물 게 ᄂᆞ리지 아니코 쳥농도 ᄉᆞᆺᄒᆞ로 금션 옷 슬 드러

gaifi (2:14a)
바다셔

22

beye de nerefi cenghiyang etuku buhe baniha seme hendufi uthai morin maribufi
몸 에 므롭고 승샹이 옷슬 주시니 샤례ᄒᆞ노라 ᄒᆞ여 니ᄅᆞ고 즉시 ᄆᆞᆯ 두루혀

kiyoo ci wasifi genehe. sioi cu hendume ere niyalma jaci doro akū dabaha
ᄃᆞ리 예셔 ᄂᆞ려 가니라. 許 褚 니로되 이 사ᄅᆞᆷ이 ᄯᅩ 녜 업슴이 넘ᄶᅵ니

jafaki dere. ts'oots'oo hendume tere emu niyalma emu morin (2:14b)
잡아지라. 曹操ㅣ 니로되 져ᄂᆞᆫ ᄒᆞᆫ 사ᄅᆞᆷ ᄒᆞᆫ ᄆᆞᆯ이니

muse orin funceme niyalma de olhorakū ainaha. bi emgeri gisun tucike amcaci
우리 스믈 남은 사ᄅᆞᆷ 의게 두려 아니코 엇지리. 내 ᄒᆞᆫ번 말을 내어시니 ᄶᅩᆯ오지

ojorakū seme hendufi geren be gaifi amasi bederere de jugūn de nasame
못ᄒᆞ리라 ᄒᆞ여 니ᄅᆞ고 여러흘 거ᄂᆞ리고 도로 믈러갈 제 길 ᄒᆡ셔 뉘웃쳐

hendume suweni geren jiyangjiyūn sa yūn cang be alhūdaci acambi (2:15a)
니로되 너희 여러 쟝슈 들은 雲 長 을 본바듬이 맛당ᄒᆞ니

tumen jalan de bolgo gebu niyarakū kai. tereci guwan gung sejen be amcame
만 ᄃᆡ 예 ᄆᆞᆰ은 일홈이 석지 아니리라. 그적의 關 公이 술의 ᄅᆞᆯ ᄶᅩᆯ아

geneme gūsin ba otolo saburakū ofi golofi duin ici baire de alin i ningguci
가 삼십 니 되도록 뵈지 아니니 놀라 네 녁흐로 ᄎᆞᆽᆯ 제 산 우히셔

emu niyalma yūn cang taka ili seme hūlambi (2:15b)
ᄒᆞᆫ 사ᄅᆞᆷ이 雲 長은 아직 머믈라 ᄒᆞ여 웨니

guwan gung tuwaci emu niyalma einci orin se funceme ohobi uju de suwayan
關 公이 보니 ᄒᆞᆫ 사ᄅᆞᆷ이 계요 스므 술 남고 머리 예 누른

mahala etuhebi beye de sese noho gecuheri etuku etuhebi gida jafafi morin yalufi
관 쓰고 몸 에 금ᄉᆞ 망농 옷 닙고 창 잡고 ᄆᆞᆯ 타

tanggū funceme yafaha* be gaifi alin ci wasime jimbi guwan gung (2:16a)
빅 남은 거른 군ᄉᆞ ᄅᆞᆯ 거ᄂᆞ리고 산 으로셔 ᄂᆞ려 오니 關 公이

fonjime si ainaha niyalma? tere niyalma gida waliyafi morin ci ebufi na de
무로되 네 엇던 사ᄅᆞᆷ인다? 그 사ᄅᆞᆷ이 창을 ᄇᆞ리고 ᄆᆞᆯ 게 ᄂᆞ려 ᄯᅡ히

niyakūraha yūn cang tere be aikabade argadambi ayoo seme morin tatafi dargiyaka
ᄭᅮ니 雲 長이 져 ᄅᆞᆯ 힝혀 ᄭᅬᄒᆞ면 어이료 ᄒᆞ여 ᄆᆞᆯ ᄃᆞᆯ리고 든

loho be cirhūfi fonjime sini gebu hala be ala.   jabume daci (2:16b)
환도 를 머무르고 무로되 네 일홈과 성 을 알외라. 딕답호되 본딕

hiyang yang ni bai niyalma hala liyoo gebu hūwa tukiyehe gebu yuwan jiyan. ubade
襄 陽 짜 사름이니 성은 廖요 일홈은 化요 ㅈ는 元 儉이라. 여긔

tubade durime cuwangname yabuhai enculeme sunja tanggū niyalma isabuhabi teni
져긔 아스며 위력으로 힝홀제 스사로 오 빅 사름을 모화시니 앗가

mini gucu du yuwan alin ci wasifi hergime yabure de (2:17a)
내 벗 杜 遠이 산 에 노려 두로 힝홀 제

tašarame juwe fujin be durifi alin i ninggude gamaha bihe bi dahara urse
그릇ᄒᆞ어 두 부인 을 아사 산 우ᄒᆡ ᄃᆞ려 왓거늘 내 조츤 뉴들

de fonjici han i ecike i fujin ofi bi uthai na de niyakūrafi jihe turgun be
의게 무로니 황뎨 아즈븨 부인이라 홈애 내 즉시 짜히 ᄭᅮ러셔 온 연고 룰

fonjire jakade jiyangjiyūn i amba erdemu be alambi (2:17b)
무르니 쟝군 의 큰 지조 룰 알외거늘

bi alin ci wasime banjiki seci du yuwan gisun anaburakū ofi bi tere be wafi
내 산 에셔 ᄂᆞ리와 살오려 호되 杜 遠이 말을 디지 아니홈으로 내 져 룰 죽이고

weile alime uju be benjihe. guwan gung hendume juwe fujin aibide bi?
죄를 바드라 머리 룰 가져왓노라. 關 公이 니로되 두 부인이 어딕 잇ᄂᆞ뇨?

liyoo hūwa hendume nungneburahū seme alin de werihebi guwan (2:18a)
廖 化ㅣ 니로되 거올까 ᄒᆞ여 산 에 두엇노라 關

gung hūdun gana sefi goidahakū tanggū funceme niyalma sejen be aname jimbi
公이 ᄲᅡᆯ리 ᄃᆞ려오라 ᄒᆞ니 오래지 아녀 빅 남은 사름이 술의 룰 미러 오니

guwan gung morin ci ebufi julesi sejen be okdofi hendume aša sei goloho weile
關 公이 ᄆᆞᆯ 게 ᄂᆞ려셔 앏 술의 룰 마자 니로되 아즈미 들 놀람은 죄

guwan mu de bikai. juwe fujin hendume liyoo jiyangjiyūn akū bici (2:18b)
關 某 의게 잇ᄂᆞ니라. 두 부인이 니로되 廖 쟝군이 업스면

du yuwan de girucun ombihe. guwan gung tere gisun be donjifi uthai jifi
杜 遠 의게 븟그러옴이 될러니라. 關 公이 그 말 을 듯고 즉시 와셔

24

liyoo hūwa de dorolome baniha buhe. liyoo hūwa ini gucuse be gaifi guwan gung
廖 化 의게 녜로 샤례ᄒᆞ다. 廖 化ㅣ 제 벗들 을 거ᄂᆞ리고 關 公

be beneki sere de liyoo hūwa menggun suje fudeci guwan gung (2:19a)
을 보내려 ᄒᆞᆯ 제 廖 化ㅣ 은과 비단으로 젼송ᄒᆞ니 關 公이

gaihakū. liyoo hūwa tereci fakcafi ini gucuse be gaifi alin de genehe.
가지지 아니타. 廖 化ㅣ 그적의 ᄯᅥ나셔 제 벗들 을 거ᄂᆞ리고 산 으로 가니라.

yūn cang ts'oots'oo i etuku fudehe be aša se de alafi sejen be dahame
雲 長이 曹操ㅣ 옷스로 젼송흠 을 아즈미 들 의게 알외고 술의를 조차

genehei abka yamjiha manggi emu emhun boode deduki seme geneci (2:19b)
갈 제 하ᄂᆞᆯ이 어두옴애 ᄒᆞᆫ 외로온 집의 자고져 ᄒᆞ여 가니

boo i ejen okdome tucike salu funiyehe gemu šahūn šarakabi. fonjime jihe
집 님재 나셔 마즈니 나롯과 머리터럭이 다 허여케 셰엿더라. 무로되 온

jiyangjiyūn hala ai gebu we? guwan gung morin ci ebufi julesi doro
쟝슈의 셩은 무어시며 일홈은 뉜다? 關 公이 ᄆᆞᆯ 게 ᄂᆞ려 앒히셔 녜ᄒᆞ고

arafi alame bi lio hiowande i deo guwan mu. sakda (2:20a)
알외되 나는 劉 玄德 의 아ᄋᆞ 關 某로라. 늙은

niyalma hendume yan liyang, wen ceo be waha guwan gung waka semeo?
사름이 니로되 顔 良 文 醜를 죽인 關 公이 아닌가?

guwan gung hendume inu. sakda niyalma ambula urgunjeme boode dosiki
關 公이 니로되 올타. 늙은 사름이 크게 깃거 집의 드쟈

sehe manggi guwan gung hendume sejen de juwe fujin bi. sakda niyalma ini
ᄒᆞ니 關 公이 니로되 술의 예 두 부인이 잇다. 늙은 사름이 제

sargan booi hehesi be hūlame (2:20b)
쳐와 집의 계집들 을 블러

tucibufi g'an mi juwe fujin be sejen ci ebubufi boode dosika manggi guwan gung
내여셔 甘 麽 두 부인 을 술의 예 부리워 집의 드리니 關 公이

gala jolafi* juwe fujin i dalbade iliha. sakda niyalma guwan gung be te
손을 모호고 두 부인 겻히 셔다. 늙은 사름이 關 公 을 안즈라

sere de guwan gung hendume juwe aša be sindafi adarame tembi. (2:21a)
흔 대 關 公이 니로되 두 아즈미 를 두고 엇지ᄒᆞ여 안즈리.

sakda niyalma hendume guwan gung encu hala kai. ainu uttu kundulembi
늙은 사름이 니로되 關 公은 다른 성이라. 엇지 이대도록 딕졉ᄒᆞ느니

guwan gung hendume bi lio hiowande jang ide i baru ahūn deo arafi banjici
關 公이 니로되 내 劉 玄德 張 翼德 으로 형졔를 지어셔 살며

buceci sasa seme gashūhebi* juwe aša be (2:21b)
죽기를 흔가지로 ᄒᆞ쟈 ᄒᆞ고 딍셰ᄒᆞ여시니 두 아즈미 를

dahame udu uksilehe dain i dolo seme doro be aljahakū. sakda niyalma
조차 비록 갑옷 닙고 싸홈 가온대 도 녜 를 일치 아니ᄒᆞ엿노라. 늙은 사름이

hendume jiyangjiyūn abkai fejile jurgangga niyalma kai seme hendufi sargan
니로되 쟝군은 텬 하의 옛 사름이라 ᄒᆞ여 니르고 쳐와

hehesi be amba boode juwe fujin i jakade gucu arabuha sakda niyalma (2:22a)
계집들 로 큰 집의 두 부인 겻ᄒᆡ 벗 삼게 ᄒᆞ고 늙은 사름이

i ajige boode guwan gung de gucu araha. guwan gung gebu hala be fonjire jakade
졔 젹은 집의셔 關 公 을 벗 삼다. 關 公이 일홈과 셩 을 무르니

sakda niyalma alame mini hala hū gebu hūwa. hūwan di han i fonde i lang
늙은 사름이 알외되 내 셩은 胡요 일홈은 華ㅣ라. 桓 帝 시졀의 議 郎

hafan bihe hafan nakafi bade bederehebi. tere dobori juwe fujin (2:22b)
벼슬 ᄒᆞ엿더니 벼슬 그치고 싸ᄒᆡ 믈러 잇노라. 그 밤의 두 부인이

dulimbai boode deduhe guwan gung dengjan dabufi tehei gereke manggi hū hūwa
가온대 집의셔 자고 關 公이 등잔 켜고 안즌재 붉히니 胡 華ㅣ

jetere jaka benjifi jefi guwan gung juwe aša be sejen de tebufi hū hūwa ci
먹을 것 보내매 먹고 關 公이 두 아즈미 를 술의 예 안치고 胡 華 의게

fakcafi uksin etufi jangkū jafafi morilafi lo (2:23a)
써나셔 갑옷 닙고 댱검 잡고 물ᄐᆞ고 洛

yang ni baru jihei emu furdan duka de isinaha furdan i gebu dung ling guwan
陽 으로 향ᄒᆞ여 올제 흔 관 문 에 니르니 관 일홈은 東 嶺 關이오

furdan duka jafaha jiyangjiyūn hala kung gebu sio ts'oots'oo i harangga
관 문 잡은 쟝슈의 셩은 孔이오 일홈은 秀니 曹操 의 쇽혼

jiyangjiyūn. guwan gung sejen be gamame dabagan be dabame genere de (2:23b)
쟝쉬라. 關 公이 술의 를 거느려 재 를 넘어 갈 제

dabagan i ninggu i cooha i niyalma kung sio de alanaha kung sio loho jafafi
재 우회 군슈 사름이 孔 秀 의게 알외니 孔 秀ㅣ 환도 잡고

furdan ci tucifi guwan gung be morin ci ebu sere jakade guwan gung morin ci
관 에 나셔 關 公을 물 게 느리라 ᄒᆞ니 關 公이 물 게

ebufi kung sio i baru dorolome acaha kung sio hendume (2:24a)
ᄂᆞ려셔 孔 秀 의게 향ᄒᆞ여 녜로 뵈니 孔 秀ㅣ 니로되

jiyangjiyūn absi genembi? guwan gung hendume cenghiyang ci delhefi cohome
쟝군이 어드러 가ᄂᆞ니? 關 公이 니로되 승샹 씌 니별ᄒᆞ고 부러

birai amargi de ahūn hiowande be baime genembi. kung sio hendume birai amargi
河 北 에 형 玄德 을 ᄎᆞᄌᆞ라 가노라. 孔 秀ㅣ 니로되 河 北

yuwan šoo jing ts'oo cenghiyang ni bakcin kai. jiyangjiyūn i ere (2:24b)
袁 紹ᄂᆞᆫ 졍히 曹 승샹 의 젹국이라. 쟝군이 이

genere de urunakū bithe gajihabi dere. guwan gung hendume ekšeme jurame ofi
가ᄂᆞᆫ 듸 반ᄃᆞ시 글을 가져와시리라. 關 公이 니로되 밧비 발흠으로

bahafi ganahakū. kung sio hendume bithe akū oci jiyangjiyūn furdan i fejile bisu.
어더 가져오지 못ᄒᆞ롸. 孔 秀ㅣ 니로되 글이 업스면 쟝군이 관 아릭 이시라.

bi niyalma takūrafi cenghiyang de habšanafi sindafi tucibure. (2:25a)
내 사름 부려 승샹 씌 품ᄒᆞ고 노하 내게 ᄒᆞ마.

yūn cang jili banjifi hendume si ainu gidašambi kung sio hendume fafun de
雲 長이 셩 내여 니로되 네 엇지 업슈이 너기ᄂᆞ니 孔 秀ㅣ 니로되 법이

uttu akūci ombio? te gurun facuhūn ofi muduri temšere tasha becunure ucuri
이리 아니면 되ᄂᆞ냐? 이제 나라히 어즈러옴애 농이 ᄃᆞ토고 범이 싸호는 ᄶᆡ예

bithe akū ohode udu baturileme* gisurehe (2:25b)
글 업슬 쟉시면 비록 영웅이라 닐러도

seme   sindafi unggirakū. yūn cang   hendume si   yargiyan i furdan duleme
노하   보내지 아니리라.   雲   長이   니로되   네   분명이   관을   지내여

unggirakū   kung sio hendume si urunakū geneki seci sakda asiha be
보내지 아니렷는다? 孔   秀ㅣ 니로되   네 반둣시   가고져 ᄒ면 늙은이과 졈은이 ᄅᆞᆯ

damtun   weri. yūn cang jili banjifi jangkū dargiyafi kung sio be (2:26a)
볼모   두어라. 雲   長이 셩   내여   쟝검을   들고   孔   秀ᄅᆞᆯ

saciki   sere de (2:26b)
직으려   홀   제

諸葛亮智激孫權

jug'uliyang　argai　sun cuwan be　jili　banjibuha.
諸葛亮　　꾀로　孫　權　을　화　나게 했다.

jug'uliyang　be　henduhe　niyalma　we　seci　ling　ling　cuwan　ling　ni bai niyalma.
諸葛量　을　니른　사름은　뉜고 ᄒ니　零　陵　泉　陵　짜 사름이라.

hala　hūwang　gebu　g'ei　tukiyehe gebu　gung　fu　daci　sun　jiyan　be　dahame
성은　黃이오　일홈은　蓋오　주는　公　覆ㅣ니 처음에　孫　堅　을　조차

alin i　hūlha　be　efulefi　gung　ambula　ilibufi (3:1a)
산　도적　을　파ᄒ야　공　크게　셰오고

amala　geli　sun　ts'e　be　dahame　ududu　jergi　gung　ilibuhabi　te　sun　cuwan i
후에　또　孫　策　을　조차　여러　번　공　셰워셔　이제　孫　權　의

fejergi　jeku　orho　be　kadalara　hafan　ohobi　uthai　kungming ni　baru　hendume
아릭　냥　초　를　ᄀ음아는　관원이　되여셔　즉시　孔明　의게　향ᄒ여　니로되

aisin　gui　gese　gisun　bici　ainu　too lu (3:1b)
금　옥　ᄀᆺ흔　말이　이시면　엇지　討虜

jiyangjiyūn　de　gisurerakū?　kungming　hendume　geren　bithei niyalma　jalan i
쟝군　의게　니르지 아니ᄒᆞᄂ뇨?　孔明이　니로되　여러　션빅　세샹 에

weile　be　sarkū　bime　halanjame　mohobume　fonjire　de　jaburakū oci　ojorakū.
일　을　모로고　이셔　굴므드려　힐란ᄒ여　뭇는　딕　딕답지 아니치　못ᄒ리라.

hūwang　g'ei　lu　su　i　emgi　kungming　be　gamame　dulimbai duka (3:2a)
黃　蓋　魯　肅과 홈ᄭᅴ　孔明　을　더브러　듕　문

be　dosime　genere　de　lu　su　kungming　ni　baru　hendume　teni gisurehe　gisun be
을　드러　갈 제　魯　肅이　孔明　의게　향ᄒ여　니로되　ᄀᆺ　니르난　말 을

ume ufarara.　kungming　uju　gegešeme　jabuha.　kungming　yamun de　isinafi
그르게 말라.　孔明이　머리　그더기고　딕답ᄒ다.　孔明이　마을 에　가셔

tafaka manggi　u heo sun　cuwan　beye　mehume okdoko (3:2b)
오르니　吳 侯 孫　權이　몸　굽어　마즈니

kungming hengkileme acara de sun cuwan gala tukiyeceme karulaha. kungming ni
孔明이 절ᄒᆞ여 ᄫᅵᆯ 제 孫 權이 손 드러 답녜ᄒᆞ다. 孔明 의

erdemu be donjifi tuttu ishunde kundulembi. kungming be te sere de kungming
ᄌᆡ조 ᄅᆞᆯ 듯고 그러모로 서로 되졉ᄒᆞ니라. 孔明 을 안즈라 ᄒᆞ니 孔明이

ududu jergi marafi dalbade tefi hiowande i gisun (3:3a)
여러 번 거슬고 ᄀᆞ의 안자셔 玄德 의 말

be alafi sun cuwan be hūlhame tuwaci yasa sahahūn salu fulahūn ambalinggū
을 알외고 孫 權 을 ᄀᆞ만이 보니 눈이 푸르고 나로시 붉고 거륵ᄒᆞᆫ

eldengge banjihabi. kungming dolori gūnime ere niyalma be jili banjibume gisurere
ᄌᆡ조에 낫더라. 孔明이 속으로 싱각ᄒᆞ되 이 사ᄅᆞᆷ 을 셩 내게 니를

dabala. jurgan i gisureci ojorakū. ini fonjire be (3:3b)
ᄯᅮᆫ롬이오. 의 로 닐러도 되지 못ᄒᆞ리라. 제 무름 을

aliyafi jili banjibume gisurehe de ere weile mutembi seme gūnime bisire de
기ᄃᆞ려 셩 내게 ᄒᆞ여 니ᄅᆞ면 이 일이 이로리라 ᄒᆞ여 싱각ᄒᆞ고 이실 제

sun cuwan cai benju seme benjibuhe. bithe coohai hafasa juwe ergi de faidame
孫 權이 차 가져오라 ᄒᆞ여 가져오다. 문 무 관원들이 두 편의 버러

ilihabi lu su kungming ni adame ilifi tere i jabure be (3:4a)
셧고 魯 肅이 孔明 의 겻ᄒᆡ 셔셔 져 의 되답ᄒᆞᆷ 을

tuwambi sun cuwan kungming ni baru hendume sini erdemu be dz jing alafi
보니 孫 權이 孔明 의게 향ᄒᆞ여 니로되 네 ᄌᆡ조 ᄅᆞᆯ 子 敬이 알외완지

goidaha. enenggi jabšan de bahafi acaha dahame tusa ojoro babe tacibure be
오랜지라. 오늘 요힝으로 어더 보모로 니로온 곳을 ᄀᆞᄅᆞ침 을

buyembi. kungming hendume taciha komso erdemu akū niyalma (3:4b)
원ᄒᆞ노라. 孔明이 니로되 비홈이 젹고 ᄌᆡ조 업슨 사ᄅᆞᆷ

de genggiyen gung ni fonjiha de girubumbi. sun cuwan hendume si sin yei de
의게 明 公 이 무로모로 붓그려 ᄒᆞ노라. 孫 權이 니로되 네 新 野 의

bifi lio hiowande de aisilambi kai. ts'oots'oo i baru etere anabure be bolhoci
이셔 劉 玄德 의게 돕ᄂᆞᆫ지라. 曹操과 향ᄒᆞ여 승 부 ᄅᆞᆯ 졍ᄒᆞᆷ이

antaka? kungming hendume lio ioi jeo de cooha (3:5a)
엇더ᄒ뇨? 孔明이 니로되 劉 豫 州 의 군ᄉᆡ

mingga isirakū jiyangjiyūn damu ilan duin bi sin yei hoton ajigen jeku geli akū
쳔이 못ᄒ고 쟝쉬 다만 서 너히 잇고 新 野 城이 젹고 곡식 ᄯᅩ 업스니

ts'oots'oo de ainahai sujaci ojoro. sun cuwan hendume ts'oots'oo i cooha uheri
曹操 의게 엇지ᄒ여 겨로리오. 孫 權이 니로되 曹操 의 군ᄉᆡ 대되

udu bi? kungming hendume ts'oots'oo lioi bu (3:5b)
언머나 잇ᄂᆞ뇨? 孔明이 니로되 曹操ㅣ 呂 布

be efulehe yuwan šoo be mukiyebuhe yuwan šu be necihiyehe amargi monggo be
를 파ᄒ고 袁 紹 를 멸ᄒ고 袁 術 를 평히 ᄒ고 북녁 몽고 를

bargiyaha liyoo dung be tokdobuha* lio ts'ung ice dahaha yafaha* moringga
거두고 遼 東 을 졍ᄒ고 劉 琮이 새로이 항복ᄒ여시니 거른 이 ᄆᆞᆯ튼 이과

muke i cooha uheri tanggū tumen funcembi. sun cuwan (3:6a)
믈 에 군ᄉᆡ 대되 빅 만이 남은지라. 孫 權이

hendume aikabade holtombi ayoo? kungming hendume genggiyen gung adarame
니로되 힝혀 소기ᄂᆞᆫ가 엇지오? 孔明이 니로되 明 公은 엇지ᄒ여

sarkū ts'oots'oo yan jeo de bihe fonde cing jeo i cooha dehi susai
아지 못ᄒᄂᆞ뇨? 曹操ㅣ 兗 州ㅣ 예 이실 제 靑 州ㅣ 군ᄉᆡ ᄉᆞ 오십

tumen bihe yuwan šoo be necihiyefi geli dehi susai tumen baha (3:6b)
만이 잇더니 袁 紹 를 평히 ᄒ고 ᄯᅩ ᄉᆞ 오십 만 어드니

ice ilibuha cooha ainci orin gūsin tumen funcembi te jing jeo i cooha be
새로 니르켠 군ᄉᆡ 그라나 이 삼십 만이 남고 이제 荊 州ㅣ 군ᄉᆞ 를

geli orin gūsin tumen bahabi ere be bodome gūnici emu tanggū susai tumen
ᄯᅩ 이 삼십 만을 어더시니 이 를 혜아려 싱각ᄒ니 일 빅 오십 만이

funcere dabala eberi akū. jug'uliyang tanggū tumen seme (3:7a)
남즉ᄒ고 ᄂᆞ리지 아니터라. 諸葛量이 빅 만이라 ᄒ고

alahangge giyang ni dergi niyalma be golorahū sehengge. sun cuwan hendume
알왼 거슨 江 東 사름 을 놀랄까 ᄒᆞᆫ 거시라. 孫 權이 니로되

fejergi afara jiyangjiyūn geli udu bi? kungming hendume arga bodohon*
아릭 싸호는 쟝쉬 쏘 언머나 잇느뇨? 孔明이 니로되 쇠 혜아리고

jaluka mergese baturu horon i fafuršame afara urse juwe mingga funcembi. (3:7b)
의수 만흔 쟝슈과 위염 베프러 싸호는 뉴들이 이 쳔이 남은이라.

sun cuwan hendume gung de duibuleci antaka? kungming hendume jug'uliyang ni
孫 權이 니로되 공 의게 견초면 엇더ᄒ뇨? 孔明이 니로되 諸葛亮과

adalingge sejen de tebuhe sin de miyaliha seme wajirakū. sun cuwan hendume
ᄀᆞᆺ흔 이는 술의 예 싯고 말 로 되야 도 ᄆᆞᆺ지 못ᄒ리라. 孫 權이 니로되

te ts'oots'oo jing ts'u babe necihiyefi geli gūwa babe gūnimbio? (3:8a)
이제 曹操ㅣ 荊 楚 ᄯ흘 평히 ᄒ고 쏘 다른 ᄯᅡ흘 싱각흠이 잇느냐?

kungming hendume te giyang ni jakarame ing ilifi afara cuwan be dasatambi
孔明이 니로되 이제 강 ᄀᆞᆺ의 진 쳐 싸호는 비 를 졍졔ᄒ여시니

tu kiru abka be dalihabi siran siran i ududu tanggū ba lakcarakū ing
큰 긔 젹은 긔 하늘 을 ᄀᆞ리와 년ᄒ여 년ᄒ여 수 빅 니예 ᄭᅳᆫ지 아니ᄒ고 딘

ilihangge giyan ni julergi be gaiki serakū* oci jai ai babe (3:8b)
친 거슨 江 南 을 가지고져 아니ᄒ면 쏘 어늬 ᄯᅡ흘

gaimbi sun cuwan hendume aikabade mimbe nungneki sere gūnin bihede mini
가지리오. 孫 權이 니로되 힝혀 나를 침노코져 ᄒ는 싱각이 이시면 나의

afara nakara be si tokdobu*. kungming hendume damu genggiyen gung be aikabade
싸호며 말기 를 네 졍ᄒ라. 孔明이 니로되 다만 明 孔 은 힝혀

mini gisun be daharakū ayoo? sembi (3:9a)
내 말 을 좃지 아니면 엇지ᄒ료? ᄒ니

sun cuwan hendume bi aisin gu i gese gisun be donjire be buyembi. kungming
孫 權이 니로되 내 금 옥 ᄀᆞᆺ흔 말 을 드름 을 원ᄒ노라. 孔明이

hendume te meder i dorgi ambula facuhūrara jakade jiyangjiyūn cooha ilifi
니로되 이제 海 內 크게 어즈러올 제 쟝군이 군수 니르켜

giyang ni dergi babe ejelehebi lio ioi jeo inu giyang (3:9b)
江 東 ᄯᅡ흘 웅거ᄒ고 劉 豫 州ㅣ 江

ni julergi de nikefi ts'oots'oo i baru abkai fejergi be temšembi te ts'oots'oo
南 의 의지ᄒ여 曹操과 향ᄒ여 텬 하 ᄅᆞᆯ ᄃᆞ토니 이제 曹操ㅣ

tulergi gurun be geterembuki seme bodofi amba dulin bahabi jing jeo be efulefi
밧 나라 흘 업시코져 ᄒ여 혜아려 태 반을 어덧고 荊 州ㅣ ᄅᆞᆯ 파ᄒ고

horon duin hošo de algikabi udu erdemungge (3:10a)
위염이 ᄉ 방 에 소문나니 비록 영

niyalma bihe seme eljeci ojorakū tuttu ofi lio ioi jeo jailame ubade jihe.
웅이 이셔 도 어양쓰지 못ᄒ여 그러모로 劉 豫 州ㅣ 츼여 여긔 왓ᄂ니라.

jiyangjiyūn ama ahūn i doro be sirafi sini hūsun be tuwame bodo. u iowai
쟝군이 부 형 의 법을 니어 네 힘 을 보와 혜아리라. 吳 越의

cooha be baitalame dulimbai gurun de eljeme mutere gese oci (3:10b)
군ᄉ로 써 中 國 에 어양써 당홈 ᄀᆞᆺᄒ면

doigonde tokdobure* de isirakū. aikabade eljeme muterakū oci minde emu arga
미리 졍홀만 밋지 못ᄒ리라. 힝혀 어양써 당치 못ᄒ면 내게 흔 쐬

bi karmaci ombi. sun cuwan fonjime ai argai karmaci ombi. kungming
이시니 막으면 되리라. 孫 權이 무로되 므슴 쐬로 막으면 되리오. 孔明이

hendume geren hebei ambasai gisun be dahafi (3:11a)
니로되 여러 의논ᄒᄂ 신하의 말 을 조차셔

cooha be nakafi uksin be uhufi dere be amasi forofi ainu weilerakū? sun cuwan
군ᄉ 롤 그치고 갑옷 슬 ᄡ고 ᄂᆞᆺ 출 북으로 두루혀셔 엇지 셤기지 아니ᄒᄂ뇨? 孫 權이

uju gidafi jabuhakū kungming hendume jiyangjiyūn tulergi de oci dahara
머리 수기고 ᄃᆡ답지 아니커늘 孔明이 니로되 쟝군이 밧그로ᄂ 항복홀

gebu bi dorgi de oci bata be nunggire arga (3:11b)
일홈이 잇고 안흐로ᄂ 젹 을 침노ᄒᄂ 쐬

be hefeliyehebi weile hahi ofi lashalarakū oci udu inenggi ojorakū jobolon
롤 품어시니 일이 급히 되여셔 결단치 못ᄒ면 여러 날 되지 못ᄒ여 홰

isinjimbi kai. sun cuwan inu umai seme jabuhakū kungming geli hendume
니르리라. 孫 權도 아므라타 ᄒ여 ᄃᆡ답지 아니커늘 孔明이 ᄯᅩ 니로되

julge i niyalma i henduhengge komso i geren be afarakū (3:12a)
넷 사름 의 니른거시 젹은거시 만흔거 슬 싸호지 못ᄒ고

yadalingge i etenggi de eljerakū sehengge ere uthai giyan kai. genggiyen gung
약흔거시 강흔 ᄃᆡ 어양쓰지 못ᄒ다 ᄒᄂᆞᆫ거시 이 오로 올흐니라. 明 公이

doigošome ts'oots'oo de daharakū ohode giyang ni dergi ba i hafan irgen gemu
미리 曹操 의게 항복지 아니ᄒ면 江 東 ᄯᅡ 히 관원 ᄇᆡᆨ셩이 다

boihon fulenggi ombi. sun cuwan hendume agui (3:12b)
흙과 지 되리라. 孫 權이 니로되 그ᄃᆡ

gisun i songkoi oci lio ioi jeo ainu daharakū? kungming hendume tiyan heng
말 ᄀᆞᆺ흘쟉시면 劉 豫 州ㅣ 엇지 항복지 아니ᄒᄂᆞ뇨? 孔明이 니로되 田 橫은

ci gurun i baturu saisa bime hono jurgan be tuwakiyame ejen be girubuhakū bi
齊 나라 히 장스로 이셔 오히려 의 ᄅᆞᆯ 직희여 님금 을 붓그럽게 아니ᄒ니

lio ioi jeo han i hūncihin baturu (3:13a)
劉 豫 州ᄂᆞᆫ 황뎨 의 겨릭오 영웅의

erdemu jalan de elbehebi geren saisai buyeme acanjirengge muke mederi de dosire
지죄 셰상 예 덥혀시니 여러 영웅이 원ᄒ여 마자 오ᄂᆞᆫ거시 믈이 바다 히 듬

adali damu weile muteburakūngge abkai haran kai. adarame dahafi niyalma i
ᄀᆞᆺᄒ니 다만 일 이로지 못ᄒᄂᆞᆫ거슨 하늘의 타시라. 엇지 항복ᄒ여 사름 의

fejile bimbi. sun cuwan uthai cira (3:13b)
아릭 이시리오. 孫 權이 즉시 ᄎᆞᆺ

aljafi ilifi amargi boode dosika geren gemu injeceme facaha. sun cuwan jili
짓고 니러셔 후 당으로 드러가니 여러히 다 웃고 훗터지더라. 孫 權이 셩

banjifi amargi boode dosika manggi lu su kungming be wakalame hendume
내여 후 당으로 드러가니 魯 肅이 孔明 을 그르다 ᄒ여 니로되

siyan seng ai turgunde ere gisun tucike? meni ejen (3:14a)
先 生이 므슴 일로 이런 말 내ᄂᆞᆫ다? 우리 님금이

mujilen onco baktambume bahaname ofi dere de wakalahakū dosika siyan seng ni
ᄆᆞ음이 너르고 거륵홈으로 ᄎᆞᆺ 쳐 그르다 아니코 드러가니 先 生의

34

gisun fusihūlame ambula dabahabi? kungming dere be oncohon maktafi injeme
말이 업슈이 너겨 크게 너무ᄒᆞᄂᆞ뇨? 孔明이 ᄂᆞᆾ 츨 쟛바져 웃고

hendume ai uttu gisun be alime gaime muterakū (3:14b)
니로되 어이 이런 말 을 바다 담당치 못ᄒᆞᄂᆞ뇨?

minde ts'oots'oo be efulere arga bi suwe minde fonjirakū bade bi ainu gisurembi?
내게 曹操 ᄅᆞᆯ 파홀 ᄭᅬ 이시니 너히 내게 뭇지 아니ᄒᆞᄂᆞᆫ 듸 내 엇지 니ᄅᆞ리오?

lu su hendume unenggi sain arga bihede lu su bi uthai ejen gung be ganara.
魯 肅이 니로되 진실로 됴흔 ᄭᅬ 이시면 魯 肅이 내 즉시 쥬 공 을 ᄃᆞ려오마.

kungming hendume ts'oots'oo i tanggū tumen geren be bi tuwaci yerguwei (3:15a)
孔明이 니로되 曹操 의 빅 만 여러 흘 내 보니 가얌이

feniyen i adali jug'uliyang emgeri gala tukiyelaha de gemu hukun fulenggi
므리 ᄀᆞᆺᄒᆞ니 諸葛亮이 ᄒᆞᆫ번 손 들면 다 두험과 지

ombi kai. lu su tere gisun be donjifi amargi boode dosifi sun cuwan be tuwaci
되리라. 魯 肅이 그 말 을 듯고 후 당에 드러가 孫 權 을 보니

sun cuwan jili banjihangge nakara unde lu su be (3:15b)
孫 權이 셩 내기 그치지 아니코 魯 肅 을

sabufi hendume si giyang be doome genefi emu sain niyalma be gajifi minde
보고 니로되 네 강 을 건너 가셔 ᄒᆞᆫ 착흔 사ᄅᆞᆷ 을 더브러와 내게

aisilabumbi sehengge ainu ere gese balai gisurere niyalma be gajiha? lu su
도으려 ᄒᆞᄂᆞᆫ거시 엇지 이럿ᄒᆞ시 잡 말ᄒᆞ는 사ᄅᆞᆷ 을 다려온다? 魯 肅이

hendume bi inu kungming be wakalara jakade (3:16a)
니로되 나 도 孔明 을 그르다ᄒᆞ니

kungming ambula injeme nakarakū hendume ejen gung be niyalmai gisun be alime
孔明이 크게 우어 그치지 아니코 니로되 主 公 을 사ᄅᆞᆷ의 말 을 바다

gaime muterakū uthai jili banjiha sembi kungming tuttu ofi ts'oots'oo be jafara
담당치 못ᄒᆞ고 급히 셩 낸다 ᄒᆞ고 孔明이 그러모로 曹操 ᄅᆞᆯ 잡을

arga be weihuken i alarakū kai. ejen gung (3:16b)
ᄭᅬ ᄅᆞᆯ 가비아이 알외지 아니ᄒᆞ엿ᄂᆞᆫ지라. 主 公은

ainu baime   fonjirakū?   sun cuwan jili bederefi urgun cira i hendume daci
엇지 츳자 뭇지 아니ᄒᆞᄂᆞ뇨? 孫 權이 성을 믈리쳐 깃거ᄒᆞᄂᆞ 눗ᄎᆞ로 니로되 본딕

kungming de sain arga bifi tuttu mimbe jortai jili banjibume gisurehe nikai.
孔明 의게 됴흔 쇠 이셔 그러모로 나를 짐즛 성 내게 ᄒᆞ여   니르도다.

emu erin i jili de weihukeleme tuwafi amba weile be (3:17a)
ᄒᆞᆫ 째 성 으로 가비야이 보와 큰 일 을

elekei sartabuha seme ebuhu sabuhū etuku be dasatame tucifi kungming be
ᄒᆞ마 그릇흘랏다 ᄒᆞ고 황망이 옷 슬 졍졔ᄒᆞ고 나가 孔明 을

solime ganafi hendume sun cuwan i sahangge komso ofi gaitai jili banjifi horonggo
쳥ᄒᆞ여 더브러 와셔 니로되 孫 權 이 아는 거시 젹어 즉시 성 내여 엄흔

cira be necihe weile be guwebure be buyere (3:17b)
눗 찰 거온 죄 를 샤흠 을 원ᄒᆞ노라.

kungming inu waka be alime hendume teike jug'uliyang ni ufarame tucike gisun be
孔明 도 그름 을 바다 니로되 앗가 諸葛量 의 그릇ᄒᆞ여 낸 말 을

waliyame gamaki sefi uthai amargi boode dosifi bakcilame tecefi nure dagilafi
ᄇᆞ리고 더브러 가쟈 ᄒᆞ고 즉시 후 당에 드러가 마조 안자셔 술 쟝만ᄒᆞ여

ishunde kunduleme emu udu jergi omicaha manggi (3:18a)
셔로 딕졉ᄒᆞ여 한 두어 번 먹은 후에

sun cuwan hendume ts'oots'oo i daci gūnihangge lioi bu, lio biyoo, yuwan šu,
孫 權이 니로되 曹操ㅣ 본딕 싱각ᄒᆞᄂᆞ 거슨 呂 布 劉 表 袁 術

lio ioi jeo sitahūn niyalma be kai. tere emu udu baturu se gemu mukiyehe damu
劉 豫 州과 외로온 사름 우리라. 져 ᄒᆞᆫ 여러 쟝슈 들 다 멸ᄒᆞ고 다만

lio ioi jeo meni juwe nofi funcehebi (3:18b)
劉 豫 州과 우리 둘히 남아시니

sitahūn niyalma damu u i babe yooni karmame muterakū ohode ainara sembi.
외로온 사름이 ᄃᆞ만 오 짜흘 오로 막아 담당치 못ᄒᆞ면 엇지 ᄒᆞ리오.

bi juwan tumen geren cooha be kadalambime niyalmai fejile adarame bimbi?
내 십 만 여러 군ᄉᆞ 를 검거ᄒᆞ여 사름의 아릭 엇지ᄒᆞ여 이시리오?

kungming hendume lio ioi jeo udu cang ban de jakan gidabucibe afara (3:19a)
孔明이 니로되 劉 豫 州ㅣ 비록 長 坂 에 새로이 패홈으로 싸호는

cooha amasi bedereme labdo* jihebi. guwan yūn cang de siliha uksin i cooha
군ᄉᆞ 뒤흐로 믈러 만히 왓는지라. 關 雲 長 의게 졍년혼 갑 군ᄉᆞ이

emu tumen bi lio ci de inu giyang hiya i afara cooha tumen isime bi
일 만이 잇고 劉 琦 의게 도 江 夏 의 싸호는 군ᄉᆞ 만에 니르러 잇고

ts'oots'oo geren cooha goro baci jime cukuhe. (3:19b)
曹操의 여러 군ᄉᆞ 먼 듸 와셔 곤ᄒᆞ엿는지라.

te donjici lio ioi jeo be bošome emu inenggi emu dobori ilan tanggū ba
이제 드르니 劉 豫 州ᄅᆞᆯ 쪼차 ᄒᆞᄅᆞ 낫 ᄒᆞᄅᆞ 밤의 삼 빅 니

funceme amcara jakade udu mangga nu i sirdan i dube seme nekeliyen suje be
남아 ᄯᆞᄅᆞ니 비록 강 노 의 살 밋치 라도 여론 비단 을

fondolome muterakū sembi tere anggala amargi ba i niyalma muke (3:20a)
ᄶᅦ지르기 이로지 못ᄒᆞᄂᆞ니 그 도곤 북녁 ᄯᅡ 히 사ᄅᆞᆷ은 믈

de afame bahanarakū udu jing jeo i irgen ts'oots'oo de dahacibe terei coohai
에 싸호지 못ᄒᆞ고 비록 荊 州ㅣ 빅셩이 曹操 의게 조츰은 져 군슈의

horon de geleme dahahangge buyeme dahahangge waka. te jiyangjiyūn baturu
위염 의 저허 항복혼 거시오 부러 항복혼 거시 아니라. 이제 쟝군이 영

jiyangjiyūn be tucibufi emu udu tumen cooha gaifi (3:20b)
웅 을 내여 혼 여러 만 군슈 ᄃᆞ려셔

lio ioi jeo i emgi uhei hūsun i ts'oots'oo be efuleci urunakū mutembi. ts'oots'oo
劉 豫 州과 홈ᄭᅴ 힘을 혼가지로 ᄒᆞ여 曹操 ᄅᆞᆯ 파ᄒᆞ면 반ᄃᆞ시 이로리라. 曹操의

cooha gidabuha de urunakū amargi bade genembi tuttu ohode jing jeo be bahambi
군ᄉᆞ 패ᄒᆞ면 반ᄃᆞ시 북 녁흐로 갈ᄭᅥ시니 그러ᄒᆞ면 荊 州ㅣ ᄅᆞᆯ 엇고

u gurun i ba nungneburakū ding ni (3:21a)
옷 나라 ᄯᅡ히 침노홈이 업서 솟

betge* i adali tokdombi* etere anaburengge gemu ere ucuri kai. sun cuwan
발 ᄀᆞᆺ치 졍ᄒᆞ리니 이긔며 지는거시 다 요 ᄉᆞ이라. 孫 權이

ambula urgunjeme hendume siyan seng ni gisun sihe orho be tatame gaifi neihe
크게   깃거   니로되   先   生   의   말이   막힌   플   을   드리여   헤침

adali mini gūnin tokdoho*. jai hebedere ba   akū (3:21b)
ᄀᆞᆺᄒᆞ니 내   싱각이 졍호롸.   다시   의논홀   곳이 업스니

enenggi ci uthai cooha ilifi uhei ts'oots'oo be mukiyebuki sefi lu su be bithe
오늘   브터 즉시   군ᄉᆞ 니르켜 오로   曹操   ᄅᆞᆯ   멸ᄒᆞ쟈   ᄒᆞ여 魯 肅 으로 문

cooha i hafasa de selgiyeme alabufi kungming be uthai tatara yamun de ebubuhe
무   관원들 의게   분부ᄒᆞ여   알외고   孔明   을   즉시   햐쳐한   마을   에   쉬게 ᄒᆞ다.

jang joo sun cuwan i cooha ilire be (3:22a)
張   昭ㅣ 孫   權   의 군ᄉᆞ 니르켜 믈

donjifi geren hebei ambasai baru kungming ni arga de dosikabi seme gisurefi
듯고   여러   의논ᄒᆞᄂᆞᆫ 신하들 향ᄒᆞ여   孔明   의   쇠   예   드럿다   ᄒᆞ여   니ᄅᆞ고

ebuhu sabuhū dosifi sun cuwan de acafi jang joo hendume be donjici ejen
황망히   드러가셔   孫   權   의게   뵈고   張   昭ㅣ 니로되   우리 드르니   쥬

gung cooha ilifi ts'oo gung ni baru afambi sere (3:22b)
공이   군ᄉᆞ   니르켜 曹   公과   향ᄒᆞ여   싸호려   ᄒᆞ니

ts'oo gung seibeni hono cooha komso jiyangjiyūn ekiyehun bime tungken emgeri
曹   公이   져적의   오히려   군ᄉᆞ   격고   쟝쉬   격어도   북   ᄒᆞᆫ번

dume yuwan šoo be efulehe te tanggū tumen geren be gaifi julergi be
쳐   袁   紹 ᄅᆞᆯ 파ᄒᆞ야시니 이제   빅   만   여러   흘   거ᄂᆞ리고   남녁   흐로

dailame tere i jeku cooha labdo ofi gebu horon ambula algikabi (3:23a)
싸호ᄂᆞᆫ지라 져   의 곡식과 군ᄉᆞ   만코   위염난 일홈이   크게   소문나니

adarame eljeci ombi? kungming ni gisun de dosifi cooha be balai ume aššabure.
엇지ᄒᆞ여 어양쁜들 되리오?   孔明   의   말   에   드러셔   군ᄉᆞ   ᄅᆞᆯ 간대로 움즈기지 말나.

ere uthai orho be unufi towa* be mukiyebure adali kai. sun cuwan umai seme
이ᄂᆞᆫ 즉시   새   ᄅᆞᆯ 지고   블   을   ᄭᅳ기   ᄀᆞᆺᄒᆞᆫ이라. 孫   權이   아므라타   ᄒᆞ여

jabuhakū ilifi amargi boode dosika. (3:23b)
딕답지 아니ᄒᆞ고 니러셔   후   당에   드러가다.

38

lu su jang joo i jergi urse tucike be sabufi urunakū cooha aššara be tafulame
魯 肅이 張 昭 의 등 뉴들 나가 믈 보고 반드시 군ᄉ 동흠 을 말리라

jihebi seme gūnifi ebuhu sabuhū dosifi sun cuwan i baru hendume teni jang
왓다 ᄒ여 싱각ᄒ고 황망히 드러가 孫 權의게 향ᄒ여 니로되 앗가 張

dz bu i jergi urse geli ejen gung be tafulame (3:24a)
子 布 의 등 뉴들이 쏘 쥬 공 을 말려

cooha ume ilire ts'oots'oo de dahaki serengge bithe i hafasa meni meni hocikon
군ᄉ 니ᄅ켜지 말고 曹操 의게 항복고져 ᄒᄂ 거슨 문 관들이 각각 고은

sargan ajige juse den boo amba yamun de tefi bayan wesihun be nararangge
계집 어린 ᄌ식들과 놉흔 집 큰 아문 의 안자 가음열고 놉흠 을 싱각ᄒ음이요

ejen gung ni jalin faššame šanggiyan jeyen (3:24b)
쥬 공을 위ᄒ여셔 도라 빅잉

de afame buceki serengge waka. tereci sun cuwan amargi boode deduci teci
의 싸화 죽고져 ᄒᄂ 거시 아니라. 그적의 孫 權이 후 당에셔 누으나 안즈나

elhe akū jeci omici amtan akū dolo kenehunjeme bisire de u fujin
편안치 못ᄒ고 먹으나 마시나 마시 업서 속으로 의심ᄒ고 이실 제 吳 夫人이

sun cuwan i arbun be safi jio seme gamafi fonjime (3:25a)
孫 權 의 거동 을 보고 오라 ᄒ여 더브러 무로되

ai gūnin bifi dedure jetere be gemu waliyaha? sun cuwan hendume te
므슴 싱각이 이셔 누으며 먹기 랄 다 폐ᄒᄂ뇨? 孫 權이 니로되 이제

ts'oots'oo giyang han de cooha tatafi giyang ni julergi be gaijara gūnin bi
曹操ㅣ 江 漢 에 군ᄉ 머므러 江 南 을 가지려 ᄒᄂ 싱각이 이시니

mini dolo afaki seci musei cooha komso terei cooha geren eterakū ohode (3:25b)
내 ᄆ음의 싸호고져 ᄒ되 우리 군ᄉᄂ 젹고 져의 군ᄉᄂ 여러히니 이긔지 못ᄒ면

ainara dahaci ts'oots'oo aikabade mimbe biburakū ohode geli ainara seme
엇지ᄒ료 항복ᄒ면 曹操ㅣ 힝혀 나를 두지 아닐ᄶ시니 쏘 엇지ᄒ리 ᄒ여

tuttu kenehunjeme lashalame muterakū bi u fujin sejilefi hendume dzung mu
그러모로 의심ᄒ고 결단 이로지 못ᄒ롸 ᄒ니 吳 夫人이 탄식ᄒ고 니로되 仲 謀ㅣ

si mini eyun i gisun be ainu onggoho? (3:26a)
네 내 누 의 말 을 엇지 니즈뇨?

bi yamji cimari onggorakū gūnihai bikai. sun cuwan donjifi soktohongge subuha
내 져녁 아츰 닛지 아니코 싱각ᄒ여 잇노라. 孫 權이 듯고 취한 것 씸

adali tolgifi getehe gese oho. (3:26b)
ᄀᆞᆺ고 ᄭᅮᆷ ᄭᅵ니 ᄀᆞᆺ더라.

諸葛亮詐伏周瑜

jug'uliyang　arga i　jeo ioi be　gidaha.
諸葛亮　　　꾀 로　周瑜 를　속였다.

tereci　jeo ioi　arga baitalafi　ts'oots'oo i　gala be　baifi　ts'ai　mao　jang　yūn　be　waha
그적의　周瑜ㅣ 꾀 써　　　曹操 의 손 을 비러셔　蔡　瑁　張　允 을　죽인

mejige be　jiyansi　giyang dome*　jifi　alanjiha manggi　jeo ioi　ambula　urgunjeme
긔별 을　탐지ᄒᆞ여　강 건너　와　알외니　　周瑜ㅣ 크게　깃거

lu　su　i　　baru　hendume (4:1a)
魯 肅 의게　향ᄒᆞ여　니로되

bi　gūnici　geren　jiyangjiyūn be　gidaci　ombi　kungming be　gidaci ojorakū. dz
내 싱각ᄒᆞ니　여러　쟝슈 를 소기면 되려니와　孔明 을　소기지 못ᄒᆞ리라. 子

jing　si emu　gisun cendeme　tuwa. sambio? sarkūn? lu　su　gisun be　alime gaifi
敬이 네 ᄒᆞᆫ 말 시험ᄒᆞ여 보라. 아ᄂᆞᆫ가 모로ᄂᆞᆫ가? 魯 肅이 말 을 바다 가지고

kungming ni　cuwan de　mejige　gaime　jihe　kungming (4:1b)
孔明 의 빅 예 긔별 알라 오니　孔明이

okdome　cuwan de　dosimbufi　bakcilame tehe. lu　su　hendume　inenggidari　coohai
마자 빅 예 드려셔　마조 안짜. 魯 肅이 니로되　날마다　군ᄉ

baita　be　icihiyara de　ufaraha ba　bici　tacibure be　donjiki. kungming　hendume　inu.
쓸거 슬 출힐 적 의 그른 곳 잇거든　ᄀᆞ른침 을 듯쟈.　孔明이　니로되 올타.

jug'uliyang　inu　dudu　de　urgun i　doroi　acanara　unde. (4:2a)
諸葛亮 도　都督 의게 깃분　녜로　뵈지 못ᄒᆞ엿노라.

lu　su　hendume　ai　urgun? kungming　hendume　gung　jin　simbe　takūrafi　jug'uliyang
魯 肅이 니로되 므슴 깃붐고?　孔明이　니로되　公　瑾이 너를 부려셔　諸葛量

mimbe　sambio　sarkūn? seme　jihe　weile de　uthai　urgun i　doroi　acaci　ombi.
나를 아ᄂᆞᆫ가 모로ᄂᆞᆫ가? ᄒᆞ여 온 일 에 즉시 깃분 녜로 마즈려 홈이라.

lu　su　golofi　cira　aljafi　hendume　siyan　seng　adarame　bahafi　saha? (4:2b)
魯 肅이 놀라 ᄂᆞᆺ 짓고 니로되　先 生이 엇지ᄒᆞ여 어더 안다?

kungming　hendume　ere　emu　arga　i　jiyang　g'an　be　holtoho　dere.　ts'oots'oo
孔明이　　　니로되　　이　흔　쇠는　　蔣　幹　을　　소김이라.　　　曹操ㅣ

urunakū　amala　bahanambi　waka　be　alime　gaijarakū　tuttu　ohode　giyang　ni　dergi　de
반드시　후에　알리니　그름　을　바다　가지지　아니리니　그러ᄒ면　　　江　　　東　의

jobolon　akū　ombi　kai.　ainu　urgun　i　doroi　i　acanarakū　(4:3a)
근심　업슴이　되리라.　엇지　깃분　녜　로　맛지　아니리오.

ni.　bi　donjici　mao　jiyai　io　jin　be　funde　sindahabi　sere.　ere　juwe　niyalma　gala　de
내　드르니　毛　玠　于　禁　을　듸예　두엇다　ᄒ더라.　이　두　사름의　손　에

muke　i　cooha　urunakū　bucembi.　lu　su　umai　jabume　mutehekū　hetu　gisun　i
믈　군시　반드시　죽으리라.　魯　肅이　일졀이　듸답지　못ᄒ고　니도ᄒ　말　로

tookabume　gisurefi　kungming　ci　fakcaki　sere　de　(4:3b)
마가　니르고　孔明　의게　쩌나려　홀　제

kungming　hendume　dze　jing　de　tumen　jergi　bairengge　jug'uliyang　be　ere　weile　be
孔明이　　　니로되　子　敬　의게　만　번　비는　거슨　　諸葛量　을　이　일　을

sambi　seme　ume　gisurere.　gung　jin　aikabade　donjiha　de　urunakū　jug'uliyang　be
아더라　ᄒ여　니르지　말라.　公　瑾이　힝혀　드르면　반드시　諸葛亮　을

nungnembi　kai.　lu　su　inu　sefi　ajige　cuwan　de　tefi　genehe　(4:4a)
거오리라.　魯　肅이　올타　ᄒ고　젹은　비　예　트고　가

jeo　ioi　de　acafi　tere　weile　be　alaha　jeo　ioi　donjifi　ambula　jili　banjifi　hendume
周　瑜　의게　뵈고　그　일　을　알외니　周　瑜ㅣ　듯고　크게　셩　내여　니로되

aikabade　ere　niyalma　be　bibuhe　de　bi　bahafi　iletulerakū　bi　wara　gūnin　be
힝혀　이　사름　을　두어시면　내　어더　나타나지　못ᄒ리니　내　죽일　싱각　을

tokdoho*.　lu　su　tafulame　hendume　kungming　be　waha　de　ts'oots'oo　(4:4b)
정호롸.　魯　肅이　말려　니로되　孔明　을　죽이면　曹操

de　basubumbi.　jeo　ioi　hendume　bi　tondoi　waha　de　tere　bucecibe　inu　ushacun
의게　우임이라.　周　瑜ㅣ　니로되　내　공도로이　죽이면　졔　죽기를　올커니　허믈치

akū.　lu　su　hendume　tondo　serengge　adarame?　jeo　ioi　hendume　dze　jing
못ᄒ리라.　魯　肅이　니로되　공도롭다　ᄒ는　거시　엇지오?　周　瑜ㅣ　니로되　子　敬은

ume fonjire. jai bahafi sambi kai. jai (4:5a)
뭇지 말라. 다시 어더 알리라. 잇흔

inenggi geren hafasa be cacari fejile isabufi kungming be solinaha kungming
날 여러 관원들 을 챠일 아릭 모호고 孔明 을 청ᄒᆞ니 孔明이

urgunjeme jifi tehe manggi jeo ioi kungming de fonjime cooha yasa i juleri acara
깃거 와셔 안거늘 周瑜ㅣ 孔明 의게 무로되 군ᄉᆞ 눈 앏히 만날

de isikabi goro akū muke i jugūn de cooha i ai (4:5b)
듸 다ᄃᆞ라셔 멀지 아니ᄒᆞ니 믈 길 의 군ᄉᆞ 므슴

agūra be baitalaha de etembi? siyan seng tacibure biheo? kungming hendume
장기 를 써야 이긔리? 先 生은 ᄀᆞᄅᆞ침이 잇ᄂᆞ냐? 孔明이 니로되

amba giyang de beri nu be baitalara be oyonggo obumbi. jeo ioi ambula urgunjeme
큰 강 에 궁 노를 쓰기 를 비밀 되리라. 周瑜ㅣ 크게 깃거

hendume siyan seng ni ere gisun tob seme mentuhun i gūnin de acaha. (4:6a)
니로되 先 生 의 이 말이 마치 미혹흔 의 싱각 에 맛도다.

te cooha de baitalara sirdan akū siyan seng be baifi juwan tumen sirdan be
이제 군ᄉᆞ 의 쓸 살이 업슴애 先 生 을 비러셔 십 만 살 을

tuwame arabufi baitalaki sembi ainara? ume marara. gūwa niyalma be baitalaci
보와 밍글려셔 쓰고져 ᄒᆞ니 엇지ᄒᆞ료? 거스지 말라. 다른 사ᄅᆞᆷ 을 쓰면

aikabade erdemu hamirakū ofi muteburakū ojorahū sembi kai. (4:6b)
힝혀 지죄 밋지 못ᄒᆞ여 이로지 못홀까 ᄒᆞ노라.

kungming hendume bi ere weile be urehebi gelgun* akū fonjirengge juwan tumen
孔明이 니로되 내 이 일 을 닉이 아ᄂᆞ니 져허 아니코 뭇ᄂᆞᆫ 거슨 십 만

sirdan be ai erin de baitalambi? jeo ioi hendume juwan inenggi dolo araci
살 을 어늬 째 예 쓰렷ᄂᆞ니? 周瑜ㅣ 니로되 열흘 안흐로 밍글면

wajireo? kungming hendume yasai juleri juwe cooha (4:7a)
믓흘까? 孔明이 니로되 눈 앏히 두 군ᄉᆞ

bakcilafi yamji cimari ts'ots'oo i cooha isinjime hamika juwan inenggi be aliyaci
맛다라셔 져녁 아ᄎᆞᆷ의 曹操 의 군ᄉᆞ 거의 다ᄃᆞ라시니 열흘 을 기ᄃᆞ리면

amba weile sartabumbi kai. jeo ioi hendume siyan seng bodoci udu inenggi
큰 일이 어긋나리라. 周 瑜ㅣ 니로되 先 生이 혜아리니 몃 날

šanggambi? kungming hendume ilan inenggi dolo juwan tumen sirdan be (4:7b)
다홀고? 孔明이 니로되 사흘 안흐로 십 만 살 을

alibuki. jeo ioi hendume cooha i bade efime gisureci ojorakū. kungming hendume
밧치마. 周 瑜ㅣ 니로되 군 듕에 희롱ᄒ여 니르지 못ᄒᄂ니라. 孔明이 니로되

ai gelgun* akū dudu be holtombi? ilan inenggi dolo baharakū oci cooha i
엇지 싱심이나 都督 을 소기리? 사흘 안흐로 엇지 못ᄒ면 군

fafun be aliki. jeo ioi ambula urgunjeme jiyūn jeng sy (4:8a)
령 을 밧으마. 周 瑜ㅣ 크게 깃거 군 졍 ᄉ

hafan be hūlafi kungming ni juleri akdulara bithe arabufi nure dagilafi kundulere
관원 을 블러셔 孔明 의 앏히 밋브게 ᄒᄂ는 글 쓰이고 술 쟝만ᄒ고 디졉홀

de jeo ioi hendume cooha i baita wajiha manggi amala joboho de karulaki.
제 周 瑜ㅣ 니로되 군ᄉ 의 일 ᄆᆺ거든 후에 슈고흔 디 갑흐마.

kungming hendume enenggi be daburakū cimaha inenggi ci uthai (4:8b)
孔明이 니로되 오늘 을 혜지 말고 ᄂᆡ일 브터 즉시

sirdan arabumbi ilaci inenggi buya coohai niyalma be takūrafi sirdan juwebu
살 밍글쩌시니 사흘만의 젹은 군ᄉ 사름 을 부려셔 살 나르라

sefi kungming udu hūntaha nure omifi fakcafi genehe. lu su hendume ere
ᄒ고 孔明이 여러 잔 술 먹고 쩌나 가다. 魯 肅이 니로되 이

niyalma holtorakū semeo? jeo ioi hendume tere ini cisui (4:9a)
사름이 소기지 아니타 ᄒᄂ냐? 周 瑜ㅣ 니로되 제 제 ᄆᆞᆷ으로

bucere be bairengge mini ergelehengge waka. geren i juleri iletuleme akdun bithe
죽음 을 어든 거시오 내 권흔 거시 아니라. 여러희 앏히 명빅히 밋븐 글

araha tede udu juwe ogo de asha banjiha seme deyeme geneci ojorakū kai.
쩌시니 제 비록 두 겨드랑 에 늘개 낫다 ᄒ여 ᄂ라 가도 되지 못ᄒ리라.

bi cooha de bisire faksisa be ai ai jaka be (4:9b)
내 군ᄉ 의 잇ᄂ 쟝인들 을 온갓 거 슬

44

bahaburakū ohode urunakū sartabumbi tere fonde weile araci tede jabure gisun
엇지 못ᄒᆞ게 ᄒᆞ면 반ᄃᆞ시 어긔여지리니 그 ᄶᆡ예 죄 지으면 제 ᄃᆡ답ᄒᆞᆯ 말

akū ombi kai. si genefi tere i yargiyan tašan be tuwafi alanju. lu su genefi
업시되리라. 네 가셔 져 의 분명ᄒᆞ며 그름 을 보와셔 알외라 오라. 魯 肅이 가셔

kungming de acaha manggi kungming hendume bi dze jing (4:10a)
孔明 의게 뵈니 孔明이 니로되 내 子 敬

ni baru gung jin de ume alara. tere urunakū mimbe nungnembi sehe bihe kai
씌 향ᄒᆞ여 公 瑾 의게 알외지 말라. 제 반ᄃᆞ시 나를 거오리라 ᄒᆞ여 잇더니

enenggi yala yargiyan oho. ilan inenggi dolo juwan tumen sirdan be ara.
오늘 과연 분명이 되거다. 사흘 안ᄒᆞ로 십 만 살 을 밍글라.

sirdan baharakū ohode urunakū cooha i fafun i gamambi sembi (4:10b)
살 엇지 못ᄒᆞ거든 반ᄃᆞ시 군 법 으로 가져가리라 ᄒᆞ여시니

dze jing aikabade mimbe guwebuci ojoro. lu su hendume sini buyeme baiha
子 敬은 힝혀 나를 면케 홀까. 魯 肅이 니로되 네 부러 어든

jobolon kai. adarame guwebuci ombi. kungming hendume dze jing de damu
근심이라. 엇지ᄒᆞ여 면케 ᄒᆞ리. 孔明이 니로되 子 敬 의게 다만

bairengge orin cuwan. emu cuwan de cooha i niyalma gūsin cuwan i (4:11a)
비는 거슨 스므 비라. ᄒᆞᆫ 비 예 군스 사름 셜흔과 비

dele mocin i jampan cafi cuwan tome minggata fulmiyen orho juwe dalbade
우히 청포 댱막 치고 비 마다 쳔 뭇식 새 두 ᄀᆞ의

fik seme ilibufi gemu giyang ni dalin de aliya. encu hacin i ferguwecuke baitalara
벽벽 셰오고 다 강 ᄉᆞᆫ 의 기ᄃᆞ리라. 다른 거세 긔특이 쓸

babi ilaci inenggi dze jing jifi sirdan tuwa. taka gung jin de ume (4:11b)
곳이 이시니 사흘만의 子 敬이 와셔 살 보라. 아직 公 瑾 의게

ulhibure. aikabade weile be firgembuci mini arga inu muterakū ombi. dze jing
알게 말라. 힝혀 일 을 누셜ᄒᆞ면 내 쇠 도 이로지 못ᄒᆞᆯ 거시오. 子 敬

inu suwaliyabumbi. lu su je sefi bederefi jeo ioi de alame terei gisun
도 셕기이리라. 魯 肅이 오냐 ᄒᆞ고 믈러가셔 周 瑜 의게 알외되 져의 말이

cikten dethe amdun jergi jaka be   baitalarakū   inde encu giyan (4:12a)
살대   짓   부레   등   거슬   쓰지 아니ㅎ고   제게 다른   묘리

bi   sembi.   jeo ioi   ambula   kenehunjeme   terei gūnin be   ulhihekū.   lu   su ini
잇다 ㅎ더라.   周 瑜ㅣ   크게   의심ㅎ여   져의 싱각 을 아지 못ㅎ더라. 魯 肅이 제

cisui   orin   weihuken cuwan be   sonjofi   cuwan tome   gūsita   niyalma sindafi gemu
ㅁ음으로 스믈   가비야온   비   를 굴히여셔   비   마다   셜흔식   사룸   두어셔   다

mocin   jampan cafi   dolo   jeku orho be tebufi (4:12b)
쳥포   댱막 치고   안히   집흘   시러

juwe dalba be   hūwaitafi ninggude tu   kiru   sisifi gemu   kungming ni   cuwan i
두   ㄱ을   믹고   우희   큰긔   젹은긔   곳고 다   孔明   의   비예

adame   ilibuhabi tere inenggi   aššahakū   jai inenggi   geli   jurandarakū   ilaci
다혀   셰워시니 그   날   움즉이지 아니ㅎ고   잇흔날   또   발치 아니코   셋잰

inenggi duici ging de   lu su   cuwan i jakade   jihe manggi kungming (4:13a)
날   ᄉ 경   의 魯 肅이   비   겻히   오니   孔明이

cuwan de   tafa   sere   jakade   lu su   fonjime   ai   gūnin? kungming   hendume   bi
비   예 오로라   흔   대   魯 肅이   무로되   므슴 싱각인고?   孔明이   니로되   내

dze jing   ni emgi amargi de sirdan   ganaki   sembi lu   su hendume sirdan aibide
子 敬   과 흠ㅅ긔 븍녁 희 살   가질라 가지라 ㅎ니 魯 肅이 니로되   살이 어듸

bi?   kungming   hendume dze   jing   ume fonjire.   julesi   genehe de uthai (4:13b)
잇ᄂ뇨? 孔明이   니로되 子 敬은   뭇지 말라.   앏히   가면   즉시

sirdan be   sabumbi sefi   orin cuwan be   futa i   holbome   hūwaitafi   cohome   amargi
살   을   보리라 ㅎ고 스므   비를   노흐로   얽어   믹고   부러   븍녁

dalin i   baru dosime genere de tere dobori   giyang de   amba   talman   talmafi ishunde
ㄱ   으로 향ㅎ여 드러   갈 제 그   밤의   강   에 큰   안개   져셔   서로

saburakū.   kungming   lu su   gemu cuwan i   dolo   tefi   cuwan (4:14a)
뵈지 못ㅎ더라. 孔明   魯 肅이 다   비   안히 안자셔   비

be   hūdun   yabu   seme   bošombi tere inenggi   sunjaci ging de   kungming ni   cuwan
를   셜리   가쟈   ㅎ고   모더니 그   날   오   경에   孔明의   비

ts'oots'oo i muke ing ni jakade isinafi kungming cuwan be uju wasihūn uncehen
曹操 의 믈 딘 겻히 니르러셔 孔明이 빈 를 머리는 셔로 ᄒ고 ᄭ리는

wesihun emu jurgan i faidabufi cuwan i dele tungken dume (4:14b)
동으로 ᄒ여 ᄒᆫ 줄 로 버리고 빈 우히셔 북 치고

kaicambi lu su golofi hendume aikabade ts'oots'oo i cooha sasa tucike de
아오셩ᄒ니 魯 肅이 놀라 니로되 힝혀 曹操 의 군시 홈ᄭᅴ 내ᄃᆞ르면

ainambi. kungming injeme hendume bi bodoci ts'oots'oo udu argangga baturu
엇지ᄒ리. 孔明이 웃고 니로되 내 혜아리니 曹操 | 비록 ᄭᅬ로온 쟝군

bicibe farhūn talman de olhome tucirakū. muse nure omime sebjeleki (4:15a)
이라도 어두온 안개 예 겁퍼 나지 아니리라. 우리 술 먹고 즐기다가

talman heteme uthai bedereki. mini beye ubade bici tetendere dze jing ume
안개 거드며 즉시 믈러가쟈. 내 몸이 여긔 이실거시니 子 敬은

joboro. tereci ts'oots'oo i mukei ing ni cooha tungken dume kaicara be donjifi
근심 말라. 그적의 曹操 의 믈 딘 군시 북 치고 아오셩홈 을 둦고

mao jiyai, ioi jin juwe nofi ekšeme ts'oots'oo de alanabuha (4:15b)
毛 玠 于 禁 둘히 밧비 曹操 의게 알외니

ts'oots'oo tere fonde mukei cooha be dasatara unde ofi ini beye giyang ni
曹操 | 그 재예 믈 군수 롤 졍졔치 못홈이 되여셔 제 몸이 강

dalin de jifi cooha be gemu teisu teisu faidame ilibume wajifi fafulame hendume
신 의 와셔 군수 롤 다 우던 우던 버려 셰워 ᄆᆞᆺ고 금ᄒ여 니로되

giyang de farhūn talman talmakabi bata i jiderengge (4:16a)
강 에 어두온 안개 꼇고 젹이 오는거시

hūsurengge tede urunakū buksiha cooha bi tere anggala coohai jihengge teksin
세ᄎ니 져긔 반ᄃᆞ시 숨긴 군시 잇고 ᄒᆞ믈며 군시 온거시 ᄀᆞ즉이

sain weihukeleme aššaci ojorakū. taka mukei cooha be nu beri jafabufi
잘ᄒ여시니 가빅야이 움즉이지 못홀지라. 날회여 믈 군수 롤 궁 노 잡펴셔

emdubei gabtabuki sefi geli olhon ing de jangliyoo sioi (4:16b)
니음ᄃᆞ라 쏘이쟈 ᄒ고 ᄯ 뭇 딘 의 張遼 徐

hūwang be ilata mingga nu beri jafaha niyalma be gajime hūdun jifi cuwan i
晃 을 삼 쳔식 궁 노 잡은 사름 을 드리고 샐리 와셔 비

dalbade aisilame gabta seme takūraha. ts'oots'oo i fafun isinara onggolo ioi jin
식의 도와 쏘라 ᄒ여 부리다. 曹操 의 령이 밋지 못ᄒ여셔 于 禁

mao jiyai giyang ni julergi cooha mukei ing be durime dosirahū seme olhome (4:17a)
毛 介 강 남녁 군식 믈 던 을 아사 들까 ᄒ여 저허

ceni beye nu beri jafaha urse be gaifi emdubei gabtara de amala fafun isinjire jakade
제 몸소 궁 노 잡은 뉴들 을 드리고 니음드라 쏠 제 후에 령이 니ᄅ니

tumen funceme nu beri jafaha niyalma be tucibufi gemu gabtabumbi. abka gereme
만 남은 궁 노 잡은 사름 을 내여셔 다 쏘더라. 하늘 붉으며

kungming cuwan be maribufi uju wesihun uncehen wasihūn (4:17b)
孔明이 비 를 두루혀 머리ᄂᆞᆫ 동ᄒ고 ᄭᅩ리ᄂᆞᆫ 셔

obufi mukei ing ni hanci ilifi gabtara sirdan be alime gaimbi talman i dolo damu
ᄒ여셔 믈 던 갓가이 셔셔 쏘는 살 을 바다 가지니 안개 속에 다만

tungken dure kaicara jilgan be bahafi donjimbi gabtaha sirdan aga agara gese. šun
북 치고 아오셩 을 어더 듯고 쏘는 살이 비 오듯 ᄒ더라. 히

ulhiyen ulhiyen i mukdefi talman hetehe (4:18a)
졈졈 놉고 안개 거드니

manggi kungming ekšeme cuwan be maribufi tuwaci orin cuwan i dergi juwe dalba
孔明이 밧비 비 를 두루혀 보니 스므 비 우 두 ᄀᆞ의

fulmiyehe orho de sirdan i hadahangge umesi jalukabi. kungming niyalma tucibufi
믁슨 새 예 살 박힌거시 아조 찻ᄂᆞᆫ지라. 孔明이 사름 내여셔

cenghiyang sirdan buhe baniha seme hūlame hendufi genehe (4:18b)
승샹이 살 주니 샤례ᄒ노라 ᄒ여 웨여 니ᄅ고 가다.

ts'oots'oo de alanara sidende cuwan weihuken muke haksan ofi orin ba funceme
曹操 의게 알욀 ᄉᆞ이예 비 가빅압고 믈이 급ᄒ여셔 이십 니 남아

goro oho amcaci ambuhakū ts'oots'oo ini beye be i wakalame nasaha fejergi
멀리 되니 ᄶᅩᆯ오되 ᄶᅩᆯ오지 못ᄒ고 曹操ㅣ 제 몸 을 제 그르다 ᄒ여 뉘웃고 아리

jiyangjiyūn sa gemu korsome nasaha seme wajirakū. kungming lu su (4:19a)
쟝슈 들이 다 흔흐고 슬탄 흐여 믓지 아니터라. 孔明이 魯 肅끽

i baru hendume cuwan tome sirdan duin sunja mingga isime bi giyang ni dergi
향흐여 니로되 빅 마다 살이 스 오 쳔에 다드라시니 江 東

hūsun be majige hono tucibuhekū juwan tumen funceme sirdan baha ere sirdan i
힘 을 죠곰도 바히 내지 아니흐고 십 만 남은 살 어더 이 살 로

cimaha amargi cooha be gabtame jiki. lu su hendume siyan seng (4:19b)
닉일 북녁 군스 룰 쏘라 오쟈. 魯 肅이 니로되 先 生은

unenggi enduringge niyalma kai. adarame enenggi uttu amba talman be saha?
진실로 신긔흔 사룸이로다. 엇지흐여 오늘 이리 큰 안개 룰 안다?

kungming hendume yaya jiyangjiyūn oho niyalma abkai boco be hafundarakū na i
孔明이 니로되 므릇 쟝슈 되는 사룸이 하늘 빗츨 통치 못흐고 짜히

giyan be ulhirakū cooha i turgun be sarkū in yang be bahanarakū (4:20a)
니 룰 아지 못흐고 군스 의 일 을 아지 못흐고 음 양 을 아지 못흐고

faidan arbun be tuwarakū cooha i mudan be genggiyelerakū oci jergi erdemu kai.
위의 거동 을 보지 못흐고 군스 의 셰 룰 붉히지 못흐면 등윗 지죄라.

enenggi ere amba talman be jug'uliyang ilan inenggi onggolo bodome bahanafi tuttu
오늘 이 큰 안개 룰 諸葛亮이 사 흘 젼에 혜아려 알고 그러모로

ere faksi arga be deribuhe gung jin (4:20b)
이 지간의 쇠 룰 시작흐엿다. 公 瑾이

mimbe juwan inenggi arame wacihiya sehe bihe arara faksi ai ai jaka be lak seme
나룰 열흘에 딩그라 믓츠라 흐엿더니 딩그는 쟝인과 온갓 거슬 마즘

baharakū udu yamun de ganabufi aracibe inu weile be sartabumbi kai. cohome
엇지 못흐고 비룩 아문 에 드려가셔 딩그라 도 일 을 어긋나게 흠이라. 부러

ere emu arga be deribufi fiktu baime yargiyan i mimbe waki sehengge. (4:21a)
이 흔 쇠 룰 시작흐여셔 탈 어더 분명이 나룰 죽이고져 흐거시라.

mini jalgan abka de bi gung jin adarame mimbe nungneci ombi. lu su
내 명이 하늘 에 이시니 公 瑾이 엇지흐여 나룰 거오리오. 魯 肅이

hengkileme ferguwehe cuwan dalin de isinafi tuwaci giyang ni dalin de sunja tanggū
절호고 긔특이 너겨 빈 선 의 다드라셔 보니 강 선 의 오 빅

cooha sirdan juwembi seme aifini jifi aliyahabi. (4:21b)
군선 살 나르려 호여 볼셔 와셔 기드리더라.

kungming cuwan i sirdan be gaibufi toloci uyun tumen funceme bahabi sirdan be
孔明이 빈 예 살 흘 아사셔 혜니 구 만 남아 어더시니 살 을

gemu dulimbai cooha i cacari jakade afabume buhe. lu su kungming ni gisun be
다 듕 군 쟝막 겻히 맛쳐 주다. 魯 肅이 孔明 의 말 을

jeo ioi de alara jakade jeo ioi ambula sesulefi sejileme hendume (4:22a)
周 瑜 의게 알외니 周 瑜ㅣ 크게 놀라 탄식호여 니로되

kungming ni enduri arga ferguwecuke bodohon* de bi isirakū sehe. giyang ni dergi
孔明 의 신긔흔 쇠 긔특흔 혜아림 의 내 밋지 못호로다. 강 동

niyalma uyun tumen funceme sirdan bahabi ts'oots'oo i sirdan tofohon tumen funceme
사룸은 구 만 남은 살 엇고 曹操 의 살 십오 만 남아

gaibuhabi jeo ioi ing ci tucifi okdofi sefu i doro i (4:22b)
아여시니 周 瑜ㅣ 딘 의 나셔 마자 스승 의 녜로

kundulere de kungming hendume emu ajige arga i holtoho kai. ainu ferguwecuke
딕졉흔 대 孔明이 니로되 흔 죠고만 쇠 로 소김이라. 엇지 긔특다

sembi. jeo ioi hendume udu julgei sun dz u dz sehe seme isirakū sefi
호리오. 周 瑜ㅣ 니로되 비록 녜 孫 子 吳 子ㅣ 라도 밋지 못호리라 호고

monggo boode dosimbufi emgi nure omire de jeo ioi (4:23a)
쟝막의 드려셔 흠씌 술 먹을 제 周 瑜ㅣ

hendume sikse u heo ts'oots'oo be hūdun efule seme takūrahabi jeo ioi de
니로되 어제 吳 侯ㅣ 曹操 룰 샐리 파호라 호여 부려시되 周 瑜 의

ferguwecuke arga akū ainara. siyan seng ni tacibure be baimbi. kungming hendume
긔특한 쇠 업스니 엇지호리오. 先 生 의 フ르침 을 비노라. 孔明이 니로되

jug'uliyang bai emu jergi niyalma gung seci giyang ni dergi (4:23b)
諸葛亮은 샹히 흔 등 사룸이오 公 은 강 동의

baturu saisa kai. ainu jug'uliyang de arga be fonjimbi? jeo ioi hendume bi dobori
착혼 쟝군이라. 엇지 諸葛亮 의게 쇠를 무르리? 周瑜ㅣ 니로되 내 밤의

genefi muke i ing be tuwaci mujakū fafun cira ja i afarengge* waka. te siyan
가셔 믈 딘을 보니 극히 법 다오니 수이 칠거시 아니라. 이제 先

seng inu terei aššara arbušara be sahabi (4:24a)
生이 져의 움즈기는 거동 을 알리니

jeo ioi de emu arga bi ojoro ojorakū be sarkū. siyan seng leoleme tuwa.
周 瑜 의게 혼 쇠 이시니 되며 되지 못흠 을 아지 못홀로다. 先 生은 혜아려 보라.

kungming hendume dudu taka ume gisurere. meni meni gala i falanggū de bithe
孔明이 니로되 都督은 아직 니르지 말라. 각각 손 바당 의 글

araki. emu adali ojoro encu ojoro be tuwaki. jeo ioi (4:24b)
쓰쟈. 혼 가지며 다름 을 보쟈. 周 瑜ㅣ

ambula urgunjeme fi yuwan gaji seme gaifi ini cisui daldame arafi fi yuwan
크게 깃거 붓과 벼로 달라 흐여 가져와 제 무움으로 비밀이 쓰고 붓과 벼로

be kungming de bufi kungming inu araha. (4:25a)
롤 孔明 의게 주니 孔明 도 쓰다.

黃蓋獻計破曹操

huwang g'ai arga deribufi ts'oots'oo be efulehe.
黃 蓋 꾀 써서 曹操 를 파했다.

tere inenggi sarin de jeo ioi falanggū de hergen be neneme tucibuci kungming
그 날 잔취예 周瑜ㅣ 손바당 의 ᄌ 를 몬져 내니 孔明이

tuwaci tuwa sere emu hergen kungming inu falanggū hergen be geli tucibufi
보니 블 이라 흔 지오 孔明 도 손바당 ᄌ 를 ᄯᅩ 내여셔

jeo ioi de tuwabuci ineku tuwa (5:1a)
周 瑜 의게 뵈니 ᄯᅩ흔 블

sere emu hergen. tuttu ofi ambula injecefi gemu fuhe. jeo ioi hendume juwe arga
이라 흔 지라. 그러모로 크게 웃고 다 ᄡᅥ다. 周瑜ㅣ 니로되 두 쇠

emu adali oci tetendere jai kenehunjere ba akū ume firgembure. kungming
흔가지 되엿ᄂᆞᆫ지라 다시 의심홀 곳 업스니 ᄀᆞ만이 니ᄅᆞ지 말라. 孔明이

hendume muse juwe boo i weile kai. ainu firgembumbi? (5:1b)
니로되 우리 두 집 일이라. 엇지 ᄀᆞ만이 니름이 이시리오?

bi ts'oots'oo be bodoci udu juwe jergi towa* i afacibe urunakū ere arga be ainaha
내 曹操 를 혜아리니 비록 두 번 블 로 싸화시나 일졍 이 쇠 를 아므리

seme akdarakū dudu cihai yabu sefi nure omime wajifi facahabi geren
ᄒᆞ여도 밋지 아닐ᄭᅥ시니 都督은 ᄆᆞ음으로 힝ᄒᆞ라 ᄒᆞ고 술 먹어 ᄆᆞᆺ고 훗터지니 여러히

gemu sarkū. tereci ts'oots'oo sirdan ambula gaibuha seme dolo ališame (5:2a)
다 모로더라. 그적의 曹操ㅣ 살 만이 아인가 ᄒᆞ여 속으로 심심ᄒᆞ여

bisire de siyun ioi dosifi hendume giyang ni dergi de jeo ioi jug'uliyang bifi
이실 제 荀 攸ㅣ 드러셔 니로되 江 東 의 周瑜 諸葛亮 이셔

juwe nofi arga be baitalambi amba giyang de dalibufi gaitai mejige baharengge
둘히 쇠 를 쓰니 큰 강 의 ᄀᆞ리와셔 ᄲᆞᆯ리 긔별 알기

mangga cooha i dolo juwe niyalma be sonjofi (5:2b)
어려오니 군 등의 두 사름 을 ᄀᆞᆯ히여셔

holtome dergi u gurun de dahaha seme genefi tere gurun i dorgi de hūlha ofi
소겨 東 吳 나라 히 항복ᄒᆞ노라 ᄒᆞ고 가셔 져 나라 안히 도적이 되여셔

mejige be hafumbukini tuttu ohode bodoci ombi kai. ts'oots'oo hendume tob seme
긔별 을 통케 그리ᄒᆞ면 혜아림이 되리라. 曹操ㅣ 니로되 맛치

mini gūnin de acahabi si bodoci cooha i dolo we ere arga (5:3a)
내 ᄉᆡᆼ각 의 마자시니 네 혜아리니 군 듕에 뉘 이 ᄢᅬ

be yabuci ombi. siyun ioi hendume ts'ai mao be waha ts'ai mao i hanciki uksun i
ᄅᆞᆯ 힝ᄒᆞᆷ이 되리. 筍 攸ㅣ 니로되 蔡 瑁 ᄅᆞᆯ 죽엿고 蔡 瑁 의 갓가온 겨릭

ts'ai dzung ts'ai ho juwe nofi meiren i jiyangjiyūn ohobi cenghiyang kesi be jiramin
蔡 中 蔡 和 둘히 버금 쟝쉬 되여시니 승샹 덕 을 두터이

isibuha de dergi u gurun urunakū kenehunjerakū. (5:3b)
밋게 ᄒᆞ면 東 吳 나라히 반ᄃᆞ시 의심치 아니리라.

ts'oots'oo tere dobori juwe nofi be monggo boode dosimbufi tacibume hendume
曹操ㅣ 그 밤의 둘 흘 쟝막의 드려셔 ᄀᆞᄅᆞ쳐 니로되

suweni ahūn deo buya cooha be gaifi dergi u gurun de genefi holtome daha
너희 형뎨 젹은 군ᄉᆞ ᄅᆞᆯ ᄃᆞ리고 東 吳 나라희 가셔 소겨 항복ᄒᆞ여

aika mejige bici niyalma takūrafi hūlhame alanju ere (5:4a)
아므란 긔별 잇거든 사름 부려 ᄀᆞ만이 알외라 오라. 이

weile be mutehe de gemu heo obure ujen funglu bure mujilen be ume gūwaliyandara.
일 을 이로거든 다 녈후 ᄒᆞ이고 듕 녹 주마 마ᄋᆞᆷ 을 변치 말라.

juwe nofi hendume meni juse sargan gemu jing jeo de bi ainu mujilen gūwaliyambi?
둘히 니로되 우리 쳐지 다 荊 州ㅣ 예 이시니 엇지 ᄆᆞᄋᆞᆷ 변홈이 이시리오?

cenghiyang ume kenehunjere. ts'oots'oo ujeleme šangnaha. (5:4b)
승샹은 의심 말라. 曹操ㅣ 듕히 샹ᄒᆞ다.

jai inenggi sunja tanggū cooha be gaifi emu udu ajige cuwan de tefi edun i
잇흔날 오 빅 군ᄉᆞ ᄅᆞᆯ ᄃᆞ리고 ᄒᆞᆫ 여러 젹은 빅 예 타셔 ᄇᆞ름이

ici be dahame wasime julergi dalin i baru jihe. tereci jeo ioi yamji cimari
슌흠 을 조차 ᄂᆞ려 남녁 ᄀᆞ 으로 향ᄒᆞ여 오다. 그적의 周 瑜ㅣ 져녁 아춤

umai   amharakū   cooha dosire   arga be   bodoro de (5:5a)
일졀이 자지 아니코 군스 드릴 쇠를 혜아릴 제

holkon   de   alanjime   giyang ni   amargi ci   juwan udu   ajige   cuwan   jifi   giyang ni
홀연이   와 알외되 江   北   의   여라믄   젹은   비   와셔   강

angga de   isinjihabi   hendume   ts'ai mao i   deo   ts'ai dzung ts'ai   ho   cohome   dahame
어귀 예 니르러셔 니로되 蔡 瑁 의 아ᄋᆞ 蔡 中 蔡 和ㅣ 부러 항복ᄒᆞ라

jihe   sembi   jeo   ioi   ambula   urgunjeme   gana   sehe   manggi   goidahakū (5:5b)
왓다 ᄒᆞ니 周 瑜ㅣ 크게 깃거 드려오라 ᄒᆞ니 오래지 아녀

cacari   fejile   gajiha   juwe nofi   niyakūrafi   songgome   alame   mini   ahūn   de   umai
챠일 아릭 드려오니 둘히 ᄭᅮ러셔 울며 알외되 내 형 의게 아므란

weile   akū   ts'oots'oo   hūlha   waha   te   kimu karu   gaiki   seme   cohome   dahame
죄 업시 曹操 도적이 죽여시니 이제 원슈 갑고져 ᄒᆞ여 부러 항복ᄒᆞ라

jihe.   jeo   ioi   aisin   suje be   gajifi   šangname   bufi   nemum*   dergi (5:6a)
왓노라. 周 瑜ㅣ 금과 비단 을 가져와셔 샹ᄒᆞ여 주고 더옥 샹

jiyangjiyūn   obufi   g'an   ning ni   emgi   emu   garhan i   cooha   gaifi   siyan fung   oso
쟝 ᄒᆞ이고 甘 寧과 홈ᄭᅴ ᄒᆞᆫ 가지 군스 거ᄂᆞ려 先 鋒 되라

sehe   manggi ts'ai   dzung   ts'ai   ho   juwe nofi   hengkileme   baniha bufi   ceni arga de
ᄒᆞ니 蔡 中 蔡 和 둘히 졀ᄒᆞ여 샤례ᄒᆞ고 제 쇠 예

dosika   sehe.   jeo   ioi   g'an   ning be   jenduken (5:6b)
드다 ᄒᆞ더라. 周 瑜ㅣ 甘 寧을 ᄀᆞ만이

gajifi   tacibume   hendume ere   juwe nofi   dahame   jihengge   waka.   ts'oots'oo   giyang
드려와셔 ᄀᆞᄅᆞ쳐 니로되 이 둘히 항복ᄒᆞ라 온거시 아니라. 曹操ㅣ 강

dome*   takūrahangge   mejige be   isibukini   serengge kai.   damu   sarkū   ara
건너 부린 거슨 긔별 을 니뢰게 ᄒᆞᆫ 거시라. 다만 아지 못ᄒᆞᄂᆞᆫ 쳬ᄒᆞ여

ume karmara.   g'an ning   gisun be   alime   gaiha.   lu   su   jeo (5:7a)
막지 말라. 甘 寧이 말 을 바다 가지다. 魯 肅이 周

ioi   jakade jifi   tuwame   hendume   ere   juwe nofi   gemu holtome   dahame   jihebi.
瑜 겻히 와셔 보고 니로되 이 둘히 다 소겨 항복ᄒᆞ라 왓ᄂᆞ니라.

54

jeo ioi too   cira i hendume ts'oots'oo tere i ahūn be wahabi jing kimu
周 瑜ㅣ 쑤짓는 낫츠 로 니로되   曹操ㅣ 져 의 형 을 죽여시니 정히 원슈

karu gaiki serengge be ainu holtome jihebi sembio? (5:7b)
갑고져 ㅎᄂᆞᆫ 거슬   엇지 소겨   왓다 ㅎᄂᆞ뇨?

si uttu kenehunjeci abka i fejergi saisa be adarame bibumbi? lu su jabure gisun
네 이리 의심ㅎᄋᆞᆯ여 텬 하의 착ᄒᆞᆫ이 를 엇지ㅎ여 두리오? 魯 肅이 딕답ᄒᆞᆯ 말이

akū ofi uthai genefi kungming de alanaha manggi kungming ambula injembi gisurere
업서셔 즉시 가셔 孔明 의게 알외니   孔明이 크게 웃고 니ᄅᆞᆫ는

gisun akū dahame lu su hendume kungming ai turgunde ambula injembi? (5:8a)
말이 업슴으로 魯 肅이 니로되 孔明이 므슴 연고로 크게 웃ᄂᆞ니?

kungming hendume mini injerengge dz jing gung jin i baitalara arga be sarkū
孔明이 니로되 내 웃는 거슨 子 敬이 公 瑾 의 쓰는 쇠 를 모로는

turgunde kai. amba giyang dalibufi goro ojoro jakade jiyansi geneci jici
타시니라. 큰 강이 ᄀᆞ리와셔 멀리 되엿ᄂᆞᆫ딕 젼ᄒᆞᆫ는 긔별이 가며 오기

mangga ofi ts'oots'oo ts'ai dzung ts'ai ho (5:8b)
어려옴으로 曹操ㅣ 蔡 中 蔡 和

be takūrafi holtome dahahangge muse be kenehunjeburakūngge gung jin arga de
를 부려셔 소겨 항복ㅎᄋᆞᆫ는 거슨 우리 를 의심치 아니케 ᄒᆞᆫ 거시라 公 瑾이 쇠 예

arga baitalahangge tob seme tere be mejige alanabuki serengge. cooha i dolo
쇠 쓰는 거슨 맛치 졀로 긔별 알외게 ᄒᆞᆫ 거시라. 군 듕

holtoro de ai bi. gung jin i ere bodohon inu kai. (5:9a)
소기는 딕 므어시 이시리. 公 瑾 의 이 혜아림이 올흐니라.

lu su teni ulhihe. tereci hūwang g'ai jenduken dulimbai cooha de dosifi jeo ioi
魯 肅이 ᄀᆞᆺ ᄭᆡ치다. 그적의 黃 蓋 ᄀᆞ만이 둥 군 의 드러셔 周 瑜

de acanaha manggi jeo ioi fonjime gung feo i dobori jihengge urunakū sain
의게 뵈니 周 瑜ㅣ 무로되 公 覆ㅣ 밤의 온 거시 반ᄃᆞ시 됴흔

arga bi dere. hūwang g'ai hendume tere i (5:9b)
쇠 이시리라. 黃 蓋 니로되 져는

geren　　muse i　komso　ishunde　bakcilafi　goidame　sujaci　mangga　ainu towa* be
여러히요　우리는　젹으니　서로　맛다라셔　오래　겨로기　어려오니　엇지　블　을

baitalafi　afarakū　jeo ioi　hendume bi jing uttu　　gūnifi　ts'ai dzung　ts'ai ho i
써셔　　치지 아닛느뇨?　周 瑜ㅣ 니로되　내 졍히 이리　싱각ᄒ여셔　蔡 中　蔡 和 의

holtome　dahahangge　be cohome　bibufi　mejige be　alanabuki sembi (5:10a)
소겨　항복ᄒᄂᆞᆫ 거슬　부러　두어셔　긔별 을　알외게 홈이니

damu　holtome　dahara　arga be　yabure emu　niyalma　akū ofi　korsombi.　hūwang
다만　소겨　항복ᄒᄂᆞᆫ 쐬 를　힝ᄒᆞᆯ 혼　사름　업서셔 흐흐노라 ᄒᆞ니.　黃

g'ai　hendume bi ere　arga be　yabure be　buyembi.　jeo ioi　hendume beye be
蓋　니로되　내 이　쐬 를　힝홈 을　원ᄒᆞ노라.　周 瑜ㅣ 니로되　몸 을

suilaburakū oci　tere　ainaha　akdambi ni? (5:10b)
슈고 아니ᄒᆞ면　졔　엇지ᄒᆞ여　밋으리오?

hūwang g'ai hendume mimbe　po lu　jiyangjiyūn daci ujeleme baitalafi　goidaha
黃 蓋 니로되　나를　破 虜　쟝군으로 브터 듕히 써셔　오래니

udu　fahūn silhi　boihon de　ucubuha　seme　mini　mujilen geli korsoro ba　akū.
비록 간과 쓸게 흙 에 석기리라 ᄒᆞ여도　내　ᄆᆞ음이 또 원이 업스리라.

jeo ioi hengkileme　gingguleme　baniha bufi hendume agu ere arga be　　cihalafi
周 瑜ㅣ 졀ᄒᆞ고　공경ᄒᆞ고　샤례ᄒᆞ여셔 니로되 그ᄃᆡ 이 쐬 를 ᄆᆞ음으로 ᄒᆞ여셔

yabuha de(5:11a)
힝ᄒᆞ면

giyang ni dergi tumen kesi kai. hūwang g'ai hendume bi bucehe seme inu geli
江 東 만이나 혼 덕이라. 黃 蓋 니로되 내 죽으리라 ᄒᆞ여 도 또

gasara ba akū sefi uthai hengkilefi tucike. jai inenggi tungken dume geren
근심ᄒᆞᆯ 곳이 업다 ᄒᆞ고 즉시 졀ᄒᆞ고 나가다. 잇흔날 북 쳐 여러

jiyangjiyūn sa be ambula isabufi gemu cacari (5:11b)
쟝슈 들 을 크게 모화셔 다 챠일

fejile faidahabi kungming inu tehe bihebi jeo ioi hendume ts'oots'oo tanggū tumen
아릭 버러잇고 孔明 도 안자 잇더니 周 瑜ㅣ 니로되 曹操ㅣ 빅 만

56

geren be gaifi siran siran ilan tanggū ba funceme ing ilihabi emu inenggi efuleme
여러 흘 거느려 년ᄒᆞ여 년ᄒᆞ여 삼 빅 니 남아 진 쳐시니 ᄒᆞᄅ 파ᄒᆞ여

muterengge waka, musei udu aniya (5:12a)
이롤 거시 아니라, 우리 여러 ᄒᆡ

i udu biya isabuha jeku orho be geren jiyangjiyūn sa cuwan tome gemu ilan
여러 둘 모흔 냥 초롤 여러 쟝슈 들 빅 마다 다 석

biya i jetere jeku orho tebu belheme wacihiyafi geren jiyangjiyūn sa yooni
둘 먹을 냥 초 시러 ᄀᆞ옴알게 ᄆᆞᆺ차시니 여러 쟝슈 들은 오로

bargiyame bata be sujaki sere. gisun wajinggala hūwang g'ai ibefi (5:12b)
출혀 젹 을 디젹과쟈 ᄒᆞ노라. 말 ᄆᆞᆺ지 못ᄒᆞ여셔 黃 蓋 나아셔

hendume dudu teike jeku orho udu gaisu sehe. jeo ioi hendume damu ilan
니로되 都督이 앗가 냥 초 언머나 가지라 흔다. 周 瑜ㅣ 니로되 다만 석

biyai jeku orho gaisu. hūwang g'ai hendume udu gūsin biya jeterengge gaiha
둘 냥 초 가지라. 黃 蓋 니로되 비록 셜흔 둘 먹을것 가지라

sehe bata be efulerengge inu mangga. aikabade (5:13a)
ᄒᆞ여도 젹 을 파ᄒᆞ기 도 어려오리라. 힝혀

ere biya de efulererakū oci damu jang dz bu i gisun be dahafi uksin be waliyafi
이 둘 의 파치 못ᄒᆞ면 다만 張 子 布 의 말 을 조차셔 갑옷 슬 ᄇᆞ리고

agūra be maktafi dere be amasi forofi dahacina. jeo ioi gaitai andande cira
쟝기 룰 더지고 ᄂᆞᆺ 출 북으로 두루혀셔 항복ᄒᆞ렴으나. 周 瑜ㅣ 겨리 ᄂᆞᆺ

aljafi ambula jili banjifi hendume bi u gurun (5:13b)
짓고 크게 셩 내여 니로되 내 옷 나라

i ejen i hese be gaifi bodome tokdobuhabi* aikabade jai dahaki seme
님금 의 녕 을 바다셔 혜아려 졍ᄒᆞ여시니 힝혀 다시 항복고져 ᄒᆞ여

gisurerengge bihede urunakū wambi sehe bihe. geren hafasa dere be isgung*
니ᄅᆞ리 이시면 반ᄃᆞ시 죽이리라 ᄒᆞ니. 여러 관원들히 ᄂᆞᆺ 출 서로

šame tuwambi. te juwe cooha bakcilaha de si siyan fung ofi (5:14a)
ᄇᆞ라 보더라. 이제 두 군ᄉᆞ 맛ᄃᆞ란ᄂᆞᆫ 디 네 先 鋒이 되여셔

ai   turgunde mini cooha i mujilen be bengnabume* ere gisun tucike. simbe
므슴   일로   내 군ᄉᆞ 의 ᄆᆞᄋᆞᆷ 을 프러지게 ᄒᆞ여 이런   말   내ᄂᆞᆫ다. 너를

warakū ohode iyalma i mujilen be tohoromburengge mangga sefi esukiyeme hashū
죽이지 아니ᄒᆞ면 사ᄅᆞᆷ 의 ᄆᆞᄋᆞᆷ 을   제어ᄒᆞ기   어렵다 ᄒᆞ고 ᄭᅮ지저   좌

ici ergi urse be hūlafi ušame tucibufi wafi uju be ganjimeju.*(5:14b)
우 편 뉴들 을 불러셔 ᄭᅳ어   내여다가 죽여셔 머리 를   가져오라.

hūwang g'ai geli den jilgan i hūlame hendume bi daci po lu jiyangjiyūn be
黃   蓋 ᄯᅩ   놉흔 소ᄅᆡ 로 블러   니로ᄃᆡ 내 본ᄃᆡ 破 虜 쟝군   을

dahame dergi julergi de hetu undu yabume ilan jalan oho tere fonde si aibide
조차   東   南 의   횡힝   ᄒᆞ여 세 ᄃᆡ 되여시니 그 ᄶᆡ예 네 어ᄃᆡ

bihe? jeo ioi ambula jili banjifi esukiyeme wa sere jakade (5:15a)
잇던다? 周 瑜ㅣ 크게 셩 내여 ᄭᅮ지저 죽이라 ᄒᆞᆫ 대

g'an ning julesi ibefi tafulame hendume gung feo dergi u gurun i fe amban kai.
甘 寧이 앏히 나아   말려   니로ᄃᆡ   公 覆ᄂᆞᆫ 東 吳 나라 희 넷 신해라.

guwebuci acambi. jeo ioi g'an ning be esukiyeme hendume si ai jergi niyalma
샤ᄒᆞᆷ이 맛당ᄒᆞ다. 周 瑜ㅣ 甘 寧 을 ᄭᅮ지저   니로ᄃᆡ 네 므슴 등 사ᄅᆞᆷ

i gelgun* akū balai gisureme mini fafun be efulembi (5:15b)
으로 싱심이나   잡 말ᄒᆞ여 내 법 을 파ᄒᆞᄂᆞ니 ᄒᆞ고

hashū ici ergi urse be esukiyeme neneme g'an ning be mukšan i tantame tucibu
좌 우편 뉴들 을 ᄭᅮ지저   몬져   甘 寧 을 지댱 으로 쳐   내치라

sehe manggi geren hafasa gemu niyakūrafi baime hendume hūwang g'ai weile araci
ᄒᆞ니   여러 관원들이 다   ᄭᅮ러셔   비러   니로ᄃᆡ 黃 蓋 죄 지으니

wara giyan damu cooha de aisi akū ombi dudu gūnire be (5:16a)
죽일시 올커니와 다만 군ᄉᆞ 의 니 업슴이 되니 都督은   싱각 을

onco i gamafi erei weile be taka jefi hūlha be efulehe manggi weile
넙이   가져셔   이 죄 를 아직 긔록ᄒᆞ여셔 도적 을   파ᄒᆞ거든   죄

araci goidarakū. jeo ioi hendume geren hafasa i dere be tuwarakū bihe bici
짓기 더ᄃᆡ지 아니리라. 周 瑜ㅣ 니로ᄃᆡ 여러 관원들 의 ᄂᆞᆾ 출 보지 아니ᄒᆞᆷ이 이시면

sini uju be faitaci acambihe. hashū ici ergi (5:16b)
네 머리 를 버히미 맛당ᄒ다.　　좌 우 편

urse dedubufi tanggū moo be tantafi tere weile be todabu*. geren hafasa geli
뉴들이 누이고　　빅　댱 을 쳐셔 그 죄 를 갑흐라. 여러 관원들이　쏘

baire de jeo ioi juleri sindaha dere be aname tuhebufi geren hafasa be esukiyeme
비니　周 瑜ㅣ 앏히 노흔 샹 을 미러 느리치고 여러 관원들 을　쑤지저

bederebufi uthai tanta sere jakade hūwang g'ai be (5:17a)
믈리치고 즉시 치라 ᄒ대　　黃 蓋 를

ušafi etuku be sufi na de dedubume jeo ioi weihe saime esukiyeme mangga tanta
ᄯ어 옷 슬 벗겨셔 ᄯ하히 누이고 周 瑜ㅣ 니 굴고 쑤지저 미이 치라

seme tantame susai moo de isinaha manggi geren hafasa geli alafi hūwang g'ai
ᄒ여 쳐 쉰 댱 의 다ᄃᆞ르니 여러 관원들이 쏘 알외여　黃 蓋

guwebure be baire jakade jeo ioi gaitai ilifi hūwang g'ai (5:17b)
　샤흠 을 비니 周 瑜ㅣ 즉시 니러셔　黃 蓋

be jorime hendume si ai gelgun* akū mimbe fusihūlambi? taka susai moo tantara
를 ᄀᆞᄅ쳐 니로되 네 엇지 싱심이나 나를 ᄂᆞ지 너기는다? 아직 오십 댱 치기

be nakara. jai aikabade heoledeci jursu weile arambi seme seyeme nakarakū
를 그치라. 다시 힝혀 심샹이 ᄒ면 겹 죄 지으리라 ᄒ고 벼로기 그치지 아니ᄒ고

monggo boode dosika. geren hafasa hūwang g'ai (5:18a)
댱막의　　드다. 여러 관원들이　黃 蓋

be tukiyeci tantaha de yali gemu lasha lasha genefi senggi emdubei eyembi
를 드니 마즌 ᄃᆡ 술이 다 문둥 문둥 처지고 피 년ᄒ여 흐르고

monggo boode gamafi dedubuhe manggi ududu jergi faraka tuwanjihala niyalma
댱막의　드려가 누이니 여러 번 긔졀ᄒ니 보라온 사름이

yasa i muke tuheburakūngge akū. lu su inu tuwanjime (5:18b)
눈 믈 지지 아니리 업더라. 魯 肅 도 보라

jifi fonjifi bedereme kungming ni cuwan de genefi lu su hendume enenggi gung
와셔 뭇고 믈러 孔明 의 ᄇᆡ 예 가셔 魯 肅이 니로되 오늘 公

jin gung feo be weile arafi tantara de be gemu tere i fejergi niyalma ofi
瑾이 公 覆를 죄 지어 치는 딕 우리 다 져 의 아래 사름 되여

gelgun* akū tere efuleme gosiholome tafulahakū siyan seng si (5:19a)
싱심도 져를 허러 괴로이 ᄒᆞ여 말리지 못ᄒᆞ여시니 先 生은 네

antaha bime gala be ulhi de sisifi tuwame ainu emu gisun hendurakū? kungming
손으로 이셔 손 을 소매 에 꼿고 보되 엇지 ᄒᆞᆫ 말 니르지 아니ᄒᆞᄂᆞᆫ다? 公明이

injeme hendume dz jing mimbe ainu eiterembi? lu su hendume bi siyan seng ni
웃고 니로되 子 敬은 나를 엇지 두루ᄂᆞ니? 魯 肅이 니로되 내 先 生 과

emgi giyang be dome* jihe ci ebsi ai weile de simbe (5:19b)
홈씌 강 을 건너 옴 으로 브터 므슴 일 에 너를

eiterehe ainu ere gisun be tucimbi? kungming hendume dz jing adarame sarkū?
두루관딕 엇지 이런 말 을 내ᄂᆞ니? 孔明이 니로되 子 敬이 엇지ᄒᆞ여 아지 못ᄒᆞᄂᆞᆫ다?

enenggi gung jin hūwang g'ai be waki sefi ujeleme tantahangge tere arga kai.
오늘 公 瑾이 黃 蓋를 죽이고져 ᄒᆞ여 듕히 친거슨 그 쐬니라.

bi ainu tafulambi? lu su teni ulhihe. (5:20a)
내 엇지 말리리오? 魯 肅이 ᄀᆞᆺ 씨치다.

kungming hendume yali be gosiholome argadarakū oci ts'oots'oo be adarame holtoci
孔明이 니로되 술 을 괴로이 ᄒᆞᄂᆞᆫ 쐬쓰지 아니 ᄒᆞ면 曹操 를 엇지ᄒᆞ여 소김이

ombi. aikabade gung jin de acaha de jug'uliyang be sambi seme ume gisurere
되리. 힝혀 公 瑾 의게 뵈거든 諸葛亮 을 안다 ᄒᆞ여 니르지 말고

damu jug'uliyang inu gasambi seme ala. (5:20b)
다만 諸葛亮 도 근심ᄒᆞ더라 ᄒᆞ여 알외라.

lu su bederefi jeo ioi de acanafi monggo boode hūlame dosimbuha manggi
魯 肅이 믈러가셔 周 瑜 의게 뵈니 댱 막의 블러 드리니

lu su hendume enenggi ai turgunde hūwang g'ai be gosiholome tantaha? jeo ioi
魯 肅이 니로되 오늘 므슴 일로 黃 蓋를 괴로이 ᄒᆞ여 친다? 周 瑜ㅣ

hendume geren jiyangjiyūn sa gasambio? lu su hendume gemu dolori (5:21a)
니로되 여러 쟝슈 들이 근심ᄒᆞ더냐? 魯 肅이 니로되 다 속으로

60

gasarengge labdo* olhome iletu gisurerakū. jeo ioi hendume kungming sambio?
근심ᄒᆞᄂᆞᆫ 이 만흐되 저허 붉히 니르지 아니터라. 周 瑜 ㅣ 니로되 孔明이 아더냐?

lu su hendume tere inu dudu be funiyaga nekeliyen seme gasambi. jeo ioi
魯 肅이 니로되 져 도 都督 을 졍이 엷다 ᄒᆞ여 근심ᄒᆞ더라. 周 瑜 ㅣ

injeme hendume ere yala tede serebuhekū. lu su hendume (5:21b)
웃고 니로되 이 졍히 졔 아지 못ᄒᆞ게 홈이라. 魯 肅이 니로되

adarame hendumio* jeo ioi hendume enenggi hūwang g'ai be tantahangge arga kai.
엇지ᄒᆞ여 니름이오? 周 瑜 ㅣ 니로되 오늘 黃 蓋를 친거슨 쇠니라.

tere be takūrame holtome dahaburengge neneme yali be gosiholome arga be baitalafi
져 를 부려 소겨 항복게 ᄒᆞᄂᆞᆫ 거슨 몬져 슐 을 괴로이 ᄒᆞ여 쇠 를 써셔

ts'oots'oo be ulhirakū oburengge kai. ede (5:22a)
曹操 를 ᄭᆡ치지 못 ᄒᆞ게 ᄒᆞᆫ 거시라. 이예

towa* be baitalafi afara de urunakū etembi. lu su kungming ni wesihun erdemu
블 을 써셔 싸호면 반ᄃᆞ시 이긔리라. 魯 肅이 孔明 의 놉흔 ᄌᆡ조

be dolori ferguwehe iletu gisurehe akū. tereci hūwang g'ai monggo boode
를 속으로 긔특이 너겨 붉히 니르지 아니터라. 그적의 黃 蓋 댱막의

deduhebi geren jiyangjiyūn sa tuwanjime jifi fonjici hūwang g'ai (5:22b)
누엇더니 여러 쟝슈 들이 보라 와셔 무로니 黃 蓋

umai seme gisurerakū damu golmin sejilembi holkon de cooha i niyalma alanjime ts'an
아모라타 ᄒᆞ여 말 아니ᄒᆞ고 다만 기리 한숨지더니 홀연이 군ᄉᆞ 사ᄅᆞᆷ이 알외되 참

jiyūn hafan cohome fonjinjiha. hūwang g'ai niyalma takūrafi gajime dosimbufi
모 관원이 부러 모로라 왓다. 黃 蓋 사ᄅᆞᆷ 부려셔 ᄃᆞ려와 드려셔

bakcilame tecehe. hūwang g'ai esukiyeme hashū ici ergi urse be (5:23a)
마조 안짜. 黃 蓋 ᄭᅮ지저 좌 우 편 뉴들 을

tucibuhe manggi g'an dze hendume jiyangjiyūn de dudu kimun akū semeo?
내치니 闞 澤이 니로되 쟝군 의게 都督이 원슈 업다 ᄒᆞᄂᆞ냐?

hūwang g'ai hendume waka. bi cooha dolo tuwaci emu mujilen i gese niyalma akū
黃 蓋 니로되 아니라. 내 군 듕을 보니 ᄒᆞᆫ ᄆᆞ음 ᄀᆞᆺᄒᆞᆫ 사ᄅᆞᆷ 업고

damu siyan seng de daci tondo jurgangga mujilen bisire be safi (5:23b)
다만 先 生 의게 본디 튱 의예 ᄆᆞᄋᆞᆷ 이심 을 알고

tuttu gelgun* akū gūniha gisun be alambi. g'an dze hendume gung ni tantabuhangge
그러모로 저허 아니코 싱각ᄒᆞᆫ 말 을 알외노라. 闞 澤이 니로되 공 의 마즌 거슨

yali gosiholome deribuhe arga waka semeo? hūwang g'ai hendume adarame bahafi
술 괴로이 ᄒᆞ여 시작ᄒᆞᆫ 꾀 아니라 ᄒᆞᄂᆞ냐? 黃 蓋 니로되 엇지ᄒᆞ여 어더

saha. g'an dze hendume gung jin i aššara arbušara be (5:24a)
안다. 闞 澤이 니로되 公 瑾 의 움즉이ᄂᆞᆫ 거동 을

tuwafi uyun ubu be bodombi. hūwang g'ai hendume bi u heo i ilan jalan i
보와셔 아홉 기슬 혜아렷노라. 黃 蓋 니로되 내 吳 侯 의 세 ᄃᆡ

kesi be alime gaifi karulara ba akū ofi tuttu ere arga be deribufi ts'oots'oo
덕 을 바다 가져셔 갑흘 곳이 업서셔 그러모로 이 꾀 를 시작ᄒᆞ여 曹操

hūlha be efulembi udu yali gosiholocibe (5:24b)
도적 을 파ᄒᆞ리니 비록 술이 괴로와도

korsoro ba akū. g'an dze hendume gung minde alarangge holtome dahara bithe
셜워ᄒᆞᆯ 곳이 업스리라. 闞 澤이 니로되 공이 내게 알외ᄂᆞᆫ거슨 소겨 항복ᄒᆞᄂᆞᆫ 글

be benekini serengge wakao? hūwang g'ai hendume yargiyan i ere gūnin bikai.
을 보내고져 ᄒᆞᄂᆞᆫ거시 아니냐? 黃 蓋 니로되 분명이 이 싱각이 잇노라.

damu sini ujen jurgan be sara unde. (5:25a)
다만 네 듕ᄒᆞᆫ 의 를 아지 못게라.

62

闞澤密獻詐降書

g'an dze holtome dahara bithe daldame benehe.
闞　澤　속여　항복하는　글　숨겨　보냈다.

g'an dze i tukiyehe gebu de žun hui ji san in i niyalma. dade usin weileme
闞　澤　의　즈는　德　潤이니　會　稽　山　陰　짜　사룸이라.　본딕 녀름 지이ᄒᆞ고

bihebi bithe de ambula amuran damu boo yadahūn ofi ini beye be gūwa de turifi
이셔　글　에　크게　즐기되　다만　집이　가난ᄒᆞ여　제　몸　을　다른 딕 삭ᄒᆞ여셔

weilembime bithe baifi (6:1a)
일ᄒᆞ고　　글　비러

hūlambi yaya bithe be emu jergi araha manggi onggorongge akū ajigen ci silhi
닑더니　아모　글　을　ᄒᆞᆫ　번　쓰면　닛ᄂᆞᆫ 거시 업고　겸어셔　담이

amban ofi karu jaburengge muke eyere adali. hiyoošungga hanjan i turgunde
커셔　갑파　딕답ᄒᆞᄂᆞᆫ 거시　믈　흐르 ᄃᆞᆺᄒᆞ더라.　효렴ᄒᆞᆫ　　타스로

wesimbufi ciyan tang ni bade hafan obuha bihe sun (6:1b)
올려셔　錢　塘　짜히　관원　ᄒᆞ이엿더니　孫

cuwan tere i gebu be buyeme gajifi ts'an mu hafan obuha. tuttu ofi hūwang g'ai
權이　그　일흠　을 부러ᄒᆞ여 ᄃᆞ려와셔　참　모　관원　ᄒᆞ이다. 그리모로　黃　蓋

terei gisun mangga silhi amban be safi akdafi unggimbi g'an dze urgunjeme alime
그　말　잘ᄒᆞ고　담이　크믈　알고　밋어　보내니　闞　澤이　깃거　바다

gaifi hendume amba haha jalan de banjifi niyalma be dahame gung (6:2a)
가져　니로되　큰　ᄉᆞ나희　셰　예　나셔　사룸　을　조차　공

be ilibume muterakū niyaha jaka i adali wajirengge yargiyan i gicuke kai.
을　셰워　이로지 못ᄒᆞ고　셕은　것과　ᄒᆞᆫ가지로　ᄆᆞᆺᄂᆞᆫ거시　분명이　붓그러오리라.

gung feo ergen be hairandarakū dergi u gurun de aisilaci tetendere g'an dze
公　覆ㅣ　명　을 앗기지 아니ᄒᆞ고　東　吳　나라히　도으려　ᄒᆞ거든　闞　澤이

ainu yerguwei i gese ser sere ergen be hairambi? (6:2b)
엇지　가얌이　ᄀᆞᆺ흔　죠고만　목숨　을　앗기리오?

hūwang g'ai ubaliyakai besergen ci ebufi hengkileme baniha buhe. g'an dze hendume
黃 蓋 뒷쳐   평상 에 ᄂᆞ려 절ᄒᆞ고   샤례ᄒᆞ다.   闞 澤이 니로되

weile be elhešeci   ojorakū.   te uthai yabuci acambi. hūwang gai hendume bithe arame
일 을 날회여 ᄒᆞ면 되지 못ᄒᆞ리라. 이제 즉시 ᄒᆡᆼᄒᆞᆷ이 맛당ᄒᆞ다. 黃蓋   니로되   글   써

wajihabi. g'an dze   bithe be gaifi uthai   tere dobori beye be (6:3a)
ᄆᆞᆺᄎᆞᆫ노라. 闞 澤이 글 을 가지고 즉시   그 밤의   몸 을

nimaha butara niyalma obufi ajige weihu de tefi emhun šurume amargi dalin i
고기 잡ᄂᆞᆫ 사ᄅᆞᆷ이   되여 젹은 마샹이 예 안자셔 홀로   저어   븍녁 ᄀᆞᆺ 으로

baru muke eyen i dahashūn juraka. tere dobori šahūrun usiha abka i jalu
향ᄒᆞ여 믈   흐름 조차   ᄒᆡᆼᄒᆞ다. 그   밤이   ᄎᆞ고   별이 하ᄂᆞᆯ에 ᄀᆞ덕

dekdehebi ilaci ging ome muke i ing de (6:3b)
도닷더니 삼 경은 ᄒᆞ여 믈 딘 의

erde isinafi giyang be kederere coohai niyalma de jafabuha. g'an dze hendume
일 니르러셔 강 을 검거ᄒᆞᄂᆞᆫ 군ᄉᆞ 사ᄅᆞᆷ 의게 잡히이다. 闞 澤이 니로되

cenghiyang de hūduleme* alana. dergi u gurun g'an dze de daldara amba weile
승샹 의게 쉽사리   알외라. 東 吳 나라 闞 澤 의게 비밀ᄒᆞᆫ 큰   일

bifi cohome acanjime jihebi seme hendu. tere dobori ts'oots'oo (6:4a)
이셔 부러   보라   왓다 ᄒᆞ고 니르라. 그   밤의   曹操ㅣ

olhon i ing de bihebi cooha niyalma alanara jakade ts'oots'oo hendume jiyansi
ᄆᆞᆺ 딘 에 잇더니 군ᄉᆞ 사ᄅᆞᆷ이   알외니   曹操ㅣ   니로되 탐지ᄒᆞᆷ이

waka semeo? cooha i niyalma alame damu nimaha butara emu niyalma. umai
아니라 ᄒᆞᄂᆞ냐? 군ᄉᆞ   사ᄅᆞᆷ이 알외되 다만 고기   잡ᄂᆞᆫ ᄒᆞᆫ 사ᄅᆞᆷ이오. 일졀이

gajiha   akū bi. ts'oots'oo uthai ganabuha. (6:4b)
ᄃᆞ려온 이 업더라.   曹操ㅣ 즉시 ᄃᆞ리라 보내다.

abka gerenere unde ofi ts'oots'oo monggo booi dolo dengjan dabufi tehebi
하ᄂᆞᆯ이 붉지 못ᄒᆞ여심으로 曹操ㅣ   댱막   안히   등잔 켜고 안잣더니

cooha i niyalma g'an dze be gajime jifi acaha manggi ts'oots'oo hendume bi
군ᄉᆞ   사ᄅᆞᆷ이 闞 澤 을 더부러 와셔   뵈니   曹操ㅣ 니로되 내

64

donjici si dergi u gurun i ts'an mu hafan sere kai ai baita jihe? (6:5a)
드르니 네 東 吳 나라히 참 모 관원이라 ᄒᆞ더니 므슴 연고로 온다?

g'an dze hendume niyalma i gisun be donjici ts'oo cenghiyang saisa be bairengge
闞 澤이 니로되 사름 의 말 을 드르니 조 승샹이 어진이 ᄅᆞᆯ 구ᄒᆞᄂᆞᆫ거시

amba hiya de aga be baire adali sehe bihe te ere fonjire be tuwaci umesi
큰 ᄀᆞ믈 의 비 ᄅᆞᆯ 빌기 ᄀᆞᆺ다 ᄒᆞ더니 이제 이 무름 을 보니 아조

tašan nikai. hūwang gung feo sini gūnihangge inu (6:5b)
그르도다. 黃 公 覆ㅣ 네 싱각ᄒᆞᄂᆞᆫ 것 도

tašarahabi seme dahūme emu jergi henduhe manggi ts'oots'oo hendume bi dergi u
그르다 ᄒᆞ고 거푸 ᄒᆞᆫ 번 니르니 曹操ㅣ 니로되 내 東 吳

gurun i baru yamji cimari cooha afara de sini cisui ubade jici ainu fonjirakū ni?
나라 향ᄒᆞ여 져녁 아ᄎᆞᆷ의 군ᄉᆞ 싸호ᄂᆞᆫ 듸 네 ᄆᆞ음으로 여긔 왓거든 엇지 뭇지 아니ᄒᆞ리?

g'an dze hendume hūwang gung feo dergi u gurun i ilan (6:6a)
闞 澤이 니로되 黃 公 覆ㅣ 東 吳 나라히 삼

jalan i gungge amban. te jeo lang geren jiyangjiyūn sa i juleri girubume
듸 공 신이라. 이제 쥬 랑이 여러 쟝슈 들 희 앏히셔 붓그럽게

tantara jakade ki be tucibure ba akū ofi minde jenduken alaha manggi bi gung
치니 긔운 을 낼 곳이 업서셔 내게 ᄀᆞ만이 알외니 내 公

feo i emgi giranggi yali uhe dahame gūnici karu gaijara ba akū ofi (6:6b)
覆 의 ᄒᆞᆫ가지 골육 ᄀᆞᆺ흠으로 싱각ᄒᆞ되 보슈 갑흘 곳이 업서셔

cohome daldara bithe benjime cenghiyang de dahafi jeku orho cooha i agūra yooni
부러 비밀ᄒᆞᆫ 글 가져와 승샹 의게 항복ᄒᆞ여 냥초 군 쟝긔 오로

alibuki seme jihe. alime gaijara gaijarakū be sara unde. ts'oots'oo hendume
드리고져 ᄒᆞ여 왓다. 바다 가지며 가지지 아님 을 아지 못게라. 曹操ㅣ 니로되

hūwang gung feo siyan seng be takūrafi jici dahara bithe (6:7a)
黃 公 覆ㅣ 先 生 을 부려셔 와시면 항복ᄒᆞᄂᆞᆫ 글이

aibide bi? g'an dze bithe be tucibufi alibuha ts'oots'oo bithe be gaifi dere de
어듸 잇ᄂᆞ니? 闞 澤이 글 을 내여셔 드리니 曹操ㅣ 글 을 바다셔 상 에

sindafi neifi tuwaci bithe de henduhengge dergi u gurun i jeku orho be kadalara
노코 써혀 보니 글 에 닐러시되 東 吳 나라히 냥초 룰 검거ᄒᆞᄂᆞᆫ

hafan muke i cooha i siyan fung hūwang (6:7b)
관원 믈 군ᄉᆞ 의 先 鋒 黃

g'ai senggi songgome tanggūnggeri hengkileme amba cenghiyang ni tu i fejile
蓋 피나게 우러 빅번 절ᄒᆞ여 큰 승샹 의 긔 아릭

gingguleme bithe alibuha. hūwang g'ai sun hala i jiramin kesi be bahafi jiyangjiyūn
공경ᄒᆞ여 글 드리노라. 黃 蓋 손 시 의 둣거온 덕 을 어더 읏듬

yuwansuwai oho bihe ucarahangge nekeliyen akū. (6:8a)
쟝쉬 되얏더니 만난거시 엷지 아니니라.

tuttu sehe seme abka i fejergi arbun be tuwambi giyang ni dergi ninggun jiyūn i
그러 ᄒᆞ다 ᄒᆞ여 텬 하 거동 을 보니 江 東 여슷 고을 의

alin holo i niyalma i dulimba i gurun i tanggū tumen geren be alime gaici geren
산 ᄭᅩᆯ 의 사ᄅᆞᆷ이 듕 국 의 빅 만 여러흘 바다 가지되 여러과

komso tehererakū be mederi dorgi niyalma gemu (6:8b)
격으니 ᄀᆞᆺ지 아님 을 히 닉 사ᄅᆞᆷ이 다

sarengge*. dergi u gurun i amba i asiha mergen mentuhun muterakū be gemu
아ᄂᆞᆫ 거시라. 東 吳 나라희 큰 이 격은 이 슬거온 이 미혹ᄒᆞᆫ 이 당치 못흠 을 다

sambi damu jeo ioi lu su i micihiyan murikū gūnin urhufi ulhire unde. terei dade
아ᄂᆞ니 다만 周 瑜 魯 肅 의 엿치 세워 싱각이 기우러 아지 못흠이라. 제 본딕

cooha yabure de jalan akū bime (6:9a)
군ᄉᆞ 힝홀 제 ᄎᆞ례 업스되

ceni beye be mutere arafi weile akūngge be koro arambi gung bisirengge de
제 몸 을 이론 쳬ᄒᆞ여셔 죄 업슨 거슬 셥게 밍글고 공 잇ᄂᆞᆫ 거세

šangnarakū hūwang g'ai abka de acabume hese be dahame geren be gaifi dahaha de
샹 아니ᄒᆞ니 黃 蓋 하늘 의 응ᄒᆞ여 명 을 조차 여러 흘 ᄃᆞ리고 항복ᄒᆞ면

jeo ioi fejergi cooha ini cisui (6:9b)
周 瑜 아릭 군ᄉᆡ 절로

66

efujembi. afara erin de bi urunakū juleri siyan fung ofi jeku orho cooha agūra be
파흐리라. 싸홀 째 예 내 반드시 앏 先 鋒이 되야 냥초 군 장기 를

cuwan dahaduhai alibuki seme tuttu bithe benebuhe. hūsun burengge hanci
비 조차 드리고져 흐여 그러므로 글 보내노라. 힘 쓰는 것 갓가이

ohobi ainara ume kenehunjere. (6:10a)
되엿시니 엇지흐료 의심말라.

umušuhun dedufi alime gaijara be baimbi. jiyan nan i juwan juwe ci aniya tuweri
굽어 업듸여 바다 가짐 을 비노라. 建 安 열 두 히 동

omšon biya de hūwang g'ai senggi songgome tanggūnggeri hengkileme bithe alibuha
십일 월 의 黃 蓋 피나게 우러 빅번 절흐여 글 밧치노라

sehebi. ts'oots'oo bithe dere de sindafi dahūn dahūn i (6:10b)
흐엿도라. 曹操ㅣ 글 상 에 노코 거푸거푸

juwan jergi funceme tuwafi gaitai dere be gala i forime yasa morohon neifi
열 번 남아 보고 겨릭 상 을 손 으로 두드리고 눈 부롭 써

den jilgan i hūlame hendume hūwang g'ai yali be gosiholoro arga be baitalafi si
놉흔 소릭 로 블러 니로되 黃 蓋 슬 괴롭게흐는 쇠를 써셔 네

holtome dahara bithe benjihebi ede gung gaiki seme (6:11a)
소겨 항복흐는 글 가져왓시니 이예 공 가지고져 흐여

ai gelgun* akū mimbe eiterembi sefi uthai juwe ashan i niyalma be hūlafi
엇지 싱심이나 나를 두루느니 흐고 즉시 두 편 사름 을 블러셔

tucibume gamafi wafi alanju. hashū ici ergi urse g'an dze be wara anatame
내여 드려가 죽이고 와 알외라. 좌 우 편 뉴들이 闞 澤 을 죽이라 미리이저

gamara de g'an dze i cira aljarakū abkai baru tuwame ambula injembi (6:11b)
드려갈 제 闞 澤이 얼굴 변치 아니코 하늘 향흐여 보고 크게 웃으니

ts'oots'oo amasi bederebufi hendume sini yali be gosiholoro arga be sarefi* wame
曹操ㅣ 도로 믈리치고 니로되 네 술 을 괴로이흐는 쇠 를 알고 죽이라

gamaci ai turgunde injembi? g'an dze hendume bi sinde injerengge waka.
드려가거든 므슴 연고로 웃느니? 闞 澤이 니로되 내 네게 웃는 거시 아니라.

hūwang gung feo be niyalma be takarakū seme injembi kai. (6:12a)
黃　公　覆　를　　사룸　을　아지　못흔다　흐여　　웃노라.

ts'oots'oo hendume niyalma be takarakūngge adarame? g'an dze hendume waci
曹操ㅣ　니로되　　사룸　을　아지　못흔다　흐는거시　엇지오?　闞　澤이　니로되　죽이거든

uthai wa. fonjifi ainambi? ts'oots'oo hendume bi ajigen ci coohai bithe be
즉시　죽이라.　무러셔　무엇흐렷느니?　曹操ㅣ　　니로되　　내　졈어셔　병　셔　를

urebume hūlafi argadara eiterere doro be gemu sambi. si (6:12b)
닉이　닑어셔　간새롭게　두루는　법　을　다　아느니.　네

gūwa be holtoci ombi dere mimbe adarame holtoci ombi? g'an dze hendume
다른 이　를　소기면　되려니와　나룰　엇지흐여　소긴들　되리오?　闞　澤이　니로되

bithe i dorgi be gisureme tuwa. ya be holtohobi? ts'oots'oo hendume bi sini
글　쁫　을　닐러　보라.　어늬　거슬　소겻느니?　曹操ㅣ　　니로되　내　네

holtoho babe tucibufi simbe bucebuci si inu yasa nicumbi (6:13a)
소기는　곳을　내여셔　너룰　죽으라　흐면　너　도　눈　금으리라.

si yargiyan mujilen i bithe alibume dahaci getuken i inenggi erin be ainu boljoho
네　분명흔　무음　으로　글　드려　항복흐면　조셔히　날　째　를　엇지　졍홈이

akū? sinde te ai gisurere babi? g'an dze ambula injeme hendume si girure
업느뇨?　네게　이제　므슴　니룰　곳이　잇느니?　闞　澤이　크게　웃고　니로되　네　붓그리고

yertere akū elemangga ajigen ci coohai bithe be urebume hūlaha seme (6:13b)
핀잔흠이　업시　더옥　졈어셔　병　셔　를　니기　닑언노라　흐고

bardanggilarengge jeo ioi baru afaha de urunakū jafabumbi kai. sini taciha
서재오 구는거시　周　瑜　향흐여　싸홀　제　반두시　잡히이리라.　네　비홈

akū niyalma i gala de hairaka mini ergen sui akū bucembi. ts'oots'oo hendume
업슨　사룸　의　손　에　앗갑다　내　명이　죄　업시　죽노라.　曹操ㅣ　니로되

mimbe tacihakū serengge adarame? g'an dze hendume si (6:14a)
나룰　비홈이　업다　흐는거시　엇지오?　闞　澤이　니로되　네

bithe be hafuci ainu arga bodohon* be sarkū doro giyan be ulhirakū? tuttu ofi
글　을　통흐면　엇지　의수　혜아림　을　모로고　도리　룰　아지　못흐느뇨?　그러모로

68

urunakū gidabure be saha kai. ts'oots'oo hendume ere be taka sinda. minde ai
반두시 패홀 줄 을 아노라.　曹操ㅣ　니로되 이 를 아직 노흐라. 내게 므슴

waka ba bini? gisurebume tuwaki. unenggi tondo (6:14b)
그른 곳 잇ᄂᆞ니? 말ᄒᆞ여　보쟈.　진실로　고드면

oci urunakū gisun bi. g'an dze hendume bi simbe tuwaci antaha be kundulere
반두시　말이 이시리라.　闞 澤ㅣ　니로되　내 너를 보니　손 을 듸졉ᄒᆞᄂᆞᆫ

doro akū bi aiseme gisurere? damu buceci wajiha dere. ts'oots'oo hendume
네 업스니 내 무어시라　니ᄅᆞ료? 다만　죽으면　못ᄎᆞ리라.　曹操ㅣ　니로되

wesihun gisun be donjire be buyere. g'an dze hendume ejen be (6:15a)
놉흔　말 을 드름 을 원ᄒᆞ노라. 闞 澤이　니로되　님금 을

cashūlafi ubašara de adarame inenggi be boljoci ombi? aikabade inenggi boljoho
두루혀　반ᄒᆞᄂᆞᆫ 듸 엇지ᄒᆞ여　날 을 졍홈이 되리오?　힝혀　날　졍흔

de hafirahūn ofi jabdurakūci ubai cooha okdome genembihe de urunakū serebumbi
듸　군박히　되야 겨를치 못ᄒᆞ면 이곳 군ᄉᆞ 마자　갈 제 반두시 퍼지오리니

damu šolo bahara be tuwame yabumbi kai. (6:15b)
다만 틈 어듬 을 보와　힝홈이니라.

ts'oots'oo daci sure genggiyan niyalma ofi uthai ulhifi tehe baci wasifi waka be
曹操ㅣ　본듸 총코 ᄆᆞᆰ은　사ᄅᆞᆷ이모로　즉시 알고 안즌 곳에 ᄂᆞ려셔 그름 을

alime dorolofi hendume teike weile be ulhihe akū ofi tašarame wesihun cira be
바다 녜ᄒᆞ고　니로되　앗가 일 을 ᄭᆡ치지 못홈으로 그릇ᄒᆞ여　놉흔 얼굴 을

necihe si mujilen de tebufi ume gūnire. (6:16a)
거워시니 네 ᄆᆞ음 에 담아셔 싱각지 말라.

g'an dze hendume bi hūwang gung feo i emgi mujilen be hungkereme daharengge
闞 澤이　니로되 내 黃 公 覆과 ᄒᆞᆫ가지로 ᄆᆞ음 을 기우려　항복ᄒᆞᄂᆞᆫ 거슨

uthai buya juse ama eme be baire adali kai. holtoho doro bio? ts'oots'oo ambula
오로 어린 아ᄒᆡ 부 모 를 어듬 ᄀᆞᆺ흔지라. 소길 리 이시리오? 曹操ㅣ 크게

urgunjeme hendume aikabade suweni juwe gung tondoi jurgan (6:16b)
깃거　니로되　힝혀 너희 두 공이 튱 의

i gung ilibume mutehe de amaga inenggi bahara hafan urunakū geren niyalma i
옛 공 셰워 이로면 훗 날 엇는 벼슬이 반드시 여러 사름 의

dele ombi kai. g'an dze hendume be hafan funglu i jalin de waka. damu abka de
우히 되리라. 闞 澤이 니로되 우리 벼슬 녹 위홈이 아니라. 다만 하늘 의

acabume dahambi. ts'oots'oo sarin dagilafi omicame emu niyalma (6:17a)
응ᄒᆞ여 좃노라. 曹操ㅣ 잔치 쟝만ᄒᆞ여 먹을 제 ᄒᆞᆫ 사름이

ts'oots'oo i šan i jakade šušunjaha manggi ts'oots'oo hendume bithe gaji tuwaki
曹操 의 귀 겻히 슈군대히니 曹操ㅣ 니로되 글 다고 보쟈

sere jakade tere niyalma bithe be alibume buhe. ts'oots'oo tuwame wajifi
ᄒᆞ니 그 사름이 글 을 드려 주다. 曹操ㅣ 보와 ᄆᆞᆺ고

alimbaharkū urgunjeme injembi g'an dze dolori gūnime urunakū ts'ai (6:17b)
거룩이 깃거 우으니 闞 澤이 속으로 싱각ᄒᆞ되 반드시 蔡

dzung ts'ai ho hūwang g'ai be tantaha mejige be alanjihabi ts'oots'oo ainci yargiyan
中 蔡 和ㅣ 黃 蓋를 친 긔별 을 알외라 와시니 曹操ㅣ 그러나 ᄌᆞ셔타

seme tere weile de urgunjembi kai. ts'oots'oo kejine goidafi hendume siyan seng de
ᄒᆞ여 그 일 에 깃거ᄒᆞᄂᆞᆫ ᄶᅡ다. 曹操ㅣ 이슥이 오래거야 니로되 先 生 ᄭᅴ

bairengge giyang ni dergi de bederefi hūwang gung feo i emgi (6:18a)
비ᄂᆞᆫ 거시 江 東 의 믈러가셔 黃 公 覆과 ᄒᆞᆫ가지로

inenggi be tokdobufi* neneme dome mejige alanju. bi cooha i okdobure. g'an
날 을 졍ᄒᆞ고 몬져 건너 긔별 알외라 오라. 내 군수 로 맛게 ᄒᆞ마. 闞

dze hendume bi giyang ni dergi ci emgeri fakcaha dahame jai dasame bedereci
澤이 니로되 내 江 東 에셔 ᄒᆞᆫ번 ᄶᅥ나심으로 ᄶᅩ 고쳐 믈러가지

ojorakū. cenghiyang gūwa akdun niyalma be baifi unggicina. (6:18b)
못ᄒᆞᆯ로다. 승샹이 다른 밋분 사름 을 어더 보내렴으나.

ts'oots'oo hendume gūwa geneci weile be urunakū firgembumbi kai. g'an dze
曹操ㅣ 니로되 다른 이 가면 일 을 반드시 누셜ᄒᆞ리라. 闞 澤이

ts'oots'oo i mujilen be kenehunjerahū seme dahūn dahūn i marafi goidaha manggi
曹操 의 ᄆᆞ음 을 의심홀까 ᄒᆞ여 거푸거푸 거슬고 오래거야

70

jai hendume unenggi mimbe gene seci goidame bici ojorakū. (6:19a)
쏘 니로되 진실로 나롤 가라 ᄒ면 오래 잇지 못ᄒ리라.

te uthai geneci acambi. ts'oots'oo aisin tana šangname buci g'an dze alime
이제 즉시 가미 맛당ᄒ다. 曹操ㅣ 금과 구슬 샹ᄒ여 주니 闞 澤이 바다

gaihakū ts'oots'oo ci fakcafi ajige weihu tefi deyere gese giyang ni dergi de
가지지 아니코 曹操 의게 ᄯ여나셔 젹은 마샹이 ᄐ고 ᄂᆞᆫ 드시 江 東 에

jifi hūwang g'ai de acafi nenehe weile be giyan giyan i alara (6:19b)
와 黃 蓋게 뵈고 젼 일 을 낫나치 알외니

jakade hūwang g'ai hendume gung gisun faksi akū bihe bici hūwang g'ai untuhuri
黃 蓋 니로되 공이 말 직간 업슴이 이시면 黃 蓋 헷

gosihūn be gaimbihe. g'an dze hendume bi te g'an ning ba i ing ni dolo ts'ai
괴로옴 을 바들랏다. 闞 澤이 니로되 내 이제 甘 寧의 곳 딘 안히 蔡

dzung ts'ai ho be tuwaname geneki. hūwang g'ai hendume (6:20a)
中 蔡 和ᄅᆞᆯ 보라 가쟈. 黃 蓋 니로되

geneci sain. arbun be tuwame yabu. g'an dze uthai g'an ning ni ing de jihe
가미 됴타. 거동 을 보와 ᄒᆡᆼᄒ라. 闞 澤이 즉시 甘 寧 의 딘 의 오니

g'an ning fonjime siyan seng ai baita jihe. g'an dze hendume canenggi
甘 寧이 무로되 先 生이 므슴 연고로 온다. 闞 澤이 니로되 져젹의

monggo booi jakade jiyangjiyūn be yertebuhe be safi mini dolo (6:20b)
쟝막의셔 쟝군 을 핀잔저이홈 을 보고 내 안흐로

alimbaharakū korsombi. g'an ning injeme jaburakū. holkon de ts'ai dzung ts'ai
거륵이 애돌라 ᄒ노라. 甘 寧이 웃고 ᄃᆡ답지 아니터라. 홀연이 蔡 中 蔡

ho jihe manggi g'an dze g'an ning ni baru yasa arara jakade g'an ning g'an dze
和 왓거ᄂᆞᆯ 闞 澤이 甘 寧 향ᄒ여 눈 지으니 甘 寧이 闞 澤

i gūnin be ulhifi hendume damu ini beye be erdemungge arafi musei jergi (6:21a)
의 싱각 을 알고 니로되 다만 제 몸 을 직조로온 체ᄒ여셔 우리 등

niyalma be umai gūnirakū minde te aisilara gūnin akū giyang ni dergi niyalma
사ᄅᆞᆷ 을 아조 싱각지 아니코 내게 이제 도을 싱각이 업스니 江 東 사ᄅᆞᆷ

de acara be girumbi sefi duin nofi emu bade tecefi g'an ning umai seme
의게 뵈기 를 붓쓰럽다 ᄒ고 너히 흔 곳딕 안자셔 甘 寧이 아무라타 ᄒ여

gisurerakū weihe saime mujire de funiyehe sehehun ohobi (6:21b)
말 아니코 니 글고 용심ᄒᆞᆯ 제 터럭이 숙쑤러시니

g'an dze jortai g'an ning ni baru šušunjara jakade, g'an ning uju gidafi emu jergi
闞 澤이 부러 甘 寧 향ᄒ여 슈군다ᄒᆞ니, 甘 寧이 머리 수기고 흔두어 번

golmin sejilehe manggi ts'ai dzung ts'ai ho g'an dze g'an ning ni ubašara mujilen
기리 한숨ᄒᆞ니 蔡 中 蔡 和ㅣ 闞 澤 甘 寧 의 반흔 ᄆᆞᆷ

be safi gisun yarkiyame dosimbume hendume jiyangjiyūn si (6:22a)
을 보고 말 붓도도와 드려 니로되 쟝군이 네

ai turgunde korsombi? siyan seng si ainu gasambi? g'an dze hendume meni
므슴 일로 애돌라 ᄒᆞ느뇨? 先 生이 네 엇지 근심ᄒᆞ느뇨? 闞 澤이 니로되 우리

hefeli dorgi akara be si ainambahafi sambi? ts'ai dzung hendume u be cashūlafi
빅 속에 애쯤 을 네 어이ᄒ여 어더 알리오? 蔡 中이 니로되 오 를 두루켜고

ts'oo de dahaki serengge waka semeo? g'an dze cira aljahabi (6:22b)
曹 의게 항코져 ᄒᆞᄂᆞᆫ 거시 아니가? 闞 澤이 ᄂᆞᆺ 지으니

g'an ning ilifi loho gocifi hendume musei weile te serebuhe ese be ing de
甘 寧이 니러셔 환도 ᄲᅢ혀 니로되 우리 일이 이제 퍼져시니 이들 을 딘 에

bibuci ojorakū. niyalma de ulame alaha de musei weile efujembi kai. ts'ai dzung
두지 못ᄒ리라. 사름 의게 응ᄒ여 알외면 우리 일이 패ᄒ리라. 蔡 中

ts'ai ho ekšeme hendume juwe gung ume joboro. juwe (6:23a)
蔡 和ㅣ 밧비 니로되 두 공은 근심 말라. 두

ashan i urse bederebu. meni hefeli dorgi gisun be alara. g'an ning hendume gisureci
편 뉴들 믈리치라. 우리 빅 속에 말 을 알외마. 甘 寧이 니로되 니ᄅ거든

hūdun gisure. ts'ai ho hendume ts'oo gung membe holtome daha seme takūrahangge.
급히 니ᄅ라. 蔡 和ㅣ 니로되 曹 公이 우리를 소겨 항ᄒ라 ᄒ여 부린 거시라.

juwe gung de dahara mujilen bici bi acabure dere. g'an ning (6:23b)
두 공 의게 조출 ᄆᆞᆷ 이시면 내 뵈게 ᄒ리라. 甘 寧이

hendume unenggi tuttu oci abka mende aisilaburengge kai. g'an dze hūwang g'ai
니로되 진실로 그러ᄒ면 하늘이 우리게 도와준 거시라. 闞 澤이 黃 蓋

weile be ts'ai dzung ts'ai ho de alaha manggi ts'ai dzung ts'ai ho hendume be aifini
일 을 蔡 中 蔡 和 의게 알왼니 蔡 中 蔡 和ㅣ 니로되 우리 볼셔

cenghiyang de alanabuha kai. g'an dze hendume bi inu cenghiyang ni jakade sini (6:24a)
승샹 끽 알외게 ᄒ엿노라. 闞 澤이 니로되 나 도 승샹 의게 네

unggihe bithe be safi uthai cohome g'an ning ba i jakade jihe. g'an ning hendume
보낸 글 을 보고 즉시 부러 甘 寧 의게 왓노라. 甘 寧이 니로되

haha niyalma genggiyen ejen be ucaraci hūsun muterei teile aisilaci acambi sefi
ᄉ나희 사름이 붉은 님금 을 만나면 힘이 당토록 도옴이 맛당타 ᄒ고

duin nofi emu bade tefi nure omicame meni meni gūniha weile be (6:24b)
너히 ᄒᆫ 곳에 안자 술 먹으며 각각 싱각ᄒᆫ 일 을

gisurefi ts'ai dzung se uthai bithe arafi ts'oots'oo de benebuhe g'an dze encu emu
니ᄅ고 蔡 中 들이 즉시 글 써 曹操 의게 보내고 闞 澤이 ᄉᄉ ᄒᆫ

bithe arafi ts'oots'oo de benebuhe. ts'ai dzung ni bithe de henduhengge g'an ning
글 써 曹操 의게 보내다. 蔡 中 의 글 에 니른 거시 甘 寧이

u gurun ci ubašafi mini emgi dorgi ci weile be deribumbi sehebi. (6:25a)
옷 나라히셔 반ᄒ고 내 홈끽 안히셔 일 을 시작ᄒ리라 ᄒ엿더라.

g'an dze i bithe de henduhengge hūwang g'ai beye aššara inenggi be sarkū damu
闞 澤의 글 에 니른 거시 黃 蓋 몸 동홀 날 을 모ᄅ니 다만

yacin tu sisiha be tuwa. tereci ts'oots'oo emu siran i juwe bithe bahara jakade
야쳥 긔 쇠즌 이 룰 보라. 그적의 曹操ㅣ 니음ᄃ라 두 글 어드니

kenehunjeme geren hebei ambasa isabufi hebušembi*. (6:25b)
의심ᄒ여 여러 의논ᄒᄂ 신하들 모호고 의논ᄒ니라.

三譯總解 第7

龐統進獻連環計

pangtung cuwan holboro arga deribuhe.
龐統　배　묶는　꾀　시작했다.

ts'oots'oo hendume giyang ni dergi g'an ning jeo u de girufi dorgi deri aisilambi
曹操ㅣ　니로되　江　東　甘　寧이　周　瑜의게　븟스려셔　안흐로　도으려

sembi hūwang g'ai be susai moo tantara jakade dahaki seme g'an dze be takūrahabi
ᄒᆞ고　黃　蓋를　오십　쟝　치니　항복고져 ᄒᆞ여　闞　澤을　부렷고

te geli bithe isinjihabi (7:1a)
이제　또　글이　니르러시니

šumileme akdaci ojorakū. we gelgun* akū cohome jeo ioi ing de emu meyen
깁히　밋지　못ᄒᆞ로다.　뉘　져홈　업시　부러　周　瑜　딘에　ᄒᆞᆫ　지위

genere? jiyang g'an ibefi hendume canenggi gung be mutebuhekū ofi dolori girumbi
갈소?　蔣　幹이 나아 니로되　져적의　공 을　이로지 못ᄒᆞ여심애　속으로　붓그러오니

te ergen be šelefi emgeri geneki weile be mutebuhekū oci (7:1b)
이제　명 을　샤ᄒᆞ고　ᄒᆞᆫ번　가쟈　일 을　이로지 못ᄒᆞ면

coohai fafun be jancuhūn i aliki. ts'oots'oo ambula urgunjeme uthai jiyang g'an be
굴　령을　들게　바드마.　曹操ㅣ　크게　깃거　즉시　蔣　幹을

cuwan i gene sehe. jiyang g'an emu ajige weihu de tefi geneme giyang ni julergi
비　로 가라 ᄒᆞ다.　蔣　幹이 ᄒᆞᆫ 젹은　마샹이 예　타셔　가　江　南녁

dalin i mukei ing ni hanci isinafi emu niyalma be alana (7:2a)
싃　믈　딘　갓가이　다ᄃᆞ라셔　ᄒᆞᆫ　사름 을　알외라

seme unggihe. jeo ioi jiyang g'an be geli jihe seme donjifi dolori abka na i
ᄒᆞ여　보내다.　周　瑜ㅣ　蔣　幹을　쏘　왓다 ᄒᆞ여　듯고　속으로　텬　디싁

baru jalbarime hendume mini gung muteburengge ere niyalma i beye de kai sefi
향ᄒᆞ여　비러　니로되　내　공　이로ᄂᆞᆫ거시　이　사름 의 몸　에라 ᄒᆞ고

ini gucuse baru uttu seme tacibuha. daci pangtung jei ioi (7:2b)
제　벗들 향ᄒᆞ여 이리ᄒᆞ라 ᄒᆞ여 ᄀᆞᄅ치다.　본듸　龐統이　周　瑜ㅣ

baru hendume ts'oo gung be   efuleci   towa* be baitalaki. jeo ioi hendume bi inu
향ᄒᆞ여 니로되   曹 公 을 파ᄒᆞ려 ᄒᆞ면 블 을   쓰쟈.   周 瑜ㅣ 니로되 나 도

arga be tokdobuhabi*. pangtung hendume amba giyang de emu cuwan be   towa*
쇠 를 졍ᄒᆞ엿노라.   龐統이   니로되   큰   강 에 ᄒᆞᆫ 비 를 불

dabuha de gūwa funcehe cuwan balai samsimbi kai. adarame (7:3a)
지르면 다른 남은   비 아므드러나 훗터지리라.   엇지ᄒᆞ여

bahafi   wacihiyame towa*   dabumbi? cuwan be gemu sele muheren hadafi sele futai
어더셔   ᄆᆞᆺ춤내 블 지를쇼? 비 를 다 쇠 골회 박고 쇠 사슬로

holboro arga be deribufi   terei amala towa* be baitalaki seci jeo ioi hendume
얼글 쇠 를 시작ᄒᆞ여셔 그러케 ᄒᆞᆫ 후의 블 을 쓰고져 ᄒᆞ노라. 周 瑜ㅣ 니로되

damu ere ts'oots'oo silkabuha niyalma adarame guwedebuci ombi? seme jing tubabe
다만 이 曹操ㅣ 간활ᄒᆞᆫ 사름이니 엇지ᄒᆞ여   업시케 ᄒᆞ리?   ᄒᆞ고 졍히 그곳을

gūnime (7:3b)
싱각ᄒᆞ여

bihebi   gaitai andande jiyang g'an jihe seme donjifi jeo ioi   tuttu ofi ambula
잇더니   즉졔   蔣 幹이 왓다 ᄒᆞ여 듯고 周 瑜ㅣ 그러모로   크게

urgunjeme monggo boode   tefi jiyang g'an be ganabuha.   jiyang g'an jeo ioi be
깃거   쟝막의   안ᄶᅩ 蔣 幹 을 ᄃᆞ리라 보내다.   蔣 幹이 周 瑜 를

okdojihakū   seme   mujilen dolo (7:4a)
마자오지 아닌가 ᄒᆞ여   ᄆᆞ음의

kenehunjeme weihu be mudan i bade   hūwaitabufi henjihe niyalma be dahame ing de
의심ᄒᆞ여 마샹이 를 두던의   ᄆᆞ이고 쳥ᄒᆞᆫ 사름 을 조차 딘 의

dosifi jeo ioi de acaha jeo ioi cira aljafi hendume dze i si mimbe ainu tuttu
드러 周 瑜 의게 뵈니 周 瑜ㅣ ᄂᆞᆺ 지어 니로되 子 翼아 네 나를 엇지 그리

eiterembi? jiyang g'an šahūrun injeme   hendume bi (7:4b)
두루ᄂᆞ니? 蔣 幹이   닝쇼ᄒᆞ고   니로되 내

simbe fe guculehe ahūn deo seme gūnime cohome gūniha gisun be alaki   seme
너를 녜 사괴미 형제라 ᄒᆞ고 싱각ᄒᆞ여 부러 싱각ᄒᆞᆫ 말 을 알외고져 ᄒᆞ여

jihe. ainu tuttu eiterembi seme hendumbi? jeo ioi hendume si mimbi ts'oots'oo
왓다. 엇지 그리 두루ᄂᆞ니 ᄒᆞ여 니르ᄂᆞ니? 周 瑜ㅣ 니로되 네 나를 曹操

de daha seci mederi muke faha wehe niyaha manggi dahaci dahambi dere. (7:5a)
의게 항ᄒ라 ᄒ니 바닷 믈 ᄆᆞᄅ고 돌 석거든 항ᄒ면 항ᄒ려니와

neneme bi fe gucu seme simbe henjeme sokdotolo* omibufi emu besergen de
몬져 내 녯 벗이라 ᄒ여 너를 청ᄒ여 ᄎᆔ토록 먹이고 ᄒᆞᆫ 평상 에

deduhe bihe si holkon de mini daldara bithe be hūlafi minde alahakū ukame
누엇더니 네 홀연이 내 비밀ᄒᆞᆫ 글 을 도적ᄒ여 내게 알외지 아니코 도망ᄒ여

genefi ts'oots'oo de alafi ts'ai mao jang yūn (7:5b)
가셔 曹操 의게 알외여셔 蔡 瑁 張 允

be waha mini amba weile be mutebuhekūngge gemu si kai. te ts'ai ho ts'ai dzung
을 죽여 내 큰 일 을 이로지 못ᄒ게 ᄒᆞᆫ거슨 다 네라. 이제 蔡 和 蔡 中 이

minde ice dahahabi si geli aimaka gisun i huwekiyebume jihebi kai. bi simbe
내게 새로 항복ᄒ여시니 네 ᄯᅩ 므슴 말 로 ᄡᅬ오라 왓ᄂᆞᆫ다. 내 너를

fe gucu seme gūnirakū bici juwe meyen obume sacimbihe (7:6a)
녯 벗이라 ᄒ여 싱각지 아님이 이시면 둘히 나게 직을러니

te simbe amasi beneki seci bi ts'oots'oo be yamji cimari efulembi simbe ing
이제 너를 도라 보내고져 ᄒ되 내 曹操 를 됴 셕의 파홀 거시니 너를 진

de bibuci mini narhūn weile serebuhe de ainara seme hendufi hashū ici ergi
의 두면 내 즌 일 퍼지오면 엇지ᄒ리 ᄒ여 니르고 좌 우 편

urse be hūlafi hendume dz i be wargi (7:6b)
뉴들 을 블러 니로되 子 翼 을 셔

alin i miyoo boode bene taka bikini. bi ts'oots'oo be yaya erin de efulehe manggi
산 졀 집의 보내여 아직 두라. 내 曹操 를 아므 ᄣᅢ 예 파ᄒ면

simbe giyang dobume* beneci goidarakū kai. jiyang g'an geli jabuki sere de
너를 강 건네여 보내여도 더듸지 아니리라. 蔣 幹 이 ᄯᅩ 딕답고져 홀 제

jeo ioi monggo boode dosika. hashū ici ergi urse morin (7:7a)
周 瑜ㅣ 쟝막의 드다. 좌 우 편 뉴들이 믈

ganafi jiyang g'an be yalubufi wargi alin i amargi de benefi ajige miyoo boode
가져와셔 蔣 幹 을 틱와셔 셔 산 뒤히 보내여 젹은 졀 집의

tebufi takūra seme juwe coohai niyalma be werihe. jiyang g'an miyoo booi dolo
안치고 부리라 ᄒ고 두 군ᄉ 사름 을 두다. 蔣 幹이 졀 집 안히

tefi mujilen jobome ališame jeci deduci elhe akū bisire de (7:7b)
안자셔 믐이 괴롭고 심심혀여 먹으나 누으나 편안치 아니혀여 이실 제

tere dobori abka šahūrun usiha jalu dekdehebi jiyang g'an tucifi miyoo booi
그 밤이 하늘이 초고 별이 그덕 도닷더니 蔣 幹이 나셔 졀 집

amala damu bithe hūlara jilgan be donjifi genefi tuwaci hadai dalbade emu udu
뒤히 다만 글 넑는 소리 를 듯고 가셔 보니 바회 ᄭ의 힌 두어

giyan i elben i boo bi booi dorgi dengjan i (7:8a)
간 초옥이 이시니 집 안히 등잔이

elde eldekebi. jiyang g'an genefi jakalam* tuwaci emu niyalma dengjan i juleri
붉게 빗최엿더라. 蔣 幹이 가셔 여어 보니 힌 사름이 등잔 앒히

juwe jeyengge loho be gala de ulifi sun u i coohai bithe hūlambi. jiyang g'an
두 늘 환도 를 손 의 ᄶᅦ고 孫 吳 의 병 셔 넑더라. 蔣 幹이

gūnime ere urunakū encu hacin i niyalma sefi (7:8b)
싱각호되 이 반ᄃᆞ시 비범ᄒᆞᆫ 사름이라 ᄒ고

uthai acaki seme duka su sere jakade tere niyalma duka sufi okdoko. jiyang g'an
즉시 보고져 혀여 문 열라 ᄒ니 그 사름이 문 열고 맛다. 蔣 幹이

tuwaci tere niyalma banjihangge jergi niyalma waka. g'an gebu hala be fonjire jakade
보니 그 사름이 셰쇽 사름이 아니라. 幹이 셩 명 을 무로니

tere niyalma alame mini hala pang gebu tung tukiyehe gebu sy (7:9a)
그 사름이 알외되 내 셩은 龐이오 일홈은 統이오 ᄌᆞ는 士

yuwan. jiyang g'an hendume si fungts'u siyan seng waka semeo? pangtung hendume
元이라. 蔣 幹이 니로되 네 鳳雛 先 生이 아닌다? 龐統이 니로되

inu. jiyang g'an hendume si ainu niyalma akū boode emhun tuwakiyame bi?
올타. 蔣 幹이 니로되 네 엇지 사름 업슨 집의 혼자 직희여 잇노뇨?

pangtung jabume te jeo lang ini erdemu be wesihun seme ertufi (7:9b)
龐統이 ᄃᆡ답ᄒᆞ되 이제 周 郎이 제 지조 를 놉흐라 ᄒ고 미더

tondo be　　alirakū　　wesihun be　beleme　fengsin* be　nekgeri* obumbi　beye be
고듬 을　　밧지 아니ᄒ고　놉흔 이　를 해ᄒ고　덕　을　　엷게 ᄒ니　　몸 을

tuwakiyame ubade bikai. gung si ainaha niyalma? g'an jabume bi jiyang g'an.
직희여　　이곳에 잇노라. 공은 네 엇던　사름인다? 幹이 디답호되 내 蔣 幹이라.

simbe be geren saisa i isaha bade acaha bihe si adarame (7:10a)
너를 우리 여러 영웅 못는 곳에 만낫더니 네 엇지ᄒ여

onggoho? pangtung jabume bi inu onggoho ni seme hendufi henjeme* elben i
니즈뇨? 龐統이 디답호되 나 도 니젓노라 ᄒ여 니르고 청ᄒ여 초

boode dosimbufi ishunde gūniha weile be gisurere de jiyang g'an hendume bi gung
암의 드려셔 서로 싱각흔 일 을 니를 제 蔣 幹이 니로되 내 공

sini erdemu be tuwaci bahanarakū jaka akū (7:10b)
네 지조 를 보니 아지 못ᄒᄂᆫ 거시 업스니

si ts'oots'oo de dahara mujilen bici bi gaifi acabure dere. pangtung hendume
네 曹操 의게 항홀 ᄆᆞ음이 이시면 내 ᄃᆞ려다가 뵈게 ᄒ리라. 龐統이 니로되

damu mimbe baitalarakū de olhombi. jiyang g'an hendume mini ergen beye be
다만 나를 쓰지 아닐까 저허ᄒ노라. 蔣 幹이 니로되 내 명과 몸 을

hūlašame akdulara be buyembi. pangtung hendume (7:11a)
밧고와 밋부게흠 을 원ᄒ노라. 龐統이 니로되

unenggi acabure mujilen bici te uthai geneki. aikabade goidaha de ere weile
진실로 뵐 ᄆᆞ음이 이시면 이제 즉시 가쟈. 힝혀 더듸면 이 일이

unnakū* firgembi kai. tereci jiyang g'an pangtung jugūn be baime giyang ni dalin de
반ᄃᆞ시 누셜ᄒ리라. 그적의 蔣 幹 龐統이 길흘 ᄎᆞ자 강 ᄀᆞᆺ 의

isiname cuwan baifi dobori dulime ts'oots'oo i ing de jihe (7:11b)
다ᄃᆞ라 ᄇᆡ 어더 밤 지나도록 曹操 의 진 에 오다.

jiyang g'an neneme ts'oots'oo de acanafi nenehe weile be wacihiyame alaha. ts'oots'oo
蔣 幹이 몬져 曹操 의게 만나셔 견 일 을 다 알외다. 曹操ㅣ

monggo boo ci pangtung be okdome tucifi boode dosimbufi acame wajiha manggi
쟝막 의셔 龐統 을 마자 나 집의 드려셔 보고 ᄆᆞᆺ츤 후에

78

antaha boihoji doro i tecehe. pangtung de fonjici (7:12a)
빈 쥬 녜 로 안짜. 龐統 의게 무로니

hendume te jeo ioi se asiha ofi ini erdemu de ertufi geren be gidašame sain
니로되 이제 周瑜ㅣ 나히 졈고 제 진조 의 밋어 여러흘 업슈이 너겨 됴흔

gisun be gaijarakū fe ambasa be fusihūlame girubume ofi geren de gemu bederere
말 을 밧지 아니코 녯 신하들 을 놋게 너겨 붓스럽게 ᄒᆞ여셔 여러희 다 믈리칠

gūnin bi. ts'oots'oo kenehunjerakū yargiyan mujilen (7:12b)
싱각이 잇더라. 曹操ㅣ 의심치 아니코 분명흔 ᄆᆞ음으로

kunduleme nure omibume buda ulebume wajiha manggi ts'oots'oo morin tohobufi
딕졉고 술 먹이고 밥 먹여 뭇츠니 曹操ㅣ 믈 기ᄅᆞ마 지어셔

pangtung ni emgi olhon i ing be tuwaname genefi juwe nofi morilafi deken bade
龐統과 홈ᄭᅴ 뭇히 진 을 보라 가셔 둘히 믈ᄐᆞ고 놉흔 곳에

ilifi tuwara de pangtung hendume unenggi (7:13a)
셔셔 볼적 의 龐統이 니로되 진실로

erdemungge jiyangjiyūn kai. ts'oots'oo hendume siyan seng gidarakū tacibure be
진조읫 쟝쉬로다. 曹操ㅣ 니로되 先 生은 긔이지 말고 ᄀᆞᄅᆞ침 을

buyere. pangtung hendume sini alin bujan de nikeme amargi julergi ishunde tuwame
원ᄒᆞ노라. 龐統이 니로되 네 뫼과 수플 의 의지ᄒᆞ여 앏 뒤흐로 서로 보와

tucire dosire duka arame ibere bederere hošo mudan sindame ing (7:13b)
나며 드는 문 짓고 나오며 무르는 구석과 모 두고 딘

ilihangge udu jokai udu julgei sun u žang jioi dasame banjiha seme ere ci
친거시 언머예 그쳣ᄂᆞ니 비록 녜 孫 吳와 穰 苴ㅣ 고쳐 사라 도 이 예셔

dulenderakū. pangtung bi acabume saišara wakalara oci unenggi mujilen faka kai.
지나지 못ᄒᆞ리라. 龐統이 내 맛초와 착다 그르다 ᄒᆞ니 진실로 ᄆᆞ음을 더짐이라.

ts'oots'oo ambula urgunjeme pangtung geli (7:14a)
曹操ㅣ 크게 깃거 龐統과 또

emgi mukei ing be tuwaname genefi julesi forofi tuwaci orin dūin duka arahabi
홈ᄭᅴ 믈 진 을 보라 가셔 남으로 도라 보니 스믈 네 문 지어잇고

afara amba cuwan be hecen i gese faidahabi dolo ajige cuwan be somifi amasi
싸호는 큰 비를 셩 ㄱ치 버러잇고 안히 젹은 비를 굼초와셔 가며

julesi yabure jugūn be sindahabi cooha (7:14b)
오며 ᄃᆞ니는 길을 두고 군시

ilicibe deducibe gemu fafun bi. pangtung tuwafi injeme hendume bi cenghiyang ni
닐며 눕기를 다 법이 잇더라. 龐統이 보고 우어 니로되 내 승샹 의

cooha baitalara be enduri adali seme donjiha bihe te tuwaci yargiyan nikai sefi
군ᄉᆞ 쓰기를 신션 ㄱ치 ᄒᆞ여 드럿더니 이제 보니 분명타 ᄒᆞ고

giyang ni julergi be jorime hendume jeo lang jeo (7:15a)
江 南 을 ᄀᆞᄅᆞ쳐 니로되 周 郎 周

lang si yamji cimari urunakū bucembi kai. ts'oots'oo hendume siyan seng be bi
郎은 네 져녁 아ᄎᆞᆷ의 반ᄃᆞ시 죽으리라. 曹操ㅣ 니로되 先 生 을 내

sefu arafi alara jorire be erembi tacibure be ume hairandara. pangtung hendume
스승 삼아셔 알외여 ᄀᆞᄅᆞ침을 ᄇᆞ라니 ᄀᆞᄅᆞ치기를 앗기지 말라. 龐統이 니로되

ere be bodoci bi isirakū kai gelgun* akū balai gisurembi? (7:15b)
이를 혜아리니 내 밋지 못ᄒᆞ니 엇지 싱심이나 간대로 니ᄅᆞ리?

ts'oots'oo ambula urgunjeme ing de bederefi nure dagilafi pangtung ni emgi omicame
曹操ㅣ 크게 깃거 딘의 믈러가셔 술 댱만ᄒᆞ여 龐統과 홈의 먹으며

sun u i coohai arga geren mergensei* faidan i nirugan ilan bodon ninggun
孫 吳의 병 법과 諸 家 陳 圖와 三 略 六

dobton be gisureci pangtung ni karu jaburengge (7:16a)
韜를 니ᄅᆞ니 龐統이 갑과 딕답ᄒᆞ는 거시

uthai muke eyere adali. ts'oots'oo alimbaharakū kundulembi pangtung ini beye be
즉시 믈 흐르ᄃᆞᆺ ᄒᆞ더라. 曹操ㅣ 거륵이 딕졉ᄒᆞ니 龐統이 제 몸을

soktoho arafi hendume gelgun* akū fonjimbi coohai dolo mangga daifu bio?
취ᄒᆞᆫ 체ᄒᆞ여 니로되 저허 아니코 문ᄂᆞ니 군 듕에 착ᄒᆞᆫ 의원이 잇ᄂᆞ냐?

ts'oots'oo fonjime ainambi? pangtung hendume teike (7:16b)
曹操ㅣ 무로되 므엇ᄒᆞ렷ᄂᆞ니? 龐統이 니로되 앗가

80

mukei ing ni cooha be tuwaci ambula nimedembi* ferguwecuke galai dasakini
믈 딘 에 군수 을 보니 만히 병이 드러시니 긔특흔 손에 곳치고져

sembi. tere fonde ts'oots'oo i cooha muke de acarakū ofi ambula fudame
ᄒᆞ노라. 그 째예 曹操 의 군시 믈 의 맛것지 못ᄒᆞ여셔 크게 샥무며

jurume nimeme bucehengge toloci wajirakū bihebi. ts'oots'oo (7:17a)
토ᄒᆞ여 병드러 죽은 것 혜여도 믓지 못홈이 이시니 曹操ㅣ

jing jobome bisire de holkon de pangtung ni gisun be donjici fonjirakū ainaha?
졍히 근심ᄒᆞ고 이실 졔 홀연이 龐統 의 말 을 드르니 믓지 아니코 엇지리오?

pangtung hendume sini cooha banjibuha ing ilibuhangge gemu inu. hairaka damu
龐統이 니로되 네 군수 별워 딘 친 거시 다 올타. 앗가올샤 다만

yongkiyakakū bi. ts'oots'oo dahūn dahūn i fonjire jakade (7:17b)
온젼치 못홀까 ᄒᆞ노라. 曹操ㅣ 거듭 무로니

pangtung hendume minde emu arka* bi mukei geren amba ajige cooha de nimeku
龐統이 니로되 내게 흔 쇠 이시니 믈에 여러 대 쇼 군수 의 병

akū be niyalmai gemu elhe taifin obufi gung be yooni bahabumbi ts'oots'oo
업스므로 사름이 다 편코 태평이 되여셔 공 을 오로 엇ᄂᆞ니. 曹操ㅣ

geli fonjiha manggi pangtung hendume amba giyang ni (7:18a)
쏘 무로니 龐統이 니로되 큰 강

muke emgeri furgime jimbi emgeri bederembi edun boljon teyen akū dzung
믈이 흔번 샘어 와셔 흔번 므르니 ᄇᆞ람 믈결이 쉴적 업스니 中

yuwan i bai niyalma cuwan de teme ilimbaharakū ofi tuttu nimeku bahambi kai.
原 짜 사름이 비 예 타 박이지 못ᄒᆞ여셔 그러므로 병 엇ᄂᆞ니라.

te amba ajige cuwan be meimeni gemu kamcame geli gūsin cuwan be (7:18b)
이졔 큰 젹은 비 를 각각 다 어우러 쏘 셜흔 비 를

adafi geli susai cuwan be adafi uju uncehen de sele muheren hadafi sele
쎄ᄒᆞ고 쏘 쉰 비 를 쎄ᄒᆞ여셔 머리과 쇼리 예 쇠 골회 박고 쇠

futa ulime holbofi cuwan i oilo onco undehen sektehe de niyalma doombi
사슬 쎄여 얽어셔 비 우희 넙은 널 신라시면 사름 건너믄

sere anggala morin yabuci inu ombi kai. niyalma enteke (7:19a)
크니와 　 　 물 힝키 도 　 되리라. 　 사름이 이런

cuwan de tehe de udu edun boljon furgire muke dekdere šungkure de seme ainu
빈 예 　 트면 아무리 　 브름 믈결과 씀는 믈이 쓰락 느즈락 　 ᄒ여도 엇지

olhombi? tere gisun de ts'oots'oo tehe bici ebufi baniha bume hendume siyan seng
저흐리? 그 말 의 曹操ㅣ 안잣다가 ᄂ려셔 샤례ᄒ고 니로되 　 先 生

ni ere sain bodohon akū bici derg i u gurun be (7:19b)
의 이 됴흔 혜아림이 아니면 東 吳 나라흘

adarame efuleme mutembihe. pangtung hendume mini mentuhun i micihiyan saha
엇지ᄒ여 파ᄒ여 이로리. 龐統이 니로되 내 미혹흔 의엿치 아ᄂ

babe cenghiyang seoleme tuwa. ts'oots'oo uthai fafun selgiyefi cooha dolo sele faksi
곳을 승샹이 되되어 보라. 曹操ㅣ 즉시 견령ᄒ여 군듕의 쇠 쟝인

baifi dobori dulime muheren dubufi* sele futai ulime cuwan be holbobure (7:20a)
어더셔 밤 새도록 골희 치워셔 쇠 사슬로 쎄여 빈 를 얽으라

jakade geren coohai niyalma donjifi gemu urgunjehe. pangtung geli hendume bi
ᄒ니 여러 군ᄉ 사름이 듯고 다 깃거ᄒ더라. 龐統이 쏘 니로되 내

giyang ni dergi saisa mergese be tuwaci jeo ioi de korsohongge ambula. mini
江 東 착흔 어진 이 를 보니 周 瑜 의게 원ᄒᄂ 거시 만터라. 내

ilan urhun i ilenggu cenghiyang ni jalin de gisureki. (7:20b)
세 촌 의 혀로 승샹의게 위ᄒ여 니ᄅ쟈.

jeo ioi be neneme efulehe de liobei baita akū ombi kai. ts'oots'oo hendume siyan
周 瑜 ᄅ 몬져 파ᄒᆯ찌면 劉備ᄂ 쓸딕 업시 되리라. 曹操ㅣ 니로되 先

seng unenggi ere amba gung be mutehe de han de wesimbufi ilan gung ni jergi
生이 진실로 이 큰 공 을 이로면 皇帝 끠 올려셔 삼 공 의 등

hafan obure be buyembi. pangtung hendume bi (7:21a)
관원 ᄒ임 을 원ᄒ노라. 龐統이 니로되 내

bayan wesihun i jalin waka. damu tumen irgen be tucibuki sembi cenghiyang giyang
부 귀ᄅ 위홈이 아니요 다만 만 민 을 내고져 ᄒ니 승샹이 강

dooha de olho irgen be ume wara. ts'oots'oo hendume ai gelgun* akū niyalma irgen
건너든 조심ᄒᆞ여 빅셩 을 죽이지 말라. 曹操ㅣ   니로되   엇지 싱심이나   인민

be wambi? pangtung ini uksun mukūn be guwebure bithe baire jakade (7:21b)
을 죽이리? 龐統이 제 겨릭 권당 을   면홀 글   비니

ts'oots'oo hendume siyan seng ni boo aibide tehebi? pangtung hendume giyang ni
曹操ㅣ   니로되   先 生 의 집이 어딕 잇ᄂᆞ니?   龐統이   니로되   강

dalin de tehebi bithe baha de mini mukūn be yooni bahafi karmaci ombi kai.
신 의 이시니 글 어드면 내 겨릭 ᄅᆞᆯ 오로 어더셔 금ᄒᆞ면   되리라.

ts'oots'oo bithe arabufi pangtung de buhe. (7:22a)
曹操ㅣ   글 쓰여셔   龐統 의게 주다.

pangtung ts'oots'oo ci fakcafi giyang ni dalin de jifi cuwan de teki sere de mungga
龐統이   曹操 의게 ᄶᅥ나   강 신 의 와셔 비 예 ᄐᆞ려 홀제 언덕

jakade emu niyalma beye de doose i etuku uju de cuse moo i isame araha mahala
겻히 ᄒᆞᆫ 사ᄅᆞᆷ이 몸 에 도스 의 옷과 머리 예 대 로 겨러 밍근   관

etufi, pangtung be tatame jafafi hendume sini silhi amban kai. (7:22b)
쓰고, 龐統 을 ᄃᆞ릭여 잡고 니로되 네 담이 큰지라.

hūwang g'ai yali be gosiholome arga be baitalara g'an dze be holtome dahara bithe
黃 蓋 술을 괴로이 ᄒᆞ어 쇠 ᄅᆞᆯ 썻고 闞 澤 으로 소겨 항복홀 글

benjibure si geli cuwan holboro arga be alibunjihangge ainahai wacihiyame bahafi
보내엿고 네 ᄶᅩ 빈   얽는 쇠ᄅᆞᆯ 드리라 온 거슨 엇지ᄒᆞ여 ᄆᆞ춤내 어더

towa* sindara? suwe enteke faksi arga i (7:23a)
블 노흘소? 너희 이런 지간저은 쇠예

ts'oots'oo be eitereci ombi dere mimbe adarame bahafi eitereci ombi? tere gisun
曹操 ᄅᆞᆯ 두루면 되려니와 나ᄅᆞᆯ 엇지ᄒᆞ여 어더셔 두룬들 되랴? 그 말

de pangtung beye i fayangga beye de akū oho. (7:23b)
의 龐統 몸의 넉시 몸 에 업시되다.

曹孟德橫槊賦詩

ts'oo meng de gida be hetu jafafi uculehe.
曹　　孟　　德　　창　을　가로　쥐고　놀았다.

pangtung ekšeme fonjime si we?　jabume bi sioi šu kai.　pangtung fe gucu be
龐統이　　밧비　므로되　네　뉜다?　되답호되　내　徐庶ㅣ로라.　　龐統이　넷　벗인 줄

takafi mujilen teni majige sulaka oho.　amasi forofi tuwaci hashū ici ergi de niyalma
알고　므음이　굿　젹이　누긋호다.　뒤흐로　도라　보니　좌 우 편 의　사룸

akū　　pangtung (8:1a)
업거늘　龐統이

hendume si ere gisun be tucike de hairaka.　giyang ni julergi ba i jakūnju emu
니로되　네 이 말 을　낼쟉시면　앗갑다.　　江　　南　짜 의　팔십　일

jeo i tanggu halai irgen be gemu si wambi kai.　sioi šu hendume ubai jakūnju
쥐　빅셩　　　을　다　네　죽임이라.　徐庶ㅣ　니로되　이곳　팔십

ilan tumen niyalma morin i ergen be ainambi?　pangtung hendume bi bucere (8:1b)
삼　만　사룸과　물　명 을 엇지호리?　龐統이　니로되　내　죽을

de gelembihe bici giyang ni amargi de jiderakū bihe.　sioi šu hendume bi lio
딕　저허홈이 이시면　江　　北　의　오지 아니리라.　徐庶ㅣ　니로되　내　瑜

han i ecikei kesi be gūnime karulara be onggoro unde.　bi gashūfi beye dubetele
皇　叔의　덕 을　싱각호여　갑흐믈　닛지 아녓노라.　내 밍셰호여셔 몸이 뭇도록

emu arga be deriburakū te ere weile i jalin (8:2a)
한　쇠 룰　시작지 아니려　호여시니 이제 이 일에 위호여

de sini sain arga be bi ainu efulembi?　damu mini beye coohai emgi ubade
네 됴흔 쇠 룰 내 엇지 파호리?　다만 내 몸이 군스 흔가지로 이곳에

bisire be dahame julergi cooha isinjiha de gu wehe be ilgarakū oci jobolon ci
이실 거심으로 남녁 군식 니룰러 옥과 돌흘 분변아니 호면 슈고로온딕

adarame bahafi guwembi?　mini genere jugūn be (8:2b)
엇지호여 어더셔 면호리?　내　갈 길

bahara be buyembi. agu mini beye tucire arga be joriha de angga mimifi goro
어듬 을 원ᄒᆞ노라. 그ᄃᆡ 내 몸 버서날 ᄭᅬ 를 ᄀᆞᄅᆞ쳐든 입 다믈고 먼

bade jailame geneki. pangtung injeme hendume yuwan ji uttu šumin bahanara
곳에 츼여 가쟈. 龐統이 웃고 니로되 元 直이 이럿트시 깁게 어더

labdo* sara de yasai julergi tonggo belhei gese arga ai mangga. (8:3a)
만히 아는 ᄃᆡ 눈 앏히 실과 조쌀 ᄀᆞᆺ흔 ᄭᅬ 므어시 어려오리오.

sioi šu hendume siyan seng ni tacibure be buyembi. pangtung sioi šu i šan i jakade
徐 庶ㅣ 니로되 先 生 의 ᄀᆞᄅᆞ침 을 원ᄒᆞ노라. 龐統이 徐 庶ㅣ 의 귀 겻히

emu udu gisun hendure jakade sioi šu ambula injeme canjurafi hendume mini
ᄒᆞᆫ 여러 말 니ᄅᆞ니 徐 庶ㅣ 크게 웃고 읍ᄒᆞ여 니로되 내

ergen te guwehe bi seibeni lio han ecike i baru (8:3b)
명이 이제야 면쾌라 내 져적의 劉 皇 叔 향ᄒᆞ여

henduhengge fulung fungts'u i erdemu abkai fejile uju sehe bihe ere be bodoci
니른 거슨 伏龍 鳳雛 의 ᄌᆡ죄 텬 하의 읏듬이라 ᄒᆞ엿더니 이 를 혜아리면

mini gisun tašan akū ni sefi juwe nofi ambula injecefi fakcaha. pangtung sioi šu
내 말이 그ᄅᆞ지 아니타 ᄒᆞ고 둘히 크게 웃고 훗터지다. 龐統이 徐 庶ㅣ

ci fakcafi cuwan de tefi jeo ioi de (8:4a)
의게 ᄯᅥ나 비 ᄐᆞ고 周 瑜 의게

alanjime jihe. tereci sioi šu tere yamji ini hanci niyalma be baba i ing de
알외라 오다. 그적의 徐 庶ㅣ 그 나조희 제 갓가온 사름 을 곳곳 의 딘 에

jenduken takūrafi hūlhame gisun selgiyehe. jai inenggi ing ni dorgi cooha i niyalma
ᄀᆞ만이 말 ᄀᆞ만이 부려셔 펴다. 잇흔날 딘 안히 군ᄉᆞ 사름이

ilan ilan i sunja sunjai uju šenggi acafi gisurembi (8:4b)
세식 세식 다ᄉᆞᆺ식 다ᄉᆞᆺ식 머리 니마 마초고 말ᄒᆞ더니

majige andande ts'oots'oo de niyalma alanjime si liyang jeo bai han sui macoo
져근 ᄃᆞᆺ식 曹操 의게 사름이 알외되 西 凉 州ㅣ ᄯᅡ 韓 遂 馬超

ubašafi sioi du baru jimbi sere. ts'oots'oo ambula golofi uthai geren hebei
반ᄒᆞ여셔 許 都 로 온다 ᄒᆞ더라. 曹操ㅣ 크게 놀라 즉시 여러 의논ᄒᆞᄂᆞᆫ

ambasa be isabufi hebušeme* hendume bi cooha (8:5a)
신하들 을 모화셔 의논ᄒᆞ여 니로되 내 군ᄉᆞ

gaifi julergi be dailame jihe ci ebsi mini dolo joborongge han sui macoo de
ᄃᆞ리고 남으로 싸화 옴 으로 브터 내 속에 근심ᄒᆞᄂᆞᆫ 거슨 韓 遂 馬超 의

kai. te coohai dolo gisurerengge udu yargiyan akū bicibe olhorakūci ojorakū.
게라. 이제 군 듕 말ᄒᆞᄂᆞᆫ 거시 비록 분명치 아닐 지라도 저허 아니ᄒᆞ면 되지 못ᄒᆞ리라.

we mini funde geneci ombi? gisun wajinggala sioi (8:5b)
뉘 내 ᄃᆡ예 가미 될고? 말 ᄆᆞᆾ지 못ᄒᆞ여셔 徐

šu ibefi hendume cenghiyang mimbe gosiha ci ebsi majige tusa arame karulahakū
庶ㅣ 나아 니로되 승샹이 나를 어엿비 너김으로 브터 죠그만 보람 지어 갑지 못ᄒᆞᆫ

jalin de korsombi. te ilan mingga cooha baha de bi dobori dulime san guwan
타스로 셜워ᄒᆞ노라. 이제 삼 쳔 군ᄉᆞ 어더 내 밤 지나도록 散 關이라 ᄒᆞᆫ

furdan de genefi kamni angga be tuwakiyaki. (8:6a)
關 의 가셔 막힌 어귀 를 직희쟈.

ekšere hahi baita bihede alanggire ts'oots'oo ambula urgunjeme hendume yuwan ji
밧부고 급ᄒᆞᆫ 연괴 잇거든 알외마 曹操ㅣ 크게 깃거 니로되 元 直이

unenggi geneci bi joborakū. san guwan furdan de bisire cooha be gung si uheri
진실로 가면 내 근심 아니리라. 散 關이라 ᄒᆞᆫ 關 의 잇ᄂᆞᆫ 군ᄉᆞ 를 公이 네 오로

kadalara. te uthai moringga yafaha* ilan mingga cooha be (8:6b)
ᄀᆞ음알라. 이제 즉시 ᄆᆞᆯ튼 거른 삼 쳔 군ᄉᆞ 를

tucibufi ts'ang ba be hūlame siyan fung obufi dobori dulime gene goidaci ojorakū.
내여셔 臧 霸를 블러 先 鋒 ᄒᆞ여셔 밤 지나도록 가라 더듸면 되지 못ᄒᆞ리라.

sehe manggi sioi šu ts'oots'oo ci fakcafi ts'ang ba i emgi genehe. pangtung sioi
ᄒᆞ니 徐 庶ㅣ 曹操 의게 ᄶᅥ나셔 臧 霸과 홈ᄭᅴ 가다. 龐統이 徐

šu be guwebuhe arga ere inu. ts'oots'oo (8:7a)
庶ㅣ를 면케ᄒᆞᆫ 꾀 이 긔라. 曹操ㅣ

sioi šu be bahafi unggire jakade mujilen majige sulaka ofi ts'oots'oo uthai morin
徐 庶ㅣ를 어더셔 보내니 ᄆᆞ음이 젹이 누긋ᄒᆞ여셔 曹操ㅣ 즉시 ᄆᆞᆯ

86

yalufi neneme giyang ni jakarame olhon i ing be tuwafi geli mukei ing be tuwafi
틱고 몬져   강   겻   뭇히 딘을 보고 쏘 믈 딘을 보고

ini tere amba cuwan i dulimbade yuwansuwai seme bithe (8:7b)
제 틱는 큰 빈   가온대   元帥ㅣ라 ᄒᆞ여 글

araha tu be tukiyefi geren cuwan be gemu juwe ergi de faidaha cuwan i dele
쓴 긔를 들고 여러 빈를 다 두 녁 희 버린 빈 우희

mingga funceme nu beri be buksibufi ts'oots'oo tere cuwan i dele tehe. tere fon
쳔   남은   궁 노를   숨기고   曹操ㅣ 그 빈   우희 틱다. 그 ᄯᅢ

jiyan nan i juwan juwe ci aniya omšon biyai tofohon i inenggi. (8:8a)
建 安 열 두 히   십일 월 보롬 날이라.

abka i boco genggiyen getuken edun akū ofi mukei boljon jiderakū. ts'oots'oo
하늘 빗치 몱아   붉고   ᄇᆞ람이 업서서   믈결이   오지 아니터라.   曹操ㅣ

amba cuwan dele de sarin dagilabufi kumun deribufi bi ere yamji de geren
큰 빈 우희 잔치 쟝만ᄒᆞ여 풍뉴 시작ᄒᆞ고 내 이 나조희 여러

jiyangjiyūn sa be sarilara de abka yamjime dergi alin de biya (8:8b)
쟝슈   들을 잔치ᄒᆞᆯ 제 하늘이 져믈고 동 산 의 ᄃᆞᆯ

mukdefi eldekengge inenggi adali golmin giyang de šanggiyan suje siraha gese.
도다셔 붉은 거시   낫 ᄀᆞ고 긴 강 에 흰 비단 년흠 ᄀᆞ다.

ts'oots'oo amba cuwan i dele de tefi hashū ici ergi de gecuheri jongdon i etuku
曹操ㅣ 큰 빈 우희 틱고 좌 우 편 의 망뇽으로   쓴   옷

etufi gida jangkū jafaha tanggū isire niyalma be ilibufi (8:9a)
닙고 창 극 잡은 빅 다ᄃᆞ른 사름 을 셰오고

bithe coohai hafasa be gemu jergi bodome tecebufi ts'oots'oo nan bing san
문 무 관원들을 다 ᄎᆞ례 혜아려 안치고 曹操ㅣ 南 屏 山이라 ᄒᆞᆫ

alin i baru tuwaci uthai nirugan i adali. dergi ts'ai ts'ang wargi hiya keo julergi
산 향ᄒᆞ여 보니 오로 그리니 ᄀᆞ더라. 동으로 柴 桑 셔로 夏 口 남으로

fan san amargi u lin be gemu tuwaci ere duin ba (8:9b)
樊 山 북으로 烏 林 을 다 보니 이 네 곳이

onco amba dahame dolori urgunjeme ts'oots'oo hendume bi jurgan i cooha iliha
넙고 크모로 속으로 깃거 曹操ㅣ 니로되 내의 옛 군ᄉ 니ᄅ켬

ci ebsi gurun booi jalin de ehe be geterembume gejureku be unggime,
으로 브터 국 가 위ᄒ여 사오나온 이 ᄅ 업시코 해로온 이 ᄅ 보내고,

gashūfi duin mederi dorgi be erime getuken obufi abkai fejergi be necin (8:10a)
딩셰ᄒ여 ᄉ 히 안흘 쓰러 ᄆᆰ게 ᄒ여 텬 하 ᄅ 평히

obuki seci damu bahara undengge giyang ni julergi kai. bi ere giyang ni julergi
ᄒ고져 ᄒ되 다만 엇지 못ᄒ거슨 江 南이라. 내 이 江 南

huweki babe baha de gurun bayan cooha be etenggi obuci ombi. te fejergi
됴흔 곳을 어드면 나라히 가음열고 군ᄉ ᄅ 강히 되게 ᄒ리라. 이제 아릭

bisire tanggū tumen baturu cooha geren gung (8:10b)
잇ᄂ 빅 만 웅장흔 군ᄉ며 여러 공이

ergen be hairandarakū hūsun tucici gung gebu muterakū seme joboro ai bi.
명 을 앗기지 아니코 힘 쓰면 공 명을 이로지 못ᄒᆯ싸 ᄒ여 근심이 엇지 이시리오.

giyang ni julergi be baha manggi jai gūwa weile akū kai. geren gung ni emgi
江 南 을 어드면 다시 다른 일이 업스리라. 여러 공이 흔가지로

uhei bayan wesihun urhun sebjen banjiki. (8:11a)
대되 가음열고 귀히 되여 깃거 즐겨 사쟈.

enenggi gisurehe gisun be bi onggorakū geren gung mujilen de tebufi kice. bithe
오늘 니른 말 을 내 닛지 아니리니 여러 공이 ᄆᆞᆷ 의 담아 힘쓰라. 문

coohai hafasa gemu ilifi tukiyeme hendume hūdun bahafi uculeme maksirengge
무 관원들이 다 니러셔 기려 니로되 급히 어더셔 노래ᄒ고 춤추ᄂ 거슨

beye dubetele gemu ejen i hūturi de akdahabi (8:11b)
몸이 ᄆᆞᆺ도록 다 쥬공의 복 에 밋엇노라.

ts'oots'oo ambula urgunjeme geren ambasai emgi nure omicame dobori dulin
曹操ㅣ 크게 깃거 여러 신하들 흠씌 술 먹어 밤 듕

oho manggi ts'oots'oo soktofi giyang ni julergi be šumhun jorime hendume jeo
되니 曹操ㅣ 취ᄒ여셔 江 南 을 손가락으로 ᄀᆞᄅ쳐 니로되 周

ioi lu su abkai erin be sarkū ofi jabšan de muse de (8:12a)
瑜 魯 肅이 하늘 째 를 모른다 ᄒ고 요힝으로 우리 의게

dahame jidere niyalma bisirengge tere ini hefeli dorgi jobolon ohode abkai muse de
조차 오는 사름 잇는 거시 그 제 비 속 근심 되옴은 하늘이 우리 게

aisilarengge kai. siyun ioi hendume cenghiyang ume gisurere. aikabade firgemburahū
돕는 거시니라. 荀 攸ㅣ 니로되 승샹은 니르지 말라. 힝혀 누셜홀셰라.

ts'oots'oo ambula injecefi hendume bi tecehe geren (8:12b)
曹操ㅣ 크게 웃고 니로되 내 안즌 여러

gung juwe ergi de iliha urse gemu mini mujilen niyaman i gese niyalma. gisurere
공과 두 편 의 션 뉴들이 다 내 심복 ᄀᆞᆺ흔 사름이라. 니르는

de ai bi. geli hiya keo i baru šumhun jorime hendume liobei jug'uliyang
ᄃᆡ 므어시 이시리? 쏘 夏 口 로 향ᄒᆞ여 손가락으로 ᄀᆞ르쳐 니로되 劉備 諸葛亮

suweni yerguwei gese hūsun be bodorakū mini (8:13a)
너희 가얌이 ᄀᆞᆺ흔 힘 을 헤아리지 아니코 내

tai san alin i gese ujen be acinggiyambi kai. geli geren ambasa i baru forofi
泰 山 ᄀᆞᆺ흔 므거옴 을 흔들미니라. 쏘 여러 신하들 향ᄒᆞ여 도라

hendume bi te susai duin se oho. aikabade giyang ni julergi be baha de
니로되 내 이제 쉰 네 술 되엿ᄂᆞᆫ지라. 힝혀 江 南 을 어드면

yargiyan i urgunjere babi. seibeni coo da loo minde ambula (8:13b)
분명이 깃거흘 곳이시리라. 져적의 喬 公이 내게 크게

hajilafi ini juwe sargan jui be minde bure sere jakade bi tuwaci sargan juse
친ᄒᆞ여셔 제 두 ᄯᅩᆯ 을 내게 주려 홀 적의 내 보니 계집 ᄌᆞ식들

gurun de jergi akū banjiha bihe sun ts'e jeo ioi gaijara be we gūniha? mini jang
나라 히 등 업시 나하잇더니 孫 策과 周 瑜ㅣ 어ᄅᆞᆯ 줄 을 뉘 싱각ᄒᆞ리오? 내 漳

ho birai dalin de ice araha tung coo tai de (8:14a)
水라 흔 내 ᄀᆞ 의 새로 지은 銅 雀 臺 예

giyang ni julergi be baha manggi juwe coo be gaifi tebuhe de mini buyerengge
江 南 을 어더든 二 喬 를 ᄃᆞ려 안쳐시면 내 원ᄒᆞᆫ는 거시

elembi kai sefi ambula injeme nakarakū bisire de gaitai emu feniyen gaha
죡ᄒᆞ리라 ᄒᆞ고 크게 우어 그치지 아니코 이실 제 즉시 ᄒᆞᆫ 무리 가마괴

guweme julesi deyeme genere jilgan be donjifi (8:14b)
울고 남으로 ᄂᆞ라 가는 소ᄅᆡ 를 듯고

ts'oots'oo fonjifi hendume ere gaha ainu dobori guwembi? juwe ashan i niyalma
曹操ㅣ 무러 니로되 이 가마괴 엇지 밤의 우ᄂᆞ니? 두 편의 사ᄅᆞᆷ이

jabume biyai genggiyen be ainci gereke seme moo ci dekdefi guwembi kai.
ᄃᆡ답호되 ᄃᆞᆯ 붉으믈 그러나 새엿는가 ᄒᆞ여 남게 ᄭᅥ셔 우ᄂᆞ니라.

ts'oots'oo geli injeme nakarakū. tere erin nure de wenjefi gida (8:15a)
曹操ㅣ ᄯᅩ 우어 그치지 아니터라. 그 ᄣᅢ 술 에 달희여 창

gaji seme gaifi cuwan dele ilifi nure be giyang de cacufi ilan hūntaha jalu
다고 ᄒᆞ여 가지고 ᄇᆡ 우희 셔셔 술로 강 에 읍ᄒᆞ고 세 잔 ᄀᆞ득

omifi gida be hetu jafafi geren ambasa i baru hendume mini ere gida jafafi
먹고 창 을 빗기 잡고 여러 신하들 향ᄒᆞ여 니로되 내 이 창 잡아셔

suwayan mahala hūlha be efulehe lioi bu be (8:15b)
누른 관 쓴 도적 을 파ᄒᆞ고 呂 布 를

jafaha yuwan šu be mukiyebuhe yuwan šoo be bargiyaha amargi sai be bade
잡고 袁 術 을 멸ᄒᆞ고 袁 紹 를 거두고 뒤흐로 塞 北 ᄯᅡ의

šumin dosika liyoo dung de isitala abkai fejergi de hetu undu cihai yabuhangge
깁히 드러 遼 東 의 다ᄃᆞᆺ도록 텬 하 의 빗겨 ᄆᆞ음으로 ᄒᆡᆼᄒᆞ는 거시

unenggi amba haha i gūnin kai. ere teisulebuhe arbun (8:16a)
진짓 큰 ᄉᆞ나희 ᄉᆡᆼ각이라. 이 ᄃᆡ흔 거동이

ambula ferguwecuke. bi uculere. suwe daha sefi uculehe tere ucun i gisun
크게 긔특다. 내 노래ᄒᆞ마. 너희 조츠라 ᄒᆞ고 노래ᄒᆞ니 그 노래 예 말이

nure de bakcilame uculeci acambi niyalma udu se bahambi. duibuleci cimari
술 에 ᄃᆡᄒᆞ여 노래 부ᄅᆞ니 맛당타 사ᄅᆞᆷ이 몃 술 어드리. 비컨대 아ᄎᆞᆷ

erde silenggi adali jobofi (8:16b)
이른 이슬 ᄀᆞᆺ다 근심ᄒᆞ여

generengge ambula. katunjecibe akacuka joboro gūnin be onggoro mangga. ališara
가는 거시 큰지라. 춤으려 ᄒᆞ여도 애도로니 근심ᄒᆞᄂᆞᆫ 싱각 을 닛기 어렵도다. 심심ᄒᆞᆷ

be sartaburengge damu arki nure. yacin etuku i agu be dolo kemuni gūnimbi.
을 푸러 ᄇᆞ리ᄂᆞᆫ 거슨 다만 쇼쥬과 술이라. 야쳥 옷닙은 그듸 롤 속에 ᄆᆡ양 싱각노라.

buhū murame hūlame (8:17a)
사슴이 울고

bihan*i orho be jembi. bi sain antaha be bahafi sy fitheme ficakū ficara bihe.
들ᄒᆡ 플 을 먹ᄂᆞᆫ지라. 내 어진 벗 을 어더셔 비파 ᄐᆞ고 피리 블미 잇도다.

biya i adali genggiyen mergese be gūnirengge ai erin de nakambi dorgi ci
둘 ᄀᆞᆺ치 ᄇᆞᆰ은 어진 이들 을 싱각ᄒᆞᄂᆞᆫ 거슨 어ᄂᆡ ᄶᆡ 예 그칠고 속에

ališame jidere be lashalaci ojorakū. (8:17b)
심심ᄒᆞ여 오ᄂᆞᆫ 이 롤 ᄭᅳᆫ츠려 ᄒᆞ되 되지 못ᄒᆞ리라.

alin bihan* be dome* gūnihangge mekele oho. gucu giyalabufi gisurecibe jecibe
산과 들 을 건너 싱각ᄒᆞᄂᆞᆫ 거슨 쇽졀업쏘다. 벗을 ᄶᅧ나셔 말ᄒᆞ기과 먹ᄂᆞᆫ 거시

mujilen fe baili be gūnimbi. biya i genggiyen de usiha seri gaha julesi
ᄆᆞᄋᆞᆷ에 녜 은혜 롤 싱각ᄒᆞᄂᆞ쏘다. 둘 이 ᄇᆞᆰ은 듸 별이 드믈고 가마괴 남으로

deyeme moo be ilan jergi (8:18a)
ᄂᆞ라 남글 세 번

šurdeci dore garhan akū. alin den be elerakū muke šumin be elerakū
도되 안즐 가지 업도다. 산은 놉기 롤 슬희여 아니코 믈은 깁기 롤 슬희여 아닛ᄂᆞ니

jeo gung ašuha buda be waliyara de abkai fejergi mujilen dahahabi. geren
쥬 공이 먹음은 밥 을 ᄇᆞ릴 제 텬 해 ᄆᆞᄋᆞᆷ 조찻ᄂᆞᆫ지라. 여러ᄒᆡ

acabume uculeme wajiha bici (8:18b)
화ᄒᆞ여 노래블러 ᄆᆞᆺᄎᆞ니

gaitai emu niyalma tehe baci ibefi hendume amba dain i ucuri geren hafasai
겨릭 ᄒᆞᆫ 사롬이 안즌 곳에 나아 니로되 크게 ᄊᆞ흘 적의 여러 관원들이

ergen be baitalara erin kai. cenghiyang ai turgunde ere sorondoro gisun tucimbi?
명 을 쓰ᄂᆞᆫ ᄶᆡ라. 승샹이 므슴 연고로 이런 불길ᄒᆞᆫ 말 내ᄂᆞ니?

ts'oots'oo tuwaci yang jeo i tsetse hafan pei guwe hiyang ni bai (8:19a)
曹操 l 보니 楊 州 l 刺史 관원 沛 國 相 ᄯᅡ

niyalma hala lio gebu fu tukiyehe gebu yuwan ing. dade ho fei baci
사름이라. 셩은 劉요 일홈은 馥이요 ᄌᆞᄂᆞᆫ 元 頻이라. 본딘 合 淝 ᄯᅡ흐로

tucifi yang jeo babe dasame uka samsiha irgen be bargiyafi tacikū boo
나셔 楊 州 l ᄯᅡ흘 다ᄉᆞ리고 도망ᄒᆞ여 흐터진 빅셩 을 거두어셔 혹 당을

ilibufi usin weilebume dasan tacihiyan be yendebuhe (8:19b)
셰오고 밧 갈기 일삼고 졍 교 를 니ᄅᆞ켜

šumin ulan den fu sahafi uksin saca coohai agūra dasame ts'ang cahin de jeku
깁흔 히ᄌᆞ 놉흔 담 ᄊᆞ고 갑옷 투구 군ᄉᆞ 쟝기 고치고 창고 의 곡식

ambula isabume orho uri mingga funceme arafi ududu tanggū hū nimaha be
만히 ᄊᆞ히고 초 졈 쳔 남아 짓고 여러 빅 셤 고기 를

tebume afara tuwakiyara yaya jaka be dagilame (8:20a)
담고 ᄊᆞ화 직킬 온갓 거슬 쟝만ᄒᆞ고

ts'oots'oo de goidame hūsun bume ambula gung ilibuhabi lio fu hendume siyan
曹操 의게 오래 힘 주어 크게 공 셰윗더니 劉 馥이 니로되 先

seng ai turgunde ere sorondoro gisun be tucimbi? ts'oots'oo hendume adarame
生이 므슴 연고로 이런 블길흔 말 을 내ᄂᆞ니? 曹操 l 니로되 엇지ᄒᆞ여

sorombi? lio fu hendume biya i genggiyen de usiha seri (8:20b)
블길타 ᄒᆞᄂᆞ니? 劉 馥이 니로되 ᄃᆞᆯ이 붉은 딘 별이 드믈고

gaha julesi deyeme moo be ilan jergi šurdeci dore garhan akū sehengge ambula
가마괴 남으로 ᄂᆞ라 남글 세 번 도되 안즐 가지 업다 ᄒᆞᄂᆞ 거슨 크게

sorondoro gisun kai. ts'oots'oo ambula jili banjifi hendume si ai gelgun* akū mini
블길흔 말이라. 曹操 l 크게 셩 내여 니로되 네 엇지 싱심이나 나의

yendefi efire be efulembi? seme emgeri (8:21a)
흥내여 놀믈 파ᄒᆞᄂᆞ니? ᄒᆞ고 흔번

gidalara jakade lio fu bucehe. uthai sarin nakafi jai inenggi soktohongge subufi
창으로 지ᄅᆞ니 劉 馥이 죽다. 즉시 쟌쳐 그치고 잇흔날 취흔 것 ᄭᆡ여셔

92

lio fu be   waha be   nasame nakarakū   bisire   de, lio fu i jui lio si ini amai
劉 馥 을   죽임 을   뉘우쳐 그치지 아니코 이실   제, 劉   馥 의 아들 劉 凞 제 아뷔

giran be da bade   gamafi sindaki   seme baire   jakade (8:21b)
주검 을 본 짜회   가져가 두고져   ᄒᆞ여   비니

ts'oots'oo songgome hendume bi sikse dobori soktofi sini ama be tašarame waha
曹操ㅣ   울고   니로되   내 어제   밤의   ᄎᆔᄒᆞ여셔 네 아비 를 그릇ᄒᆞ여   죽임

be aliyaha   seme amcarakū. ilan gung ni jergi jiramilame   sinahalaci   acambi enenggi
을 뉘우쳐 ᄒᆞ여도 밋지 못ᄒᆞ리라. 삼   공   녜로   두터이   장홈이   맛당ᄒᆞ니 오늘

giran be gamame   boode   bedereme gene seme uthai (8:22a)
신체   가져가   집의   믈러   가라 ᄒᆞ고 즉시

unggihe (8:22b)
보내다.

關云長義釋曹操

guwan yūn cang jirgan i ts'oots'oo be sindaha.
関 云 長 義 로 曹操 를 풀어주었다.

ts'oots'oo tere inenggi cooha gaifi hūwa žung doo be burlaha. tere fonde niyalma
曹操ㅣ 그 날 군수 드리고 華 容 道 로 드라나다. 그 째에 사름이

gemu yuyume tuhenehebi morin šadahai towa* de uju šenggi fucihiyalabufi teifun
다 주려 것구러지고 믈이 지쳣고 블 에 머리와 니마 그슬려셔 막대

jafafi yabumbi sirdan de (9:1a)
집고 힝ᄒ며 살 에

gabtabufi loho de sacibufi katunjeme genembi aga de etuku uksin usihiyafi bisire
쏘이고 환도 에 직키여 앙잉ᄒ여 가니 비 예 옷과 갑옷시 저저셔 잇ᄂ

niyalma de bi akū niyalma de akū tu kiru coohai agūra gaihangge gaihabi
사름 의게 잇고 업슨 사름 의게 업서 큰긔 격은긔와 군 장기 가지니ᄂ 가지고

waliyahangge waliyahabi iling ni baci burlara de (9:1b)
ᄇ리니ᄂ ᄇ리니 夷 陵 싸히셔 드라날 제

hafirabufi morin de enggemu tohome jabdurakū bontoho morin yalufi burlarengge
군싁ᄒ여셔 믈 게 기ᄅ마 짓기 겨룰치 못ᄒ여 민등에 믈 ᄐ고 드라나ᄂ 거시

amba dulin bi. enggemu hadala etuhe etuku be gemu waliyara jakade jing beiguwen
태반이라. 기ᄅ마 구레와 닙은 옷슬 다 ᄇ리니 정히 칩고

šahūrun i erin ofi tere gosihūn be gisureme wajirakū. (9:2a)
춘 째모로 그 괴로옴 을 니ᄅ지 못ᄒ러라.

julesi geneme juwan ba isinara onggolo cooha morin gemu ilihabi ts'oots'oo
앏흐로 가 십 니 다ᄃ지 못ᄒ여셔 군 매 다 셔시니 曹操ㅣ

fonjime ainu yaburakū? julergi cooha i niyalma bederefi hendume alin i ajige
무로되 엇지 힝치 아니ᄒᄂ뇨? 앏 군수 사름이 믈러셔 니로되 산뢰

jugūn ofi ere cimari aga agara jakade ulan (9:2b)
겹고 오늘 아츰에 비 오니 희ᄌ와

yohoron de muke tefi morin lifame dooci ojorakū ilihabi seme ts'oots'oo ambula
굴헝 에 믈이 괴여셔 물이 쉬매 건너지 못ᄒᆞ여 셧다 ᄒᆞ니 曹操ㅣ 크게

jili banjifi hendume cooha yabure doro alin be ucaraci jugūn neimbi muke be
셩 내여 니로되 군스 ᄒᆡᆼᄒᆞᄂᆞᆫ 법이 산 을 만나면 길 열고 믈 을

ucaraci kiyoo cambi kai. lifambi seme nakara doro (9:3a)
만나면 ᄃᆞ리 놋ᄂᆞ니 즈다 ᄒᆞ고 그치ᄂᆞᆫ 법이

bio? uthai fafulame hendume sakda budun feye baha niyalma gemu amala
잇ᄂᆞ냐? 즉시 호령ᄒᆞ여 니로되 늙은이와 어린이와 샹흔 사름은 다 뒤히

bisu mangga kiyangkiyan niyalma be juleri orho boihon juwebume ulan be jukifi
잇게 ᄒᆞ고 강장흔 사름 을 앏히 새과 흙을 날려 굴헝 을 몌오고

genembi majige mini gisun be jurcehe de wambi. coohai niyalma amba (9:3b)
가리니 젹이 내 말 을 어긔치면 죽이리라. 군스 사름 태반이

dulin morin ci ebufi cuse moo be bilafi ulan be jukiha. ts'oots'oo amargi cooha
믈 게 ᄂᆞ려셔 대과 남글 것쎠 굴헝 을 몌오다. 曹操ㅣ 뒷 군스

be amcarahū seme olhome jangliyoo sio cu sio hūwang de emu tanggū moringga
를 ᄯᆞ롤까 ᄒᆞ여 저허 張遼 許楮 徐晃 의게 일 빅 몰튼

cooha bufi loho jafabufi amala tutaha niyalma be wa seme sindahabi (9:4a)
군스 주어 환도 잡혀셔 뒤히 쎠진 사름 을 죽이라 ᄒᆞ여 두엇더니

tere fonde coohai niyalma omihon de mohofi tuhenere jakade ts'oots'oo coohai
그 쎄예 군스 사름이 굴모매 피곤ᄒᆞ여 것구러질 적의 曹操ㅣ 군스

niyalma be ambula esukiyeme fehuteme genere jakade bucehe niyalma be toloci
사름 을 크게 ᄭᅮ지저 넓고 갈 제 죽은 사름 을 혜여도

wajirakū. songgoro jilgan jugūn de lakcarakū (9:4b)
뭇지 못ᄒᆞᆯ러라. 우ᄂᆞᆫ 소릭 길히 ᄭᅳᆫ지 아니매

ts'oots'oo jili banjifi hendume bucere banjirengge gemu giyan kai. ainu songgombi?
曹操ㅣ 셩 내여 니로되 죽으며 사ᄂᆞᆫ 거시 다 녜식라. 엇지 우ᄂᆞ뇨?

jai aikabade songgoho niyalma be ilihai wambi sehe. hūwa žung doo ci jihe
다시 ᄒᆡᆼ혀 우ᄂᆞᆫ 사름 을 션재 죽이리라 ᄒᆞ다. 華 容 道 에셔 옴

ci   ebsi   ts'oots'oo   i   ilan   ubu   niyalma   morin   emu   ubu   amala   tutahabi (9:5a)
으로   브터   曹操   의   셋   졔   인   매   흔   졔는   뒤히   쩌지고

emu   ubu   ulan   de   tuhenehebi   emu   ubu   ts'oots'oo   be   dahame   jihebi   ts'oots'oo
흔   졔는   굴헝   에   쌔졋고   흔   졔는   曹操   룰   조차   와시니   曹操ㅣ

alin   i   haksan   dabahan*   be   dabafi   emu   neciken   bade   jifi   amasi   marifi   tuwaci
뫼   험흔   재   룰   넘어   흔   편흔   곳에   와셔   뒤흐로   도라   보니

damu   ilan   tanggū   funceme   niyalma   bi   etuku   uksin   yaya   agūra   yooni (9:5b)
다만   삼   빅   남은   사름이   잇고   옷과   갑옷   온갖   장기   오로

akū.   ts'oots'oo   yabu   seme   bošoro   jakade   geren   ambasa   hendume   morin   gemu
업섯더라.   曹操ㅣ   가쟈   흐고   몰   적의   여러   신하들이   니로되   물이   다

šadahabi   majige   teyeci   acambi.   ts'oots'oo   hendume   jing   jeo   be   amcame   genefi
곤흐니   젹이   쉬미   맛당흐다.   曹操ㅣ   니로되   荊   州ㅣ룰   미처   가셔

isinaha   de   teyeci   goidarakū   kai.   geli   emu   udu   ba   yabufi (9:6a)
니르러   쉬여도   더듸지   아니리라.   쏘   흔   두어   니   가셔

ts'oots'oo   morin   i   dele   ambula   injembi   geren   ambasa   fonjime   cenghiyang   ai
曹操ㅣ   물   우희셔   크게   우으니   여러   신하들이   무로되   승상이   므슴

turgunde   injembi?   ts'oots'oo   hendume   niyalma   gemu   jeo   ioi   jug'uliyang   be   arga
일로   웃ᄂᆞ뇨?   曹操ㅣ   니로되   사름이   다   周   瑜   諸葛亮   을   쇠

ambula   bodohon   šumin   seme   gisurembihe   bi   tesei   bahanarakū   turgunde (9:6b)
만코   혜아림이   깁다   흐여   니르더니   내   져들의   아지   못흐는   타스로

injembi.   enenggi   musei   emgeri   gidabuhangge   mini   bata   be   weihukelehe   turgunde   kai.
웃노라.   오늘   우리   흔번   패흔   거슨   내   적   을   가비야이   너긴   타시라.

ubade   aikabade   emu   cooha   buksiha   bici   muse   gemu   gala   joolafi   huthubumbihe   kai.
이곳에   힝혀   흔   군ᄉᆞ   숨겨   이시면   우리   다   손   묵고   밀일랏다.

gisun   wajinggala   emu   jergi   poo   i   jilgan   guweme (9:7a)
말   뭇지   못흐여셔   흔   번   호통   소리   나며

juwe   ergi   de   sunja   tanggū   jangkū   jafaha   cooha   faidafi   ilihabi   dulimbade   guwan
두   편   에   오   빅   언월도   잡은   군ᄉᆞ   버러   셧고   가온대   關

96

yūn cang cinglung jangkū be hetu jafafi citu morin yalufi genere jugūn be
雲 長이 쳥농 도 롤 빗기 잡고 젹토 마 투고 가는 길 을

heturehebi. ts'oots'oo i cooha sabufi silhi meijefi fayangga genefi (9:7b)
ᄀᆞ로져시니 曹操 의 군시 보고 담이 스러지고 녕혼이 업서

ishunde dere šame gisureme muterakū. ts'oots'oo cooha i dolo ilifi hendume
서로 ᄂᆞᆺ출 ᄇᆞ라보고 말을 이로지 못ᄒᆞ더라. 曹操ㅣ 군ᄉᆞ 가온대 셔셔 니로되

ubade isinjifi bucetei afame lashalarakū oci ombio? geren ambasa hendume
이곳에 니ᄅᆞ러셔 죽도록 ᄡᆞ화 결단치 아니ᄒᆞ면 되ᄂᆞ냐? 여러 신하들이 니로되

niyalma udu gelerakū bicibe morin i hūsun šadahabi kai. (9:8a)
사름은 비록 두려아니 ᄒᆞ여도 ᄆᆞᆯ 힘이 곤ᄒᆞ엿는지라

afaha de urunakū bucembi. ceng ioi hendume bi donjici yūn cang wesihun be
ᄡᆞ호면 반ᄃᆞ시 죽으리라. 程 뇨이 니로되 내 드르니 雲 長이 놉흔 이 롤

murimbi fusihūn be jenderakū mangga de anaburakū budun be gidašarakū
세오고 ᄂᆞ준 이 룰 춤아 못ᄒᆞ고 강흔 ᄃᆡ 지지 아니코 약흔 이 룰 업슈이 너기지 아니코

niyalmai jobolon be urunakū dalimbi gosin (9:8b)
사름의 슈고로옴 을 반ᄃᆞ시 ᄀᆞ리옴애 인

jurgan abkai fejile algikabi sehe bihe cenghiyang nenehe inenggi kesi isibuha
의 텬 하의 퍼졋다 ᄒᆞ니 승샹이 젼 일의 덕이 밋처

bihe beye tucifi alaha de urunakū ere jobolon ci tucimbi kai. ts'oots'oo tere
잇는지라 몸소 나셔 알외면 반ᄃᆞ시 이 슈고로온ᄃᆡ 버서나리라. 曹操ㅣ 그

gisun be dahafi uthai julesi ibefi morin i dele beye mehume doro arafi (9:9a)
말 을 조차셔 즉시 앏히 나아 ᄆᆞᆯ 우희셔 몸 굽어 녜 ᄒᆞ고

yūn cang ni baru hendume jiyangjiyūn fakcaha ci ebsi saiyūn? yūn cang ineku
雲 長의게 향ᄒᆞ여 니로되 쟝군 니별흠 으로 브터 편안ᄒᆞ신가? 雲 長 도

beye mehume doro arafi jabume guwan ioi jiyūn sy i fafun be alifi cenghiyang
몸 굽어 녜 ᄒᆞ고 답호되 關 羽ㅣ 군ᄉᆞ 의 녕 을 바다셔 승샹

be aliyame ambula goidaha. ts'oots'oo (9:9b)
을 기ᄃᆞ련지 크게 오랜지라. 曹操ㅣ

hendume ts'oots'oo cooha gidabufi hūsun mohofi ubade isinjici genere jugūn
니로되 曹操ㅣ 군ᄉᆞ 패ᄒᆞ고 힘이 진ᄒᆞ여셔 이곳에 니ᄅᆞ러 갈 길이

akū jiyangjiyūn i nenehe gisun be ujen obure be erembi. yūn cang hendume
업스니 쟝군은 젼 말 을 듕히 너기ᄅᆞᆯ ᄇᆞ라노라. 雲 長이 니로되

guwan ioi nenehe inenggi udu cenghiyang ni jiramin kesi be alime gaicibe (9:10a)
關 羽ㅣ 젼 일에 비록 승샹 의 둣거온 덕 을 바다 가져셔도

bema bade jobolon be sume baili isibuha. enenggi hese be alime gaifi ai
白馬 ᄯᅡ히 괴로옴 을 프러 은혜 밋첫ᄂᆞᆫ지라. 오늘 명 을 바다 가져셔 엇지

gelgun* akū mini cisui gamambi. ts'oots'oo hendume sunja furdan de jiyangjiyūn
싱심이나 내 ᄆᆞ옴으로 가져가리오. 曹操ㅣ 니로되 오 관 에 쟝슈

waha be kemuni ejehebio? julgei niyalma (9:10b)
죽임 을 ᄆᆡ양 긔록ᄒᆞ엿ᄂᆞ냐? 녯 사름

amba haha jalan de urunakū akdun jurgan be ujen obuhabi kai. jiyangjiyūn cun cio
큰 ᄉᆞ나희 셰 예 반ᄃᆞ시 신 의 ᄅᆞᆯ 듕이 삼ᄂᆞᆫ지라. 쟝군이 츈 츄

bithe be šumin hafubi ioi gung dz sy dz dzo žu dz be amcaha be sarkū doro
글 을 깁히 통ᄒᆞ엿ᄂᆞ니 庚 公 之 斯ㅣ 子 濯 孺 子ᄅᆞᆯ ᄯᅩᆯ옴 을 모롤 리

bio? yūn cang gisun donjifi uju gidafi jaburakū. (9:11a)
이시리오? 雲 長이 말 듯고 머리 수기고 되답지 아니터라.

tere fonde ts'oots'oo ere weile be feteme alara jakade yūn cang jurgan be alin i
그 ᄶᆡ예 曹操ㅣ 이 일 을 픠와 알외니 雲 長이 의 ᄅᆞᆯ 뫼

gese ujen gūnire niyalma ofi ts'oots'oo i beye geren cooha yasai muke tuhebure
ᄀᆞᆺ치 듕이 싱각ᄒᆞᄂᆞᆫ 사름임으로 曹操 의 몸과 여러 군ᄉᆞ 눈 믈 거의

isika be sabufi yūn cang sunja furdan de jiyangjiyūn (9:11b)
지믈 보고 雲 長이 오 관 의 쟝슈

be wacibe imbe sindafi unggihe be gūnime mujilen efujeme morin maribufi geren
ᄅᆞᆯ 죽여도 져를 노화 보내믈 싱각ᄒᆞ고 ᄆᆞ옴이 푸러져 믈 두루혀 여러

coohai niyalmai baru hendume duin ici fakcame faida sehe ere uthai iletuken
군ᄉᆞ 사름의게 향ᄒᆞ여 니로되 네 녁흐로 흐터져 버러시라 홈은 이 즉시 분명이

98

ts'oots'oo be sindafi unggiki sere gūnin kai. (9:12a)
曹操 룰   노화   보내고져 ᄒᄂᆞᆫ 싱각이러라.

ts'oots'oo yūn cang ni morin maribure be safi geren hafasa i emgi sasa feksiteme
曹操ㅣ   雲 長 의 물 두루혐 을 보고 여러 관원들과 홈ᄭᅴ   ᄃᆞᆯ려

duleke. yūn cang amasi marire sidende geren hafasa ts'oots'oo be gamame aifini
지나다. 雲 長이 뒤ᄒᆞ로 두루혈 ᄉᆞ이예 여러 관원들이 曹操 룰 더블고 ᄇᆞᆯ셔

genehebi. yūn cang den jilgan i esukiyere jakade (9:12b)
가니라.   雲 長이 놉흔 소ᄅᆡ 로   ᄭᅮ지즈니

geren gemu morin ci ebufi songgocome na de niyakūraha yūn cang wame
여러히   다   물게 ᄂᆞ려   울며   ᄯᅡ히   ᄭᅮᆯ거늘   雲 長이   춤아

jenderakū   jing kenehunjeme bisire de jangliyoo feksihei jimbi yūn cang safi da
죽이지 못ᄒᆞ여 졍이 의심ᄒᆞ여   이실 제   張遼ㅣ   ᄃᆞᆯ려 오니 雲 長ㅣ 보고 본ᄃᆡ

guculehe be gūnime golmin sejilefi gemu sindafi unggihe (9:13a)
벗인 줄 을 싱각ᄒᆞ고 기리 한숨지고 다   노화 보내다.

ts'oots'oo hūwa žung ni bade jobolon ci ukcafi alin i holo angga de isinafi
曹操ㅣ   華 容 ᄯᅡ히   괴로온 ᄃᆡ 버서나 묏 골 어귀 예 니ᄅᆞ러셔

dahara cooha be tuwaci damu orin nadan bi.   abka yamjime nan jiyūn de
조ᄎᆞᆫ   군ᄉᆞ 룰 보니 다만 스믈 닐곱이 잇더라. 하늘이 져므러   南 郡 에

isiname hamime emu baksan i cooha jugūn be kame towa* (9:13b)
거의   다ᄃᆞ르니 ᄒᆞᆫ 쎄   군ᄉᆡ   길흘   막고 ᄇᆞᆯ

dabuhabi ts'oots'oo hendume mini jalgan wajiha kai sehe bici emu baksan i karun i
켜니   曹操ㅣ   니로되 내 명   ᄆᆞᆺ츠리로다 ᄒᆞ더니 ᄒᆞᆫ 쎄 복병

niyalma jimbi tuwaci ts'oo in i cooha. ts'oots'oo teni mujilen elheken oho ts'oo
사ᄅᆞᆷ이 오거늘 보니 曹 仁 의 군ᄉᆡ라. 曹操ㅣ   ᄀᆞᆺ ᄆᆞᄋᆞᆷ이 편안ᄒᆞ더니 曹

in okdome jifi hendume cooha gidabuha be udu donjicibe (9:14a)
仁이 마자 와 니로되 군ᄉᆡ   패흠 을 비록 드러시나

goro waliyafi geneci ojorakū tuttu ofi hanci okdoko. ts'oots'oo hendume bi
멀리   ᄇᆞ리고 가지 못ᄒᆞ여 그러모로 갓가이셔 맛노라.   曹操ㅣ   니로되   내

simbe elgei bahafi acarakū kai sefi nan jiyūn de dosime jangliyoo inu isinjifi
너롤 거의 어더 만나지 못홀랏다 ᄒ고 南 郡 에 드러가니 張遼 도 니르러셔

yūn cang ni sindafi unggihe be alame bisire de (9:14b)
雲 長 의 노하 보냄 을 알외고 이실 제

baba de burlaha hafan cooha gemu nan jiyūn de jihe. ts'oots'oo baicaci feye bahangge
곳곳마다 ᄃ라난 관원 군ᄉ 다 南 郡 에 오다. 曹操ㅣ 츠즈니 샹흔 이

ambula ofi taka teyenu seme unggihe. tere dobori ts'oots'oo abka i baru wesihun
만흠으로 아직 쉬라 ᄒ여 보내다. 그 밤의 曹操ㅣ 하늘을 향ᄒ여 우러러

tuwame ambula songgoro de geren (9:15a)
보고 크게 운대 여러

hafasa hendume cenghiyang si tasha feye muduri tunggu i gese jobolon ci tucire
관원들이 니로되 승샹이 네 범의 깃과 농의 소 ᄀ흔 ᄃ 괴로이 날

de majige hono olhoho akū te hoton de isinjifi niyalma buda bahabi morin
젹의 죠곰 도 두려워 아니ᄒ더니 이제 셩 에 니르러셔 사름이 밥 엇고 물이

liyoo bahabi cooha dasafi dahūme karu gaime geneci ombi ai (9:15b)
콩 어더시니 군ᄉ 졍졔ᄒ여 다시 원슈 갑푸라 가면 되리니 므슴

turgunde uttu songgombi? ts'oots'oo hendume bi g'u fung siyo be gūnime
일로 이리 우ᄂ뇨? 曹操ㅣ 니로되 내 郭 奉 孝 롤 싱각ᄒ여

songgomi kai. geren jiyangjiyūn hendume g'u jiya bucefi goidaha. te songgorongge
우노라. 여러 쟝쉬 니로되 郭 嘉ㅣ 죽언지 오랜지라. 이제 우ᄂ 거시

ai gūnin? ts'oots'oo hendume g'u fung siyo bihe bici (9:16a)
므슴 싱각인고? 曹操ㅣ 니로되 郭 奉 孝ㅣ 이시면

mimbe uttu ambula ufaraburakū bihe. sefi tunggen be forime songgome hendume
나롤 이리 크게 패치 아니케 홀랏다. ᄒ고 가슴 을 두드리고 울며 니로되

usacuka fung siyo, jilaka fung siyo, hairaka fung siyo sere de geren gemu
슬프다 奉 孝여, 어엿브다 奉 孝여, 앗갑다 奉 孝여 홀 제 여러이 다

ekisaka. jai inenggi abka yamjiha manggi ts'oots'oo ts'o in (9:16b)
줌줌ᄒ더라. 잇흔날 하늘이 져므니 曹操ㅣ 曹 仁

100

be hūlafi hendume bi te sioi du de taka bederefi cooha morin be dasatafi urunakū
을 블러셔 니로되 내 이제 許 都 에 아직 믈러가셔 군 마 를 다스려 반드시

karu gaime jimbi. si nan jiyūn be akdulame tuwakiya ume tucire. aikabade afarengge*
갑흐라 오리니. 네 南 郡 을 구지 직희여 나지 말라. 힝혀 싸홈이

hahi oci minde emu arga bi (9:17a)
급히 되면 내게 흔 꾀 이시니

sinde jenduken werire hafirabuha ba akū oci ume neire. neihe de ere arga i
네게 ᄀ만이 두어 급흔 곳이 업거든 여지 말라. 열거든 이 꾀 대로

songkoi yabu. ere arga be tanggū jergi deribuci tanggū jergi etembi. ts'oo in se
힝흐라. 이 꾀 룰 빅 번 시작ᄒ여도 빅 번 이긔이라. 曹 仁 等이

jenduken alime gaiha. ts'oots'oo geli hendume cooha morin be (9:17b)
ᄀ만이 바다 가지다. 曹操 ㅣ 쏘 니로되 군 마 룰

gemu sinde bure. ts'oo in hendume ho fei hiyang yang be we tuwakiyaci ombi?
다 네게 주마. 曹 仁이 니로되 合 淝 襄 陽 을 눌로 직희올쇼?

ts'oots'oo hendume jing jeo be si alime gaisu. hiyang yang be hiya heo dun
曹操 ㅣ 니로되 荊 州 ㅣ 룰 네 바다 가지라. 襄 陽 을 夏 候 惇

be tuwakiya seme afabuhabi ho fei ambula baitangga babi jangliyoo (9:18a)
으로 직희라 ᄒ여 맛져 잇고 合 淝 ᄂ 큰 죵요로온 싸히니 張遼

be amba jiyangjiyūn yo jin li diyan be meiren i jiyangjiyūn obufi tuwakiyabuhabi
로 대 쟝ᄒ엿고 樂 進 李 典으로 버금 쟝슈 삼아셔 직희여시니

majige mejige tucike de deyere gese alanju seme henduhebi sefi afabume
죠고만 긔별이 나거든 ᄂᄂ 드시 와 알외라 ᄒ여 니ᄅ라 ᄒ고 맛지기

wajifi uthai morin yalufi nadan tanggū funceme (9:18b)
뭇고 즉시 믈 튼고 칠 빅 남은

cooha be gaifi dobori dulime sioi cang ni baru genehe. tereci guwan yūn
군ᄉ 룰 드리고 밤 새도록 許 昌 으로 향ᄒ여 가다. 그적의 關 雲

cang sunja tanggū jangkū jafaha cooha be gaifi hiowande de acambi seme
長이 오 빅 언월도 잡은 군ᄉ 룰 드리고 玄德 의게 뵈려 ᄒ여

bederehe. tere fonde geren cooha gemu morin coohai agūra jeku ciyaliyang (9:19a)
믈러가니라. 그 째예 여러 군시 다 믈과 군 장기와 젼량

bahafi hiya keo de bederefi nenehe ci tanggū ubu etuhun ohobi. yūn cang emu
엇고 夏 口 에 믈러가니 젼 의셔 빅 빈나 승히 되엿는지라 雲 長이 흔

niyalma emu morin hono bahakū untuhun hiowande de acame jihe. kungming
사룸 흔 믈 바히 엇지 못흐고 쇽졀업시 玄德 의게 뵈라 오다. 孔明이

yamun de tefi jing geren be kunduleme bisire de (9:19b)
아문 에 안자셔 졍히 여러흘 딕졉흐고 이실 제

gaitai yūn cang isinjihabi seme alara jakade, kungming tehe baci wasifi nure i
즉시 雲 長이 온다 흐여 알외니, 孔明이 안즌 곳에 느려셔 술

hūntaha be jafafi okdofi hendume jiyangjiyūn jalan be elbehe amba gung bahafi
잔 을 잡고 마자 니로되 쟝군이 셰샹 을 덥힌 큰 공 어더셔

abkai fejergi amba jobolon be geterembuhe goro bade okdofi (9:20a)
텬 하에 큰 근심 을 업시 흐여시니 먼 곳에 마자셔

kunduleci acambihe. yūn cang ekisaka kungming hendume jiyangjiyūn mimbe goro
딕졉흠이 맛당흐다. 雲 長이 줌줌커늘 孔明이 니로되 쟝군이 나룰 멀리

okdoko akū seme ushambi? aise sefi juwe ergi ashan i niyalma be tuwafi
맛지 아닌가 흐여 허믈흐느냐? 엇지오 흐고 두 편의 뫼션는 사룸 을 보고

hendume suwe aifini ainu alanjihakū? (9:20b)
니로되 너희 블셔 엇지 알외지 아닌다?

yūn cang hendume guwan ioi bi bucere be alimbi seme jihe. kungming hendume
雲 長이 니로되 關 羽 ㅣ 내 죽음 을 바드려 흐여 왓노라. 孔明이 니로되

ts'oots'oo hūwa žung doo be genehekū ayoo? yūn cang hendume tubabe
曹操ㅣ 華 容 道 로 가지 아니흐던가 엇진고? 雲 長이 니로되 그곳으로

genehe guwan ioi de erdemu akū ofi turibuhe. (9:21a)
가나 關 羽ㅣ 지죄 업슴으로 일헛노라.

kungming hendume fejergi jiyangjiyūn sa be bahafi gajihao? yūn cang hendume
孔明이 니로되 아릿 쟝슈 들 을 어더 드려온다? 雲 長이 니로되

ineku   jafahakū. kungming hendume ere   urunakū yūn cang ts'oots'oo i nenehe
긔라도 잡지 못ᄒᆞᆺ노라. 孔明이   니로되   이   반ᄃᆞ시 雲 長이   曹操   의 전

baili be gūnime jortai sindahabi kai. julgei han g'ao dzu ding gung (9:21b)
은혜 ᄅᆞᆯ ᄉᆡᆼ각ᄒᆞ고 부러   노토다.   녜 漢 高   祖ㅣ 丁   公

be wame yung ts'e be fungneme coohai fafun i tuwancihiyahabi gurun i akdahangge
을 죽이고 雍 齒ᄅᆞᆯ   봉ᄒᆞ여   군법을   직희니   나라히   밋분 거ᄉᆞᆫ

fafun kai. niyalma be dere banici ombio? emgeri bithe   arafi   guwebuci ojorakū.
법이라. 사ᄅᆞᆷ 을 인졍ᄒᆞ면 되ᄂᆞ냐? ᄒᆞᆫ번 글 ᄆᆡᆫ드라시니   샤치 못ᄒᆞ리라.

hasa   tucibufi coohai fafun i tuwancihiya sehe. (9:22a)
수이 내여다가 굴   령 으로 직희라   ᄒᆞ다.

錦囊計趙云救主

fadu i arga i joo yūn ejen be   tucibuhe.
주머니 의 꾀로 趙 云 主 를   구해냈다.

tereci hiowande sun fujin i boo i dolo tuwaci dahara hehesi loho gida ashafi
그적의 玄德이 孫 夫人 의 집 안을 보니 조츤 계집이 환도와 창을 츠고

juwe dalbade fik seme faidafi ilihabi hiowande cira aljafi bisire de boo be
두 편의 븍븍이 버러 셔시니 玄德이 ᄎ 짓고 이실 제 집 을

kadalara mama (10:1a)
검거ᄒᄂ는 할미

dosifi hendume wesihun niyalma ume olhoro. fujin gege ajigen ci coohai weile de
드러셔 니로되 놉흔 사름은 두려말라. 夫人이 졈어셔 군수 일 에

amuran ofi hehesi be loho jafabufi efime sebjelembihe tuttu ofi booi dolo loho
부즈런ᄒ여셔 계집 을 환도 잡히고 놀며 즐기더니 그러모로 집 안히 환도와

gida bikai. hiowande hendume fujin gegei tuwara (10:1b)
창이 잇ᄂ느니라. 玄德이 니로되 夫人의 볼

weile waka. mini dolo ehei šahūrun taka tucibu. boo i mama fujin de alame
일이 아니라. 내 속이 심히 한심ᄒ니 아직 내치라. 집 할미 夫人 끽 알외되

boo i dolo faidaha agūra bifi hojihon elhe akū sembi taka tucibukini. sun
집 안히 버린 장기 이심애 사회 편안치 아니ᄒ여 ᄒ니 아직 내치게 ᄒ라. 孫

fujin injeme hendume susai se otolo ishunde wame (10:2a)
夫人이 웃고 니로되 오십 셰 되도록 서로 죽여

yabufi coohai agūra de ainu olhombi ni? sefi gemu tucibuhe. sargan juse loho
힝ᄒ여셔 병 긔 예 엇지 두려ᄒ리오? ᄒ고 다 내지다. 계집들의 환도

sufi ashan de takūrabumbi tere dobori hiowande sun fujin be gaiha. hiowande
그르고 뫼신 듸 부리게 ᄒ고 그 밤의 玄德이 孫 夫人 으로 혼인ᄒ다. 玄德이

sain gisun i fujin be holtošoro jakade fujin (10:2b)
됴흔 말 로 夫人 을 소기니 夫人이

alimbaharakū urgunjembi hiowande dahara sargan juse be mujilen dahakini seme
거륵이 깃거ᄒ니 玄德이 조츤 계집들 을 ᄆᆞ음을 좃과댜 ᄒ야

aisin ulin ambula salame buhe. jai sun ciyan be neneme urgun i mejige be jing jeo
금 빅 만이 흐터 주다. ᄯᅩ 孫 乾 으로 몬져 깃분 긔별 을 荊 州ㅣ

de alanggiha. tereci ini cihai inenggi dobori omime bisire de (10:3a)
예 알외게 ᄒ다. 그적브터 제 ᄆᆞ음으로 일 야의 먹고 이실 제

u taiheo alimbaharakū gingguleme oho. tereci sun cuwan ts'ai ts'ang jiyūn de
吳 太后ㅣ 거륵이 공경ᄒ더라. 그적의 孫 權이 紫 桑 郡 의

niyalma takūrame jeo ioi de alanggiha jeo ioi bithe be neifi tuwaci bithe de
사ᄅᆞᆷ 부려 周 瑜 의게 알외니 周 瑜ㅣ 글 을 펴셔 보니 글 에

henduhengge mini eniye marame non be liobei de buhe (10:3b)
닐러시되 내 모친이 세워 누의 ᄅᆞᆯ 劉備 의게 주니

holtombi sehei unenggilere be gūnihakū. te ere weile be dahūci antaka? jeo ioi
소기려 ᄒ더니 진짓것 되믈 ᄉᆡᆼ각지 못ᄒ여라. 이제 이 일 을 조차시니 엇더뇨? 周 瑜ㅣ

tuwame wajifi ambula golofi teci ilici elhe akū ofi emu arga be gūnifi uthai
보와 ᄆᆞᆺ고 크게 놀라 안즈며 닐기 편안치 아니ᄒ여 ᄒᆞᆫ 쇠 을 ᄉᆡᆼ각ᄒ여 즉시

daldara bithe arafi (10:4a)
ᄀᆞ만ᄒᆞᆫ 글 ᄆᆡᆫ드라셔

takūraha niyalma de bufi sun cuwan de tuwabume unggihe. sun cuwan bithe be
부린 사ᄅᆞᆷ 의게 주어셔 孫 權 의게 뵈라 보내다. 孫 權이 글 을

neifi tuwaci bithe de henduhengge ejen gung ni soorin i fejile jeo ioi tanggūnggeri
펴셔 보니 글 에 닐러시되 主 公 의 좌 하의 周 瑜ㅣ 빅번

hengkileme bithe wesimbumbi (10:4b)
절ᄒ고 글 올리ᄂᆞ니

canenggi hebešehe amba weile elemangga uttu ojoro be gūnihakū holtombi
그적의 의논ᄒᆞᆫ 큰 일이 더옥 이리 되믈 ᄉᆡᆼ각지 아니ᄒᆞ엿더니 소기려

sehei unenggilere ehe weile nememe sain ojoro oci liobei de argangga
ᄒ더니 진짓 거시 되니 사오나온 일이 더옥 됴흠이 되여시니 劉備 의게 쇠옛

baturu arbun bi guwan ioi (10:5a)
쟝슈 거동이 잇고 關 羽

jang fei tasha lefui gese jiyangjiyūn jai geli jug'uliyang ni emgi arga baitalambi
張 飛 범 곰 ᄀᆞᆺ흔 쟝슈와 겸ᄒᆞ여 諸葛亮과 ᄒᆞᆫ가지로 ᄭᅬ 쓰니

urunakū niyalma i fejile goidame fusihūlabume bisire niyalma waka. mentuhun i
반ᄃᆞ시 사ᄅᆞᆷ 의 아릭 오래 ᄂᆞ지 이실 사ᄅᆞᆷ이 아니라. 어린 의

arga liobei be jenduken u gurun i dolo horifi (10:5b)
ᄭᅬᄂᆞᆫ 劉備 ᄅᆞᆯ ᄀᆞ만이 옷 나라 안희 가도와셔

boo yamun be yangsalame arafi terei gūnin be onggobume sain boco be elebufi
궁실 을 ᄭᆞ며 ᄆᆡᆫᄃᆞ라셔 그 ᄉᆡᆼ각 을 닛게 ᄒᆞ고 됴흔 빗출 넉넉이 ᄒᆞ여셔

terei yasa šan be sartabume guwan ioi jang fei mujilen be faksalafi geren
져의 이 목 을 그르게 ᄒᆞ고 關 羽 張 飛의 ᄆᆞᄋᆞᆷ 을 흐터지게 ᄒᆞ고 여러

jiyangjiyūn sa be goro obufi meni (10:6a)
쟝슈 들 을 멀리 되게 ᄒᆞ여셔 각

meni bade bibure ohode terei amala cooha baitalafi afaha de amba weile be
각 곳에 잇게 ᄒᆞ고 그런 후에 군ᄉᆞ 써셔 싸호면 큰 일 을

tokdobuci* ombi. aikabade sindafi unggihe de musei coohai niyalma erhendere šolo
졍ᄒᆞ리라. 힝혀 노하 보내면 우리 군ᄉᆞ 사ᄅᆞᆷ이 편안ᄒᆞᆯ ᄉᆞ이

akū. deduhe muduri tugi aga (10:6b)
업스리라. 누온 뇽이 구롬과 비

be baha de omo i dolo enteheme bisirakū genggiyen gung ni urebume gūnire be
ᄅᆞᆯ 어드면 못 가온대 ᄆᆞᆺᄎᆞᆷ내 잇지 아니리니 明 公 은 니기 ᄉᆡᆼ각홈 을

buyembi. gisun be bithe de araci wajirakū ainara? bulekušeme sa. sun cuwan
원ᄒᆞ노라. 말 을 글 로 쓰되 ᄆᆞᆺ지 못ᄒᆞ니 엇지ᄒᆞ료? 거울ᄀᆞᆺ치 보라. 孫 權이

tuwame wajifi jang joo de (10:7a)
보와 ᄆᆞᆺ고 張 昭 의게

tuwabuha. jang joo hendume gung jin i arga mini gūnin de acahabi te niruha
뵈다. 張 昭ㅣ 니로되 公 瑾 의 ᄭᅬ 내 ᄉᆡᆼ각 의 마자시니 이제 그린

yamun amba boo sargan juse aisin ulin be bume bayambufi kungming guwan
마을 큰 집과 ᄌᆞ녀와 금 ᄇᆡᆨ 을 주어 가ᄋᆞᆷ열게 ᄒᆞ고 孔明 關

gung jang fei ci aldangga obuki aikabade liobei be sindafi (10:7b)
公　張　飛　의게　소히ᄒ쟈.　　힝혀　劉備　를　노하

amargi bade unggihe de amala dergi u gurun de amba jobolon ombi ejen gung
북　녁희　보내면　후에　東　吳　나라히　큰　근심이　될 거시니　主　公은

gung jin i arga be dahame hūdun yabu. sun cuwan ambula urgunjeme tere
公　瑾　의 꾀　를　조차　급히　힝ᄒ라.　孫　權이　크게　깃거　그

inenggi dergi yamun be dasafi ilga moo ambula tebufi (10:8a)
날　동녁　마을　을 고쳐셔　곳 나모　만이　시므고

suje ulin tetun agūra be jalukiyame benefi ini non be tebuhe geli sebjele
비단과 쳘량과 그릇과 장기 를　ᄀ득　보내여셔　제 누의 를 살게 ᄒ고 ᄯ 즐기게

seme juwan funceme sargan juse aisin gu suje gecuheri sain ulin be hiowande
ᄒ여　여라믄　계집과　금 옥 비단 망뇽 됴흔 쳘량 을　玄德

de baitala seme benehe. hiowande boco jilgan de (10:8b)
의게 쓰게　ᄒ여　보내다.　玄德이　빗과　소리 예

yargiyan i holimbufi kungming ni gisun be onggofi jing jeo de bedereki sere gūnin
분명이　홀려셔　孔明　의　말 을　닛고　荊 州ㅣ예　믈러갈　싱각이

akū jeo ioi arga de dosika. tereci joo yūn dergi yamun i juleri tatafi umai
업서 周 瑜의 꾀 예 드다. 그적의 趙 雲이 동녁 마을 앏히 햐쳐ᄒ여셔 일졀이

baitakū ofi, sunja tanggū coohai niyalmai emgi inenggidari (10:9a)
일 업슴애,　오 빅　군ᄉ　사름과　홈ᄭᅴ　날마다

hecen i tule tucifi gabtame niyamniyame bihei emu aniya hamika dz lung gaitai
셩　밧긔　나셔　활쏘며　혁쏘더니　거의　ᄒ　히　만의 子 龍이 즉시

gūnime kungming minde tacibume ilan fadu buhe bihe. mimbe nan sioi de isinaha de
싱각ᄒ되　孔明이　내게　ᄀᄅ친　세 주머니를 주엇더니　나를　南 徐 의　니르러든

emken be nei (10:9b)
ᄒ나흘　열고

aniya hamika manggi jai fadu be nei ergen beye de isifi jugūn hanggabuha de
셜이　거의어든　둘재 주머니 를 열고 위틱홈이 몸 에 니르러 길이　진ᄒ거든

ilaci   fadu   be   nei.   terei   dolo   enduri   hutu   i   sarkū   arga   bi   tere   be   tuwaha   de
셋재   주머니   롤   열라.   그   듕에   귀신   의   모로ᄂᆞᆫ   ᄭᅬ   이시니   져   롤   보면

ejen   be   tuwakiyafi   bederebuci   ombi   sehe   bihe.   (10:10a)
主公   을   직희여셔   믈러가미   되리라   ᄒᆞ더니

ere   bade   jifi   aniya   wajime   hamika   ejen   gung   hehei   boco   de   dosifi   bi   utala
이   곳에   와셔   ᄒᆡ   ᄆᆞᆺ춤이   거의요   主   公이   녀식   에   드러셔   내   여러

inenggi   emgeri   bahafi   acarakū   jai   fadu   be   neifi   ainu   arga   be   tuwame
날이로되   ᄒᆞᆫ번   어더셔   만나지   못ᄒᆞ니   ᄯᅩ   주머니   롤   여러셔   엇지   ᄭᅬ   롤   보와

yaburakū?   seme   gūnifi   fadu   be   neime   tuwafi   enduri   (10:10b)
ᄒᆡᆼ치   아니리오?   ᄒᆞ여   ᄉᆡᆼ각ᄒᆞ고   주머니   롤   여러   보와셔   신긔로온

arga   be   safi   uthai   tere   inenggi   hiowande   i   jakade   acaha   manggi   ashan   i   sargan   juse
ᄭᅬ   롤   보고   즉시   그   날   玄德   의게   뵈니   뫼션ᄂᆞᆫ   계집들이

hiowande   de   alanjime   joo   dz   lung   ebšere   weile   bifi   wesihun   niyalma   de   alanjihabi
玄德   의게   알외되   趙   子   龍이   밧분   일   이셔   놉흔   사ᄅᆞᆷ   의게   알외라   왓다   ᄒᆞ니

hiowande   hūlame   (10:11a)
玄德이   블러

dosimbufi   jihe   turgun   be   fonjiha   dz   lung   goloho   cira   arafi   hendume   ejen   gung
드려셔   온   연고   롤   무로니   子   龍이   놀란   ᄂᆞᆺ   짓고   니로되   主   公이

šumin   boo   niruha   yamun   de   tefi   jing   jeo   be   gūnirakūn?   hiowande   hendume
깁흔   집   그림   그린   마을   에   안자셔   荊   州ㅣ   롤   ᄉᆡᆼ각지   아니ᄒᆞᄂᆞ냐?   玄德이   니로되

ai   weile   bifi   uttu   goloho   adali   hendumbi?   (10:11b)
므슴   일   이셔   이리   놀라ᄂᆞᆫ   체ᄒᆞ여   니ᄅᆞᄂᆞ니?

dz   lung   hendume   ere   cimari   kungming   ni   takūraha   niyalma   alanjime
子   龍이   니로되   오늘   아ᄎᆞᆷ에   孔明   의   부린   사ᄅᆞᆷ이   알외라   와시되

ts'oots'oo   cibi   de   cooha   afaha   de   korsofi   karu   gaime   susai   tumen   cooha
曹操ㅣ   赤壁   의   군ᄉᆞ   싸올   제   애돌라   원슈   갑프려   ᄒᆞ여   오십   만   군ᄉᆞ롤

silifi   jing   jeo   de   afame   jifi   jing   jeo   ambula   (10:12a)
졍히   ᄒᆞ여셔   荊   州ㅣ   예   싸호라   와셔   荊   州ㅣ   크게

108

hafirabuhabi sere. ejen gung hūdun bedereki. hiowande hendume fujin i emgi
급히 되엿더라. 主 公은 급히 믈러가쟈. 玄德이 니로되 夫人과 혼가지로

hebešeki. dz lung hendume fujin i emgi hebešehe de urunakū ejen gung be
의논ᄒ쟈. 子 龍이 니로되 夫人과 혼가지로 의논ᄒ면 반ᄃ시 主 公 을

bedereburakū alarakū genere de isirakū. (10:12b)
믈러가지 말라 홀거시니 알외지 아니코 갈만 ᄀᆞ지못ᄒᆞ니라.

hiowande hendume si taka bedere. minde encu gūnin bi. dz lung hiowande
玄德이 니로되 네 아직 믈러시라. 내게 다른 싱각이 이시리라. 子 龍이 玄德의

arbun be cendeme jing emu udu jergi sirkedeme yabu seme hendufi tucike.
거동 을 믹바다 졍히 혼 여러 번 더듸 힝홀까 ᄒᆞ여 니르고 나가다.

hiowande boode dosifi sun fujin de acafi hūlhame yasai muke (10:13a)
玄德이 집의 드러셔 孫 夫人 ᄭᅴ 뵈고 ᄀᆞ만이 눈믈

tuhebure jakade fujin hendume eigen ai turgunde jobome songgombi? hiowande
지니 夫人이 니로되 지아비 므슴 연고로 셜워 우ᄂᆞ니? 玄德이

hendume liobei emhun beye ubade tubade encu gašan de yabume ama eniye be
니로되 劉備 외로온 몸이 여긔 져긔 다른 ᄆᆞ올 의 힝ᄒᆞ여 부모 를

hiyoošulame mutehekū bucehe mafari de waliyame (10:13b)
효도를 이로지 못ᄒᆞ고 죽은 조샹 의게 졔를

mutehekūngge ambula fudasihūn hiyoošun akūngge kai. te aniya hanci ojoro jakade
이로지 못ᄒᆞᄂᆞᆫ 거시 크게 그르고 효되 아닌 거시라. 이제 히 갓가이 되엿ᄂᆞᆫ듸

liobei bi alimbaharakū korsombi. sun fujin hendume si minde ume gidara. bi
劉備 내 거록이 셜워ᄒᆞ노라. 孫 夫人이 니로되 네 내게 소기지 말라. 내

donjihabi. teni joo dz lung jifi jing jeo be (10:14a)
드럿노라. ᄯᅩ 趙 子 龍이 와셔 荊 州ㅣ를

hafirabuhabi seme alanjiha sere. si bedereki seme cihalafi uttu ede anambi kai.
군박ᄒᆞ다 ᄒᆞ여 알외라 왓ᄂᆞᆫ지라. 네 믈러가고져 ᄒᆞ여 ᄆᆞ음으로 이리 여긔 미뢰ᄂᆞᆫ다.

hiowande niyakūrafi hendume fujin uttu saci bi ai gelgun* akū gidambi?
玄德이 ᄭᅮ러셔 니로되 夫人이 이러트시 아니 내 엇지 싱심이나 소기리?

liobei bi   generakūci aikabade jing jeo   gaibuha de (10:14b)
劉備 내 가지 아니ᄒᆞ여셔 힝혀   荊 州ㅣ를   아이면

abkai fejergi niyalma liobei be   toombi. uthai geneki seci fujin ci hokome
텬   하   사름이   劉備 를   쑤지즈리라. 즉시 가고져 ᄒᆞ되 夫人 의게 ᄯᅥ나몰

baharakū ofi uttu   jobombi. sun fujin hendume bi amban niyalma de emgeri
엇지 못ᄒᆞ여 이러트시 근심ᄒᆞ노라. 孫 夫人이 니로되 내 큰   사름 의게 ᄒᆞᆫ번

sargan oho te   si absi genecibe bi dahara be (10:15a)
안히 되여셔 이제 네 아므 드러가도 내 조츰   을

buyembi. hiowande hendume fujin i mujilen uttu hendumbi dere damu u taiheo
원ᄒᆞ노라. 玄德이   니로되 夫人 의 ᄆᆞ음에 이러트시   니르나   다만 吳 太后와

u heo ainaha i fujin be unggire? fujin liobei be gosime   gūnici taka fakcaki.
吳 侯ㅣ 엇지ᄒᆞ여 夫人 을 보내리오? 夫人이 劉備 를 어엿비 너겨 싱각ᄒᆞ면 아직 흐터지쟈.

aikabade liobei jing jeo de genefi dain (10:15b)
힝혀   劉備 荊 州ㅣ 예 가셔 젼댱

de afame bucehe de fujin jai dahūme saisa mergese be ume weilere. liobei udu
의 싸화 죽거든 夫人이 ᄯᅩ 다시   호걸 을 셤기지 말라. 劉備 비록

uyun šeri fejile genehe seme fujin i gosiha be micihiyan gūnirakū kai. sun
구쳔 아릭 갈지라도   夫人 의 어엿비 너김 을   엿치 싱각지 아니리라. 孫

fujin hendume eigen ai turgunde ere tusa akū gisun be (10:16a)
夫人이 니로되 지아비 므슴 연고로 이 니치 아닌 말 을

tucimbi? hiowande hendume sain haha faidan de dosifi bucerakūci feye
내ᄂᆞ니? 玄德이   니로되 착ᄒᆞᆫ 스나희 딘 예 드러셔 죽지 아니ᄒᆞ면 샹흠을

bahambi sehebi dain de afara niyalma adarame boljoci ombi? seme hendume wajifi
엇는다 ᄒᆞ니 젼댱 의 싸호ᄂᆞᆫ 사름이 엇지 졍ᄒᆞᆯ들 되리? ᄒᆞ고 말을 ᄆᆞᆺ춤애

yasa muke tuherengge   aga agara gese. (10:16b)
눈 믈 ᄯᅥ러지ᄂᆞᆫ 거시 비 옴 ᄀᆞᆺ더라.

sun fujin tafulame hendume eigen ume joboro. bi eniye de gosiholome baiha de
孫 夫人이 말려 니로되 지아비ᄂᆞᆫ 근심 말라. 내 어믜게   어엿비   빌면

mimbe urunakū sini emgi unggimbi. hiowande hendume taiheo udu unggiki
나를 반ᄃ시 너 흠ᄭᅴ 보내리라. 玄德이 니로되 太后ㅣ 비록 보내고져

sehe seme u heo urunakū ilibumbi kai. fujin jabume bi sini (10:17a)
ᄒᆞ여도 吳 侯ㅣ 반ᄃ시 머무로리라. 夫人이 ᄃᆡ답ᄒᆞ되 내 너

emgi aniya i inenggi giyang ni dalin de mafari de wecembi seme genefi uthai
흠ᄭᅴ 설날 강 ᄉᆡᆫ 의 조샹 의 졔ᄒᆞ려 ᄒᆞ고 가셔 즉시

alarakū geneci antaka? hiowande hendume unenggi uttu ohode banjici buceci
알외지 아니코 가미 엇더ᄒᆞ뇨? 玄德이 니로되 진실로 이러틋 ᄒᆞ면 살며 죽어도

onggorakū gūniki. si ume firgembure sefi (10:17b)
닛지 아니ᄒᆞ고 ᄉᆡᆼ각ᄒᆞ쟈. 네 누셜말라 ᄒᆞ고

juwe nofi hebušeme* arga tokdobuha*. hiowande hūlhame dz lung be hūlafi tacibume
둘히 의논ᄒᆞ고 ᄭᅬ를 졍ᄒᆞ다. 玄德이 ᄀᆞ만이 子 龍 을 블러셔 ᄀᆞᄅᆞ쳐

hendume aniya biyai ice inenggi si neneme cooha be gamame hecen tucifi amba
니로되 졍월 초ᄒᆞᄅᆞᆫ날 네 몬져 군ᄉᆞ 롤 더브러 셩에 나셔 큰

jugūn de aliya. bi fujin i emgi mafari de wecembi seme genere. (10:18a)
길히 기ᄃᆞ리라. 내 夫人과 흠ᄭᅴ 조샹 예 졔ᄒᆞ려 ᄒᆞ고 가마.

dz lung hendume ejen si nenehe weile be gūni jiyūn sy i arga be ume ufarara.
子 龍이 니로되 主公은 네 젼 일 을 ᄉᆡᆼ각ᄒᆞ고 군 ᄉᆞ 의 ᄭᅬ 룰 그릇ᄒᆞ지 말라.

tere fon jiyan nan i tofohoci aniya aniya biyai ice inenggi u heo amba sarin
그 ᄣᅢ 建 安 십오 년 졍 월 초ᄒᆞᄅᆞᆫ날 吳 侯ㅣ 크게 잔치

sarilame bithe coohai hafasa be yamun de isabuha. (10:18b)
ᄒᆞ고 문 무 관원들 을 마을 의 모호다.

hiowande sun fujin i emgi neneme jifi u taiheo sun cuwan i sargan de hengkilehe.
玄德이 孫 夫人과 흠ᄭᅴ 몬져 와셔 吳 太侯와 孫 權 의 안히 의게 졀ᄒᆞ다.

sun fujin hendume mini eigen i ama eme mafari giran gemu dzu jiyūn de bifi
孫 夫人이 니로되 내 지아븨 부모와 조샹의 분ᄆᆡ 다 涿 郡 의 이셔

inenggi dobori akū gūnime nakarakū enenggi (10:19a)
쥬 야 업시 ᄉᆡᆼ각을 그치지 아니ᄒᆞ니 오늘

giyang ni dalin de genefi amargi baru tuwame weceki seme tuttu eniye de
강 ᄀᆞᆯ 의 가셔 북으로 향ᄒᆞ여 보와 졔ᄒᆞ려 ᄒᆞ고 그러모로 모친 ᄭᅴ

alanjiha. u taiheo hendume ere hiyoošun i doroi weile. gisun be daharakūci
알외라 왓노라. 吳 太后ㅣ 니로되 이 효도의 일이라. 말 을 좃지 아니면

ombio? si udu amha emhe be takarakū bicibe eigen (10:19b)
되ᄂᆞ냐? 네 비록 ᄉᆡ아비 ᄉᆡ어미 를 아지 못ᄒᆞ여도 지아비

i emgi genefi emu jergi waliyaha de urun i doro ombi kai. sun fujin hiowande i
과 홈ᄭᅴ 가셔 ᄒᆞᆫ 번 셰ᄒᆞ면 며늘 의 녜 되리라. 孫 夫人이 玄德과

emgi baniha bufi genehe. tereci hiowande sun fujin be sejen de tebufi dahara
홈ᄭᅴ 샤례ᄒᆞ고 가다. 그적의 玄德이 孫 夫人 을 술의 예 안치고 조ᄎᆞᆫ

urse de sain jaka be jafabufi hiowande morin yalufi udu juwan moringga be
뉴들 의게 됴흔 거슬 잡히어고 玄德이 물 ᄐᆞ고 여라문 물ᄐᆞᆫ 이 를

gaifi hecen (10:20a)
ᄃᆞ리고 셩의

tucifi dz lung be acafi sunja tanggū coohai niyalma be gaifi sejen be dalime nan
나셔 子 龍 을 만나셔 오 빅 군ᄉᆞ 사름 을 ᄃᆞ리고 술의 를 모라 南

sioi ci juraka. tere inenggi sun cuwan ambula soktoho ashan i ambasa amargi
徐 의셔 ᄶᅥ나다. 그 날 孫 權이 크게 취ᄒᆞ니 뫼신 신해 후

boode dosimbufi (10:20b)
당의 드리고

bithe coohai hafasa gemu facaha. tereci abka yamjiha manggi. geren ambasa
문 무 관원들이 다 훗허지다. 그적의 하늘이 져므런ᄂᆞᆫ지라. 여러 신하들이

hiowande sun fujin i ukaka be donjifi alaki seme geneci sun cuwan geli
玄德 孫 夫人 의 도망홈 을 듯고 알외려 ᄒᆞ여 가니 孫 權이 ᄯᅩ

subure unde ofi alahakū. tereci sun cuwan sunjaci ging ni dubede (10:21a)
ᄭᅢ지 못ᄒᆞ여심으로 알외지 못ᄒᆞ다. 그적의 孫 權이 오 경 말에

liobei be ukaka seme donjifi uthai bithe coohai hafasa be gajifi hebešere de
劉備 를 도망ᄒᆞ다 ᄒᆞ여 듯고 즉시 문 무 관원들 을 더블고 의논ᄒᆞ더니

jang joo hendume unenggi ere niyalma ukaci yamji cimari facuhūn jobolon
張 昭ㅣ 니로되 진실로 이 사름이 도망ᄒᆞ면 져녁 아츰에 어즈러온 근심이

112

tucimbi. te hūdun amcaci acambi. sun (10:21b)
나리라. 이제 급히 쫄옴이 맛당ᄒ다. 孫

cuwan uthai sunja tanggū cooha silifi cen u pan jang be tucibufi hendume
權이 즉시 오 빅 군ᄉ를 졍히 ᄒ여셔 陳 武 潘 璋 을 내여셔 니로되

dobori inenggi akū kiceme amcafi jafafi gaju sehe. sun cuwan ambula jili
밤 낫 업시 힘써 ᄯ라 잡아셔 드려오라 ᄒ다. 孫 權이 크게 셩

banjifi hiowande be seyeme dere de sindaha gu wehe yuwan be gaifi na de
내여 玄德 을 별뤄 상 의 노흔 옥 돌 벼로 를 가져 ᄯᅡ히

maktara (10:22a)
더지니

jakade feser seme fakcaha. ceng pu hendume ejen gung untuhuri ainu jili banjimbi?
바아져 훗허지다. 程 普ㅣ 니로되 主 公은 속졀업시 엇지 셩 내ᄂ니?

bodoci cen u pan jang juwe jiyangjiyūn urunakū ere niyalma be bahafi
혜아리니 陳 武 潘 璋 두 쟝쉬 반ᄃ시 이 사름 을 어더셔

jafarakū. sun cuwan hendume ai (10:22b)
잡지 못ᄒ리라. 孫 權이 니로되 엇지

gelgun* akū mini fafun be jurcembi? ceng pu hendume musei sarganjui ajigen
싱심이나 내 녕 을 어긔치리오? 程 普ㅣ 니로되 우리 군쥐 어려셔

ci coohai weile de amuran geli horonggo jingji too seme etenggi ofi geren
브터 군ᄉ 일 에 부즈런ᄒ고 ᄯᅩ 엄ᄒ고 졍직ᄒ고 ᄭᅮ종ᄒ여 이긔매 여러

jiyangjiyūn sa gemu olhombi falgaha* jiyangjiyūn gege (10:23a)
쟝슈 들이 다 두려ᄒ니 ᄯ로ᄂ 쟝쉬 군쥬

be sabuha de gala aššame jenderakū kai. sun cuwan ambula jili banjifi jang cin jeo
를 보면 ᄎᆞᆷ아 햐슈치 못ᄒ리라. 孫 權이 크게 셩 내여셔 蔣 欽 周

tai be hūlame gajifi ashaha loho sufi bufi suweni juwe nofi ere loho i mini
泰 를 블러 드려와셔 ᄎᆞᆫ 환도 글러 주어셔 너희 둘히 이 환도 로 내

non i uju liobei uju be gaifi ganjime* jio. (10:23b)
누의 머리와 劉備 머리 를 취ᄒ여 가져 오라.

jang cin jeo tai emu mingga cooha gaifi dahaduhai amcame genehe. tereci hiowande
蔣 欽 周 泰 일 쳔 군ᄉᆞ 거ᄂᆞ려 조차 ᄯᆞ라 가다. 그적의 玄德이

hadala sindafi on gaime hacihiyame yabufi tere dobori jugūn de teyeme tefi jai
구레 노코 비참ᄒᆞ여 직촉ᄒᆞ여 힝ᄒᆞ여셔 그 밤의 길히 쉬여 안자셔 이

ging ni dubede ekšeme ilifi genehei (10:24a)
경 ᄭᅳᆺ히 밧비 니러 갈 제

ts'ai ts'ang jiyūn i jase de isinaha bici niyalma alanjime falhara* cooha isinjiha.
紫 桑 郡 지경 의 니르니 사름이 알외되 ᄯᆞ로ᄂᆞᆫ 군ᄉᆡ 니르럿다.

hiowande amasi forofi tuwaci coohai toron ambula tucikebi. hiowande golofi dz
玄德이 뒤 도라 보니 군ᄉᆞ의 틧글이 크게 니러낫더라. 玄德이 놀라 子

lung de fonjime falhara* cooha isinjiha de ainambi? (10:24b)
龍 의게 무로되 ᄯᅩᆯ오ᄂᆞᆫ 군ᄉᆡ 니르면 엇지ᄒᆞ리오?

dz lung hendume ejen gung julesi yabu. bi amargi be dalire seme hendume
子 龍이 니로되 主 公은 앏흐로 힝ᄒᆞ라. 내 뒤흘 막으마 ᄒᆞ여 니르기를

wajinggala emu baksan i cooha alin i betge* be šurdeme jifi genere jugūn be
ᄆᆞᆺ지 못ᄒᆞ여셔 ᄒᆞᆫ 쎼 군ᄉᆡ 묏 기슭 을 둘러 와셔 가ᄂᆞᆫ 길 을

kame ilifi juwe jiyangjiyūn den jilgan i hūlame liobei morin ci (10:25a)
막아 셔셔 두 쟝쉬 놉흔 소ᄅᆡ 로 부로되 劉備ᄂᆞᆫ ᄆᆞᆯ게

hūdun ebufi huthubu. be jeo dudu i fafun i ubade jifi aliyame goidaha.
급히 ᄂᆞ려셔 ᄆᆡ이라. 우리 周 都督 의 녕 으로 여긔 와셔 기ᄃᆞ린지 오래다.

hiowande okson fuliburakū golofi morin maribufi dz lung de fonjime julesi oci
玄德이 거름 것지 못ᄒᆞ고 놀라셔 ᄆᆞᆯ을 두루혀 子 龍 ᄃᆞ려 무로되 앏히 ᄂᆞᆫ

cooha dalihabi amasi oci falhara* cooha bi (10:25b)
군ᄉᆡ 막아잇고 뒤히 ᄂᆞᆫ ᄯᅩᆯ오ᄂᆞᆫ 군ᄉᆡ 이시니

genere jugūn akū te ainara? dz lung hendume ejen gung ume joboro.
갈 길 업스니 이제 엇지ᄒᆞ리오? 子 龍이 니로되 主 公은 근심 말라.

kungming jiyūn sy i unggihe ilan arga gemu fadu i dolo bi neneme juwe
孔明 군ᄉᆞ 의 보낸 세 ᄭᅬ 다 주머니 속에 이시니 몬져 두

114

arga be neifi tuwaha gemu yargiyan oho jai emge (10:26a)
쇠 를 여러셔 보니   다   분명ᄒ고   ᄯᅩ 흔나히

bi   jiyūn sy   ergen beye isika bade neifi tuwa   sehe bihe. (10:26b)
이시니 군 식 위티홈이 몸에 이르ᄂᆞᆫ 곳에 여러셔 보라   ᄒᆞ엿더라.

한국어 어휘색인

<ㄱ>

가난ᄒ다 yadahūn
  가난ᄒ여 6:1a.
가다 genembi, yabumbi
  가 1:18a. 2:3b. 2:15b. 4:4b. 7:2a. 9:2b.
  가고져 2:26a. 10:15a.
  가나 9:21a.
  가나니 2:11a.
  가노라 2:24b.
  가니 1:5a. 1:13a. 9:1b. 10:21a. 2:20a.
  가니라 2:14b. 2:19b. 9:12b.
  가ᄂ니 2:24b.
  가ᄂ 2:3b. 2:5a. 8:17a. 9:7b. 10:25a.
  가ᄂ듸 2:25a.
  가다 1:4b. 1:5b. 2:1a. 4:18b. 8:7a. 9:19a. 10:20a. 10:24a.
  가더니 1:13b.
  가도 4:9b.
  가라 2:8a. 6:19a. 7:2a. 8:7a.
  가려 1:2b. 1:18a.
  가리니 9:3b.
  가리라 2:7a.
  가마 1:15a. 10:18a.
  가며 1:7a. 5:8b. 7:14b.
  가면 2:4a. 2:7b. 4:14a. 6:19a. 8:6b. 9:15b. 9:16a.
  가미 2:1b. 6:19b. 6:20b. 8:5b. 10:17b.
  가셔 1:1a. 1:1b. 1:9a. 1:9b. 1:14a. 1:14b. 1:15a. 1:20b. 2:6b. 2:7a. 2:9b. 3:2b. 4:10a. 4:24a. 5:3a. 5:4a. 5:8a. 5:19a. 7:5b. 7:8a. 7:8b. 7:13a. 7:14b. 8:6a. 9:6a. 9:6b. 10:16a. 10:17b. 10:19b. 10:20a.

가쟈 3:18a. 4:14b. 6:20a. 7:2a. 7:11b. 8:3a. 9:6a.
가지 1:13a. 2:6b. 2:11b. 9:14b. 9:21a. 10:15a.
가지라 4:13b.
간 1:20b. 2:2a.
간다 2:9a. 2:13a.
갈 1:13a. 2:7b. 2:19b. 2:23b. 3:21a. 6:15b. 8:3a. 9:4b. 9:10a. 10:24b. 10:26a.
갈만 10:13a.
갈지라도 10:16a.
갈쇠 7:1b.
가도오다(獄) horimbi
  가도와셔 10:6a.
가마괴 gaha 8:14b. 8:15a. 8:18b. 8:21a.
가비아이 weihuken 3:16b.
가비야이 weihuken 3:17b. 4:16b. 9:7a.
가비얍다 weihukelembi
  가비야온 4:12b.
  가비압고 4:19a.
가슴 tunggen
  가슴을 9:16b.
가슴 tunggen
  가슴에 1:22a.
가얌이(개미) yerguwe 3:15b. 6:2b. 8:13a.
가온대 dulimba, dolo 1:3a. 1:5b. 2:23a. 8:8a. 9:7b. 9:8a. 10:7a.
  가온대도 2:22a.
가음 열다 bayambi
  가음 열게 10:7b.
  가음 열고 3:24b. 8:10b. 8:11a.
가져가다 gamambi
  가져가 2:7a. 8:21a. 8:22a.
  가져가리라 4:10b.

가져가리오 9:10b.
가져오다 gajimbi
　가져오다 3:4a.
　가져오라 3:4a. 5:15a. 10:24a.
　가져오지 2:25a.
　가져와 4:25a. 6:7a.
　가져와셔 5:6b. 7:7b.
　가져와시리라 2:25a.
　가져왓노라 2:12b. 2:18a.
　가져왓시니 6:11a.
가지(枝) garhan 5:6b. 8:18b. 8:21a.
가지(종류)
　가지로 1:6a. 2:5a.
가지다 gaimbi, gamambi
　가져 2:8a. 6:2a. 10:22b.
　가져셔 5:16b. 5:24b. 9:10b.
　가져셔도 9:10a.
　가지고 4:1b. 6:3a. 8:15b. 9:1b.
　가지고져 1:11a. 3:9a. 6:11a.
　가지다 5:7a. 9:17b.
　가지되 6:8b.
　가지라 5:13a. 5:13a. 5:13a. 9:18a.
　가지려 1:21b. 3:25b.
　가지리오 3:9a.
　가지며 6:7a.
　가지지 2:13a. 2:19b. 4:3a. 6:7a. 6:19b.
　가진 4:18a. 9:1b.
　가질라 4:13b.
　가짐을 6:10b.
각각 meni meni 2:6a. 2:9a. 3:24b. 4:24b. 6:25a.
　7:19a. 10:6b.
간(間) giyan 7:8a.
간(肝) fahūn
　간과 5:11a.
幹(人名) g'an
　幹이 7:9a. 7:10a.
간대로 balai 3:23b. 7:16a.
간새롭다 argadambi
　간새롭게 6:12b.

간활ᄒ다 silkabumbi
　간활흔 7:4a.
갈다(耕) weilembi
　갈기 8:20a.
甘寧(人名) g'an ning 6:21a. 6:22a.
　甘寧과 5:6b.
　甘寧을 5:7a. 5:15b. 5:16a.
　甘寧의 6:20a. 6:20b. 6:22a.
　甘寧의게 6:24b.
　甘寧이 5:7a. 5:15b. 6:20b. 6:21a. 6:21a. 6:21b.
　　6:22a. 6:23a. 6:23b. 6:24a. 6:24b. 6:25a.
　　7:1a.
甘麋(人名) g'an mi 2:21a.
闞澤(人名) g'an dze 6:22a.
　闞澤ㅣ 6:15a.
　闞澤으로 7:23a.
　闞澤을 6:5a. 6:11b. 7:1a.
　闞澤의 6:1a. 6:21a. 6:25b.
　闞澤의게 6:4a.
　闞澤이 5:23b. 5:24a. 5:24b. 6:2a. 6:2b. 6:3a.
　　6:3b. 6:4a. 6:5b. 6:6b. 6:7b. 6:11b. 6:12b.
　　6:13a. 6:13b. 6:14b. 6:15b. 6:16b. 6:17a.
　　6:17b. 6:18b. 6:19a. 6:19b. 6:20a. 6:20b.
　　6:21a. 6:22a. 6:22b. 6:24a. 6:24b. 6:25a.
갑군(甲軍) uksin i cooha
　갑군이 3:19b.
갑다(報) karulambi
　갑고져 5:6a. 5:7b.
　갑지 8:6a.
갑옷 uksin 2:8b. 2:22a. 2:23a. 8:20a. 9:6a.
　갑옷슬 3:11b. 5:13b.
　갑옷시 9:1b.
갑프다 karulambi
　갑파 6:1b. 7:16b.
　갑푸라 9:16a.
　갑프려 10:12a.
갑흐다 karulambi
　갑흐라 5:17a. 9:17a.
　갑흐려 2:13a. 2:13b.

갑흐마 4:8b.

갑흐믈 8:2a.

갑흘 5:24b 6:7a.

갓가이 hanci 1:20b. 4:18a. 6:10a. 7:2a. 10:14a.

갓가이셔 9:14b.

갓갑다 hanci

갓가온 5:3b. 8:4b.

강(江) giyang 4:1a. 5:7a. 7:7a. 7:21b. 8:7b.

강에 4:6a. 4:14a. 4:16a. 7:3a. 8:9a. 8:15b.

강을 3:16a. 5:19b. 6:4a.

강의 5:2b.

강이 5:8b.

강겻 giyang ni jakarame 8:7b.

江南 giyang ni julergi 4:17b. 7:2a. 8:1b. 8:10b.

江南을 3:9a. 3:25b. 7:15b. 8:11a. 8:12a. 8:13b.
8:14b.

江南의 3:10a.

江南이라 8:10b.

江南녁 giyang ni julergi 7:2a.

강남녁 giyang ni julergi 4:17b. 7:2a.

강노(強弩) mangga nu

강노의 3:20a.

강동(江東) giyang ni dergi 4:22b.

강동의 4:24a.

江東 giyang ni dergi 3:7b. 3:9b. 3:12b. 4:19b.
5:11b. 6:8b. 6:21b. 7:1a. 7:20b.

江東에 6:19b.

江東에셔 6:18b.

江東의 4:3a. 5:2b. 6:18b.

강믈 giyang ni muke

강믈이 7:18b.

江北 giyang ni amargi

江北의 5:5b. 8:2a.

강ᄉᆞ giyang ni dalin

강ᄉᆞ의 3:8b. 4:11b. 4:16a. 4:21b. 7:11b. 7:22a.
7:22b. 10:17b. 10:19b.

강어귀 giyang ni angga

강어귀예 5:5b.

강잉ᄒᆞ다(強仍) katunjembi

강잉ᄒᆞ여 9:1b.

강장ᄒᆞ다(強壯) mangga kiyangkiyan

강장흔 9:3b.

江夏(地名) giyang hiya

江夏의 3:19b.

江漢(地名) giyang han

江漢에 3:25b.

강히 etenggi 8:10b.

강ᄒᆞ다 mangga, etenggi

강흔 1:20b. 3:12b. 9:8b.

蓋(人名) g'ei

蓋오 3:1a.

거ᄂᆞ리다 gamambi, gaimbi

거ᄂᆞ려 2:7a. 2:23b. 5:6b. 5:12a. 10:24a.

거ᄂᆞ리고 2:9b. 2:10a. 2:15a. 2:16a. 2:19a.
2:19b. 3:23a.

거동 arbun

거동을 1:9b. 3:25a. 4:20b. 4:24a. 5:24b. 6:8b.
6:20b. 10:13a.

거동이 8:16b. 10:5a.

거두다 bargiyambi

거두고 3:6a. 8:16a.

거두어셔 8:19b.

거드다 hetembi

거드니 4:18b.

거드며 4:15b.

거듧 dahūn dahūn 7:18a.

거롬(步) okson 1:21b.

거륵이(대단히) alimbaharakū 6:17b. 6:21a. 7:16b.
10:3a. 10:3b. 10:14a.

거륵ᄒᆞ다(대단하다) ambalinggū

거륵흔 3:3b.

거륵홈으로 3:14b.

거ᄅᆞ다 yafambi

거른 2:16a. 3:6a. 8:7a.

거름 okson 10:25b.

거슬다 marambi

거스지 4:6b.

거슬고 3:3a. 6:19a.

118

거슬리 1:4a.

거오다(逆) nungnembi, necimbi

　거오리라 4:4a. 4:10b.

　거오리오 4:21b.

　거오지 2:8a.

　거온 3:17b.

　거올까 2:18a.

거우다(逆) necimbi

　거워시니 6:16a.

거울 buleku

　거울ᄀᆞ치 10:7a.

거의 hamika, elekei 4:7b. 9:11b. 9:13b. 9:14b.
　　10:9b.

　거의어든 10:10a.

　거의요 10:10b.

거푸 dahūme 6:6a.

거푸거푸 dahūn dahūn 6:11a. 6:19a.

건너다 doombi

　건너 5:7a. 5:19b. 6:18b. 8:18a.

　건너든 7:21b.

　건너믄 7:19a.

　건너지 9:3a.

건너가다 doome genembi

　건너가셔 3:16a.

건너오다 doome jimbi

　건너와 4:1a.

건네다 doobumbi

　건네여 7:7a.

建安(年號) jiyan nan 6:10b. 8:8a. 10:18b.

걸다(잠그다) lakiyambi

　걸고 2:11b.

검거ᄒᆞ다(감독) kadalambi

　검거ᄒᆞᄂᆞᆫ 6:4a. 6:8a. 10:1b.

　검거ᄒᆞ여 1:8a. 3:19a.

검거ᄒᆞ이다 kadalabumbi

　검거ᄒᆞ임을 1:19a.

것 -ngge 2:12a. 2:23a. 3:27b. 7:17a. 5:13a. 6:10a.
　　8:21b. 10:4a.

　것과 6:2b.

거세 6:9b.

거세긔 4:11b.

거스로 2:13a.

거슨 2:1a. 2:1b. 2:3b. 2:3b. 2:5a. 2:5b. 2:5b.
　　2:9a. 3:7b. 3:8b. 3:13b. 3:18b. 3:24b.
　　4:4a. 4:7a. 4:10b. 5:7a. 5:8b. 5:9a. 5:9a.
　　5:20a. 5:22a. 5:22a. 5:24a. 5:25a. 6:16b.
　　7:6a. 7:23a. 8:4a. 8:5b. 8:10b. 8:11b.
　　8:17a. 8:17b. 8:18a. 8:21a. 9:7a. 9:22a.

거슬 2:12a. 2:12b. 3:12a. 4:2a. 4:10a. 4:12b.
　　4:21a. 5:7b. 5:10b. 6:9b. 6:13a. 8:20b.
　　10:20b.

거시 2:2a. 2:4a. 3:12a. 3:12a. 3:12b. 3:12b.
　　3:13b. 3:16a. 3:17b. 3:20b. 3:21b. 3:25a.
　　4:5a. 4:9b. 4:16b. 4:16b. 4:18b. 5:7a.
　　5:9b. 5:25a. 6:1b. 6:1b. 6:2b. 6:5b. 6:8a.
　　6:12a. 6:12b. 6:14a. 6:14a. 6:18a. 6:22b.
　　6:25a. 6:25b. 7:2b. 7:11a. 7:14a. 7:16b.
　　7:17b. 7:20b. 8:5b. 8:9a. 8:12b. 8:14b.
　　8:16a. 8:17a. 8:18a. 9:2a. 9:5a. 9:16a.
　　10:5a. 10:16b.

거시니 2:4a. 4:15b. 7:6b. 10:8a. 10:12b.

거시니라 8:12b.

거시라 2:4b. 2:13a. 3:7b. 4:21b. 5:7a. 5:9a.
　　5:9a. 5:22a. 6:9a. 6:23b. 6:24a.
　　10:14a.

거시오 2:5b. 3:20b. 4:9b. 4:12a.

거심으로 8:2b.

것도 6:6a.

것구러지다 tuhenembi

　것구러지고 9:1a.

　것구러질 9:4b.

것다(步) oksombi

　것지 10:25b.

져다(折) bilambi

　것쎠 9:4a.

겨드랑 oho

　겨드랑에 4:9b.

겨로다 sujambi

겨로기 5:10a.

겨로리오 3:5b.

겨를ᄒ다(暇) jabdumbi

겨를치 6:15b. 9:2a.

겨릭(즉시) gaitai andande 2:3b. 5:13b. 8:19a. 6:11a.

겨릭(族) hūncihin, mukūn 5:3b. 7:22a.

겨릭를 7:22a.

겨릭오 3:13b.

견초다(比較) duibulembi

견초면 3:8a.

견다 isambi

겨러 7:22b.

결단 lasha 3:26a.

결단ᄒ다 lashalambi

결단치 3:12a. 9:8a.

겸ᄒ다 jai, geli

겸ᄒ여 10:5b.

겹 jursu 5:18a.

겻 dalba 8:7b.

겻ᄒ 1:5b. 1:12a. 1:14a. 2:21a. 2:22a. 3:4b. 4:13b. 4:14a. 4:22a. 5:7b. 6:17b. 7:22b. 8:3b.

庚公之斯 ioi gung dz se

庚公之斯ㅣ 9:11a.

계요 ainci 2:16a.

계집 hehe, sargan jui 1:2a. 1:10a. 1:18b. 3:24b. 8:14a.

계집과 10:8b.

계집을 1:11a. 10:1b.

계집의게 1:5a.

계집이 1:7b. 1:8a. 1:17a. 10:1a.

계집들 hehesi, sargan juse

계집들로 2:22a.

계집들을 2:21a. 10:3a.

계집들의 10:2b.

계집들이 10:11a.

고기 nimaha 6:3b. 6:4b.

고기를 8:20a.

고을(郡) jiyūn

고을의 6:8b.

高祖 g'ao dzu

高祖ㅣ 9:22a.

고치다 dasambi

고쳐 6:18b. 7:14a. 8:20a. 10:8a.

고쳐셔 10:8a.

고치고 8:20a.

곡식 jeku 3:5b. 3:23b. 8:20a.

곡식과 3:23b.

곤ᄒ다 šadambi, cukumbi

곤ᄒ니 9:6a.

곤ᄒ엿ᄂ지라 3:20a. 9:8b.

곧다 tondo

고드면 6:15a.

고듬을 7:10a.

골육 giranggi yali 6:7a.

골희(環) muheren 7:20b.

곰 lefu 10:5b.

곱다 hocikon

고은 3:24b.

곳 ba 4:2a. 5:1b. 6:14b. 6:20a. 8:13b.

곳듸 6:21b.

곳에 6:16a. 6:25a. 7:10b. 7:13a. 8:3a. 8:19a. 9:5b. 9:20a. 9:20b. 10:6b. 10:10b. 10:26b.

곳을 3:4b. 6:13a. 7:20a. 8:10b.

곳이 1:1a. 3:22a. 4:11b. 5:24b. 5:11b. 5:25a. 6:6b. 6:7a. 6:13b. 8:10a. 9:17b.

곳곳 baba

곳곳마다 9:15a.

곳곳의 8:4b.

곳치다 dasambi

곳쳐 1:6b .

곳치고져 7:17a .

공(功) gung 2:3a. 3:1b. 3:1b. 6:9b. 6:11a. 6:17a. 7:2b. 7:10b. 8:20b. 9:20a.

공과 8:13a.

공에 2:13a.

공은 6:23a. 7:10a.

공을 6:2b. 7:1b. 7:18a. 7:21a.

공의 5:24a.

공의게 3:8a. 6:23b.

공이 5:25a. 6:17a. 6:20a. 8:11a. 8:11a. 8:11b.

公(人名) gung

　公은 4:24a.

　公이 8:6b.

孔(人名) gung

　孔이오 2:23b.

공경ᄒ다 ginggulembi

　공경ᄒ고 5:11b.

　공경ᄒ더라 10:3b.

　공경ᄒ여 6:8a.

公瑾(人名) gung jin

　公瑾의 5:8b. 5:9b. 5:24b. 10:7b. 10:8a.

　公瑾의게 4:10b. 4:12a. 5:20b.

　公瑾이 4:2b. 4:4a. 4:21a. 4:21b. 5:9a. 5:19a.
　　5:20a.

공도로이 tondo 4:5a.

공도롭다 tondo

　공도롭다 4:5a.

공명(功名) gung gebu

　공명을 8:11a.

孔明(人名) kungming 4:14b. 10:7b. 10:26a.

　孔明도 3:18a. 4:25a. 5:1a. 5:12a.

　孔明을 3:2b. 3:3a. 3:14a. 3:16a. 3:17b. 3:22a.
　　4:1b. 4:5a. 4:5b.

　孔明의 3:3a. 3:4b. 3:22b. 3:23b. 4:1b. 4:8b.
　　4:13a. 4:14b. 4:22a. 4:22b. 5:19a. 5:22b.
　　10:9a. 10:12a.

　孔明의게 3:1b. 3:2b. 3:4b. 3:17a. 4:4a. 4:5b.
　　4:10a. 4:25a. 5:8a.

　孔明이 3:2a. 3:2b. 3:2b. 3:3a. 3:3a. 3:3b. 3:5a.
　　3:5b. 3:6a. 3:6b. 3:7b. 3:8a. 3:8b. 3:9a.
　　3:9b. 3:11a. 3:11b. 3:13a. 3:15b. 3:16b.
　　3:19b. 3:12a. 3:14b. 3:16b. 4:2a. 4:2a.
　　4:2b. 4:3a. 4:4a. 4:5b. 4:6a. 4:7a. 4:7b.
　　4:8a. 4:8a. 4:9a. 4:9a. 4:10b. 4:10b.
　　4:13b. 4:13b. 4:14a. 4:14b. 4:15a. 4:18a.
　　4:18b. 4:18b. 4:19b. 4:20a. 4:22a. 4:23a.

　　4:23b. 4:24b. 5:1a. 5:1b. 5:8a. 5:8b. 5:8b.
　　5:19b. 5:20a. 5:20b. 5:21b. 9:20a. 9:20b.
　　9:21a. 9:21b. 9:21b. 10:9b.

公覆(人名) gung feo

　公覆ㅣ 5:9b. 6:2b.

　公覆ㅣ니 3:1a.

　公覆ᄂ 5:15b.

　公覆를 5:19a.

　公覆의 6:6b.

孔秀(人名) kung sio

　孔秀ㅣ 2:24a. 2:24b. 2:24b. 2:25a. 2:25b. 2:26a.

　孔秀를 2:26b.

　孔秀의게 2:24a. 2:24a.

공신(功臣) gungge amban

　공신이라 6:6b.

과연 yala 2:1b. 2:1b. 2:5b. 4:10b.

郭嘉(人名) g'u jiya

　郭嘉ㅣ 9:16a.

郭奉孝(人名) g'u fung siyo

　郭奉孝ㅣ 9:16b.

　郭奉孝를 9:16a.

관(關) furdan 2:23b. 2:25a.

　관에 2:24a.

　관을 2:26a.

關 furdan

　關의 8:6a. 8:6b.

관(冠) mahala 2:16a. 7:22b. 8:16a.

關公(人名) guwan gung 10:7b.

　關公은 2:21b.

　關公을 2:1a. 2:19a. 2:21a. 2:22b. 2:24a.

　關公의 2:10b.

　關公이 2:8a. 2:8b. 2:9a. 2:9b. 2:11a. 2:11a.
　　2:12b. 2:13a. 2:15b. 2:16a. 2:16b. 2:18a.
　　2:18b. 2:18b. 2:19a. 2:19b. 2:20a. 2:20b.
　　2:20b. 2:20b. 2:21a. 2:21a. 2:21b. 2:22b.
　　2:23a. 2:23a. 2:23b. 2:24a. 2:24b. 2:25a.

關某(人名) guwan mu 2:11b.

　關某ㅣ 2:11a. 2:13a.

　關某로라 2:20a.

8:6a. 8:10a. 8:20a. 9:1a. 9:2b. 9:3a. 9:4a.
9:4b. 9:4b. 9:4b. 9:7a. 9:8a. 9:10a. 9:12a.
9:16a. 10:1b. 10:6b. 10:6b. 10:9b. 10:12a.
10:20b. 10:23a. 10:24a.
군수는 3:26a. 3:26a.
군수로 3:11a. 6:18b.
군수롤 2:16a. 3:7a. 3:11b. 3:19a. 3:23b. 4:16a.
4:19b. 5:4a. 5:5a. 8:6b. 8:7a. 8:10b. 9:4a.
9:13b. 9:19a. 10:12a. 10:18a. 10:22a.
군수며 8:11a.
군수을 7:17a.
군수의 3:20b. 4:6b. 4:8b. 4:10a. 4:20b. 4:20b.
5:14b. 5:15b. 7:18a. 10:24b.
군시 3:5b. 3:5b. 3:6a. 3:6b. 3:7a. 3:19b. 3:19b.
3:19b. 3:21a. 3:23b. 4:5b. 4:6a. 4:7b. 4:7b.
4:15a. 4:15b. 4:16b. 4:16b. 4:17b. 4:21b.
5:14a. 6:10a. 7:15a. 7:17a. 8:2b. 9:7b.
9:7b. 9:11b. 9:14a. 9:14b. 9:15a. 9:19b.
10:24b. 10:25a. 10:25a. 10:26a. 10:26a.
군시라 9:14a.
군수(軍師) jiyūn sy
군수의 9:9b. 10:18b. 10:26a.
군시 10:26b.
군싁ᄒ다(窘塞) hafirabumbi
군싁ᄒ여셔 9:2a.
굴다
구ᄂᆫ 6:14a.
굴령(軍令) coohai fafun
굴령으로 9:22a.
굴령을 7:2a.
굴형 yohoron
굴형에 9:3a. 9:5b.
굴형을 9:3a. 9:4a.
굶다 omihon
굴모매 9:4b.
굽다 mehumbi
굽어 2:11a. 3:3a. 6:10b. 9:9b. 9:9b.
궁노 nu beri 4:17a . 4:16b. 4:17b. 4:17b.
궁노롤 4:6a. 8:8a.

궁실 boo yamun
궁실을 10:6a.
권당(捲堂) mukūn
권당을 7:22a
권ᄒ다 jombumbi
권ᄒ라 1:3a.
권ᄒ 4:9b.
귀 šan 6:17b. 8:3b.
귀신 enduri, hutu
귀신의 10:10a.
귀히 wesihun 8:11a.
그 tere 1:8b. 1:4b. 2:3b. 2:4a. 2:4a. 2:13b.
2:16b. 2:19a. 2:23a. 3:15b. 4:4b. 4:14a.
4:16a. 5:4a. 5:15a. 5:17a. 5:20a. 6:2a.
6:2a. 6:3b. 6:3b. 6:4b. 6:17b. 6:18a. 7:8a.
7:9a. 7:9a. 7:9b. 7:17a. 7:19b. 7:23b.
8:4b. 8:4b. 8:8a. 8:12b. 8:16b. 9:1a. 9:1a.
9:2b. 9:4b. 9:9a. 9:11b. 9:15a. 9:19a.
10:2b. 10:6a. 10:8a. 10:10a. 10:11a.
10:20b. 10:24a.
그도곤 3:20b.
그롤 1:10b.
긔 1:2a.
긔라 8:7a.
긔라도 9:21b.
그곳 tuba
그곳으로 9:21a.
그곳을 7:4a.
그날 tere inenggi 4:13a. 4:14b. 5:1a. 10:20b.
그더기다 gehešembi
그더기고 3:2b.
그더기니 1:9b.
그듸 agu 3:13a. 5:11b. 8:3a.
그듸롤 8:17a.
그러나 ainci 3:7a. 6:18a. 8:15a.
그러모로 tuttu 1:2b. 2:4b. 3:3a. 3:10b. 3:16b.
3:17a. 3:26a. 4:20b. 5:1b. 5:24a. 5:24a.
6:2a. 6:10a. 6:14b. 7:4a. 7:18b. 9:14b.
10:1b. 10:19b.

그러ᄒ다 tuttu sehe
  그러치 2:4b.
  그러케 7:3b.
  그러ᄒ다 6:8b.
  그러ᄒ면 3:21b. 4:3a. 6:24a.
그런 terei 10:6b.
그르다 sumbi
  그르게 10:6a.
  그르고 10:2b.
  글러 10:23b.
그르다 wakalambi, sartabumbi
  그르게 3:2b. 10:6a.
  그르고 10:14a.
  그르다 3:14a. 3:14b. 3:16a. 4:19a. 7:14a.
  그르도다 6:5b.
  그른 1:4a.
  그름을 3:18a. 4:3a. 6:16a.
그릇 waka 1:1b. 1:4a. 1:10b. 1:11a. 1:12a. 1:12b.
그릇(器) tetun
  그릇과 10:8b.
그릇ᄒ다 tašarambi, ufarambi
  그릇ᄒ여 2:17b. 3:18a. 8:22a.
  그릇ᄒ지 10:18b.
  그릇ᄒᄂ가 1:7b.
  그릇ᄒ랏다 3:17b.
그리 tuttu 7:4b. 7:5a.
그리다 nirumbi
  그린 8:9b. 10:7b. 10:11b.
그리ᄒ다 tuttu ombi
  그리ᄒ면 5:3a.
그림 nirugan 10:11b.
그림자 helme
  그림재 1:5b.
그ᄅ다 tašarambi
  그ᄅ다 6:6a.
  그ᄅ지 8:4a.
  그ᄅ 4:2a. 6:14b.
  그름을 4:10a.
그릇ᄒ다 tašarambi

그릇ᄒ여 6:16a.
그슬리다 fucihiyalambi
  그슬려셔 9:1a.
그째 tere fon 8:8a. 8:15b. 10:18b.
  그째예 4:10a. 9:19b.
그적 canenggi
  그적브터 1:12b. 10:3a.
  그적의 1:5b. 1:8a. 2:15b. 2:19b. 3:25a. 4:1a.
    4:15b. 5:2b. 5:5a. 5:9b. 5:22b. 6:25b.
    7:11b. 8:4b. 9:19a. 10:1a. 10:3b. 10:5a.
    10:9b. 10:20a. 10:21a. 10:21b. 10:24a.
그치다 nakambi
  그쳣ᄂ니 7:14a.
  그치고 2:22b. 3:11b. 8:21b.
  그치ᄂ 9:3b.
  그치라 5:18a.
  그치지 3:16a. 3:16b. 5:18a. 8:14b. 8:15a.
    8:21b. 10:19a.
  그칠고 8:17b.
극히 mujakū 4:24a.
근(斤) gin 1:12b.
근심 jobolon 2:6a. 4:3a. 4:15b. 6:23a. 8:6b.
    8:12b. 10:17a. 10:26a.
  근심을 2:4b. 9:20b.
  근심이 8:11a. 10:8a. 10:21b.
  근심이라 4:10b.
근심ᄒ다 gasambi, jobombi
  근심ᄒ고 1:6a. 7:17b.
  근심ᄒ노라 10:15a.
  근심ᄒᄂ뇨 6:22b.
  근심ᄒᄂ 5:21b. 8:5b. 8:17a.
  근심ᄒ더냐 5:21a.
  근심ᄒ더라 5:20b. 5:21b.
  근심ᄒ여 8:17a.
  근심홀 5:11b.
글 bithe 2:4a. 2:12b. 2:26a. 4:8b. 4:9b. 4:24b.
    6:1b. 6:3a. 6:7a. 6:8a. 6:10a. 6:10b.
    6:11a. 6:11a. 6:13b. 6:13a. 6:17b. 6:25a.
    6:25a. 6:25b. 7:8a. 7:22a. 7:22a. 7:22a.

124

7:23a. 8:8a. 9:22a. 10:4a. 10:5a.

글로 10:7a.

글에 6:1a. 6:7b. 6:25a. 6:25b. 10:3b. 10:4b.

글을 2:12b. 2:25a. 5:25a. 6:1b. 6:3b. 6:7b.
6:7b. 6:14b. 6:17b. 6:24b. 7:5b. 9:11a.
10:3b. 10:4b.

글이 2:25a. 6:7b. 7:1b.

금 aisin 2:5b. 2:6b. 2:12b. 10:7b. 10:8b.

금과 1:12b. 2:3a. 5:6b. 6:19b.

금으로도 2:5b.

금빅(金帛) aisin ulin 10:3a.

금빅을 1:11b. 10:7b.

금션(金線) gecuheri 2:14b.

금ᄉᆞ(金絲) sese noho 2:6b. 2:14a. 2:16a.

금옥(金玉) aisin gui 3:2a. 3:9b.

금은 aisin menggun

금은을 2:11b.

금ᄒᆞ다 fafulambi

금ᄒᆞ고 1:10b.

금ᄒᆞ면 7:22a.

금ᄒᆞ여 4:16a.

급히 hūdun, uthai 1:17b. 1:18a. 3:12a. 3:16b.
6:23b. 8:11b. 9:17a. 10:8a. 10:12b.
10:12b. 10:21b. 10:25b.

급ᄒᆞ다 hūdun, haksan, hahi

급ᄒᆞ니 1:21a.

급ᄒᆞ여셔 4:19a.

급ᄒᆞᆫ 8:6b. 9:17b.

긔(旗) tu, kiru 3:8b. 3:8b. 4:13a. 4:13a. 6:25b.
9:1b.

긔ᄅᆞᆯ 8:8a.

긔와 9:1b.

긔록ᄒᆞ다 ejembi

긔록ᄒᆞ여셔 5:16b.

긔록ᄒᆞ엿ᄂᆞ냐 9:10b.

긔별 mejige 4:1b. 5:2b. 5:4a. 5:9a. 6:18b.

긔별을 1:5a. 4:1a. 5:3a. 5:7a. 5:10b. 6:18a.
10:3a.

긔별이 1:5a. 5:8b. 9:18b.

긔운 ki

긔운을 6:6b.

긔이다(欺) gidambi

긔이지 7:13b.

긔졀ᄒᆞ다 farambi

긔졀ᄒᆞ니 5:18b.

긔특다 ferguwecuke

긔특다 4:23a. 8:16b.

긔특이 ferguwecuke 4:11b. 4:21b. 5:22b.

긔특ᄒᆞ다 ferguwecuke

긔특ᄒᆞᆫ 4:22b. 4:23b. 7:17a.

기ᄃᆞ리다 aliyambi

기ᄃᆞ려 2:7b. 3:4a.

기ᄃᆞ련지 9:9b. 10:25b.

기ᄃᆞ리고 1:15a.

기ᄃᆞ리더니 1:2b.

기ᄃᆞ리더라 4:21b.

기ᄃᆞ리라 1:14b. 4:11b. 10:18a.

기ᄃᆞ리면 4:7b.

기르다 ujimbihe

길럿더니 1:15b.

기리(長) golmin 5:23a. 6:22a. 9:13a.

기리다 tukiyembi

기려 8:11b.

기ᄅᆞ마 enggemu 7:13a. 9:2a. 9:2a.

기슭 bethe

기슭을 10:25a.

기우리다 hungkerembi

기우려 6:16b.

기울다 urhumbi

기우러 6:9a.

길 jugūn 8:3a. 9:3a. 9:10a. 10:26a.

길로 2:8a.

길을 7:15a. 9:7b. 10:25a.

길이 10:10a.

길다 golmin

긴 8:9a.

길ᄉᆞ jugūn i dalba

길ᄉᆞ의 1:14b.

길ᇹ jugūn

길흘 7:11b. 9:14a.

길히 2:6b. 2:12a. 2:12b. 2:15a. 9:4b. 10:24a.

길히셔 2:15a .

깁다 šumilambi

깁게 8:3a.

깁기를 8:18b.

깁다 9:6b.

깁흔 8:20a. 10:11b.

깁히 šumin

깁히 7:1b. 8:16a. 9:11a.

깃 feye

깃과 9:15b.

깃 ubu

기슬 5:24b.

깃거ᇹ다 urgunjembi

깃거ᇹ니 10:3a.

깃거ᇹᄂᆞᆫ 3:17a.

깃거ᇹᄂᆞᆫ쏘다 6:18a.

깃거ᇹ더라 7:20b.

깃거ᇹ홀 8:13b.

깃부다 urgun

깃분 4:2a. 4:2b. 4:3b. 10:3a.

깃붐 urgun

깃붐고 4:2b.

깃다 urgunjembi

깃거 2:20b. 3:21b. 4:1a. 4:5b. 4:6a. 4:8b.
   4:25a. 5:6a. 6:2a. 6:16b. 6:17b. 7:2a.
   7:4a. 7:14b. 7:16a. 8:6b. 8:10a. 8:11a.
   8:12a. 10:8a.

ᄀᆞ dalin, dalba

ᄀᆞ으로 4:14a. 5:5a. 6:3b.

ᄀᆞ을 4:13a.

ᄀᆞ의 1:6a. 1:9a. 1:15a. 3:3a. 4:11b. 4:18b.

ᄀᆞ덕 jalu 6:3b. 7:8a.

ᄀᆞ득 jalu 8:15b. 10:8b.

ᄀᆞ르치다(指) jorimbi

ᄀᆞ르치고 1:9b.

ᄀᆞ르치며 1:9b.

ᄀᆞ리오다 dalimbi

ᄀᆞ리옴애 9:8b.

ᄀᆞ리와 3:8b.

ᄀᆞ리와셔 5:2b. 5:8b.

ᄀᆞ르지다(止) heturembi

ᄀᆞ르져시니 9:7b.

ᄀᆞ르치다(指) jorimbi

ᄀᆞ르쳐 5:18a. 7:15b. 8:12a. 8:13a.

ᄀᆞ르쳐든 8:3a.

ᄀᆞ르침을 7:15b.

ᄀᆞ르치다(敎) tacimbi

ᄀᆞ르쳐 5:4a. 5:7a. 8:3b. 10:18a.

ᄀᆞ르치기를 7:15b.

ᄀᆞ르치다 7:2b.

ᄀᆞ르친 10:9b.

ᄀᆞ르침을 3:4b. 4:2a. 4:23b. 7:13b.

ᄀᆞ르침이 4:6a.

ᄀᆞ만이 jenduken 1:5b. 1:6a. 1:6b. 1:11a. 1:18a.
   3:3b. 5:1b. 5:1b. 5:4a. 5:7a. 5:9b. 6:6b.
   8:4b. 9:17b. 10:6a. 10:13b. 10:18a.

ᄀᆞ만ᇹ다(隱密) daldambi

ᄀᆞ만흔 10:4a.

ᄀᆞ믈 hiya

ᄀᆞ믈의 6:5b.

ᄀᆞ을 bolori

ᄀᆞ을에 2:6b.

ᄀᆞ옴알다(管理) kadalambi

ᄀᆞ옴아ᄂᆞᆫ 3:1b.

ᄀᆞ옴알게 5:12b.

ᄀᆞ옴알라 8:6b.

ᄀᆞ즉이(整然) teksin

ᄀᆞ즉이 4:16b.

골다(磨) saimbi

골고 5:17b. 6:21b.

골ᄆᆞ드리다(갈마들이다) halanjambi

골ᄆᆞ드려 3:2a.

골히다 sonjombi

골히여셔 4:12b. 5:2b.

곰다 nicumbi

금으리라 6:13b.
곰초오다 somimbi
　곰초와셔 7:14b.
ᄀᆞᆺ teni 3:2b. 5:9b. 5:20b. 8:1a. 9:14a. 10:14b.
ᄀᆞᆺ다 adali, gese
　ᄀᆞᆺ고 3:27b. 8:9a.
　ᄀᆞᆺ다 6:5b. 7:15a. 8:9a. 8:17a.
　ᄀᆞᆺ더라 1:15a. 3:27b. 8:9b. 10:16b.
　ᄀᆞᆺ지 6:9a. 10:13a.
ᄀᆞᆺᄒᆞ다 adali, gese
　ᄀᆞᆺᄒᆞ니 3:13b. 3:15b. 3:21b.
　ᄀᆞᆺᄒᆞ면 3:11a.
　ᄀᆞᆺᄒᆞᆫ 3:2a 3:8a. 3:9b. 5:23b. 6:2b. 8:3b. 8:13a.
　　8:13b. 10:5b.
　ᄀᆞᆺᄒᆞᆫ딕 9:15b
　ᄀᆞᆺᄒᆞᆫ이라 3:23b.
　ᄀᆞᆺᄒᆞᆫ지라 6:16b.
　ᄀᆞᆺᄒᆞᆯ 3:13a. 3:13a.
　ᄀᆞᆺᄒᆞᆷ으로 6:7a.
　ᄀᆞᆺᄒᆞᆫ 8:13a.

<ㄴ>

나 bi 1:1a. 1:1b.
　나ᄂᆞᆫ 2:20a.
　나도 3:16a. 6:24b. 7:3a. 7:10b.
　나를 1:12b. 1:14b. 1:15b. 2:5a. 2:7a. 2:8a.
　　2:8b. 2:9b. 3:9a. 3:17a. 3:26a. 4:2b.
　　4:10b. 4:21a. 4:21b. 5:11a. 5:18a. 5:19b.
　　6:11b. 6:13a. 6:14a. 6:19a. 7:4b. 7:5a.
　　7:11a. 7:23b. 8:6a. 9:16b. 9:20b. 10:9b.
　　10:17a.
　나의 3:9a. 8:21a.
　날 1:2b.
나가다 tucimbi
　나가 3:17b.
　나가다 5:11b. 10:13a.
　나가믈 3:24a.
　나가셔 1:6a.

나거든 9:18b.
나다(進) tucimbi
　나 7:12a.
　나려 1:22a.
　나며 7:14a.
　나셔 1:14a. 1:14b. 2:20a. 2:24a. 4:23a. 7:8a.
　　8:19b. 9:9a. 10:9b. 10:18a. 10:20b.
　나아 5:15b. 7:1b. 8:6a. 8:19a. 9:9b.
　나아셔 5:13a.
　나지 1:8b. 4:15a. 9:17a.
　날 9:15b.
나다(生) banjimbi
　나게 7:6b.
　나리라 10:21b.
　나며 9:7a.
　나셔 6:2b.
　난 1:15b. 3:23b.
　낫다 4:9b.
　낫더라 3:3b.
나라ㅎ gurun
　나라 2:3b. 3:21b. 5:3a. 6:4a. 6:6a. 10:6a.
　나라흘 7:20a.
　나라희 2:25b. 5:3b. 5:4a. 5:15b. 6:9a. 8:10b.
　나라히 3:13a. 5:3a. 6:2b. 6:5a. 6:6b. 6:8a.
　　8:14a. 10:8a. 9:22a.
　나라히셔 6:25a.
나롯(鬚) salu
　나로시 3:3b.
　나롯과 2:20a.
나르다(搬) juwembi
　나르려 4:21b.
나ᄅᆞ다(搬) juwembi
　나ᄅᆞ라 4:9a.
나오다 ibembi
　나오며 7:14a.
나조ㅎ(夕) yamji
　나조희 8:4b. 8:8b.
나타나다 iletulembi
　나타나지 4:4b.

나ㅎ(歲) se

　나히 7:12b.

洛陽(地名) lo yang

　洛陽으로 2:23b.

樂進(人名) yo jin 9:18b.

난간 jerguwen 1:15a.

　난간을 1:17a.

날(日) inenggi 3:12a. 4:7b. 4:13b. 6:13b. 6:15b.
　　9:1a. 10:8a. 10:11a.

　날마다 1:8a. 4:2a. 10:9b.

　날을 6:15b. 6:18b. 6:25b.

　날이 1:18b.

　날이니 1:3b.

　날이라 8:8b.

　날이로되 10:10b.

날리다(使搬) juwebumbi

　날려 9:3b.

날회다(緩) elhešembi

　날회여 2:7b. 4:16b. 6:3a.

남(南) julesi

　남으로 7:14b. 8:5b. 8:9b. 8:14b. 8:18a. 8:21a.

남ㄱ(木) moo

　남게 8:15a.

　남글 8:18b. 8:21a. 9:4a.

南郡(地名) nan jiyūn

　南郡에 9:13b. 9:14b. 9:15a.

　南郡을 9:17a.

남녁ㅎ julergi

　남녁 5:5a. 8:2b.

　남녁흐로 3:23a.

남다 funcembi

　남고 2:16a. 3:7a.

　남도록 1:8b.

　남아 3:20a. 4:19a. 4:22a. 4:22b. 5:12a. 6:11a.
　　8:20a.

　남아시니 3:18b.

　남은 2:15a. 2:16a. 2:18b. 4:17b. 4:19b. 4:22b.
　　7:3a. 8:8a. 9:5b. 9:19a.

　남은이라 3:8a.

남은지라 3:6a.

南屏山(地名) nan bing san

　南屏山이라 8:9b.

南徐(地名) nan sioi

　南徐의 10:9b.

　南徐의셔 10:20b.

남즉ㅎ다 funcembi

　남즉ㅎ고 3:7a.

남진 eigen 1:18b.

낫(日) inenggi 8:9a.

낫나치 giyan giyan 6:20a.

낳다 banjimbi

　나하 8:14a.

내(1인칭대명사 주격형) bi 1:2b. 1:3a. 1:3b.
　　1:4a. 1:12a. 1:12b. 1:15a. 1:15b. 1:17a.
　　1:17b. 1:18a. 1:18b. 2:4b. 2:5b. 2:6a.
　　2:6b. 2:7a. 2:10a. 2:11a. 2:12a. 2:15a.
　　2:17b. 2:18a. 2:21b. 2:25a. 3:9b. 3:15a.
　　3:15b. 3:19a. 3:27b. 4:1b. 4:3b. 4:4b.
　　4:4b. 4:5a. 4:7a. 4:10a. 4:10b. 4:13b.
　　4:15a. 4:22b. 4:24a. 5:2a. 5:10a. 5:10b.
　　5:11b. 5:14a. 5:15a. 5:19b. 5:20a. 5:24b.
　　6:5a. 6:6a. 6:6b. 6:10a. 6:12a. 6:12b.
　　6:13a. 6:15a. 6:16b. 6:18b. 8:17b. 6:20a.
　　6:23b. 7:5a. 7:5b. 7:6a. 7:6b. 7:7a. 7:10a.
　　7:10b. 7:11a. 7:15b. 7:14a. 7:15a. 7:16a.
　　7:20b. 7:21b. 8:1a. 8:2a. 8:2b. 8:4a. 8:5b.
　　8:6a. 8:6b. 8:8b. 8:10a. 8:10b. 8:11b.
　　8:13a. 8:13b. 8:14a. 8:16b. 8:22a. 9:7a.
　　9:8b. 9:14b. 9:16a. 9:17a. 9:21a. 10:10b.
　　10:14a. 10:14b. 10:15a. 10:15b. 10:17a.
　　10:17b. 10:18b. 10:25a.

내(1인칭대명사 속격형) mini 1:3a. 1:4b. 1:10a.
　　1:11a. 1:12a. 1:15b. 1:16a. 2:5b. 2:8a.
　　2:8b. 2:13b. 2:17a. 2:22b. 3:9a. 3:22a.
　　3:26a. 3:27b. 4:9b. 4:12a. 4:15b. 4:21b.
　　5:3a. 5:6a. 5:8b. 5:11a. 5:14b. 5:15b.
　　5:23b. 6:14a. 6:21a. 6:25a. 7:2b. 7:5b.
　　7:6a. 7:6b. 7:9b. 7:11a. 7:20a. 7:20b.

7:22a. 8:2b. 8:3a. 8:4a. 8:5b. 8:13a.
8:13b. 8:14a. 8:14b. 8:16a. 9:3b. 9:7a.
9:10b. 9:14a. 10:2a. 10:3b. 10:7b. 10:19a.
10:23a. 10:23b.

내게(1인칭대명사 여격형) minde 1:2a. 1:2b.
2:5b. 3:11a. 3:15a. 3:16a. 5:25a. 6:6b.
6:14b. 6:21b. 7:5b. 7:6a. 7:18a. 8:14a.
9:17b. 10:9b. 10:13a. 10:14a.

내다 tucibumbi
내게 1:16a. 2:25b. 3:17a.
내고져 7:21b.
내기 3:16a.
내니 5:1a.
내ᄂᆞ니 2:2b. 5:20a. 8:19a. 8:20b. 10:16b. 10:22b.
내는다 3:14a. 5:14b.
내믈 1:17b.
내어시니 2:15a.
내여 2:25b. 2:26b. 3:14a. 3:17b. 3:21a. 4:4b.
5:13b. 5:15b. 6:11b. 10:22b.
내여다가 5:15a. 9:22a.
내여셔 1:3b. 1:7a. 2:21a. 4:17b. 4:18b. 5:1a.
6:7b. 6:13a. 8:7a. 10:22a. 10:23b.
내지 4:19b.
내지다 10:2b.
낸 3:18a.
낸다 3:16b.
낼 6:6b. 8:1b.

내ᄃᆞ르다 tucimbi
내ᄃᆞ르면 4:15a.

내ᄉᆞ birai dalin
내ᄉᆞ의 8:14a.

내치다 tucibumbi
내첫노라 1:11a.
내치게 10:2a.
내치니 1:10b. 5:23b.
내치라 5:15b. 10:2a.

냥(兩) yan 2:5b.

냥초(糧草) jeku orho 5:12b. 5:13a. 6:7a. 6:10a.
냥초를 3:1b. 5:12b. 6:8a.

너(2인칭 속격형) si 10:17a. 10:17b.
너도 6:13a.
너를 1:1b. 1:2a. 1:3a. 1:12a. 1:17b. 4:2b.
5:14b. 5:20a. 6:13a. 6:15a. 7:5a. 7:5b.
7:6a. 7:6b. 7:7a. 7:10b. 9:14b.

너기다 bodombi, gūnimbi
너겨 4:21b. 5:22b. 7:12b. 10:15b.
너겨시니 1:12a.
너기노라 2:6a.
너기ᄂᆞ니 1:1b. 1:11a. 1:10b.
너기는다 5:18a.
너기믈 9:10a.
너기심을 1:12b.
너기지 1:4a.
너긴 9:7a.
너김으로브터 8:6a.
너김을 10:16a.

너르다 onco
너르고 3:14b.

너무ᄒᆞ다 dabambi
너무ᄒᆞᄂᆞ뇨 3:14b.

너희 suwe 2:1b. 2:15a. 2:15a. 3:15a. 5:4a. 6:17a.
6:21b. 6:25a. 7:23b. 8:13a. 8:16a. 9:20b.
10:23b.

넉(魂) fayangga
넉시 1:7a. 7:23b.

넉넉이 eleme 10:6a.

널(板) undehen 7:19a.

넘다 dabambi
넘어 2:23b. 9:5b.

넘찌다 dabambi
넘찌니 2:14b.

넙다 onco
넙고 8:10a.
넙은 7:19a.
넙이 5:16b.

네(2인칭 주격형) si 1:7b. 1:10a. 1:12a. 1:14b.
2:6b. 2:16b. 2:25b. 2:26a. 3:5a. 3:9a.
3:16a. 3:27b. 4:1b. 4:10a. 5:3b. 5:8a.

10:24b.

놀라니 1:21a.

놀라ᄂ 10:12a.

놀라셔 10:25b.

놀란 10:11b.

놀랄ᄭᅡ 3:7b.

놀람은 2:18b.

놉다(高) den

　놉고 1:5b. 4:18b.

　놉기를 8:18b.

　놉흔 1:20b. 3:24b. 5:15a. 6:11a. 7:13a. 9:13a.
　　10:25b. 8:20a.

놉흐다(貴) wesihun

　놉흐라 7:10a.

　놉흔 5:22b. 6:15a. 6:16a. 7:10a. 9:8b. 10:1b.
　　10:11a.

　놉흠을 3:24b.

놋다(置) cambi

　놋ᄂ니 9:3a.

놓다 sindambi

　노치 2:7b.

　노코 6:7b. 6:11a. 10:24a.

　노토다 9:21b.

　노하 2:4b. 2:26a. 2:25b. 9:13b. 9:15a. 10:6b.
　　10:8a.

　노화 9:12a. 9:12b.

　노흐라 6:14b.

　노흔 5:17a. 10:22b.

　노흘ᄭᅩ 7:23a.

농(龍) muduri

　농의 9:15b.

　농이 2:25b. 10:7a.

누(누구) we

　눌로 9:18a.

　뉘 1:16a. 1:19a. 5:3b. 7:1b. 8:5b. 8:14a.

　뉜고 1:2a. 3:1a.

　뉜다 2:20a. 8:1a.

누긋ᄒ다 sulambi

　누긋ᄒ다 2:11a. 8:1a.

누긋ᄒ여셔 8:7b.

누르다(黃) suwayan

　누른 2:16a. 8:16a.

누셜 10:17b.

누셜ᄒ다 firgembi

　누셜ᄒ리라 6:19a. 7:11b.

　누셜ᄒ면 4:12a.

　누셜홀셰라 8:12b.

누의(妹) eyun non 3:27b. 10:23b.

　누의를 10:4a. 10:8b.

누이다 dedubumbi

　누이고 5:17a. 5:17b.

　누이니 5:18b.

눈(目) yasa 1:7a. 4:5b. 4:7b. 6:11a. 6:13b. 6:21a.
　　8:3a.

　눈이 3:3b.

눈망올 yasai faha

　눈망올을 1:9a.

눈믈 yasai muke 1:6a. 1:19a. 5:18b. 9:11b.
　　10:13a. 10:16b.

　눈믈이 1:9b.

눕다 dedumbi

　누어셔 1:5a.

　누엇더니 5:22b. 7:5b.

　누온 10:7a.

　누으나 3:25a. 7:8a.

　누으며 3:25b.

　눕기를 7:15a.

뉘웃다 nasambi

　뉘웃고 4:19a.

뉘웇다 nasambi

　뉘우쳐 2:15a. 8:21b. 8:22a.

뉴들 urse 3:24a. 6:23b.

　뉴들을 1:10a. 1:20a. 4:17b. 5:15a. 5:15b.
　　5:23b. 7:6b.

　뉴들의게 2:17b. 10:20b.

　뉴들이 2:10b. 3:8a. 3:24b. 5:17a. 6:11b. 7:7b.
　　8:13a.

늙다 sakda

니르컨 3:7a.

니르다(至) isimbi
니르니 2:23b. 4:17b.
니르러 3:19b. 8:2b. 9:6a. 9:10a. 10:10a.
니르러셔 5:5b. 6:4a. 9:8a. 9:13b. 9:15a. 9:15b.
니르리라 3:12a.
니르면 10:25a.

니르다(言) hendumbi, gisurembi
니르거든 6:23b.
니르고 2:12b. 2:14b. 2:15a. 2:22a. 3:22b. 4:3b.
　　4:18b. 5:14a. 6:25a. 7:6b. 7:10b. 10:13a.
니르기롤 10:25a.
니르난 3:2b.
니르니 1:4a. 6:6a. 7:16a. 8:3b.
니르ᄂᆞ니 7:5a. 10:12a.
니르ᄂᆞᆫ 1:7b. 5:8b.
니르ᄂᆞᆫ디 8:13a.
니르더니 9:6b.
니르도다 3:17a.
니르라 6:4a. 6:23b. 9:18b.
니르료 6:15a.
니르리 7:16a.
니르리오 3:15a.
니르면 3:4a.
니르쟈 1:1a. 7:21a.
니르지 1:17a. 3:2a. 4:4a. 4:8a. 4:24b. 5:1b.
　　5:19b. 5:20b. 5:21b. 5:22b. 8:12b. 9:2b.
니른 1:12a. 3:1a. 3:12a. 6:25a. 6:25b. 8:4a.
　　8:11b.
니를 3:3b. 5:14a. 6:13b. 7:10b.
니롬이 5:1b.
니롬이오 5:22a.

니르키다 yendebumbi
니르켜 3:22b. 8:20a.
니르켜지 3:24b.
니르켬으로브터 8:10a.

니마(額) šenggi 8:5a. 9:1a.

니별ᄒᆞ다 delhembi, fakcambi
니별ᄒᆞ고 2:24b.

니별홈으로브터 9:9b.

니음ᄃᆞ라(連) emdubei, emu siran i 1:9b. 4:16b.
　　4:17b. 6:25b.

니치(理致) tusa 10:16b.

닉이(익히) ureme 4:7a. 6:12b.

닐다 ilimbi
니러 10:24a.
니러셔 1:5b. 3:14a 3:24a. 6:23a. 5:18a. 8:11b.
니지 1:4b. 1:5b.
닐기 10:4a.
닐며 7:15a.

넑다 hūlambi
넑는 7:8a.
넑더니 6:1b.
넑더라 7:8b.
넑어셔 6:12b.
넑언노라 6:14a.

님금 ejen
님금을 2:1b. 2:5a. 3:13a. 6:15b. 6:24b.
님금의 2:4a. 2:6a. 2:9a. 5:14a.
님금의게 2:2a.
님금이 2:11b. 3:14b.

님자 ejen
님재 2:20a.

닙다 etumbi
닙고 2:16a. 2:22a. 2:23a. 8:9a.
닙는 2:6b.
닙은 8:17a. 9:2a.

닛다(連) sirafi
니어 3:10b.

닛다(忘) onggombi
니젓노라 7:10b.
니즈뇨 3:27b. 7:10b.
닛게 10:6a.
닛고 2:4a. 10:9a.
닛기 8:17a.
닛는 6:1b.
닛지 2:1b. 3:27b. 8:2a. 8:11b. 10:17b.

ᄂᆡ(1인칭대명사 주격형) bi

느룰 1:8a.

느라가다(飛) deyeme genembi
  느라가는 8:14b.

느리다(下) ebumbi, wasimbi
  느려 2:14b. 2:16b. 2:16b. 2:17a. 2:20a. 5:5a.
    6:3a. 9:13a.
  느려셔 1:13b. 2:18b. 2:24a. 6:16a. 7:19b. 9:4a.
    9:20a. 10:25b.
  느리니 1:1b.
  느리라 2:24a.
  느리지 2:14a. 3:7a.
  느릴 2:3a.

느리오다 wasimbi
  느리와 2:18a.

느리치다 tuhebumbi
  느리치고 5:17a.

늘(刃) jeyen 7:8b.

늘개 asha 4:9b.

늘다(飛) deyembi
  느는 1:22a. 2:10a. 6:19b. 9:18b.
  느라 4:9b. 8:18a. 8:21a.

늣다(賤) fusihūlambi
  늣게 7:12b.

늣다(賤) fusihūlambi
  느지 5:18a. 10:5b.
  느준 9:8b.

늣ㅊ(顔) cira, dere
  늣 3:14a. 4:2b. 5:13b. 6:23a. 7:4b. 10:1a.
    10:11b.
  늣츠로 3:17a. 5:7b.
  늣출 1:6a. 1:7a. 1:7b. 3:11b. 3:14a. 3:17b.
    5:13b. 5:14a. 5:16b. 9:8a.
  늣치 3:14b.

니도ᄒ다(담담하다) hetu
  니도ᄒᆫ 4:3b.

니일 cimaha inenggi 1:2b. 1:4a. 1:11b. 4:19b.
  니일브터 1:12a. 4:9a.

닝쇼ᄒ다(冷笑) šahūrun injembi
  닝쇼ᄒ고 7:4b.

<d>

다(皆) gemu 1:13b. 1:20a. 2:1b. 2:2a. 2:5a. 2:5b.
  2:11a. 2:12a. 2:20a. 3:14a. 3:12b. 3:15b.
  3:18b. 3:21b. 3:25b. 4:11b. 4:12b. 4:13a.
  4:14b. 4:16a. 4:17b. 4:19a. 4:22a. 5:1b.
  5:2a. 5:4b. 5:7b. 5:12a. 5:12b. 5:15b.
  5:18b. 5:19a. 5:21b. 6:9a. 6:12b. 7:3b.
  7:6a. 7:12a. 7:12b. 7:15a. 7:17b. 7:18a.
  7:20b. 8:1b. 8:8a. 8:9b. 8:11b. 8:13a.
  9:1a. 9:2a. 9:2b. 9:3b. 9:5a. 9:6a. 9:6b.
  9:7a. 9:13a. 9:13b. 9:15a. 9:17a. 9:18a.
  9:19b. 10:2b. 10:19a. 10:21a. 10:23a.
  10:26a.

다드르다(到) isinambi, hamimbi
  다드라 1:14a. 7:11b.
  다드라셔 4:5b. 4:21b. 7:2a.
  다드라시니 4:7b. 4:19b.
  다드른 8:9a.

다드ᄅ다(到) isinambi, hamimbi
  다드ᄅ니 5:17b. 9:13b.

다듯다(到) isinambi, hamimbi
  다듯도록 1:4b.
  다듯지 9:2b.

다려가다 gamambi
  다려가게 2:4b.

다려오다 gajimbi
  다려온다 3:16a.

다른 gūwa, encu 2:9a. 2:21b. 3:8a. 4:11b. 4:12b.
  4:6b. 6:1b. 6:13a. 6:18b. 6:19a. 7:3a.
  8:11a. 10:13a. 10:13b.

다ᄅ다 encu
  다ᄅᆷ을 4:24b.

다릭다(引) tatambi
  다릭고 2:7b.

다만 damu 1:9b. 1:17a. 2:1a. 2:9b. 3:5b. 3:9a.
  3:13b. 3:18b. 3:19a. 4:10b. 4:18a. 5:7a.
  5:10b. 5:13a. 5:13b. 5:15b. 5:20b. 5:23a.
  5:23b. 5:25a. 6:1a. 6:4b. 6:9a. 6:15a.

6:15b.　6:17a.　6:21b.　6:25b.　7:4a.　7:8a.
7:11a.　7:17b.　7:21b.　8:2b.　8:10b.　8:17a.
9:5b.　9:13b.　10:15b.

다믈다 mimimbi
　다믈고 8:3a.

다시 jai, dahūme 1:8a. 1:10b. 1:6b. 3:22a. 4:5a.
5:1b.　5:14a.　5:18a.　8:11a.　9:5a.　9:16a.
10:16a.

다스리다 dasambi
　다스려 9:17a.
　다스리고 8:19b.

다슷식 sunjai 8:5a.

다히다(着) adambi
　다혀 4:13a.

다ᄒᆞ다 šanggambi
　다홀고 4:7b.

단장(丹粧) miyamiga
　단장의 1:4b.

달다(要與) gajimbi
　다고 6:17b. 8:15b.
　달라 4:25a.

달회다(얼굴이 달다) wenjembi
　달회여 8:15b.

담(墻) fu 8:20a.

담(膽) ilhi
　담이 6:1b. 6:2a. 7:23a. 9:7b.

담다 tebumbi
　담고 8:20a.
　담아 8:11b.
　담아셔 6:16b.

담당ᄒᆞ다 mutembi
　담당치 3:14b. 3:16b. 3:19a.

답녜ᄒᆞ다 karulambi
　답녜ᄒᆞ다 3:3a.

답ᄒᆞ다 jabumbi
　답호되 9:9b.

닷새 sunja inenggi
　닷새예 2:3a.

당ᄒᆞ다　mutembi

당치 3:11a. 6:9a.

당토록 6:24b.

당ᄒᆞ리 1:8a.

당홈 3:11a.

대(竹) cuse
　대과 9:4a.
　대로 7:22b.

대되(皆) uheri
　대되 3:5b. 3:6a. 8:11a.

대쇼(大小) amba ajige 7:18a.

대인 amba niyalma
　대인이 1:12b.

대쟝ᄒᆞ다(大將) amba jiyangjiyūn
　대쟝ᄒᆞ엿고 9:18b.

댱(杖) moo 5:18a.
　댱을 5:17a. 5:17b.

댱검 jangkū 2:23a.

댱막 monggo boo, jampan 4:11b. 4:12b. 6:5a.
　댱막의 5:18a. 5:18b. 5:21a. 5:22b.

댱만ᄒᆞ다 dagilambi
　댱만ᄒᆞ여 7:16a.

더듸 sirkedeme 10:13a.

더듸다 goidambi
　더듸면 7:11b. 8:7a.
　더듸지 7:7a. 9:6a.

더딀다 goidambi
　더딀지 5:16b.

더러이 nantuhūn 1:16a. 1:17a.

더불다 gajimbi
　더부러 6:5a.

더블다 gajimbi
　더브러 1:4b. 3:2b. 3:16a. 3:17b. 3:18a. 3:25a.
10:18a.
　더블고 9:12b. 10:21b.

더옥 elemangga, nememe 1:7b. 5:6b. 6:14a.
10:5a. 10:5a.

더지다(投) maktambi, fahambi
　더지고 5:13b.
　더지니 1:21b. 10:22b.

더짐이라 7:14a.

덕(德) kesi, fengšen

　덕을 2:13a. 5:3b. 5:24b. 6:8a. 7:10a. 8:2a. 9:10b.

　덕이 9:9a.

　덕이라 5:11b.

德潤(人名) de žun

　德潤이니 6:1a.

덥히다 elbembi

　덥혀시니 3:13b.

　덥힌 9:20a.

면(殿) diyan 1:19b.

　면에 1:13b.

면교(傳敎) hese 2:2a.

都督 dudu

　都督은 4:24b. 5:2a. 5:16b.

　都督을 4:8a. 5:21b.

　都督의 10:25b.

　都督의게 4:2a.

　都督이 5:13a. 5:23b.

도라보내다 amasi benembi

　도라보내고져 7:6b.

도라보다 forofi tuwambi

　도라보니 1:19b. 2:8a. 7:14b. 8:1a. 9:5b.

도로 elemangga 2:15a. 6:12a.

도로혀 elemangga 1:19a.

도르 amasi 2:12a.

도리(道理) doro giyan

　도리를 6:14b.

도망ᄒ다 ukambi

　도망ᄒ다 10:21b.

　도망ᄒ면 10:21b.

　도망ᄒ여 7:5b. 8:19b.

　도망흠을 10:21a.

도ᄉ(道士) doose

　도ᄉ의 7:22b.

도옴(도움)

　도옴이 6:24b.

도와주다 aisilambi

　도와준 6:24a.

도적 hūlha

　도적을 3:1b. 5:16b. 5:24b. 8:16a.

　도적이 5:3a. 5:6a.

도적ᄒ다 hūlhambi

　도적ᄒ여 7:5b.

돈다 mukdembi, dekdembi

　도다셔 8:9a.

　도닷더니 6:3b. 7:8a.

돌다 šurdembi

　도되 8:18b. 8:21a.

돌다 forombi

　도라 1:19b. 1:21a. 3:24b. 8:13b.

돌ㅎ wehe

　돌 7:5a. 7:5b. 10:22a.

　돌흘 8:2b.

돕다 aisilambi

　도와 4:17a .

　도으려 3:16a. 6:2b. 7:1a.

　도을 6:21b.

　돕는 8:12b.

　돕는지라 3:5a.

동(東) dergi, wesihun

　동으로 4:14b. 8:9b.

동(冬) tuweri 6:10b.

董(人名) dung 1:7b.

東南 dergi julergi

　東南의 5:15a.

동녁 dergi 10:8a. 10:9a.

東嶺關(地名) dung ling guwan

　東嶺關이오 2:23b.

동산 yafan 1:22a.

　동산에 1:15a.

　동산의 8:9a.

東吳(國名) dergi u 5:3a. 5:3b. 5:4a. 5:15b. 6:2b.

　6:4a. 6:5a. 6:6a. 6:6b. 6:8a. 6:9a. 7:20a.

　10:8a.

銅雀臺(地名) tung coo tai

　銅雀臺예 8:14b.

董卓(人名) dungdzo

董卓을 1:9b. 1:13a. 1:14a. 1:21a.

董卓의 1:13a.

董卓의게 1:10b.

董卓이 1:4b. 1:5b. 1:6b. 1:7a. 1:8b. 1:9a. 1:9b.
　　1:11a. 1:11b. 1:12a. 1:13b. 1:14a. 1:19b.
　　1:20a. 1:20b. 1:21a. 1:21b. 1:22a.

동ᄒᆞ다(東) wesihun

　동ᄒᆞ고 4:18a.

동ᄒᆞ다(動) aššambi

　동홀 6:25b.

　동홈을 3:24a.

되다 ombi

　되거다 4:10b.

　되거든 2:6a.

　되게 8:10b. 10:6b.

　되니 1:21b. 4:19a. 5:16a. 8:12a. 10:5a.

　되ᄂᆞ냐 2:6a. 2:25b. 9:8a. 9:22a. 10:19b.

　되ᄂᆞᆫ 4:20a.

　되다 7:23b.

　되도록 2:15b. 10:2b.

　되라 5:6b.

　되랴 2:13b. 7:23b.

　되려 1:17a.

　되려니와 4:1b. 6:13a. 7:23b.

　되리 5:3b. 5:20b. 10:16b.

　되리니 9:16a. 10:10b.

　되리라 3:11a. 3:12b. 3:15b. 4:3a. 4:6a. 4:10a.
　　5:3a. 6:17a. 7:19a. 7:21a. 7:22a. 10:10b.
　　10:20a.

　되리오 3:11a. 3:23b. 6:13a. 6:15b.

　되며 4:24b.

　되면 9:17b.

　되믈 1:17a. 1:17b. 10:4a. 10:5a.

　되야 6:10a. 6:15b.

　되야도 3:8a.

　되얏더니 6:8b.

　되어 8:11a.

　되여 1:18b. 5:19a. 6:3b. 7:20a.

　되여셔 3:1b. 3:12a. 4:16a. 5:3a. 5:14b. 7:18a.

　　10:15a.

　되여시니 1:8b. 5:3b. 5:15a. 10:5a.

　되엿ᄂᆞᆫ디 5:8b. 10:14a.

　되엿ᄂᆞᆫ지라 5:1b. 8:13b. 9:19b.

　되엿더라 10:12b.

　되엿시니 6:10a.

　되옴은 8:12b.

　되지 1:17a. 1:17a. 3:3b. 3:12a. 4:9b. 4:24b.
　　6:3a. 8:5b. 8:7a. 8:18a.

　될 10:8a.

　될고 8:5b.

　될러니라 2:19a.

됴당(朝廷) han i yamun

　됴당에셔 1:2b.

됴셕(朝夕) yamji cimari

　됴셕의 7:6b.

됴회(朝會) yamun

　됴회예 1:14a.

둏다 sain

　됴타 6:20b.

　됴흔 1:3b. 1:11b. 3:15a. 3:17a. 7:12b. 7:19b.
　　8:2b. 8:10b. 10:2b. 10:6a. 10:8b. 10:20b.

　됴흠이 10:5a.

　됴ᄒᆞᆫ 5:9b.

두(二) juwe 2:5a. 2:10a. 2:14a. 2:17b. 2:18a.
　　2:18b. 2:20b. 2:21a. 2:21b. 2:22a. 2:23a.
　　3:4a. 4:3b. 4:7b. 4:9b. 4:11b. 4:13a.
　　4:18b. 5:1b. 5:2a. 5:2b. 5:14a. 6:11b.
　　6:17a. 6:23a. 6:23b. 6:25b. 7:7b. 7:8b.
　　8:8a. 8:13a. 8:14a. 8:15a. 9:7b. 9:20b.
　　10:1a. 10:22b. 10:25b. 10:26a.

두다 werimbi

　두고 2:21b. 7:14a. 7:15a.

　두고져 8:22a.

　두다 7:7b.

　두라 7:7a.

　두리오 5:8a.

　두면 7:6b.

　두어 9:17b.

두어라 2:26a.

두어셔 4:12b. 5:10b.

두어시면 4:4b.

두엇노라 2:18a.

두엇다 4:3b.

두엇더니 9:4b.

두지 3:26a. 6:23a.

둔 2:5b.

두던(둔덕) mudan

　두던의 7:4b.

두드리다 forimbi

　두드리고 6:11a. 9:16b.

두려ᄒ다 olhombi, gelembi

　두려ᄒ니 10:23a.

　두려ᄒ리오 10:2b.

　두려ᄒ면 1:18a.

두렵다 olhombi

　두려워 9:15b.

두로 hergime 2:17a.

두루다(欺) eiterembi

　두루관딕 5:20a.

　두루ᄂ니 5:19b. 6:11b. 7:4b. 7:5a.

　두루는 6:12b.

　두루면 7:23b.

두루켜다(背反) cashūlambi

　두루켜고 6:22b.

두루혀다(回) maribumbi, forombi

　두루혀 2:14b. 4:18a. 4:18b. 6:15b. 9:12a. 10:25b.

　두루혀셔 3:11b. 5:13b.

　두루혈 9:12b.

　두루혐을 9:12b.

두리다(怯) olhombi

　두려 1:8a. 1:12b. 2:15a. 9:8a. 10:1b.

두어(둘 가량) udu 6:22a. 7:8a. 9:6b.

杜遠(人名) du yuwan

　杜遠의게 2:19a.

　杜遠이 2:17a. 2:18a.

두터이 jiramin 5:3b. 8:22a.

두험 hukun

두험과 3:15b.

둘러오다 šurdeme jimbi

　둘러와셔 10:25a.

둘재 jai 10:10a.

둘ᄒ juwe

　둘흘 5:4a.

　둘히 3:18b. 4:15b. 5:2b. 5:3b. 5:4b. 5:6a. 5:6b. 5:7a. 5:7b. 7:13a. 8:4a. 10:18a. 10:23b.

　둘히요 2:4a.

　둘히 7:6b.

둣겁다 jiramin

　둣거온 6:8a. 9:10b.

뒤도라보다 amasi forofi tuwambi

　뒤도라보니 1:9b. 10:24b.

뒤ᄒ amasi, amargi

　뒤 1:19b. 1:21a.

　뒤흐로 2:8a. 2:10a. 3:19b. 8:1a. 8:16a. 9:5b. 9:12b.

　뒤흘 10:25a.

　뒤히 1:9a. 1:10a. 2:10b. 7:7b. 7:8a. 9:3b. 9:4b. 9:5b.

　뒤히는 10:26a.

　뒤히셔 2:7b.

　뒷 9:4a.

뒷동산 amargi yafan 1:14b.

　뒷동산에 1:20b.

뒷치다 ubaliyambi

　뒷쳐 6:3a.

듕(中) dolo

　듕에 2:1a. 10:10a.

듕(重) ujen

　듕이 9:11a. 9:11b.

듕국(中國) dulimba i gurun

　듕국의 6:8b.

듕군(中軍) dulimbai cooha 4:22a.

　듕군의 5:9b.

듕녹(重祿) ujen funglu 5:4b.

듕문(中門) dulimbai duka

　듕문을 3:2b.

듕히(重) ujeleme 5:5a. 5:11a. 5:20a. 9:10a.
듕ᄒ다 ujelembi
　듕흔 5:25a.
드리다(入) dosimbumbi
　드려 6:22a.
　드려셔 1:12a. 4:2a. 4:23a. 5:4a. 5:23a. 7:10b.
　　　7:12a. 10:11b.
　드리고 1:1b. 10:21a.
　드리니 2:21a. 5:21a.
　드리지 1:10b.
　드릴 5:5b.
드리다(獻) alibumbi
　드려 6:13b. 6:17b.
　드리고져 6:7a. 6:10a.
　드리노라 6:8a.
　드리니 6:7b.
　드리라 7:23a.
드믈다 seri
　드믈고 8:18a. 8:21a.
들다(환도를 빼들다) dargiyambi
　든 2:16b.
　들고 2:26b.
들다(擧) tukiyembi
　드니 5:18b.
　드러 2:12b. 2:14b. 3:3a.
　들고 2:26. 8:8a.
　들면 3:15b.
들다(병이 들다) nimetembi
　드러시니 7:17a.
들다(入) dosimbi
　드니 1:14b.
　드니라 1:20a.
　드ᄂᆞᆫ 7:14a.
　드다 5:6b. 5:18a. 7:7a. 10:9a.
　드러 1:5a. 1:12b. 7:4b. 8:16a.
　드러나 7:3a.
　드러도 1:8a.
　드러셔 1:8b. 1:20a. 1:20b. 3:23b. 5:2b. 5:9b.
　　　10:1b. 10:10b. 10:13b. 10:16b.

드럿다 3:22b.
드려셔 1:6b.
드쟈 2:20b.
들까 4:17b.
듬 3:13b.
들어가다 dosimbi
　드러가 3:15b. 3:24a. 3:18a.
　드러가니 3:14a. 3:14a. 3:14b. 9:14b.
　드러가다 3:24a.
　드러가도 10:15b.
　드러가셔 3:22b.
　드러갈 3:2b. 4:14a.
들ᄒ(野) bigan
　들을 8:18a.
　들히 8:17b.
듯다(聞) donjimbi
　드러시나 9:14b.
　드럿노라 10:14a.
　드럿더니 7:15a.
　드르니 1:3a. 3:20a. 3:22b. 4:3b. 6:5a. 6:5b.
　　　7:17b. 9:8b.
　드르면 4:4a.
　드름을 3:9b. 6:15a.
　듯고 1:13b. 1:19a. 2:1a. 2:19a. 3:3a. 3:15b.
　　　3:22b. 3:27b. 4:4b. 4:15b. 4:18a. 7:2b.
　　　7:4a. 7:8a. 7:20b. 8:14b. 9:11b. 10:21a.
　　　10:21b.
　듯쟈 4:2a.
듯보다 gaimbi
　듯보라 1:5a.
등 jergi 2:10b. 3:24a. 3:24b. 4:12b. 4:23b. 5:15b.
　　　6:21b. 7:21a. 8:14a.
　등윗 4:20b.
等 se
　等이 9:17b.
등잔 dengjan 2:23a. 6:5a. 7:8b.
　등잔이 7:8b.
듸(所) ba 9:8b.
디다(敗) anabumbi

140

되답ᄒ다 3:2b.

되답ᄒ되 10:17b.

되답ᄒ홀 4:10a. 5:8a.

되답홈을 3:4b.

되예(대신) funde 4:3b. 8:5a.

되젹하다 sujambi

되젹과쟈 5:12b.

되졉하다 kundulembi

되졉고 7:13a.

되졉ᄒ고 9:20a.

되졉ᄒ니 7:16b.

되졉ᄒ니라 3:3a.

되졉ᄒᄂ니 2:21b.

되졉ᄒᄂ 6:15a.

되졉혼대 4:23a.

되졉ᄒ여 3:18b.

되졉홀 4:8b.

되졉홈이 9:20b.

되ᄒ다(對하다) bakcilambi, teisulebumbi

되ᄒ여 8:16b.

되혼 8:16a.

<ㄹ>

령(令) fafun

령이 4:17a. 4:17b.

廖(人名) liyoo 2:19a.

廖요 2:17a.

遼東(地名) liyoo dung

遼東을 3:6a.

遼東의 8:16a.

廖化(人名) liyoo hūwa

廖化ㅣ 2:18a. 2:19a. 2:19b.

廖化의게 2:19a.

리(理) doro 2:12a. 6:16b. 9:11a.

리(里) ba

리롤 2:7b.

<ㅁ>

마리(髮) funiyehe 1:5b.

마샹이 weihu 6:19b.

마샹이예 6:3b. 7:2a.

마샹이롤 7:4b.

마시다 omimbi

마시나 3:25a.

마을 yamun 10:7b. 10:9b.

마을에 3:2b. 3:22a. 10:11b.

마을을 10:8a.

마을의 2:11b. 10:19a.

마음 mujilen

마음을 5:4b.

마조 bakcilame 3:18a. 4:2a. 5:23a.

마줌 lak seme 4:21a.

馬超(人名) macoo 8:5a.

馬超의게라 8:5b.

마초다(맞추다) acambi, karcambi

마초고 8:5a.

마초여 1:22a.

마치 tob seme 4:6b.

막다(防) kambi, dalimbi

마가 4:3b.

막고 9:14a.

막아 3:19a. 10:25a. 10:26a.

막으면 3:11a.

막으마 10:25a.

막지 5:7a.

막대 teifun 9:1a.

막히다 simbi

막힌 3:21b. 8:6a.

만(萬) tumen 3:6b. 3:21a. 4:4a. 4:17b.

만에 2:13a. 3:19b.

만을 3:7a.

만이 3:6b. 3:7a.

만이나 5:11b.

만나다 acambi, ucarambi

만나 1:16a.

만나게 2:4b.

만나면 2:13b. 6:24b. 9:3a.

만나셔 1:15b. 7:12a. 10:20b.

만나지 9:14b. 10:10b.

만난 6:8b.

만날 4:5b.

만낫더니 7:10b.

만딕(萬代) tumen jalan

만딕예 2:15b.

만민(萬民) tumen irgen

만민을 7:21b.

만이(多) ambula 5:2b. 10:3a. 10:8b.

많다 ambula, labdu, geren

만코 3:23b. 9:6b.

만터라 7:20b.

만흐되 5:21b.

만혼 3:7b. 3:12b.

만흠으로 9:15a.

만히 3:19b. 7:17a. 8:3a. 8:20a.

말(言) gisun 1:2b. 3:13a. 3:14a. 4:1b. 4:10a.
5:13a. 5:14b. 5:19b. 5:23a. 6:2a. 6:21b.
6:22a. 8:3b. 8:4b. 8:5b. 8:19a. 9:7a.
9:11b.

말로 1:11b. 4:3b. 7:6a. 10:2b.

말에 3:23b.

말을 1:12a. 1:13b. 2:3b. 2:12a. 2:15a. 2:18a.
2:19a. 3:2b. 3:3b. 3:9a. 3:9b. 3:11b.
3:14b. 3:15b. 3:16b. 3:18a. 3:27b. 4:1b.
4:22a. 5:7a. 5:13b. 5:20a. 5:24a. 6:5b.
6:15a. 6:23b. 7:5a. 7:12b. 7:17b. 8:1b.
8:11b. 8:20b. 9:3b. 9:8a. 9:9b. 9:10a.
10:7a. 10:9a. 10:16b. 10:16b. 10:19b.

말의 7:19b. 7:23b.

말이 1:7a. 2:9a. 3:2a. 3:14b. 3:21b. 4:6b.
4:12b. 5:8a. 5:8b. 6:15a. 8:4a. 8:16b.

말이라 8:21a.

말(末) dube

말에 10:21b.

말(斗) sin

말로 3:8a.

말다 ume, nakambi

말고 3:24b. 4:9a. 5:20b. 7:13b.

말기를 3:9a.

말나 3:23b.

말라 1:4a. 1:10b. 1:12a. 2:5a. 2:6a. 2:9b.
2:12a. 3:2b. 4:4a. 4:5a. 4:6b. 4:10b.
4:12a. 4:14a. 4:15b. 4:24b. 5:1b. 5:4b.
5:7a. 6:10a. 6:16b. 6:23a. 7:15b. 7:21b.
8:12b. 9:17a. 9:17b. 10:1b. 10:12b.
10:14a. 10:16a. 10:17a. 10:17b. 10:18b.
10:26a.

말리다 tafulambi

말려 1:1a. 3:24b. 4:5a. 5:15b. 10:17a.

말리라 3:24a.

말리리오 5:20a.

말리지 5:19a.

말직간 gisun faksi 6:20a.

말ᄒ다 gisurembi

말ᄒ기과 8:18a.

말ᄒ니 1:14a.

말ᄒ는 8:5b.

말ᄒ더니 8:5a.

말ᄒ여 6:14b.

말ᄒ홀 1:1a.

맛(味) amtan

마시 3:25a.

맛것다(適) acambi

맛것지 7:17a.

맛다(迎) okdombi

맛게 6:18b.

맛노라 9:14b.

맛다 7:9a.

맛지 9:20b.

맛다(適) acambi

맛도다 4:6b.

맛지 4:3b.

맛달다(마주치다) bakcilambi

142

맛다라셔 4:7b. 5:10a.

맛당ᄒ다 acambi

　맛당치 2:2b. 2:2b.

　맛당타 2:1b. 6:24b. 8:16b.

　맛당ᄒ니 2:15b. 8:22a.

　맛당ᄒ다 5:15b. 5:16b. 6:3a. 6:19b. 6:19b.
　　9:6a. 9:20b. 10:21b.

맛든다(마주치다) bakcilambi

　맛ᄃ란ᄂᆞᆫ듸 5:14a.

맛지다(任) afabumbi

　맛져 9:18a.

　맛지기 9:18b.

맛치다(맞히다) acabumbi

　맛쳐 4:22a.

맛초다(맞추다) acabumbi

　맛초와 7:14a.

맛치 tob seme

　맛치 5:3a. 5:9a.

망뇽(蟒龍:용무늬 있는 비단) gecuheri 2:6b. 2:14a.
　　2:16a. 10:8b.

　망뇽으로 8:9a.

　망뇽을 1:12b.

맞다(被杖) tantambi

　마즌 5:18b. 5:24a.

맞다(迎) okdombi

　마자 1:14b. 2:18b. 4:2a. 4:23a. 6:15b. 7:4a.
　　7:12a. 9:14a. 9:20a.

　마자셔 9:20b.

　마자시니 5:3a. 10:7b.

　마즈니 2:20a. 3:3a.

　마즈려 4:2b.

맞아오다 acanjimbi

　마자오는 3:13b.

머금다 ašumbi

　먹음은 8:18b

머리(頭) uju 1:9b. 1:13b. 3:2b. 3:11b. 6:22a.
　　8:5a. 9:11b.

　머리과 7:19a.

　머리ᄂᆞᆫ 4:14b. 4:18a.

머리를 2:18a. 5:15a. 5:16b. 10:24a.

　머리예 2:16a. 7:22b.

　머리와 9:1a. 10:24a.

머리터럭(髮) funiyehe

　머리터럭이 2:20a.

머무로다 ilibumbi

　머무로라 2:6b. 2:7a. 2:9b.

　머무로리라 10:17a.

머무르다 cirhūmbi

　머무르고 2:16b.

머물다 ilibumbi

　머무지 2:7a.

　머물라 2:10b.

머믈다 ilibumbi

　머므러 3:25b.

　머믈라 2:15b.

먹다 jembi

　먹고 2:23a. 4:9a. 4:15b. 8:15b. 10:3b.

　먹기를 3:25b.

　먹ᄂᆞᆫ 8:18a.

　먹ᄂᆞᆫ지라 8:17b.

　먹더니 1:6b.

　먹어 5:2a. 8:12a.

　먹으나 3:25a. 7:8a.

　먹으며 6:25a. 7:16a.

　먹은 3:18b.

　먹을 2:23a. 4:23a. 5:12b. 5:13a. 6:17a.

먹이다 ulebumbi

　먹이고 7:5b. 7:13a.

　먹여 7:13a.

멀다 goro

　먼 3:19b. 8:3a. 9:20b.

　멀지 4:5b.

멀리 goro 1:21b. 2:5b. 2:6b. 2:9a. 4:19a. 5:8b.
　　9:14b. 9:20b. 10:6b.

며ᄂᆞ리 urun

　며ᄂᆞ리를 1:3b.

　며늘의 10:20a.

면ᄒ다 guwembi

면케 4:11a. 4:11a. 8:7a.

면쾌라 8:4a.

면ᄒ리 8:2b.

면홀 7:22a.

멸ᄒ다 mukiyembi

　멸ᄒ고 3:6a. 3:18b. 8:16a.

　멸ᄒ쟈 3:22a.

몃 udu 4:7b. 8:16b.

명(命) jalgan, ergen 9:14a.

　명과 7:11a.

　명을 6:2b. 7:1b. 8:1b. 8:11a. 8:19a.

　명이 4:21b. 6:14a. 8:4a.

명(勅命) hese

　명을 6:9b. 9:10b.

明公(人名) genggiyen gung

　明公은 3:6b. 10:7a.

明孔(人名) genggiyen gung

　明孔은 3:9a.

　明孔이 3:5a. 3:12b.

명빅히 iletu

　명빅히 4:9b.

메오다 jukimbi

　메오고 9:3b.

　메오다 9:4a.

모(角) mudan 7:14a.

毛介(人名) mao jiyang 4:3b. 4:15b. 4:17a .

모로다 sarkū

　모로고 3:2a. 6:14b.

　모로니 6:25b.

　모로는 5:8b. 10:10a.

　모로는가 4:1b. 4:2b.

　모로는쏘다 1:2a.

　모로더라 5:2a.

　모롤 9:11a.

　몰래라 1:20b.

모르다 sarkū

　모른다 8:12a.

모친(母親) eniye

　모친씌 10:19b.

모친이 10:3b.

모호다 isabumbi

　모호고 2:21a. 4:5b. 6:25b.

　모호다 10:19a.

　모화셔 5:12a. 8:5a.

　모화시니 2:17a.

　모흔 5:12b.

목슘 ergen

　목슘을 6:2b.

몬져 neneme 2:6b. 2:7a. 2:9b. 2:11a. 5:1a. 5:22a.

　5:15b. 6:18b. 7:5b. 7:12a. 7:21a. 8:7b.

　10:3a. 10:18a. 10:19a. 10:26a.

몰다(驅) bošombi

　모더니 4:14b.

　모라 10:20b.

　몰 9:6a.

몸(身) beye 3:3a. 9:9b. 6:25b. 8:3a. 9:9b.

　몸과 9:11b.

　몸에 1:7a. 1:7a. 2:8b. 2:14b. 2:16a. 7:22b.

　7:23b. 10:10a. 10:26b.

　몸에라 7:2b.

　몸을 1:9b. 1:16a. 2:11a. 4:19a. 5:10b. 6:1b.

　6:3b. 6:9b. 6:21b. 7:10a. 7:11a. 7:16b.

　몸의 7:23b.

　몸이 1:3b. 1:4a. 1:5b. 1:16a. 4:15b. 4:16a.

　8:2a. 8:2b. 8:11b. 10:13b.

몸소 beye 4:17b. 9:9a.

못(池) omo 1:5b. 1:6a. 10:7a.

못다(集) isambi

　못는 7:10b.

못ᄒ다 akū

　못게라 5:25a. 6:7a.

　못ᄒ거든 4:10b.

　못ᄒ게 4:10a. 5:21b. 5:22a. 7:6a.

　못ᄒ고 1:8a. 1:12a. 1:20a. 2:11b. 3:5b. 3:12b.

　3:16b. 3:20b. 3:25a. 4:3b. 4:19a. 4:20a.

　4:20a. 4:20b. 4:20b. 4:20b. 4:21a. 6:2b.

　9:8b. 9:19b. 10:13b. 10:25b.

　못ᄒ니 2:13b. 7:16a. 10:7a. 10:10b.

144

못ᄒᆞ니라 10:13a.

못ᄒᆞᄂᆞ뇨 3:6b. 3:14b. 6:14b.

못ᄒᆞᄂᆞ니 3:20a.

못ᄒᆞᄂᆞ니라 4:8a.

못ᄒᆞᄂᆞᆫ 3:13b. 5:7a. 7:10b. 9:7a.

못ᄒᆞᄂᆞᆫ거시 10:14a.

못ᄒᆞᄂᆞᆫ다 5:20a.

못ᄒᆞᄃᆞ 10:21a.

못ᄒᆞ더라 4:12b. 4:14a. 9:8a.

못ᄒᆞ롸 2:25a. 3:26a.

못ᄒᆞ리니 4:4b.

못ᄒᆞ리라 1:11b. 1:17a. 1:17a. 2:15a. 3:2a.
    3:3b. 3:8a. 3:11a. 4:1b. 4:5a. 4:9b. 4:23a.
    6:3a. 6:19a. 6:23a. 7:14a. 8:5b. 8:7a.
    8:18a. 8:22a. 9:22a. 10:22b. 10:23b.

못ᄒᆞ면 1:17b. 3:11a. 3:12a. 3:19a. 3:26a. 4:8a.
    4:20b. 5:13b. 6:15b. 7:2a.

못ᄒᆞ여 1:19. 1:21b. 3:10b. 3:12a. 4:7a. 9:2a.
    9:3a. 9:13a. 9:14b. 10:15a.

못ᄒᆞ여도 10:19b.

못ᄒᆞ여라 10:4a.

못ᄒᆞ여셔 4:17a. 5:13a. 7:17a. 7:18b. 8:5b.
    9:2b. 9:7a. 10:25a.

못ᄒᆞ여시니 5:19a.

못ᄒᆞ여심애 7:1b.

못ᄒᆞ여심으로 6:5a. 10:21a.

못ᄒᆞ엿노라 4:2a. 9:21b.

못ᄒᆞ엿ᄂᆞ니라 1:5b.

못ᄒᆞ엿더니 1:16a.

못ᄒᆞᆫ 8:6a. 8:10b.

못ᄒᆞᆫ다 3:12b. 6:12b. 6:12b.

못ᄒᆞᆯ 2:5b. 2:11b. 4:12a.

못ᄒᆞᆯ랏다 9:14b.

못ᄒᆞᆯ러라 9:2b. 9:4b.

못ᄒᆞᆯ로다 2:13a. 4:22b. 4:24b. 6:18b. 7:1b.

못ᄒᆞᆯ싸 4:7a. 7:17b. 8:11a.

못ᄒᆞᆯ지라 4:16b.

못ᄒᆞᆷ으로 6:16a.

못ᄒᆞᆷ을 4:24b. 6:9a.

못홈이 4:16a. 7:17a.

못홈이라 6:9a.

몽고 monggo

    몽고를 3:6a.

뫼 alin 9:5b.

    뫼과 7:13b.

    뫼ᄀᆞᆺ치 9:11b.

    묏 10:25a.

뫼시다

    뫼셔 1:6b.

    뫼션ᄂᆞᆫ 9:20b. 10:11a.

    뫼신 10:2b. 10:20b.

묏골 alin i holo 9:13b.

묘리(妙理) giyan 4:12b.

무르다(退) bederembi

    무르ᄂᆞᆫ 7:14a.

무리(衆) feniyen 8:14b.

무엇 ai

    무어시라 6:15a.

    무어시며 2:20a.

무엇ᄒᆞ다 ainambi

    무엇ᄒᆞ렷ᄂᆞ니 6:12b.

묵다(束) joolambi

    묵고 9:7a.

문(門) duka 1:19b. 2:3b. 7:9a. 7:14a. 7:14b.

    문에 1:14a.

    문을 1:22a.

문관들 bithe i hafasa

    문관들이 3:24b.

문둥문둥 lasha lasha 5:18b.

문무 bithe cooha 3:4a. 3:22a. 8:9b. 8:11b.
    10:19a. 10:21a.

문사ᄅᆞᆷ(문지기) dukai niyalma

    문사ᄅᆞᆷ의게 1:19b.

文遠(人名) wen yuwan

    文遠이 2:8b.

文醜(人名) wen ceo

    文醜를 2:20b.

묻다(問) fonjimbi

플러오다 bederembi
  플러와 1:19b.
플리치다 bederebumbi
  플리쳐 2:12a. 3:17a.
  플리쳣다 2:5b.
  플리치고 1:20a. 5:17a. 6:12a.
  플리치라 6:23b.
  플리칠 7:12b.
플리티다 bederebumbi
  플리티니 2:1b.
플진(水陣) mukei ing
  플진을 7:14b.
뭇ㅎ(陸) olhon
  뭇히 8:7b.
묶다(束) fulmiyembi
  믁쓴 4:18b.
미뢰다 anambi
  미뢰는다 10:14b.
미리 doigonde 3:11a. 3:12b.
미리잇다(밀치다) anatambi
  미리이저 6:11b.
鄳場城(地名) mei u hecen
  鄳場城에 1:13a.
미혹ㅎ다 mentuhun
  미혹혼 6:9a. 7:20a.
  미혹혼의 4:6b.
밀다(推) anambi
  미러 2:18b. 5:17a.
밋(下) dube
  밋치라도 3:20a.
밋다(信) ertumbi akdambi,
  미더 7:10a.
  밋어 6:2a. 7:12b.
  밋엇노라 8:12a.
  밋으리오 5:10b.
  밋지 5:2a. 7:1b.
밋다(及) isimbi
  밋게 2:13b. 5:3b.
  밋지 1:21b. 3:11a. 4:7a. 4:17a . 4:22b. 4:23a.

7:16a. 8:22a.
밋부다(信) akdulambi
  밋부게 7:11a.
  밋분 6:18b. 9:22a.
밋브다(信) akdulambi
  밋브게 4:8b.
  밋븐 4:9b.
밋츠다(及) isinahambi
  밋츠되 2:3b.
밋치다(及) isibumbi, amcambi
  밋쳐 1:21b.
  밋쳣는지라 9:10b.
및다(及) amcambi
  미쳐 9:6a. 9:9a.
ᄆᆞᄅ다(乾) fambi
  ᄆᆞᄅ고 7:5b.
ᄆᆞ이다(係) hūwaitabumbi
  ᄆᆞ이고 7:4b.
ᄆᆞ올 gašan
  ᄆᆞ올의 10:13b.
ᄆᆞ음 mujilen 5:4b. 5:23b. 5:24a. 6:23b. 8:18b.
  ᄆᆞ음에 1:19b. 2:14a. 6:16a. 8:18a. 10:15b.
  ᄆᆞ음으로 2:9b. 4:9b. 4:12b. 4:25a. 5:2a. 5:11b.
    6:6a. 6:13b. 7:13a. 8:16a. 9:10b. 10:3a.
    10:14b.
  ᄆᆞ음을 1:15b. 1:17a. 5:14b. 6:16b. 6:19a.
    6:22a. 7:14a. 10:3a. 10:6a.
  ᄆᆞ음의 3:26a. 7:4b. 8:11b.
  ᄆᆞ음이 1:11b. 1:12a. 2:9a. 2:11a. 3:14b. 5:11a.
    7:7b. 7:11a. 7:11b. 8:1a. 8:7b. 9:12a.
    9:14a.
ᄆᆞᄎ다(了) wajimbi
  ᄆᆞᄎ니 7:13a.
  ᄆᆞᄎ리라 6:15a.
  ᄆᆞᄎ리로다 9:14a.
  ᄆᆞᄎ까 4:7a.
  ᄆᆞ촘애 10:16b.
  ᄆᆞ촘이 10:10b.
ᄆᆞᆯ(馬) morin 1:13a. 1:13b. 1:14a. 2:3a. 2:7a.

2:8b. 2:10a. 2:10a. 2:10b. 2:11a. 2:12b.
2:14b. 2:16a. 2:16b. 2:23a. 3:6a. 7:7b.
7:13a. 7:19a. 8:1b. 8:7a. 8:7b. 9:2a. 9:4a.
9:6b. 9:8b. 9:9b. 9:12a. 9:12b. 9:19a.
9:19b. 10:20b.

물게 1:1b. 2:3a. 2:14a. 2:16b. 2:18b. 2:20a.
　　 2:24a. 9:2a. 9:4a. 9:13a. 10:25b.

물과 9:19b.

물을 1:14b. 2:7b. 10:25b.

물이 1:19b. 9:1a. 9:3a. 9:6a. 9:15b.

물이니 2:15a.

묽다(晴) getuken, genggiyen, bolgo
　묽게 8:10b.
　묽고 2:1b.
　묽아 8:8b.
　묽은 2:1b. 2:15b. 6:16a. 8:17b.

못다(了) wajimbi
　못거든 4:8b.
　못고 4:16a. 5:2a. 6:17b. 9:18b. 10:4a. 10:7a.
　못는 6:2b.
　못도록 8:2a. 8:11b.
　못지 3:8a. 4:19a. 5:13a. 7:17a. 8:5b. 9:4b.
　　　　 9:7a. 10:7a. 10:25a.

못차다(了) wajimbi
　못차시니 5:12b.
　못찻노라 6:3a.
　못츠니 8:18b.
　못츠라 4:21a.
　못츠리라 1:11b.
　못츤 7:12a.

못춤내 wacihiyame 7:3b. 7:23a. 10:7a.

미다(結) hūwaitambi
　미고 1:14b. 4:13a. 4:14a.

미양 kemuni 2:1a. 8:17a. 9:10b.

미이 mangga 미이 5:17b.

미이다(結) huthubumbi
　미여시니 1:19b.
　미이라 10:25b.
　미일랏다 9:7a.

믹받다(시험하다, 살피다) cendembi
　믹바다 10:13a.

민들다 arambi
　민드라시니 9:22a.

민둥(背) bontoho
　민둥에 9:2a.

민돌다 arambi
　민드라 2:11b.
　민드라셔 10:4a. 10:6a.

밍글다 arambi
　밍그는 4:21a.
　밍그라 4:21a.
　밍그라도 4:21a.
　밍근 7:22b.
　밍글고 6:9b.
　밍글라 4:10b.
　밍글려셔 4:6b.
　밍글면 4:7a.
　밍글믈 1:16a.
　밍글쎠시니 4:9a.

밍셰ᄒ다 gashūmbi
　밍셰ᄒ여 8:10b.
　밍셰ᄒ여셔 8:2a.
　밍셰ᄒ여시니 2:21b.

<ㅂ>

바다ᄒ mederi
　바다히 3:13b.

바닷믈 mederi muke 7:5b.

바ᄋ다(碎) ashūmbi
　바ᄋ니 1:21b.

바회(岩) hada 7:8a.

바히(아주) hono 4:19b. 9:19b.

박다 hadambi
　박고 7:3b. 7:19a.

박이다(쩝) ilimbahambi
　박이지 7:18b.

148

박히다 hadabumbi
　박힌 4:18b.
반(半) dulin, fan 2:12b.
　반과 2:6b
　반만 1:7a.
반드시 urunakū 2:25a.
반ᄃ시 urunakū 2:9a. 2:26a. 3:21a. 3:24a. 4:3a.
　　4:3b. 4:4a. 4:10a. 4:10b. 4:16b. 5:3b.
　　5:9b. 5:14a. 5:22b. 6:10a. 6:14a. 6:14b.
　　6:15a. 6:15b. 6:17a. 6:18a. 6:19a. 7:8b.
　　7:11b. 7:15b. 9:8b. 9:11a. 9:21b. 9:9a.
　　9:17a. 10:5b. 10:12b. 10:17a. 10:22b.
潘璋 pan jang 10:22b.
　潘璋을 10:22a.
반ᄒ다(叛) ubašambi
　반ᄒ고 6:25a.
　반ᄒᄂᄃᆡ 6:15b.
　반ᄒ여셔 8:5a.
　반ᄒᆫ 6:22a.
받다 alimbi, gaimbi
　바다 2:14a. 3:14b. 3:16b. 3:18a. 4:1b. 4:3a.
　　4:18a. 5:7a. 5:24b. 6:2a. 6:7a. 6:8b.
　　6:10b. 6:16a. 6:19b. 9:10b. 9:17b. 9:18a.
　바다셔 2:14b. 5:14a. 6:7b. 9:9b.
　바드라 2:18a.
　바드려 9:21a.
　바드마 7:2a.
　바들랏다 6:20a.
발ᄒ다(發) jurandambi
　발치 4:13a.
　발홈으로 2:25a.
밤(夜) dobori 7:12a. 8:6a. 8:7a.
　밤의 1:4b. 2:23a. 4:14a. 4:24a. 5:4a. 5:9b.
　　6:3b. 6:4b. 8:15a. 8:22a. 9:15a. 10:2b.
　　10:24a.
　밤이 6:3b. 7:8a.
밤낫 dobori inenggi 10:22a.
밤둥 dobori dulin 8:12a.
밤새다 dobori dulimbi

밤새도록 2:11b. 7:20b. 9:19a.
밥 buda 1:6b. 7:13a. 9:15b.
　밥을 8:18b.
밧(田) usin 8:20a.
밧ㄱ(外) tulergi
　밧그로셔 1:22a.
　밧그로ᄂᆫ 3:11b.
　밧글 1:5b. 1:7a.
　밧긔 1:6b. 1:19b. 10:9b.
밧고다 hūlašambi, halambi
　밧고와 7:11a.
　밧고지 2:5b.
밧나랗 tulergi gurun
　밧나라흘 3:10a.
밧다(受) alimbi
　밧으마 4:8a.
　밧쟈 1:4a.
　밧지 7:10a. 7:12b.
밧부다 ekšembi
　밧부고 8:6b.
　밧분 10:11a.
밧비 ebšeme 1:1a. 1:17a. 2:25a. 4:15b. 4:18b.
　　6:23a. 8:1a. 10:24a.
밧치다(貢) alibumbi
　밧치노라 6:10b.
　밧치마 4:8a.
龐(人名) pang
　龐이오 7:9b.
龐統(人名) pangtung 7:23b.
　龐統과 7:13a. 7:14b. 7:16a.
　龐統을 7:12a. 7:23a.
　龐統의 7:17b.
　龐統의게 7:12b. 7:22a.
　龐統이 7:3a. 7:9b. 7:10a. 7:10b. 7:11a. 7:11b.
　　7:13b. 7:14a. 7:15a. 7:16a. 7:16b. 7:17a.
　　7:17b. 7:18a. 7:20a. 7:20b. 7:21b. 7:22a.
　　7:22b. 8:1a. 8:1b. 8:2a. 8:3a. 8:3b. 8:4b.
　　8:7a.
白馬(地名) bema 9:10b.

버금(副) meiren 5:3b. 9:18b.

버리다(列) faidambi
　버려 4:16a.
　버리고 4:14b.
　버린 8:8a. 10:2a.

버서나다 tucimbi
　버서나 9:13b.
　버서나리라 9:9a.
　버서날 8:3a.

버히다(伐) faitambi
　버히미 5:16b.

번(番) jergi 2:5a. 3:1b. 3:3a. 3:18b. 4:4a. 5:2a.
　　6:11a. 6:22a. 8:18b. 8:21a. 9:17b. 10:13a.

樊山(地名) fan san 8:9b.

벌다(列) faidambi
　버러 2:10b. 3:4a. 5:12a. 7:14b. 9:7b. 10:1a.
　버러시라 9:12a.

범(虎) tasha 10:5b.
　범을 2:4b.
　범의 9:15b.
　범이 2:25b.

법 fafun, doro
　법을 2:3b. 3:10b. 5:15b. 6:12b.
　법이 2:25b. 7:15a. 9:3a. 9:3b.
　법이라 9:22a.

법답다(法) fafun
　법다오니 4:24a.

벗 gucu, antaha 2:17a. 2:22a. 2:22b.
　벗을 8:17b. 8:18a.
　벗이라 7:5b. 7:6b.
　벗인 8:1a. 9:13a.

벗기다 sumbi
　벗겨셔 5:17b.

벗다 sumbi
　벗지 1:8b.

벗들 gucuse 7:2b.
　벗들을 2:19a. 2:19b.

베플다 fafuršambi
　베프러 3:7b.

벼락 akjan 1:18b.

벼로(硯) yuwan 4:25a.
　벼로를 4:25a. 10:22b.

벼로다 seyembi
　벼로고 1:10b.
　벼로기 5:18a.

벼슬 hafan 2:22b. 6:17a.
　벼슬이 6:17a.

변ᄒ다 gūwaliyambi
　변치 5:4b. 6:12a.
　변ᄒ면 1:11b.
　변홀 2:6a.
　변홀까 2:14a.
　변홈이 5:4b.

별 usiha
　별이 6:3b. 7:8a. 8:18a. 8:21a.

별로 encu 2:13b.

별루다(벼르다) seyembi
　별뤄 10:22b.

별우다(編) banjibumbi
　별워 7:17b.

병(病) nimeku 1:8b. 7:18a. 7:18b.
　병이 1:13a. 7:17a.

병긔(兵器) coohai agūra
　병긔예 10:2b.

병들다 nimembi
　병드러 7:17a.
　병드러셔 1:12a.

병법 coohai arga
　병법과 7:16a.

병셔(兵書) coohai bithe 7:8b.
　병셔를 6:12b. 6:14a.

병풍 wei ping 1:10a.

보(步) okson 2:10a.

보내다 unggimbi, benembi
　보내고 2:8a. 6:25a. 8:10a.
　보내고져 5:25a. 7:6b. 9:12b. 10:17a.
　보내노라 6:10a.
　보내니 2:14a. 6:2a. 8:7b.

보내다 1:2a. 2:7a. 6:4b. 6:25a. 7:2b. 7:4a.
    8:22a. 9:13b. 9:15a. 10:4b. 10:8b.
보내려 2:19a.
보내렴으나 6:19a.
보내리라 10:17a.
보내리오 10:15b.
보내마 1:4b.
보내매 2:23a.
보내면 10:6b. 10:8a.
보내믈 9:12a.
보내여 7:7a. 7:7b.
보내여도 7:7a.
보내여셔 10:8b.
보내엿고 7:23a.
보내엿다 2:9b.
보내지 2:26a.
보낸 6:24b. 10:26a.
보냄을 9:15a.
보다 tuwambi
보고 1:6a. 1:6b. 1:7b. 1:9a. 1:9a. 1:9b. 1:14b.
    1:21a. 2:10b. 2:11a. 3:16a. 3:24a. 3:25a.
    5:7b. 6:11a. 6:12a. 6:20b. 6:22a. 6:24b.
    7:12a. 7:15a. 8:7b. 9:7b. 9:11b. 9:12b.
    9:13a. 9:15a. 9:20b. 10:11a.
보고져 7:9a.
보니 1:6a. 1:6b. 1:7a. 1:14a. 1:15a. 1:5b.
    1:19b. 1:20b. 2:10a. 2:16a. 3:3b. 3:4b.
    3:15b. 4:18b. 4:21b. 4:24a. 5:1a. 5:23b.
    6:5b. 6:7b. 6:8b. 6:15a. 7:8a. 7:8b. 7:9a.
    7:10b. 7:17a. 7:15a. 8:9b. 8:14a. 8:19b.
    9:5b. 9:13b. 9:14a. 10:1a. 10:3b.
    10:4b. 10:7a. 10:26b.
보더라 5:14a.
보되 5:19b.
보라 1:4a. 4:1b. 4:12a. 4:24b. 5:19a. 5:22b.
    6:4a. 6:13a. 6:20a. 6:25b. 7:13a. 7:14b.
    7:20a. 10:7a.
보려 1:5b.
보리라 4:14a.

보면 10:10a. 10:23b.
보모로 3:4b.
보믈 1:7b.
보와 1:18a. 3:10b. 3:17b. 4:6b. 6:15b. 6:20b.
    7:13b. 6:17b. 10:4a. 10:7a. 10:11a. 10:19b.
보와셔 4:10a. 5:24b. 10:11a.
보쟈 1:18a. 4:24b. 6:14b. 6:17b.
보지 1:8a. 1:20a. 2:11b. 4:20b. 5:16b.
본 1:11a.
볼 1:18b. 7:13a. 10:2a.
보라오다 tuwanjimbi
보라온 5:18b.
보람 tusa 8:6a.
보롬(보름) tofohon 8:8b.
보슈(보수) karu 6:7a.
복(福) hūturi
복에 8:11b.
복이 2:13b.
馥(人名) fu
馥이요 8:19b.
伏龍(人名) fulung 8:4a.
복병 karun 9:14a.
본(本) da 2:1b. 8:22a.
본딕 da 2:17a. 3:17a. 3:18b. 5:15a. 5:24a. 6:1a.
    6:9b. 6:16a. 8:19b. 9:13a.
본받다 alhūdambi
본바듬이 2:1b. 2:15b.
볼모 damtun 2:26a.
봄 niyengniyeri 1:8b.
奉先(人名) fung siyan
奉先은 1:7b.
奉先을 1:10b.
奉先의게 1:3a. 1:4a.
鳳儀亭(地名) fung i ting 1:14b. 1:15a. 1:20b.
鳳雛(人名) fungts'u 7:9b.
鳳雛의 8:4a.
奉孝(人名) fung siyo
奉孝여 9:16b.
봉ᄒᆞ다(封) fempilembi

분명ᄒᆞ고 10:26a.
분명ᄒᆞ며 4:10a.
분명ᄒᆞᆫ 6:13b. 7:13a.
분묘 giran
　분픠 10:19a.
분변 ilgabun 8:2b.
분부ᄒᆞ다 selgiyembi
　분부ᄒᆞ여 3:22a.
불 tuwa 7:3a.
불길ᄒᆞ다 sorombi
　　불길ᄒᆞᆫ 8:19a.
브르다 hūlambi
　블러 1:10b. 2:21a. 5:15a. 5:21a. 6:11a. 7:6b.
　　　8:7a. 10:11b. 10:23b.
　블러서 2:8a. 4:8b. 6:11b. 9:17a.
븍 amargi
　븍으로 8:9b. 10:19b.
븍녁ᄒᆞ amargi
　븍녁 6:3b.
　븍녁희 4:13b.
블 tuwa 7:3b. 7:23a. 9:14a.
　블로 5:2a.
　블에 9:1a.
　블을 3:23b. 5:10a. 5:22b. 7:3a. 7:3b.
　블이라 5:1a. 5:1b.
블길ᄒᆞ다 sorombi
　블길타 8:20b.
　블길ᄒᆞᆫ 8:20b. 8:21a.
블다 ficambi
　블미 8:17b.
븕다 fulahūn, fulgiyan
　블근 2:14a.
　붉고 3:3b.
　붉은 2:6b.
붓 fi
　붓과 4:25a.
붓그럽다 girumbi
　붓그러오니 7:1b.
　붓그러오리라 6:2b.

붓그러옴이 2:19a.
　붓그럽게 3:13a. 6:6b.
붓그리다 girumbi
　붓그려 3:5a.
　붓그리고 6:14a.
붓도도다 yarkiyambi
　붓도도와 6:22a.
붓쓰럽다 girumbi
　붓쓰럽게 7:12b.
　붓쓰럽다 6:21b.
붓쓰리다 girumbi
　붓쓰려서 7:1a.
븩븩 fik seme 4:11b.
븩븩이 fik seme 10:1a.
비 aga 1:19a. 4:18a. 9:2b. 10:16b.
　비를 6:5b. 10:7a.
　비예 9:1b.
비단 suje 2:5b. 8:9a. 10:8b.
　비단과 10:8b.
　비단으로 2:19b.
　비단을 3:20a. 5:6b.
비록 udu 1:15b. 2:3a. 2:9b. 2:22a. 2:26a. 3:10b.
　　　3:19b. 3:20a. 3:20b. 4:9b. 4:15a. 4:21a.
　　　4:23a. 5:2a. 5:11a. 5:13a. 5:25a. 7:14a.
　　　8:5b. 9:8a. 9:10b. 9:14b. 10:16a. 10:17a.
　　　10:19b.
비밀 enggici 4:6a.
　비밀이 4:25a.
비밀ᄒᆞ다 daldambi
　비밀ᄒᆞᆫ 6:4a. 6:7a. 7:5b.
비범ᄒᆞ다 encu hacin
　비범ᄒᆞᆫ 7:8b.
비파 sy 8:17b.
비ᄒᆞ다(比) duibulembi
　비컨대 8:17a.
빈쥬(客主) antaha boihoji 7:12a.
빌다 baimbi
　비노라 4:23b. 6:10b.
　비니 5:17a. 5:17b. 7:22a. 8:22a.

비눈 4:4a. 4:10b. 6:18a.

비러 5:15b. 6:1b. 7:2b.

비러셔 4:1a. 4:6b.

빌기 6:5b.

빌면 10:17a.

빗(色) boco

빗과 10:9a.

빗치 8:8b.

빗출 4:20a. 10:6a.

빗기(橫) hetu 8:15b. 9:7b.

빗기다(橫) hetu

빗겨 8:16a.

빗기고 2:10b.

빗다(梳) ijimbi

비스며 1:5b.

빗최다(照) eldembi

빗최엿더라 7:8b.

ᄇ라다(望) erembi

ᄇ라노라 9:10a.

ᄇ라니 7:15b.

ᄇ라보다 šambi

ᄇ라보고 9:8a.

ᄇ라보더라 5:14a.

ᄇ람 edun 7:18b.

ᄇ람이 8:8b.

ᄇ리다) waliyambi

ᄇ려 2:2a. 2:4b.

ᄇ리고 2:3b. 2:16b. 3:18a. 5:13b. 9:14b.

ᄇ리니 9:2a.

ᄇ리는 8:17a.

ᄇ린 9:1b.

ᄇ릴 8:18b.

ᄇ름 edun 7:19b.

ᄇ름이 5:5a.

ᄇ아지다 feser seme

ᄇ아져 10:22b.

ᄇ아지는 1:9b.

블셔(벌써) aifini 4:21b. 6:24a. 9:12b. 9:20b.

붉다 eldembi, gerembi

붉게 7:8b.

붉고 8:8b.

붉으며 4:18a.

붉으믈 8:15a.

붉은 6:24b. 8:9a. 8:18a. 8:21a.

붉지 6:5a.

붉히 iletu 5:21b. 5:22b.

붉히다 gerembi, genggiyelembi

붉히니 2:23a.

붉히지 4:20b.

넓다 fehutembi

넓고 9:4b.

비(船) cuwan 4:11b. 4:13b. 4:14b. 4:15a. 4:18b.
4:19a. 4:21b. 5:5a. 5:5b. 6:10a. 7:3a.
7:11b. 4:17a. 7:19a. 7:23a. 8:4b. 8:8a.
8:8b. 8:9a. 8:15b.

비라 4:11a.

비로 7:2a.

비를 4:14b.

비릏 3:8b. 4:12b. 4:14a. 4:14b. 4:18a. 4:18b.
7:3a. 7:3b. 7:14b. 7:19a. 7:20b. 8:8a.

비마다 4:11b. 4:12b. 4:19b. 5:12b.

비예 4:1b. 4:2a. 4:4b. 4:11b. 4:13a. 4:13b.
4:22a. 5:5a. 5:19a. 7:18b. 7:19b. 7:22b.

비(腹) hefeli 6:22b. 6:23b.

비속(腹中) hefeli dorgi 8:12b.

비참ᄒ다(陪行) on gaimbi

비참ᄒ여 10:24a.

비호다 tacimbi

비홈 6:14a.

비홈이 3:5a. 6:14a.

빅(百) tanggū 2:16a. 2:18b. 5:17a. 8:9a. 9:17b.
8:20a.

빅관들 tanggū hafasa

빅관들이 1:13b.

빅만 tanggū tumen 3:15b. 3:23a. 5:12a. 6:8b. 8:11a.

빅만이 3:6a.

빅만이라 3:7b.

빅번 tanggūnggeri 6:8a. 6:10b. 10:5a.

빅비 tanggū ubu
  빅비나 9:19b.
빅셩 irgen, tanggū halai irgen,
  빅셩을 7:21b. 8:1b. 8:19b.
  빅셩이 3:12b. 3:20b.
빅잉(白刃) šanggiyan jeyen
  빅잉의 3:25a.
뿔리 dabgime 2:8b.

< ㅅ >

사괴다 guculembi
  사괴미 7:5a.
  사괴지 2:13b.
司徒 setu
  司徒는 1:4a.
사룸 niyalma 1:3b. 2:15a. 2:25a. 3:18b. 3:18b.
    4:11b. 4:12b. 4:18b. 5:4a. 5:10b. 5:19a.
    5:23a. 5:23b. 7:9b. 7:19a. 8:1a. 8:12b.
    9:4a. 9:11a. 9:19b. 10:3b.
  사룸과 1:5a. 8:1b. 10:9b.
  사룸으로 5:15b. 9:11b.
  사룸은 2:8a. 3:1a. 3:20b. 4:22b. 9:3b. 9:8a.
    10:1b.
  사룸을 1:1b. 2:4b. 2:6a. 2:8a. 2:17a. 3:3b.
    3:7b. 3:16a. 4:4b. 4:7a. 4:9a. 4:17a.
    4:17b. 5:2b. 6:2b. 6:11b. 6:12a. 6:18b.
    6:21b. 7:2b. 7:4b. 7:7b. 8:4b. 8:9a. 9:3b.
    9:4b. 9:5a. 9:20b. 9:22a. 10:20b. 10:22b.
  사룸의 1:5b. 1:19a. 3:12a. 3:13b. 3:16b. 3:19a.
    4:3b. 5:14b. 6:5b. 6:14a. 6:17a. 7:2b.
    9:8b. 10:5b.
  사룸의게 1:19b. 2:13a. 2:15a. 3:5a. 6:4a.
    6:21b. 6:23a. 9:1b. 9:12a. 10:4b. 10:11a.
    10:15a.
  사룸이 1:2a. 1:7a. 1:10b. 2:14b. 2:5a. 2:6a.
    2:7b. 2:15b. 2:16a. 2:16b. 2:18b. 2:20b.
    2:21a. 1:22a. 2:21b. 2:22a. 2:22b. 2:24a.
    3:19a. 4:9a. 4:20a. 5:18b. 5:23a. 6:3b. 6:4b.
    6:5a. 6:8b. 6:9a. 6:17b. 6:24b. 7:8b. 7:9a.
    7:9b. 7:18a. 7:18b. 7:19b. 7:20b. 7:22b.
    8:4b. 8:5a. 8:15a. 8:16b. 8:19a. 9:1a. 9:2b.
    9:4b. 9:5b. 9:6b. 9:14a. 9:15b. 10:5b.
    10:12a. 10:15a. 10:16b. 10:6b. 10:21b.
    10:24b.
  사룸이니 2:17a. 7:4a.
  사룸이라 2:13b. 2:22a. 3:1a. 6:1a. 7:8b. 8:13a.
    8:19b.
  사룸이로다 4:20a.
  사룸이모로 6:16a.
  사룸이오 2:1b. 4:23b. 6:4b.
  사룸인다 2:16b. 7:10a.
사슴 buhū
  사슴이 8:17b.
사오나이 ehe 1:12a. 1:12b.
사오납다 ehe
  사오나온 8:10a. 10:5a.
士元(人名) sy yowen
  士元이라 7:9b.
사회(壻) hojihon 10:2a.
사흘 ilan inenggi 4:8a. 4:10b. 4:20b.
  사흘만의 4:9a. 4:12a.
  사흘에 2:3a.
삭ᄒ다(數하다) turimbi
  삭ᄒ여셔 6:1b.
산 alin 2:15b. 2:17b. 3:1b. 8:9b.
  산과 8:18a.
  산에 2:17a. 2:18a.
  산에셔 2:18a.
  산으로 2:19b.
  산으로셔 2:16a.
  산은 8:18b.
  산을 9:3a.
散關(地名) san guwan 8:6a. 8:6b.
산로(山路) alin i jugūn
  산뢰 9:2b.
산꼴 alin holo

西涼州ㅣ 8:5a.

서로 ishunde 1:19a. 3:3a. 3:18b. 4:14a. 5:10a.
5:14a. 7:10b. 7:13b. 9:8a. 10:2b.

徐庶(人名) ioi šu
徐庶ㅣ 8:1b. 8:2a. 8:3b. 8:4b. 8:6a. 8:7a.
徐庶ㅣ로라 8:1a.
徐庶ㅣ를 8:7a. 8:7b.
徐庶ㅣ의 8:3b.
徐庶ㅣ의게 8:4b.

서재다(傲) bardanggilambi
서재오 6:14a.

徐晃(人名) sioi hūwang 2:10b.
徐晃을 4:17a .
徐晃의게 9:4a.

석(三) ilan 5:12b. 5:13a.

석기다 ucubumbi
석기리라 5:11a.

석기이다 suwaliyabumbi
석기이리라 4:12a.

석다 niyambi
석거든 7:5b.
석은 6:2b.
석지 2:15b.

先鋒 siyan fung 5:6b. 6:8a.
先鋒이 5:14a. 6:10a.

先鋒ᄒ다 siyan fung obumbi
先鋒ᄒ여셔 8:7a.

先生 siyan seng
先生과 5:19b.
先生끠 6:18a.
先生은 4:6a. 4:20a. 4:24b. 5:19b. 7:13b.
先生을 4:6b. 6:7b. 7:15b.
先生의 3:14b. 3:21b. 4:6b. 4:23b. 7:19b. 8:3b.
7:22a.
先生의게 5:23b.
先生이 3:14a. 4:3a. 4:7b. 4:24a. 6:20b. 6:22b.
7:9b. 7:21a. 8:20b.

설 aniya
설이 10:10a.

설날 aniya i inenggi 10:17b.

섬(계단) tafukū 1:13b.

세(三) ilan 2:2b. 7:20b. 8:5a. 8:15b. 8:18b.
8:21a. 10:9b. 10:26a.

세딕(三代) 5:15a. 5:24b.

세식(셋씩) ilan 8:4b. 8:4b.

세오다(強) murimbi
세오고 9:8b.

세우다(強) murimbi
세워 6:9a. 10:3b.

세츠다 hūsurengge
세츠니 4:16b.

세ᄒ(三) ilan
세히라 2:4a.

셋(三) ilan 9:5a.

셋재(셋째) ilan 10:10a.
셋잰 4:13b.

셔(西) wasihūn, wargi 4:18a.
셔로 4:14b. 8:9b.

셔다(立) ilimbi
셔니 1:9a.
셔다 2:21a.
셔셔 1:6b. 1:9a. 1:15a. 1:18b. 2:10a. 3:4b.
4:18a. 7:13a. 8:15b. 9:8a. 10:25a.
셔시니 1:6a. 1:10a. 1:13b. 1:20b. 9:2b. 10:1a.
션 8:13a. 9:5a.
셧고 3:4a. 9:7b.
셧다 9:3a.

셔두루다 eterembi
셔두룬들 7:23b.

셔름 koro 2:4b.

셔산(西山) wargi alin 7:7a. 7:7b.

션녀 enduri sargan jui 1:15a.

션비 bithei niyalma 3:2a.

셥(石:부피의 단위) hū 8:20a.

셥기다 weilembi
셥기지 3:11b. 10:16a.

셜워ᄒ다 korsombi, jobombi
셜워ᄒ노라 1:17a. 8:6a. 10:14a.

셜워ᄒᆞᄂᆞᆫ 1:6a.

셜워홀 5:25a.

셜흔 gūsin 5:13a. 7:19a.

셜흔과 4:11b.

셜흔식 gūsin 4:12b.

셟다 korsombi

셟게 6:9b.

셜워 10:13b.

셩(性) jili

셩으로 3:17b.

셩을 3:17a.

셩(姓) hala

셩은 2:17a. 2:20a. 2:22b. 2:23b. 3:1a. 7:9b. 8:19b.

셩을 2:16b. 2:22b.

셩이라 2:21b.

셩(城) hecen, hoton 9:15b. 10:9b. 10:18a.

셩ᄀᆞᆺ치 7:14b.

셩의 10:20b.

셩내다 jili banjimbi

셩내게 3:3b. 3:4a. 3:17a.

셩내기 3:15b.

셩내ᄂᆞ니 2:2b. 10:22b.

셩내여 1:10a. 1:10b. 2:25b. 2:26a. 3:14a. 3:17b. 4:4b. 5:13b. 5:15b. 8:21a. 9:3a. 9:5a. 10:22a.

셩내여서 10:23b.

셩낸다 3:16b.

셩명 gebu hala

셩명을 7:9a.

셰(歲) se 10:2b.

셰(勢) mudan

셰롤 4:20b.

셰(世) jalan

셰예 6:2b. 9:11a.

셰다(白) šarkambi

셰엿더라 2:20a.

셰상 jalan

셰상예 3:2a. 3:13b.

셰샹을 9:20a.

셰속 banjihangge jergi 7:9a.

셰오다(立) ilibumbi

셰오고 3:1b. 4:11b. 8:9a. 8:20a.

셰오다 2:10b.

셰우다(立) ilibumbi

셰워 4:16a. 6:2b. 6:17a.

셰워셔 3:1b.

셰워시니 4:13a.

셰윗더니 8:20b.

셰ᄒᆞ다(掃墳) waliyambi

셰ᄒᆞ면 10:20a.

소(沼) tunggu 9:15b.

소기다 holtombi, gidambi

소겨 5:3a. 5:4a. 5:7b. 5:9a. 5:10b. 5:22a. 5:25a. 6:11a. 6:23b. 7:23a.

소겻ᄂᆞ니 6:13a.

소기니 10:2b.

소기ᄂᆞᆫ 6:13a.

소기ᄂᆞᆫ가 3:6b.

소기ᄂᆞᆫ듸 5:9a.

소기려 10:4a. 10:5a.

소기리 4:8a. 10:14b.

소기면 4:1b. 6:13a.

소기지 4:1b. 4:9a. 10:14a.

소긴들 6:13a.

소길 6:16b.

소김이 5:20b.

소김이라 4:3a. 4:23a.

소ᄅᆞᆯ jilgan 9:4b. 9:7a.

소ᄅᆞ로 1:20b. 5:15a. 6:11a. 9:13a. 10:25b.

소ᄅᆞᆯ 7:8a. 8:14b.

소ᄅᆞ예 10:9a.

소매 ulhi

소매에 5:19b.

소문나다 algikambi

소문나니 3:10a. 3:23b.

소히ᄒᆞ다(疏) aldangga

소히ᄒᆞ쟈 10:7b.

속 dorgi

158

속에 1:15a. 1:21b. 4:18a. 6:22b. 6:23b. 8:5b. 8:17a. 8:17b. 10:26a.

속으로 2:2a. 3:3b. 3:25a. 5:2b. 5:21b. 5:22b. 6:17b. 7:1b. 7:2b. 8:10a.

속이 10:2a.

孫(人名) sun 10:1a. 10:2a. 10:2b. 10:13b. 10:14a. 10:15a. 10:16b. 10:17a. 10:19a. 10:20a. 10:20b. 10:21a.

손(手) gala 3:3a. 3:15b. 9:7a.

손에 2:8b. 2:11a. 2:14a. 4:3b. 6:14a. 7:17a.

손으로 1:9b. 6:11a.

손을 2:21a. 4:1a. 5:19b.

손의 7:8b.

손(客) antaha

손으로 5:19b.

손을 6:15a.

손가락 šumhun

손가락으로 8:12a. 8:13a.

孫乾(人名) sun ciyan

孫乾으로 10:3a.

孫堅(人名) sun jiyan

孫堅을 3:1b.

孫權(人名) sun cuwan

孫權도 3:12a.

孫權을 3:3b. 3:15b.

孫權의 3:1b. 3:22b. 3:25a. 10:19a.

孫權의게 3:22b. 3:24a. 10:4b.

孫權이 3:3a. 3:4a. 3:4b. 3:5a. 3:5b. 3:6b. 3:7b. 3:8a. 3:9a. 3:9b. 3:11a. 3:11b. 3:13a. 3:14a. 3:16a. 3:17a. 3:17b. 3:18b. 3:21b. 3:23b. 3:25a. 3:25b. 3:26b. 3:27b. 6:2a. 10:3b. 10:4b. 10:7a. 10:8a. 10:20b. 10:21a. 10:21b. 10:22a. 10:22b. 10:23a. 10:23b.

손바당 falanggū 5:1a.

손바당의 4:24b. 5:1a.

손시(孫氏) sun hala

손시의 6:8a.

孫吳(人名) sun u

孫吳와 7:14a.

孫吳의 7:8b. 7:16a.

孫子 sun dze 4:23a.

孫策(人名) sun ts'e

孫策과 8:14a.

孫策을 3:1b.

솟발 ding ni betge

솟발ㅈ치 3:21b.

쇠(鐵) sele 7:20a.

쇠골회 sele muheren 7:3b.

쇠골희 sele muheren 7:19a.

쇠사슬 sele futa 7:19a.

쇠사슬로 7:3b. 7:20b.

쇼쥬(燒酒) arki

쇼쥬과 8:17a.

쇽졀업다 untuhun, mekele

쇽졀업쏘다 8:18a.

쇽졀업시 9:19b. 10:22b.

쇽ᄒ다 harangga

쇽흔 2:1a. 2:23b.

秀(人名) sio

秀니 2:23b.

수고롭다 suilambi

수고로옴으로 2:13b.

수기다 gidambi

수겨셔 1:13b.

수기고 3:11b. 6:22a. 9:11b.

수빅(數百) ududu tanggū 3:8b.

수심ᄒ다 jobombi

수심ᄒᄂᆫ 1:7b.

수이 ja, hasa 4:24a. 9:22a.

壽亭侯(官職名) šeo ding heo 2:3a.

수플 bujan

수플의 7:13b.

숙쑬다(솟구치다) sehehun

숙쑤러시니 6:22a.

荀攸(人名) siyun ioi

荀攸ㅣ 5:2b. 5:3b. 8:12b.

술(酒) nure 3:18a. 4:8b. 4:9a. 4:15b. 4:23a. 5:2a. 6:25a. 7:13a. 7:16a. 8:12a.

술로 8:15b.

술에 8:15b. 8:16b.

술이라 8:17a.

술의(수레) sejen 1:13a.

술의랄 2:7b.

술의롤 2:8a. 2:15b. 2:18b. 2:19b. 2:23b. 10:20b.

술의예 1:2a. 1:13b. 1:19b. 2:20b. 2:21a. 2:23a.
    3:8a. 10:20b.

술잔 nure i hūntaha

술잔을 9:20a.

숨기다 buksimbi

숨겨 9:7a.

숨기고 8:8a.

숨긴 4:16b.

쉬다 teyembi

쉬게 3:22a.

쉬라 9:15a.

쉬매 9:3a.

쉬미 9:6a.

쉬여 10:24a.

쉬여도 9:6a.

쉴 7:18b.

쉰(50) susai

쉰 1:21b. 5:17b. 7:19a. 8:13b.

쉽사리 hūduleme 6:4a.

슈건 fungku 1:6a.

슈고(受苦) suilambi 5:10b.

슈고롭다 suilambi

슈고로온 9:9a.

슈고로온딕 8:2b.

슈고로옴을 9:8b.

슈고ㅎ다 suilambi

슈고ㅎ여 2:13a.

슈고흔 4:8b.

슈군다히다(수군대다) šušunjambi

슈군다히니 6:17b.

슈군대히다(수군대다) šušunjambi

슈군대히니 6:22a.

슌하다(順) ijishūn

슌치 1:7b.

슌흠을 5:5a.

스러지다(消) meijembi

스러지고 9:7b.

스므 orin 1:12b. 2:16a. 4:10b. 4:14a. 4:18b.

스믈 orin 2:15a. 4:12b.

스믈네 orin dūin 7:14b.

스믈닐곱 orin nadan

스믈닐곱이 9:13b.

스승 sefu 7:15b.

스승의 4:23a.

슬겁다(살갑다) mergen

슬거온 6:9a.

슬프다 usacuka 9:16b.

슬희다(厭,싫어하다) eimembi

슬희여 8:18b.

승부 etere anabure

승부롤 3:5a.

승샹(丞相) cenghiyang 2:11b. 5:3b.

승샹씌 2:2a. 2:11a. 2:12a. 2:24b. 2:25b. 6:24a.

승샹은 2:6a. 2:12a. 5:4b. 8:12b.

승샹을 2:3b. 9:9b.

승샹의 1:2a. 2:3b. 2:4a. 2:9a. 2:24b. 7:15a.
    9:10b.

승샹의게 6:7a. 6:4a. 6:24b. 7:21a.

승샹의긔 6:8a.

승샹이 2:2a. 2:2b. 2:9a. 2:9b. 2:13a. 2:14b. 4:18b.
    6:18b. 7:20a. 7:21b. 8:6a. 8:19a. 9:6b. 9:9a.
    9:15b.

승샹부 cenghiyang ni yamun

승샹부에 1:5a. 1:8a. 1:14a.

승히(勝) etuhun 9:19b.

싀아비 amha 1:3b. 10:19b.

싀어미 emhe

싀어미롤 10:19b.

시녀 hehe

시녀의게 1:20a.

柴桑(地名) ts'ai ts'ang 8:9b.

시작ㅎ다 deribumbi

시작지 8:2a.

시작ᄒᆞ고 8:8b.

시작ᄒᆞ리라 6:25b.

시작ᄒᆞ여 5:24b.

시작ᄒᆞ여도 9:17b.

시작ᄒᆞ여셔 1:15b. 1:18b. 4:21b. 7:3b.

시작ᄒᆞ엿다 4:20b.

시작ᄒᆞᆫ 5:24a.

시졀 fon

시졀의 2:22b.

시졀이 1:8b.

시쳡(侍妾) hehe

시쳡이 1:5a.

시험ᄒᆞ다 cendembi

시험ᄒᆞ여 4:1b.

신(信) akdun 2:5a.

신을 2:12a.

신긔롭다 enduringge

신긔로온 10:11a.

신긔ᄒᆞ다 enduringge

신긔ᄒᆞᆫ 4:20a. 4:22b.

신션 enduri 7:15a.

新野(地名) sin yei hecen

新野의 3:5a.

新野城(地名) sin yei hecen

新野城이 3:5b.

신의(信義) akdun

신의ᄅᆞᆯ 9:11a.

신쳬 beye 8:22a.

신하 amban

신하의 3:11b.

신해 10:21a.

신해라 5:15b.

신하들 ambasa 3:22b. 6:25b. 8:12a. 8:13b. 8:15b.

신하들을 7:12b. 8:5a.

신하들이 9:6a. 9:6b. 9:8a. 10:21a.

싣다 tebumbi

시러 1:2a. 4:13a. 5:12b. 10:8b.

실(絲) tonggo

실과 8:3a.

심다(植) tebumbi

시므고 10:8b.

심복 mujilen niyaman 8:13a.

심샹이(尋常) 5:18a.

심심ᄒᆞ다(심란하다)ališambi

심심ᄒᆞ여 5:2b. 7:7b. 8:17b.

심심홈을 8:17a.

심히 ehe 10:2a.

십(十) juwan 9:2b.

십만(十萬) juwan tumen 3:19a. 4:6b. 4:7a. 4:8a.
4:10b. 4:19b.

십오(十五) tofohon 10:18b.

십오만 tofohon tumen 4:22b.

십일월 omšon biya 8:8a.

십일월의 6:10b.

싯다(싣다) tebumbi

싯고 3:8a.

ᄉᆞ경(四更) duici ging

ᄉᆞ경의 4:13b.

ᄉᆞ나희 haha 1:17b. 6:2b. 6:24b. 8:16a. 9:11a.
10:16b.

ᄉᆞ나희라 2:1b. 2:5b.

ᄉᆞ랑ᄒᆞ다 gosimbi

ᄉᆞ랑치 1:15b.

ᄉᆞ랑ᄒᆞᄂᆞᆫ 1:10a. 1:11a.

ᄉᆞ랑ᄒᆞ여 1:15b. 2:12b.

ᄉᆞ랑홈애 2:3b.

ᄉᆞ랑홈을 2:13a.

ᄉᆞ방(四方) duin hošo

ᄉᆞ방에 3:10a.

ᄉᆞ사로(따로) enculeme 2:17a.

ᄉᆞᄉᆞ(私事) encu 6:25a.

ᄉᆞ오(四五) duin sunja 4:19b.

ᄉᆞ오십 dehi susai 3:6b.

ᄉᆞ이 siden, šolo 10:6b.

ᄉᆞ이라 3:21b.

ᄉᆞ이예 1:21b. 4:19a. 9:12b.

ᄉᆞ희(四海) duin mederi 8:10b.

5:2b.　5:3b.　5:5b.　5:8b.　5:10b.　5:11b.
5:22a.　5:24b.　6:11a.　6:12a.　7:3a.　7:3b.
7:23a.　8:2a.　8:2b.　8:3a.　9:17b.　10:8a.
10:11a.　10:18a.　10:18b.　10:26a.
쇠예 3:22b. 5:6b. 5:9a. 7:23b. 10:9a.
쇠옛 10:5a.
쇠을 10:4a.
쇠롭다 argangga
　쇠로온 4:15a.
쇠쓰다 argadambi
　쇠쓰지 5:20b.
쇠오다 huwekiyebumbi
　쇠오라 7:6a.
쇠ᅘ다 2:16b. argadambi
　쇠ᅘ면 2:16b.
쑤미다 yangsalambi
　쑤며 10:6a.
쑤짓다 esukiyembi, toombi
　쑤짓는 5:7b.
쑤짓다 esukiyembi, toombi
　쑤지져 1:10a. 2:1b. 5:14b. 5:15b. 5:17a. 5:17b.
　　5:23b. 9:4b.
　쑤지즈니 1:20b. 9:13a.
　쑤지즈리라 10:15a.
쑤종ᅘ다 toombi
　쑤종ᅘ여 10:23a.
쑬다(끓다) niyakūrambi
　쑤니 2:16b.
　쑤러셔 1:13b. 2:17b. 5:6a. 5:15b. 10:14b.
　쑬거늘 9:13a.
쑴 tolgin 3:27b.
ᄭᅳ다(消) mukiyebumbi
　ᄭᅳ기 3:23b.
ᄭᅳ다(引) ušambi
　ᄭᅳ어 5:15a. 5:17b.
ᄭᅳᇂ다 lakcambi, lashalambi
　ᄭᅳᆫ지 3:8b. 9:4b.
　ᄭᅳᆫ츠려 8:18a.
　ᄭᅳᆫ코져 1:16b.

ᄭᅳᆫ흐려 2:4b.
쓸탄ᅘ다(끌탕하다) nasambi
　쓸탄ᅘ여 4:19a.
ᄭᅳᇂ(끝) dube
　ᄭᅳ흐로 2:14a.
　ᄭᅳ치 10:24a.
　ᄭᅳ치 1:21b.
신(邊) dalin 7:2a.
　신의 4:17a. 7:8a.
실다(깔다) sektembi
　신라시면 7:19a.
ᄭᅵ다(잠을 깨다) getembi, subumbi
　ᄭᅵ니 3:27b.
　ᄭᅵ여셔 8:21b.
　ᄭᅵ지 10:21a.
　ᄭᅵᆷ 3:26b.
ᄭᅵ치다 ulhimbi
　ᄭᅵ치다 5:9b. 5:20b.
　ᄭᅵ치지 5:22a. 6:16a.
ᄯᅡᇂ ba, na
　ᄯᅡ 2:17a. 3:1a. 6:1a. 7:18b. 8:5a. 8:19b.
　ᄯᅡ의 8:1b. 8:16a.
　ᄯᅡ회 8:22a.
　ᄯᅡ흐로 8:19b.
　ᄯᅡ흘 3:8a. 3:8b. 3:9b. 3:19a. 8:19b.
　ᄯᅡ히 3:21b.
　ᄯᅡ히니 9:18b.
　ᄯᅡ홀 3:9a.
　ᄯᅡ히 2:16b. 2:17b. 1:22a. 2:22b. 3:12b. 3:20b.
　　4:20a. 5:17b. 6:1b. 9:10b. 9:13a. 9:13b.
　　10:22b.
　ᄯᅡ히셔 9:2a.
째 erin, fon 1:8b. 3:17b.
　째라 8:19a.
　째를 6:13b. 8:12a.
　째모로 9:2b.
　째예 2:25b. 4:7a. 4:16a. 5:15a. 6:10a. 7:7a.
　　7:17a. 8:17b. 9:1a. 9:4b. 9:11b.
째째 erindari 2:7a.

셔나가다 fakcafi genembi
  셔나가다 4:9a.
셔나다 fakcambi, jurambi, hokombi
  셔나 7:22b. 8:4b.
  셔나다 10:20b.
  셔나려 4:4a.
  셔나매 1:19a.
  셔나몰 10:15a.
  셔나셔 2:19b. 2:23a. 6:19b. 8:7a. 8:18a.
  셔나심으로 6:18b.
  셔나지 1:12a.
셔러지다 tuhembi
  셔러지는 10:16b.
  셔러지다 1:21b. 1:22a.
셔르치다(떨치다) tuhebumbi
  셔르치니 1:9b. 1:19a.
셔지다(처지다) tutambi
  셔지고 9:5b.
  셔진 9:4b.
셔히다(開封) neimbi
  셔혀 6:7b.
졔(衆) baksan 9:5a. 9:14a. 10:25a.
  졔는 9:5b.
졔ᄒ다(무리짓다) adambi
  졔ᄒ고 7:19a.
  졔ᄒ여셔 7:19a.
또 geli, jai 1:21b. 2:14b. 3:1b. 3:5b. 3:6b. 3:7a.
    3:7b. 3:8a. 3:9a. 3:12a. 3:24b. 3:26a.
    4:13a. 4:17a. 5:1a. 5:11a. 5:11b. 5:15a.
    5:17a. 5:17b. 6:18b. 6:19a. 7:1b. 7:2b.
    7:6a. 7:7a. 7:14b. 7:18a. 7:19a. 7:20b.
    7:23a. 8:7b. 8:13a. 8:13b. 8:15a. 9:6b.
    9:18a. 10:3a. 10:8b. 10:11a. 10:16a.
    10:21a. 10:23a. 10:26b.
또ᄒ ineku 5:1b.
ᄯ다(飛) dekdembi
  셔셔 8:15a.
ᄯ락 ᄂᆞᄌᆞ락 dekdere šungkure 7:19b.
ᄯᆯㅎ hūwa

쓸히 1:13b.
ᄯᅳᆺ dorgi
  ᄯᅳᆺ을 6:13a.
씌다(뛰다) fekumbi
  씌려 1:16b.
ᄯᅩ로다 amcambi
  ᄯᅩ로니 3:20a.
  ᄯᅩ로는 10:23b. 10:24b.
  ᄯᅩ롤까 9:4a.
  ᄯᅩ오는 10:25a. 10:26a.
  ᄯᅩ오되 1:21b. 4:19a.
  ᄯᅩ오리 2:7b.
  ᄯᅩ오지 2:1b. 2:5a. 2:9b. 2:15a. 4:19a.
  ᄯᅩ올 1:21a.
  ᄯᅩ옴을 9:11a.
  ᄯᅩ옴이 10:21b.
ᄯᅩ름 dabala
  ᄯᅩ름이오 3:3b.
ᄯᅩᆯ sargan jui
  ᄯᅩᆯ을 8:14a.
  ᄯᅩᆯ의 1:4b.
  ᄯᅩᆯ이 1:3a. 1:15b.
ᄯᅩᆯ으다(따르다) amcambi
  ᄯᅩᆯ라 10:22a. 10:24a.
  ᄯᅩᆯ아 1:22a. 2:4b. 2:15b.
  ᄯᅩᆯ아지라 2:1a.
ᄲᅢ지다(구렁에 빠지다) tuhenembi
  ᄲᅢ젓고 9:5b.
ᄲᅢ히다(빼다) gocimbi
  ᄲᅢ혀 6:23a.
ᄲᅲᆫ teile
  ᄲᅲᆫ이라 1:19a.
ᄲᅮᆷ다 fudambi, furgimbi
  ᄲᅮᆷ무며 7:17a.
  ᄲᅮᆷ는 7:19b.
  ᄲᅮᆷ어 7:18b.
ᄲᅡᆯ리 hūdun, gaitai 2:3b. 2:11a. 2:18b. 4:14b.
    4:17a. 4:23b. 5:2b.
싸오다 afambi

싸올 10:12a.
싸호다 afambi, becunumbi, dailambi
  싸호고져 3:26a.
  싸호는 2:25b. 3:7b. 3:8b. 3:19b. 6:6a. 7:14b.
    10:16b.
  싸호는지라 3:23a.
  싸호라 10:12b.
  싸호려 3:23a.
  싸호리라 2:10a.
  싸호며 3:9a.
  싸호면 5:22b. 9:8b. 10:6b.
  싸호지 3:12b. 3:20b.
  싸홀 6:10a. 6:14a. 8:19a.
  싸홈 2:22a.
  싸홈이 9:17a.
  싸화 3:25a. 8:5b. 8:20b. 9:8a. 10:16a.
  싸화시나 5:2a.
싸히다(쌓이다) isabumbi
  싸히고 8:20a.
쏘다 gabtambi
  쏘는 4:18a.
  쏘더라 4:17b.
  쏘라 4:17a . 4:19b.
  쏘며 10:9b.
  쏠 4:17b.
쏘이다 gabtabumbi
  쏘이고 9:1b.
  쏘이쟈 4:16b.
쓰다(書) arambi
  써 6:3a. 6:25a.
  써시니 4:9b.
  쓰고 4:25a.
  쓰다 4:25a.
  쓰되 10:7a.
  쓰면 6:1b.
  쓰쟈 4:24b.
  쓴 8:8a.
쓰다(用) baitalambi
  써 2:12b. 3:11a. 4:1a.

써도 1:17a.
써셔 5:10a. 5:11a. 5:22a. 5:22b. 6:11a. 10:6b.
써야 4:6a.
셧고 7:23a.
쓰게 10:8b.
쓰고져 4:6b. 7:3b.
쓰기를 4:6a. 7:15a.
쓰니 5:2b. 10:5b.
쓰는 5:8b. 5:9a. 6:10a. 8:19a.
쓰럇느니 4:7a.
쓰면 4:7a. 8:11a.
쓰쟈 7:3a.
쓰지 4:12b. 7:11a.
쓸 2:6b. 2:12b. 2:12b. 4:2a. 4:6b. 4:11b.
쓰다(冠) etumbi
  쓰고 2:16a. 7:22b.
  쓴 8:16a.
쓰이다(書) arabumbi
  쓰여셔 7:22a.
  쓰이고 4:8b..
쓸게 silhi 5:11a
쓸다 erimbi
  쓰러 8:10b.
쓸디업시 baita akū 7:21a.
쓧다(닦다) fumbi
  쓰스니 1:6a.
  쓧다 5:1b.
싯다(包) uhumbi
  싯고 3:11b.
싯다(積) sahambi
  싯고 8:20a.
싯이다(쌓이다) suwaliyambi
  싯이여 1:9b.
쫏다 bošombi
  쪼차 1:11a. 1:10b. 3:20a.
쫏다(織)
  쫀 8:9a.

아릿 9:21b.

아모 yaya 6:1b.

아모라타(아무렇다) 5:23a.

아무딕 absi 1:20b.

아무라타(아무렇다) 6:21b.

아무리 udu 7:19b.

아문(衙門) yamun 1:13b.

  아문에 1:13a. 4:21a. 9:19b.

  아문에셔 1:18a.

  아문으로셔 1:13b.

  아문의 3:24b.

아므(아무) yaya 7:3a. 7:7a. 10:15b.

아므라타(아무렇다) 3:12a. 3:23b.

아므란(아무런) aika 5:4a. 5:6a.

아므리(아무리) ainaha 2:7a. 2:8a. 5:2a.

아뷔 ama 8:21b.

  아비를 8:22a.

아오셩 kaicara jilgan

  아오셩을 4:18a.

아오셩ᄒ다 kaicambi

  아오셩ᄒ니 4:15a.

  아오셩홈을 4:15b.

아이다(奪) gaibumbi

  아여시니 4:22b.

  아이면 10:15a.

  아인가 5:2b.

아ᄋᆞ(弟) deo 2:9b. 2:20a. 5:5b.

아조(아주) umesi 1:5a. 1:12a. 2:6b. 2:9a. 4:18b
    6:5b. 6:21b.

아즈미(兄嫂) aša
  아즈미를 2:21b. 2:22a. 2:23a.

아즈미들 aša se 2:18b.

  아즈미들의게 2:19b.

아즈뷔(叔父) ecike 2:17b.

아직 taka 1:7b. 2:7b. 2:15b. 4:12a. 4:24b. 5:16b.
    5:18a. 6:14b. 7:7a. 9:15a. 9:17a. 10:2a.
    10:13a. 10:15b.

아춤(朝) cimari 3:27b. 5:5a. 8:17a.

  아춤에 9:2b. 10:12a. 10:21b.

아춤의 4:7b. 6:6a. 7:15b.

아홉 uyun 5:24b.

아히(兒) jui 6:16b.

안(內) dolo

  안을 10:1a.

  안이 1:9b.

안개 talman 4:14a. 4:15b. 4:16a. 4:18a. 4:18b.

  안개롤 4:20a. 4:20b.

  안개예 4:15a.

안다(抱) tebeliyembi

  안아 1:17a.

안다(座) tembi

  안거늘 4:5b.

顔良(人名) yan liyang 2:20b.

안문(內門) dorgi duka 1:14a.

안짜(座) tembi

  안쇼 7:4a.

  안짜 4:2a. 5:23a. 7:12a.

안일(內事) dorgi weile 1:2a.

앉다 tembi

  안자 3:24b. 5:12a. 6:25a.

  안자셔 1:6b. 1:14a. 1:19b. 3:3a. 3:18a. 4:14b.
    6:3b. 6:21b. 7:7b. 9:19b. 10:11b. 10:24a.

  안잣다가 7:19b.

  안잣더니 6:5a.

  안즈나 3:25a.

  안즈라 2:21a. 3:3a.

  안즈리 2:21b.

  안즌 2:23a. 6:16a. 9:20a.

  안즐 8:18b. 8:21a.

  안즈며 10:4a.

  안즌 8:13a. 8:19a.

안치다 tebumbi

  안쳐시면 8:14b.

  안치고 2:23a. 7:7b. 8:9b. 10:20b.

안ᄒ(內) dolo

  안흐로 1:12b. 4:7a. 4:8a. 4:10b. 6:21a. 7:1a.

  안흐로ᄂᆞᆫ 3:12a.

  안흘 1:7b. 8:10b.

안히 1:7a. 4:13a. 4:14b. 5:3a. 6:5a. 6:20a. 7:7b.
7:8b. 7:14b. 8:4b. 10:1b. 10:2a. 10:6a.

안히셔 6:25b.

안히(妻) sargan 10:15a.

안히의게 10:19a.

알다 sambi, takambi, bahanambi

아노라 6:14b.

아니 10:14b.

아느니 4:7a. 6:9a. 6:12b.

아는 3:17b. 6:9a. 7:20a.

아는가 4:1b. 4:2b.

아는딕 8:3a.

아더냐 5:21b.

아더라 4:4a.

아지 3:6b. 4:12b. 4:20a. 4:20b. 4:20b. 4:24b.
5:7a. 5:20a. 5:21b. 5:25a. 6:7a. 6:9a.
6:12b. 6:12b. 6:14b. 7:10b. 9:7a. 10:19b.

안다 4:3a. 4:20a. 5:20b. 5:24a.

알게 4:12a.

알고 1:7a. 1:7b. 1:9b. 2:4a. 4:20b. 5:24a. 6:2a.
6:12a. 6:16a. 6:21a. 8:1a.

알기 5:2b.

알라 4:1b.

알리 1:2a.

알리니 4:3a. 4:24a.

알리라 4:5a.

알리오 6:22b.

알앗노라 1:17a.

알외다 alambi

알외거늘 2:17b.

알외게 5:9a. 6:24a. 5:10b. 10:3a.

알외고 2:19b. 3:3b. 3:22a. 9:15a.

알외고져 7:5a.

알외노라 5:24a.

알외니 1:10b. 2:24a. 4:1a. 4:4b. 4:16a. 4:22a.
10:3b. 5:8a. 6:4b. 6:6b. 6:24a.
7:12a. 6:20a. 9:11b. 9:20a.

알외는 5:25a.

알외되 1:2a. 1:20a. 2:20a. 2:22b. 4:12a. 5:5b.

5:6a. 5:23a. 6:4b. 7:9b. 8:5a. 10:2a.
10:11a. 10:24b.

알외라 2:16b. 4:10a. 5:4a. 5:20b. 5:21a. 6:4a.
6:11b. 6:18a. 6:18b. 7:2b. 8:4b. 9:18b.
10:11a. 10:12a. 10:14b. 10:19b.

알외려 10:21a.

알외마 6:23b. 8:6b.

알외면 6:23a. 9:9a..

알외여 5:17b. 7:15b.

알외여셔 7:6a.

알외완지 3:4b.

알외지 3:16b. 4:10b. 7:5b. 9:21a. 10:17b.
10:12b. 10:21a.

알왼 3:7b.

알욀 4:19a.

앏(前) julesi, juleri, julergi 2:18b. 6:10a. 9:2b.

앏뒤 amargi julergi

앏뒤으로 7:13b.

앏ㅎ(前) julesi, juleri, julergi

앏흐로 9:2b. 10:25a.

앏히 1:13a. 1:13b. 4:5b. 4:7b. 4:8b. 4:9b.
4:14a. 5:15b. 5:17a. 7:8b. 8:3a. 9:3b.
9:9b. 10:9b.

앏히는 10:26a.

앏히셔 1:17a. 2:20a. 6:6b.

앓다 nimembi

알흘 1:8b.

앗가(아까) teike 1:20a. 2:17a. 3:18a. 3:24b.
5:13a. 6:16a. 7:17a.

앗갑다 hairambi

앗가올샤 7:17b.

앗갑다 6:14a. 8:1b. 9:16b.

앗기다(아끼다) hairambi

앗기리오 6:3a.

앗기지 6:2b. 7:15b. 8:11a.

앗다(奪) durimbi

아사 2:17b.

아사셔 4:22a.

아스려 1:21a.

아스며 2:17a.
애둛다(애닯다) akacuka
　애도로니 8:17a.
애돌다 korsombi
　애돌라 6:21a. 6:22b. 10:12a.
애쓰다 akambi
　애씀을 6:22b.
야청(鴉靑) yacin 6:25b. 8:17a.
약ᄒ다 budun, yadalingge
　약흔 3:12b. 9:8b.
襄陽(地名) hiyang yang 2:17a.
　襄陽을 9:18a.
穰苴(人名) žang jioi
　穰苴ㅣ 7:14a.
楊州(地名) yang jeo 8:19b.
　楊州ㅣ 8:19b.
어귀 angga
　어귀를 8:6a.
　어귀예 9:13b.
어긋나다 sartabumbi
　어긋나게 4:21a.
　어긋나리라 4:7b.
어긔다 sartabumbi
　어긔여 4:10a.
어긔로오다(어긋나다) jurcembi
　어긔로오리 1:3b.
어긔치다(어긋나다) jurcembi
　어긔쳐 2:6a.
　어긔치리오 10:23a.
　어긔치면 9:3b.
어닉(어느) ya, ai 3:9a. 4:7a. 6:13a. 8:17b.
어두움 yamjiha
　어두옴애 2:19b.
어둡다 farhūn
　어두온 4:15a. 4:16a.
어드러(어디로) absi 2:24b.
어듸 aibide 1:5a. 2:18a. 4:13b. 5:15a. 6:7b. 7:22a.
어렵다 mangga
　어려오니5:2b. 5:10a.

어려오리라 5:13a.
　어려오리오 8:3b.
　어려옴으로 5:8b.
　어렵다 5:14b.
　어렵도다 8:17a.
어르다(交合) gaimbi
　어르기를 1:17b.
　어르니 1:8b.
어리다(愚) mentuhun
　어린의 10:5b.
어리다(幼) ajigen, buya
　어려셔브터 10:23a.
　어린 3:24b. 6:16b.
어린이(少人) ajige
　어린이와 9:3b.
어ᄅᆞ다(交合) gaijambi
　어를 8:14a.
어믜(母) eniye
　어믜게 10:17a.
어양쓰다(항거하다) eljembi
　어양써 3:11a.
　어양쓰지 3:10b. 3:12b.
　어양쓴들 3:23b.
어엿브다(불쌍하다) jilambi, gosimbi
　어엿브다 9:16b.
　어엿블찌면 1:17b.
어엿비 gosime 8:6a. 10:15b. 10:16a. 10:17a.
어우르다 kamcimbi
　어우러 7:19a.
어이(어찌) ai, ayoo 2:7b. 2:11a. 3:14b.
어이ᄒ다 ainambahambi
　어이료 2:12a. 2:16b.
　어이ᄒ여 6:22b.
어제 sikse 1:2b. 1:12a. 4:23b. 8:22a.
어즈럽다 facuhūn
　어즈러온 10:21b.
　어즈러올 3:9b.
　어즈러옴애 2:25b.
어질다 sain, mergen

어진 6:5b. 7:20b. 8:17b. 8:17b.

어질믈 2:4a.

언덕 mungga 7:22b.

언머 udu

언머예 7:14a.

언머나(얼마나) udu 3:5b. 3:7b. 5:13a.

언월도 jangkū 9:7b. 9:19a.

언월도롤 2:10b.

얻다 bahambi

어더 1:2a. 1:8a. 1:16a. 1:17a. 2:11b. 2:13b.
2:25a. 3:4b. 4:3a. 4:4b. 4:5a. 4:18a.
4:19b. 4:21b. 5:24a. 6:8a. 6:19a. 6:22b.
7:12a. 7:23a. 7:23b. 8:3a. 8:6a. 9:14b.
9:21b.

어더든 8:14b.

어더셔 1:8b. 7:3b. 7:20a. 7:22a. 8:2b. 8:7b.
8:11b. 8:17b. 9:20a. 10:10b. 10:22b.

어더시니 3:7a. 4:22a. 9:15b.

어덧고 3:10a.

어드니 3:6b. 6:25b.

어드리 8:16b.

어드면 7:22a. 8:10b. 8:11a. 8:13b. 10:7a.

어든 4:9b. 4:10b.

어듬 6:16b.

어듬으로브터 1:13a.

어듬을 6:15b. 8:3a.

얼굴 cira 6:11b.

얼굴을 6:16a.

얽다 holbombi

얼글 7:3b.

얽는 7:23a.

얽어 4:14a.

얽어셔 7:19a.

얽으라 7:20b.

엄하다 horonggo

엄ᄒ고 10:23a.

엄흔 3:17b.

업다(無) akū

업거늘 8:1a.

업거늘 1:5a. 1:19b.

업거든 2:8b. 9:17b.

업고 2:8b. 5:23b. 6:1b.

업ᄂ뇨 6:13b.

업다 1:6b. 5:11b . 5:23b. 6:14a. 8:21a.

업더라 1:7a. 5:18b. 6:4b.

업도다 8:18b.

업서 3:21b. 3:25a. 9:1b. 9:7b. 10:9a.

업서셔 5:8a. 5:10b. 5:24b. 6:7a. 8:8b.

업섯더라 9:6a.

업스니 1:7b. 3:5b. 3:22a. 4:23b. 5:1b. 6:15a.
6:21b. 7:11a. 7:18b. 9:10a. 10:26a.

업스니라 2:5a. 2:9a.

업스되 6:9b.

업스리라 1:18b. 5:11a. 5:25a. 8:11a. 10:6b.

업스면 2:12a. 2:19a. 2:25a.

업슨 3:5a. 6:14a. 6:9b. 7:9b. 9:1b.

업슬 2:26a.

업슴애 4:6b. 10:9b.

업슴으로 5:8b. 7:18a. 9:21a.

업슴을 2:11a.

업슴이 2:14b. 4:3a. 5:15b. 6:20a.

업시 2:2a. 4:10a. 5:6a. 6:14a. 7:1b. 7:23b.
8:14a. 10:19a. 10:22a.

업듸다(伏) dedumbi

업듸여 6:10b.

업슈이너기다 gidašambi

업슈이너겨 3:14b. 7:12b.

업슈이너기ᄂ니 2:25b.

업슈이너기미니 2:3b.

업슈이너기지 9:8b.

업시ᄒ다 geterembumbi

업시케 7:4a.

업시코 8:10a.

업시코져 3:10a.

업시ᄒ여시니 9:20b.

없다 akū

없다 2:5a.

없서셔 6:6b.

엇다(得) bahambi

엇고 3:21b. 4:22b. 9:15b. 9:19b.

엇ᄂᆞ니 7:18a.

엇ᄂᆞ니라 7:18b.

엇는 6:17a.

엇는다 10:16b.

엇더ᄒᆞ다 antaka

엇더뇨 10:4a.

엇더ᄒᆞ뇨 2:2a. 3:5a. 3:8a. 10:17b.

엇던 ainaha 2:16b. 7:10a.

엇지 ainu 1:2a. 1:3b. 1:4a. 1:8a. 1:10a. 1:11a.
1:12b. 2:3b. 2:8b. 2:21b. 2:25b. 3:2a.
3:11b. 3:13a. 3:13b. 3:15a. 3:16a. 3:17a.
3:19a. 3:27b. 4:3b. 4:8a. 4:8a. 4:10a.
4:10b. 4:21a. 4:23a. 4:24a. 5:1b. 5:4b.
5:7b. 5:10a. 5:18a. 5:19b. 5:20a. 6:2b.
6:6a. 6:13b. 6:14b. 6:22b. 7:4b. 7:5a.
7:9b. 7:16a. 7:19b. 7:21b. 8:2b. 8:10b.
8:11a. 8:15a. 8:21a. 9:2b. 9:5a. 9:10b.
9:19b. 9:20b. 10:2b. 10:11a. 10:14b.
10:15a. 10:16b. 10:22b. 10:23a.

엇지리 2:15a.

엇지리오 7:17b.

엇지오 3:6b. 4:5a. 6:12b. 6:14a. 9:20b.

엇진고 1:7b. 9:21a.

엇지ᄒᆞ다 ainambi, ayoo

엇지ᄒᆞ료 3:9a. 3:26a. 4:6b. 6:10a. 10:7a.

엇지ᄒᆞ리 2:12a. 3:26a. 4:15a. 7:6b. 8:1b.

엇지ᄒᆞ리오 1:11b. 4:23b. 10:25a. 10:26a.

엇지ᄒᆞ여 2:2b. 2:21a. 2:21b. 3:5b. 3:6b. 3:19a.
3:23b. 4:3a. 4:10b. 4:20a. 4:21b. 5:8a.
5:10b. 5:20a. 5:20b. 5:22b. 5:24a. 6:13a.
6:15b. 7:3b. 7:4a. 7:10b. 7:20a. 7:23a.
7:23b. 8:2b. 8:20b. 10:15b.

여긔 ubade 1:20a. 2:17a. 3:10b. 4:15b. 6:6a.
10:13b. 10:14b. 10:25b.

여라문 udu juwan 2:7a. 2:10a. 5:5b. 10:20b.
10:8b.

여러ᄒᆞ geren

여러 2:2a. 2:10a. 2:10b. 2:15a. 3:1b. 3:2a.
3:3a. 3:11a. 3:12a. 3:13a. 3:18b. 3:19a.
3:19b. 3:21a. 3:22a. 4:1b. 4:5b. 4:9a.
5:5a. 5:12a. 5:12b. 5:12b. 5:14a. 5:15b.
5:16b. 5:17a. 5:17b. 5:18b. 5:21a. 5:22b.
6:6b. 6:17a. 6:25b. 7:10b. 7:18a. 7:20b.
8:3b. 8:5a. 8:8a. 8:8b. 8:11a. 8:11b.
8:12a. 8:13a. 8:13b. 8:15b. 8:19a. 8:20a.
9:11b. 9:6a. 9:6b. 9:8a. 9:12a. 9:12b.
9:15b. 9:16a. 9:19b. 10:6b. 10:10b.
10:13a. 10:21a. 10:23a.

여러과 6:9a.

여러의 2:11a.

여러이 2:2b. 9:17a.

여러흘 2:15a. 3:15b. 3:23a. 5:12a. 6:8b. 6:9b.
7:12b. 9:20a.

여러희 3:14a. 4:9b. 5:2a. 7:12b.

여러히 8:18b. 9:13a.

여러히니 3:26a.

여러히요 5:10a.

여러히 5:12b.

여슷 ninggun 6:8b.

呂布(人名) lioi bu 3:18b.

呂布ㅣ 1:1a. 1:2a. 1:4a. 1:4b. 1:5a. 1:5b. 1:6a.
1:6b. 1:7a. 1:7b. 1:8a. 1:9a. 1:9b. 1:10b.
1:12b. 1:13a. 1:13b. 1:14a. 1:15a. 1:17a.
1:17b. 1:18a. 1:18b. 1:19b. 1:20b. 1:21a.
1:21b.

呂布를 1:10b.

呂布ᄅᆞᆯ 1:1b. 1:6b. 1:9a. 1:10a. 1:12a. 1:15a.
1:17a. 3:6a. 8:16a.

呂布와 1:20a.

呂布의 1:7b. 1:9b. 1:14b. 1:17a. 1:19b. 1:21a.

연고 turgun, baita

연고로 5:8b. 6:5b. 6:20b. 6:12b. 8:19a. 8:20b.
10:16b. 10:13b.

연고ᄅᆞᆯ 2:17b. 10:11b.

연괴 1:6b. 8:6b.

兗州(地名) yan jeo

5:7b.　5:5b.　5:19a.　5:22b.　6:5a.　7:18b.
7:22b.　9:5b.　10:10b.　10:12b.　10:14b.
10:19a. 10:25b.

와시니 1:15a. 9:5b. 6:18a.

와시되 10:12a.

와시면 6:7b.

왓거늘 2:5a. 2:17b. 6:21a.

왓거든 6:6a.

왓노라 2:12a. 5:6a. 6:24b. 9:21a. 10:19b.

왓ᄂ니라 3:10b.

왓ᄂ다 7:6a.

왓ᄂ이라 5:7b.

왓ᄂ지라 3:19b. 10:14b.

왓다 3:24a. 5:5b. 5:7b. 5:23a. 6:4a. 6:7a. 7:2b.
7:4a. 7:5a. 10:11a.

오래 goidame 1:6a. 5:10a. 6:19a. 8:20b. 10:5b.

오래거야 6:18a. 6:19a.

오래니 5:11a.

오래다 10:25b.

오래지 2:18b. 5:6a.

오랜지라 3:4b. 9:9b. 9:16a.

오로(온전히) yooni,　uhe 3:12b. 3:19a. 3:22a.
5:12b. 6:7a. 6:16b. 7:18a. 7:22a. 8:6b.
8:9b. 9:6a.

오로다(登) tafambi

오로라 4:13b.

오르다 tafambi

오르니 1:13b. 3:2b.

烏林(地名) u lin

烏林을 8:9b.

오빅(五白) sunja tanggū 2:17a. 4:21b. 5:5a. 9:7b.
9:19a. 10:9b. 10:22a. 10:20b.

오시(午時) morin erin 1:4b.

오십(五十) susai　　3:7a. 5:18a. 7:1a. 10:2b.

오십만(五十萬) susai tumen 10:12a.

吳越(國名) u iowai

吳越의 3:11a.

吳子(人名) u dze

吳子ㅣ라도 4:23a.

吳侯(人名) u heo 3:3a.

吳侯ㅣ 4:23b.

吳侯의 5:24b.

오히려 hono 2:12b. 3:13a. 3:23a.

옥(玉) gu 3:2a. 10:8b.

옥과 8:2b.

옥돌 gu wehe 10:22b.

온(모두의) 1:6a. 2:5a.

온갓 ai ai, yaya 8:20b.

온갖 ai ai, yaya 4:10a. 4:21a. 9:6a.

온젼ᄒ다 akūmbumbi

온젼치 7:17b.

온젼케 2:2a. 2:9b.

溫侯(人名) wen heo

溫侯ㅣ 1:20a. 1:20a.

溫侯의 1:11b.

올리다 wesimbumbi

올려셔 6:1b. 7:21a.

올리ᄂ니 10:5a.

옳다 inu

올커니 4:5a.

올커니와 5:15b.

올타 2:20b. 4:2a. 4:4b. 7:9b. 7:17b.

올흐니라 3:12b. 5:9b.

옴기다 gurimbi

옴기지 1:9a.

옷 etuku 2:6b. 2:16a. 8:9a. 8:17a.

옷과 7:22b. 9:6a. 9:1b.

옷스로 2:19b.

옷슬 1:8b. 1:18a. 2:14a. 2:14b. 2:14b. 3:17b.
5:17b. 9:2a.

옷나라 u gurun 5:14a.

雍齒(人名) yung ts'e

雍齒를 9:22a.

王司徒 wang setu

王司徒의 1:15b.

王允(人名) wang yun

王允을 1:1a.

王允의 1:1b.

王允이 1:1a. 1:1b. 1:2a. 1:2b. 1:4b.

외롭다 emhun

　외로온 2:20a. 3:19a. 3:18b. 10:13b.

요힝 jabšan

　요힝으로 1:16a. 3:4b. 8:12b.

용심ᄒ다(用心) mujimbi

　용심홀 6:22a.

우(上) dergi 4:18b.

于禁(人名) ioi jin 2:10b. 4:15b. 4:17a .

　　于禁을 4:3b.

우던우던(제각각) teisu teisu 4:16a.

우러르다 wesihun

　우러러 9:15a.

우리(我) muse, be 1:18b. 2:2b. 2:15a. 3:14b.
　　3:18b. 3:22b. 3:26a. 4:15b. 5:1b. 5:4b.
　　5:12b. 5:19a. 6:17a. 6:21b. 6:22b. 6:23a.
　　6:23b. 6:24a. 7:10b. 9:7a. 10:6b. 10:23a.
　　10:25b.

　우리게 6:24a. 8:12b.

　우리ᄂᆞᆫ 5:10a.

　우리라 3:18b.

　우리ᄅᆞᆯ 5:9a. 6:23b.

　우리의게 8:12b.

우이다(웃기다) basubumbi

　우임이라 4:5a.

우ᄒ(上) ninggu, dele

　우희 1:19b. 2:10b. 2:12b. 2:24a. 4:13a. 8:8a.
　　8:8b. 9:9a.

　우희셔 2:10a. 2:11a. 9:6b. 9:9b.

　우히 6:17a.

　우희 2:17b. 4:11b. 7:19a. 8:15b.

　우희셔 2:15b. 4:15a.

雲長(人名) yūn cang

　雲長ㅣ 9:13a.

　雲長도 9:9b.

　雲長은 2:7b. 2:13b. 2:15b.

　雲長을 2:15b.

　雲長의 2:7b. 9:12b. 9:15a.

　雲長의게 9:9b.

雲長이 2:5a. 2:5b. 2:6a. 2:6b. 2:7a. 2:11a.
　　2:14a. 2:16b. 2:19b. 2:25b. 2:26a. 2:26b.
　　9:8b. 9:10a. 9:11a. 9:11b. 9:12a. 9:12b.
　　9:13a. 9:19b. 9:20a. 9:20b. 9:21a. 9:21b.
　　9:21b.

울다(哭) songgombi

　우노라 9:16a.

　우ᄂᆞ뇨 9:5a. 9:16a.

　우ᄂᆞ니 8:15a. 10:13b.

　우ᄂᆞ니라 8:15a.

　우ᄂᆞᆫ 9:4b. 9:5a. 9:16a.

　우러 6:8a. 6:10b.

　운대 9:15a.

　울고 1:15a. 1:17a. 5:6a. 8:14b. 8:17b. 8:22a.

　울며 9:13a. 9:16b.

움즉이다(움직이다) aššambi

　움즈기ᄂᆞᆫ 4:24a.

　움즈기지 3:23b.

　움즉이ᄂᆞᆫ 5:24b.

　움즉이지 4:13a. 4:16b.

웃(上) dergi 2:2a.

웃다 injembi

　우어 3:16b. 7:15a. 8:14b. 8:15a.

　우으니 6:17b. 9:6b.

　웃고 2:13b. 3:14a. 3:14b. 4:15a. 5:1b. 5:8b.
　　5:19b. 5:21b. 6:13b. 6:21a. 8:3b. 8:3a
　　8:4a. 8:13a. 10:2a.

　웃노라 6:12b. 9:7a.

　웃ᄂᆞ뇨 9:6b.

　웃ᄂᆞ니 5:8b. 6:12a.

　웃ᄂᆞᆫ 5:8b. 6:12a.

　웃으니 6:2ab.

웅거ᄒ다 ejelembi

　웅거ᄒ고 3:9b.

웅장ᄒ다 baturu

　웅장ᄒᆫ 8:11a.

원(怨) koro

　원이 5:11a.

元儉(人名) yuwan jiyan

元儉이라 2:17a.

元頻(人名) yuwan ing
　元頻이라 8:19b.

袁紹(人名) yuwan šoo
　袁紹는 2:24b.
　袁紹를 3:6a. 3:6b. 3:23a. 8:16a.
　袁紹의게 2:4a. 2:11b.

元帥(官職名) yuwansuwai
　元帥ㅣ라 8:8a.

袁術(人名) yuwan šu 3:18b.
　袁術를 3:6a.
　袁術을 8:16a.

원슈 kimun 5:6a. 5:7b. 9:16a. 10:12a.
　원쉬 5:23b.

元直 yuwan ji
　元直이 8:3a. 8:6b.

원ᄒᆞ다 buyembi
　원치 2:6a.
　원ᄒᆞ노라 1:17b. 3:4b. 3:9b. 3:18a. 5:10b.
　　　6:15a. 7:11a. 7:13b. 7:21a. 8:3a. 8:3b.
　　　10:7a. 10:15b.
　원ᄒᆞ는 7:20b. 8:14b.
　원ᄒᆞ여 3:13b.

웨다(외치다) hūlambi
　웨니 2:15b.
　웨여 4:18b.

위력(威力)
　위력으로 2:17a.

위염(威嚴) horon 3:7b. 3:23b.
　위염의 3:20b.
　위염이 3:10a.

위의(威儀) faidan 4:20b.

위틱ᄒᆞ다(危殆)
　위틱홈이 10:10a. 10:26b.

위ᄒᆞ다 jalin
　위홈이 6:17a. 7:21b.
　위ᄒᆞ여 7:21a. 8:2b. 8:10a.
　위ᄒᆞ여셔 3:25a.
　위홈이니 2:6a. 2:9b.

위홈이라 2:5a.

劉(人名) lio
　劉요 8:19b

劉琦(人名) lio ci
　劉琦의게도 3:19b.

劉馥(人名) lio fu
　劉馥을 8:21b.
　劉馥의 8:21b.
　劉馥이 8:20b. 8:21a. 8:21b.

劉備(人名) liobei 8:13a. 10:13b. 10:14a. 10:15a.
　　　10:16a. 10:23b.
　劉備는 7:21a. 10:25b.
　劉備를 10:6a. 10:8a. 10:15a. 10:15b. 10:21b.
　劉備의게 10:4a. 10:5a.

劉豫州(人名) lio ioi jeo
　劉豫州ㅣ 3:10a. 3:10b. 3:13a. 3:19b.
　劉豫州과 3:18b. 3:21a.
　劉豫州는 3:13b.
　劉豫州를 3:20a.
　劉豫州의 3:5b.

劉琮(人名) lio ts'ung
　劉琮이 3:6a.

劉表(人名) lio biyoo 3:18b.

劉玄德(人名) lio hiowande 2:21b.
　劉玄德의 2:20a.
　劉玄德의게 3:5a.

劉皇叔(人名) lio han ecike 8:4a.
　瑜皇叔의 8:2a.

劉澠(人名) lio si 8:21b.

은(銀) menggun 2:3a. 2:5b. 2:6b.
　은과 2:19b.

은혜 baili 2:13b. 9:10b.
　은혜를 2:4a. 8:18a. 9:21b.

음양 in yang
　음양을 4:20b.

읍ᄒᆞ다 canjurambi
　읍ᄒᆞ고 8:15b.
　읍ᄒᆞ여 8:3b.

읏듬 uju, dele 6:8a.

웃듬으로 2:5b.

웃듬이라 8:4a.

응ᄒ다 acabumbi

응ᄒ여 6:9b. 6:17a. 6:23a.

의(義) jurgan

의로 3:3b.

의를 2:2a. 2:5b. 2:6a. 2:9b. 3:13a. 5:25a.
9:11b.

의옛 2:1b. 2:22a.

의논ᄒ다 hebešembi

의논ᄒ고 10:18a.

의논ᄒ니라 6:25b.

의논ᄒᄂ 3:11a. 3:22b. 6:25b. 8:5a.

의논ᄒ더니 10:21b.

의논ᄒ면 10:12b.

의논ᄒ여 8:5a.

의논ᄒ쟈 10:12b.

의논ᄒ 3:22a. 10:5a.

의논홀 3:22a.

議郎 i lang 2:22b.

의심 kenehunjen 5:4b. 6:10a.

의심ᄒ다 kenehunjembi

의심치 5:3b. 5:9a. 7:13a.

의심ᄒ고 1:7b. 3:25a. 3:26a.

의심ᄒᄂ니 2:8b.

의심ᄒ여 1:19b. 4:12b. 5:8a. 6:25b. 7:4b. 9:13a.

의심홀 5:1b.

의심홀셰라 1:18a.

의심홀까 6:19a.

의원(醫員) daifu

의원이 7:16b.

의지ᄒ다 nikembi

의지ᄒ여 3:10a. 7:13b.

의ᄉ(意思) arga bodogon 3:7b. 6:14b.

이(관형사) ere 1:4a. 1:11a. 1:17a. 1:17b. 1:19a.
2:12b. 2:13a. 2:14b. 2:25a. 3:21b. 3:3a.
3:3b. 3:4a. 3:12b. 4:3a. 4:3b. 4:4a. 4:4b.
4:6b. 4:7a. 4:9a. 4:19b. 4:20b. 4:21b.
5:2a. 5:3b. 5:4b. 5:7a. 5:7b. 5:9b. 5:10b.

5:11b. 5:13b. 5:16b. 5:21b. 5:24b. 5:25a.
6:5b. 7:2b. 7:4a. 7:8b. 7:11b. 7:19b.
7:21a. 8:1b. 8:2b. 8:7a. 8:8b. 8:10a.
8:10b. 8:15a. 8:16a. 8:16b. 9:9a. 9:11b.
9:12a. 9:17b. 9:21b. 10:4a. 10:10b.
10:16b. 10:19b. 10:21b. 10:22b. 10:23b

이(대명사) ere 2:2a. 8:7a. 8:9b.

이ᄂ 3:23b.

이를 3:7a. 7:16a. 8:4a.

이예셔 7:14a.

이(사람, 것) 3:6a. 5:14a. 5:18b. 5:21b. 6:4b.
6:9a. 6:9a. 6:9a. 6:9a. 6:19a.

이과 3:6a.

이ᄂ 3:8a. 9:1b. 9:1b.

이를 1:10b. 2:7a. 2:10a. 5:8a. 6:5b. 6:13a.
6:14b. 6:25b. 7:10a. 7:20b. 8:10a. 8:10a.
8:18a. 9:8b. 9:8b. 9:8b. 9:15a. 10:20b.

이경(二更) jai ging 10:24a.

이곳 uba 6:15b. 8:1b.

이곳에 7:10a. 8:2b. 8:2b. 9:7a. 9:8a. 9:10a.

이곳이 1:1a.

二喬(人名) juwe coo

二喬를 8:14b.

이긔다(勝) etembi

이긔리 4:6a.

이긔리라 5:22b.

이긔매 10:23a.

이긔며 3:21b.

이긔이라 9:17b.

이긔지 3:26a.

이대도록(이토록) uttu 2:21b.

이들(이 사람) ese

이들을 6:23a.

이러트시 uttu 10:14b. 10:15a. 10:15b.

이러툿 uttu 10:17b.

이런 enteke 3:14a. 3:14b. 5:14b. 5:20a. 7:19b.
7:23b. 8:19a. 8:20b.

이럿트시 uttu 8:3a.

이럿ᄒ시 uttu 3:16a.

이로다(成) mutembi
　이로거든 5:4b.
　이로ᄂᆞᆫ 7:2b.
　이로리 7:20a.
　이로리라 3:4a. 3:21a.
　이로면 6:17a. 7:21a.
　이로지 1:11b. 1:17b. 3:13b. 3:20a. 3:26a. 4:7a.
　　　　4:12a. 6:2b. 7:1b. 7:2a. 7:6a. 8:11a. 9:8a.
　　　　10:13b. 10:14a.
　이론 6:9b.
　이롤거시 5:12a.
이르다(早) erde
　이른 8:17a.
夷陵(人名) iling ni 9:2a.
이리(이쪽으로) ere 2:9a.
이리(이렇게) uttu 1:4a. 1:11b. 1:18a. 2:11a. 2:25b.
　　　　4:20a. 5:8a. 5:10a. 9:16a. 9:16b. 10:5a.
　　　　10:12a. 10:14b.
이리ᄒᆞ다 uttu
　이리ᄒᆞ라 7:2b.
이르다(至) isimbi
　이르ᄂᆞᆫ 10:26b.
이목(耳目) yasa šan
　이목을 10:6a.
이삼십 orin gūsin 3:7a.
이슥이(한참 있다가) kejine 6:18a.
이시다 bimbi
　이셔 3:2a. 3:5a. 3:13a. 3:17a. 3:25b. 5:2b.
　　　　5:19b. 6:1a. 6:4a. 10:11a. 10:12a.
　　　　10:19a.
　이셔도 3:10b.
　이시니 1:2b. 1:3a. 2:2b. 2:11b. 3:11a. 3:15a.
　　　　3:25b. 4:11b. 4:21b. 4:24b. 5:4b. 7:8a.
　　　　7:17a. 7:18a. 7:22a. 9:17b. 10:10a.
　　　　10:26a. 10:26b.
　이시라 2:25a.
　이시리 2:7b. 5:9a. 8:13a.
　이시리라 5:9b. 6:15a. 8:13b. 10:13a.
　이시리오 2:12a. 3:13b. 3:19a. 5:1b. 5:4b.

　　　　6:16b. 8:11a. 9:11a.
　이시면 3:2a. 3:9a. 3:15a. 5:14a. 5:16b. 6:20a.
　　　　6:23b. 7:6b. 7:11a. 7:11b. 8:2a. 9:7a. 9:16b.
　이실 1:19a. 3:4a. 3:6b. 3:25b. 4:15b. 5:2b.
　　　　7:8a. 7:17b. 8:2b. 8:14b. 8:21b. 9:13a.
　　　　9:15a. 9:20a. 10:1a. 10:3b. 10:5b.
　이심애 10:2a.
　이심을 5:24a.
이십(二十) orin 4:19a.
이슬(露) silenggi 8:17a.
이예(乃, 그래서) ede 5:22b. 6:11a.
李儒(人名) li u
　李儒ㅣ 1:10b. 1:11a. 1:11b.
　李儒의게 1:10b.
李典(人名) li diyan
　李典으로 9:18b.
李典들(人名) li diyan se
　李典들의 2:10b.
이제 te 1:16a. 1:17a. 2:11b. 2:25b. 3:1b. 3:7a.
　　　　3:8a. 3:8b. 3:9b. 3:10a. 3:20a. 3:20b.
　　　　3:23a. 3:25b. 4:6b. 4:24a. 5:6a. 5:14a.
　　　　6:3a. 6:5b. 6:6b. 6:13b. 6:19b. 6:20a.
　　　　6:21b. 6:23a. 7:1b. 7:6a. 7:6b. 7:1b.
　　　　7:10a. 7:11b. 7:12b. 7:15a. 7:19a. 8:2b.
　　　　8:5b. 8:6a. 8:7a. 8:11a. 8:13b. 9:15b.
　　　　9:16a. 9:17a. 10:4a. 10:7b. 10:14a.
　　　　10:15b. 10:21b. 10:26a.
　이제야 8:4a.
이천(二千) juwe mingga
　이천이 3:8a.
인(印) doron
　인을 2:11b.
인마(人馬) niyalma morin
　인매 9:5a.
인민 niyalma irgen
　인민을 7:21b.
인의(仁義) gosin jurgan 9:9a.
인졍ᄒᆞ다 dere banimbi
　인졍ᄒᆞ면 9:22a.

인졍ᄒ미 2:6a.

일(一) emu 8:1b.

일(早) erde 6:4a.

일(事) weile, baita 1:11b. 3:13b. 4:8b. 6:4a. 7:6b.
  10:9b. 10:11a. 10:12b.

  일로 1:1b. 1:10b. 1:11a. 5:14b. 3:14a. 5:21a.
    6:22b. 9:6b. 9:16a.

  일에 1:11a. 4:2b. 5:20a. 6:18a. 8:2b. 10:1b.
    10:23a.

  일을 1:1a. 1:4b. 1:8b. 3:2a. 3:17b. 4:4a. 4:4b.
    4:7a. 4:12a. 4:20b. 4:21a. 5:4b. 6:3a.
    6:16a. 6:19a. 6:20a. 6:24a. 6:25a. 6:25b.
    7:2a. 7:6a. 7:10b. 7:12a. 9:11b. 10:4a.
    10:6b. 10:18b.

  일이 1:7b. 3:4a. 3:12a. 4:7b. 6:23a. 7:11b.
    8:11a. 10:2a. 10:5a.

  일이라 5:1b. 10:19b.

일만(一萬) emu tumen
  일만이 3:19b.

일뵉(一百) emu tanggū 3:7a. 9:4a.

일삼다 weilebumbi
  일삼고 8:20a.

일야(一夜) inenggi dobori
  일야의 10:3b.

일졀 umai 1:12b.
  일졀이 4:3b. 5:5a. 6:4b. 10:9b.

일졍(一定) urunakū 5:2a.

일쳔(一千) minggan 10:24a.

일홈 gebu
  일홈과 2:16b. 2:22b.
  일홈은 1:3a. 2:17a. 2:20a. 2:22b. 2:23b. 3:1a.
    7:9b. 8:19b.
  일홈을 1:18b. 6:2a.
  일홈이 2:15b. 3:11b. 3:23b.

일ᄒ다 weilembi
  일ᄒ고 6:1b.

잃다 turibumbi
  일치 2:22a.
  일혓노라 9:21a.

임의(이미) aifini 1:17a.

입 angga 8:3a.

잇다 bimbi
  잇거든 4:2a. 5:4a. 8:6b.
  잇게 9:3b. 10:6b.
  잇고 3:5b. 3:11b. 3:19b. 4:16b. 5:12a. 7:14b.
    7:14b. 9:1b. 9:5b. 9:18a. 10:5a. 10:26a.
  잇노라 2:22b. 3:27b. 5:25a. 7:10a.
  잇ᄂ냐 3:8b. 4:6a. 7:16b. 9:3b.
  잇ᄂ뇨 1:5a. 1:6b. 2:18a. 3:5b. 3:7b. 4:13b.
    7:9b.
  잇ᄂ니 6:7b. 6:13b. 6:14b. 7:22a.
  잇ᄂ니라 2:9a. 2:18b. 10:1b.
  잇ᄂ 4:10a. 6:9b. 8:6b. 8:11a. 8:12b. 9:1b.
  잇ᄂ지라 9:9a.
  잇다 2:20b. 4:12b.
  잇더니 1:4b. 1:15a. 1:19a. 1:20a. 2:1a. 3:6b.
    4:10b. 5:12a. 6:4b. 7:4a. 8:14a.
  잇더라 7:12b. 7:15a. 9:13b.
  잇던다 5:15a.
  잇도다 8:17b.
  잇지 6:19a. 10:7a.

잇흔날 jai inenggi 1:4b. 1:12a. 4:5b. 4:13a. 5:5a.
    5:12a. 8:4b. 8:21b. 9:17a.

<ᄌ>

子敬(人名) dze jing
  子敬과 4:13b.
  子敬도 4:12a.
  子敬ᄋ 4:10b.
  子敬은 4:5a. 4:10b. 4:14a. 4:15b. 5:19b.
  子敬의게 4:4a. 4:10b.
  子敬이 3:4b. 4:1b. 4:12a. 5:8b. 5:20a.

자다 dedumbi, amgambi
  자고 2:23a.
  자고져 2:20a.
  자ᄂ 1:5b.

자지 5:5a.

잘 1:9a.

子龍(人名) dz lung

　　子龍드려 10:25b.

　　子龍을 10:18a. 10:20b.

　　子龍의게 10:9b. 10:11b. 10:12a. 10:12b. 10:13a.

　　　　10:18b. 10:24b. 10:25a. 10:26a.

　　子龍이 10:9b.

刺史(地名) tsetse 8:19b.

紫桑郡(地名) ts'ai ts'ang jiyūn 10:24b.

　　紫桑郡의 10:3b.

子翼(人名) dze I

　　子翼아 7:4b.

　　子翼을 7:7a.

子濯孺子(人名) dz dzo žu dz

　　子濯孺子를 9:11a.

잔(杯) hūntaha 4:9a. 8:15b.

잔치 sarin 1:3a. 1:3b. 8:8b. 6:17a. 8:21b.

　　잔치를 1:2b.

　　잔치예 5:1a.

잔치ᄒ다 sarilambi

　　잔치ᄒ고 10:19a.

　　잔치ᄒ흘 8:8b.

잘ᄒ다 sain, mangga

　　잘ᄒ고 6:2a.

　　잘ᄒ여시니4:16b.

잡다 jafambi

　　잡고 2:8b. 1:13a. 1:14a. 2:16a. 1:17a. 1:18a.

　　　　1:20a. 2:23a. 2:24a. 7:23a. 8:15b. 8:16a.

　　　　9:7b. 9:20a.

　　잡는 6:4b. 6:3b.

　　잡아 2:8a. 2:14a.

　　잡아셔 1:6a. 1:17a. 8:16a. 10:22a.

　　잡아지라 2:14b.

　　잡으라 2:8b.

　　잡은 1:13b. 1:14b. 4:17a . 4:17b. 1:21b. 2:23b.

　　　　8:9a. 9:7b. 9:19a.

　　잡을 3:16b.

　　잡지 9:21b. 10:22b.

잡말 balai gisun

　　잡말로 2:4a.

잡말ᄒ다 balai gisurembi

　　잡말ᄒ는 3:16a.

　　잡말ᄒ여 5:15b.

잡피다(잡히다) jafabumbi

　　잡펴셔 4:16b.

잡히다 jafabumbi

　　잡혀셔 9:4b.

　　잡히고 10:1b.

　　잡히어고 10:20b.

　　잡히이다 6:4a.

　　잡히이리라 6:14a.

蔣幹(人名) jiyang g'an 7:11b.

　　蔣幹을 4:3a. 7:2a. 7:2b. 7:4a. 7:7b.

　　蔣幹이 7:1b. 7:2a. 7:4a. 7:4b. 7:7a. 7:7b. 7:8a.

　　　　7:8b. 7:9a. 7:9b. 7:10b. 7:11a. 7:12a.

　　蔣幹이라 7:10a.

장기(仗器, 무기) agūra 2:8b. 2:11a. 6:7a. 8:20a.

　　　　9:1b. 9:6a. 10:2a.

　　장기를 4:6a. 5:13b. 6:10a. 10:8b.

　　장기와 9:19b.

張遼(人名) jangliyoo 4:17a . 9:4a.

　　張遼ㅣ 2:6b. 2:8b. 2:9a. 9:13a.

　　張遼도 9:15a.

　　張遼로 2:7a. 9:18b.

張飛(人名) jang fei 10:5b.

　　張飛의 10:6a.

　　張飛의게 10:7b.

張昭(人名) jang joo

　　張昭ㅣ 3:22b. 10:7b. 10:21b.

　　張昭의 3:24a.

　　張昭의게 10:7b.

漳水(地名) jang ho

　　漳水라 8:14a.

장ᄉ(將帥) baturu saisa

　　장ᄉ로 3:13a.

張允(人名) jang yūn

　　張允을 4:1a. 7:6a.

張翼德(人名) jang idu
　張翼德으로 2:21b.
張子布(人名) jang dz bu
　張子布의 3:24b. 5:13b.
長坂(地名) cang ban
　長坂에 3:19b.
蔣欽(人名) jang cin 10:23b. 10:24a.
장ᄒ다(葬) sinagalambi
　장홈이 8:22a.
재(嶺) dabagan 2:24a.
　재를 2:23b. 9:5b.
재(때) 1:13b. 1:13b. 1:14b. 2:10a. 2:10b. 2:23a.
　　9:5a.
쟉(의존명사)
　쟉시면 2:26a. 3:13a. 8:1b.
쟛바지다 oncohon maktambi
　쟛바져 3:14b.
쟝(丈) moo 7:1a.
쟝검 jangkū
　쟝검을 2:26b.
쟝군 jiyangjiyūn 1:19a. 9:9b.
　쟝군으로브터 5:11a.
　쟝군은 1:2a. 1:4a. 2:22a. 9:10a.
　쟝군을 1:16a. 5:15a. 6:20b.
　쟝군의　1:4b.　1:16b.　1:16ba.　1:17a.　1:17a.
　　1:18b. 2:13a. 2:17b.
　쟝군의게 1:15b. 2:12a. 3:2a. 5:23b.
　쟝군이 1:1b. 1:16a. 1:18a. 2:24b. 2:24b. 2:25a.
　　3:9b. 3:10b. 3:11b. 3:20b. 6:22a. 9:11a.
　　9:20a. 9:20b.
　쟝군이라 4:24a.
　쟝군이라도 4:15a.
쟝막 cacari, monggo boo 4:22a.
　쟝막의 4:23a. 5:4a. 7:4a. 7:7a.
　쟝막의셔 6:20b. 7:12a.
쟝만ᄒ다 dagilambi
　쟝만ᄒ고 4:8b. 8:20b.
　쟝만ᄒ여 1:2b. 1:3b. 3:18a. 6:17a. 8:8b.
쟝수들ᄒ jiyangjiyūn sa

쟝슈들희 6:6b.
쟝슈 jiyangjiyūn, baturu 2:10b. 4:20a. 9:10b.
　　9:18b. 10:5a.
　쟝슈과 3:7b.
　쟝슈로 2:14a.
　쟝슈를 4:1b. 9:12a.
　쟝슈와 10:5b.
　쟝슈의 2:20a. 2:23b.
　쟝쉬　2:12b.　3:5b.　3:7b.　3:23a.　5:3b.　6:8b.
　　9:16a. 10:22b. 10:23b. 10:25b.
　쟝쉬라 2:23b.
　쟝쉬로다 7:13b.
쟝슈들 jiyangjiyūn sa 2:15b. 3:18b. 5:12b.
　쟝슈들은 5:12b.
　쟝슈들을 2:10b. 5:12a. 8:8b. 9:21b. 10:6b.
　쟝슈들의 2:1a.
　쟝슈들이 2:2a. 4:19a. 5:21a. 5:22b. 10:23a.
쟝인(匠人) faksi 7:20a.
　쟝인과 4:21a.
쟝인들 faksisa
　쟝인들을 4:10a.
저(자기) i
　저를 2:2b. 9:12a.
저허ᄒ다(두려워하다) olhombi
　저허ᄒ노라7:11a.
　저허홈이 8:2a.
적(때) jaka, ucuri 7:18b.
　적의 1:18b. 4:2a. 7:13a. 8:14a. 8:19a. 9:4b. 9:6a.
赤壁(地名) cibi
　赤壁의 10:12a.
錢塘(地名) ciyan tang 6:1b.
田橫(人名) diyan heng
　田橫은 3:13a.
절로 ini cisui
　절로 6:10a.
절ᄒ다 hengkilembi
　절ᄒ고 5:11b. 6:3a. 10:5a.
　절ᄒ다 10:19a.
　절ᄒ여 1:3b. 3:3a. 5:6b. 6:8a. 6:10b.

접프다(두렵다) olhombi
접퍼 4:15a.
젓다(攪) šurumbi
저어 6:3b.
丁公 ding gung
丁公을 9:22a.
程普(人名) ceng pu
程普ㅣ 10:22b. 10:23a.
程昱(人名) ceng ioi
程昱이 2:1b. 2:2a. 2:2b. 2:5a. 2:6a. 2:7a. 2:7a.
9:8b.
젖다 usihimbi
저저셔 9:1b.
졓다(두려워하다) olhombi
저허 3:20b. 4:7a. 4:17b. 5:21b. 5:24a. 7:16b.
8:5b. 9:4a.
저홈 7:1b.
저흐리 7:19b.
제(저의, 자기의) ini 1:9b. 2:5a. 2:19a. 2:19b.
2:21a. 2:22b. 3:4a. 4:9b. 4:12b. 4:16a.
4:17b. 4:19a. 4:25a. 5:6b. 6:1b. 6:9b.
6:21b. 7:2b. 7:10a. 7:12b. 7:16b. 7:22a.
8:8a. 8:4b. 8:12b. 8:14a. 8:21b. 10:3a.
10:8b.
제게 4:12b.
제(때) jaka, fon 1:2b. 1:8b. 1:9a. 1:13a. 1:13b.
1:15b. 1:17a. 1:18a. 1:19a. 1:21a. 1:22a.
2:3a. 2:7b. 2:15a. 2:15b. 2:17a. 2:17b.
2:19a. 2:19b. 2:23b. 2:23b. 2:26b. 3:2b.
3:3a. 3:4a. 3:6b. 3:9b. 3:25a. 4:4a. 4:8b.
4:14a. 4:17b. 4:23a. 5:2b. 5:5b. 6:9b.
6:11b. 6:14a. 6:15b. 6:17a. 6:22a. 7:7a.
7:8a. 7:10b. 7:17b. 7:22b. 8:8b. 8:14b.
8:18b. 8:21b. 9:2a. 9:4b. 9:13a. 9:15a.
9:16b. 9:20a. 10:1a. 10:3b. 10:12a.
10:24b.
齊(國名) ci 3:13a.
諸家陳圖 geren mergensei faidan I nirugan
諸家陳圖와 7:16a.

諸葛亮(人名) jug'uliyang 4:2b. 5:2b. 8:13a.
諸葛亮과 3:8a. 10:5b.
諸葛亮도 4:2a. 5:20b.
諸葛亮은 4:23b.
諸葛亮을 3:1a. 4:4a. 5:20b. 9:6b.
諸葛亮의 3:18a.
諸葛亮의게 4:24a.
諸葛亮이 3:7b. 3:15b. 4:20b.
져(저, 彼) tere 3:18b. 3:20b. 5:3a.
져는 2:15a. 5:10a.
져도 5:21b.
져를 1:11b. 2:16b. 2:18b. 5:19a. 5:22a. 10:10a.
져의 3:4b. 3:23b. 3:26a. 4:10a. 4:12b. 4:24a.
5:7b. 5:19a. 10:6a. 10:6a.
져의게 2:3b.
졀로 5:9a.
져긔 tubade 2:17a. 4:16b. 10:13b.
져녁 yamji 3:27b. 4:7b. 5:5a. 6:6a. 7:15b. 10:21b.
져들 tese
져들의 9:7a.
져믈다 yamjimbi
져므니 9:17a.
져므러 9:13b.
져므런는지라 10:21a.
져믈고 8:9a.
져런 tenteke 2:6a.
져ᄇᆞ리다(저버리다) aifumbi
져ᄇᆞ리지 2:12a.
져ᄇᆞ릴 2:12a.
져적 seibeni, canenggi
져적의 3:23a. 6:20b. 7:1b. 8:4a. 8:14a.
젹(敵) bata, hūlha
젹을 3:12a. 5:12b. 5:13a. 9:7a.
젹이 4:16b. 5:3a.
젹(時)
젹의 9:15b.
젹국(敵國) bakcin
젹국이라 2:24b.
젹다(적다) ajige, buya, komso

져근 8:5a.

젹고 3:5a. 3:5b. 3:23a. 3:26a. 9:2b.

젹어 3:17b.

젹어도 3:23a.

젹으니 5:10a.

젹은 1:2b. 1:4b. 1:8b. 1:11a. 2:3a. 2:9b. 2:13a.
　　2:22b. 3:8b. 3:12b. 4:4b. 4:9a. 4:13a.
　　5:4a. 5:5a. 5:5b. 6:3b. 6:9a. 6:19b. 7:2a.
　　7:7b. 7:14b. 7:19a. 9:1b.

젹이(조금) majige 1:4b. 1:13a. 1:14a. 8:1a. 8:7b.
　　9:3b. 9:6a.

젹토마(赤兎馬) citu morin 9:7b.

　　젹토마를 2:8b.

　　젹토매 2:7b.

젼(前) nenehe, onggolo 2:12a. 6:20a. 7:12a. 9:9a.
　　9:10a. 9:10b. 9:21b. 10:18b.

　　젼에 2:4b. 4:20b.

　　젼의셔 9:19b.

젼댱(戰場) dain

　　젼댱의 10:16a. 10:16b.

젼량(戰糧) ciyaliyang 9:19b.

젼령ᄒ다(傳令) fafun selgiyembi

　　젼령ᄒ여 7:20a.

젼송(傳送) 2:9b.

젼송ᄒ다 fudembi

　　젼송ᄒ게 2:12b.

　　젼송ᄒ니 2:19b.

　　젼송ᄒ라 2:9a.

　　젼송ᄒ여 2:7a.

　　젼송ᄒ쟈 2:6b.

　　젼송홈을 2:19b.

젼일(前日) nenehe inenggi

　　젼일에 9:10b.

　　젼일의 9:9a.

젼ᄒ다(傳하다) selgiyambi

　　젼ᄒᄂ 5:8b.

졀집(寺刹) miyoo boo 7:7b. 7:8a.

　　졀집의 7:7a. 7:7b.

졀ᄒ다 hengkilembi

졀ᄒ고 4:21b. 5:11b.

졈다 asiha

　　졈고 7:12b.

　　졈어셔 6:1b. 6:12b. 6:14a. 10:1b.

졈은이 asihan

　　졈은이를 2:26a.

졈졈 ulhiyen ulhiyen 4:18b.

졍(情) funiyagan

　　졍으로 2:6b.

　　졍이 5:21b.

졍교(政敎) dasan tacihiyan

　　졍교를 8:20a.

졍년ᄒ다 silimbi

　　졍년흔(精選흔의 誤記) 3:19b.

졍월(正月) aniya biya 10:18a. 10:18b.

졍이 jing 9:13a.

졍졔ᄒ다(整齊하다) dasambi

　　졍졔치 4:16a.

　　졍졔ᄒ고 3:17b.

　　졍졔ᄒ여 9:16a.

　　졍졔ᄒ여시니 3:8b.

졍직ᄒ다 tondo

　　졍직ᄒ고 10:23a.

졍ᄒ다(定ᄒ다) toktombi

　　졍ᄒ라 3:22a. 4:4b.

졍히(正히) jing 1:7b. 1:8b. 1:9a. 2:11b. 2:12b.
　　2:24b. 5:7b. 5:10a. 5:21b. 7:4a. 7:17b.
　　9:2a. 9:19b. 10:12a. 10:13a. 10:22a.

졍ᄒ다(定ᄒ다) toktombi, boljombi

　　졍ᄒ고 3:6a. 6:18b.

　　졍ᄒ다 10:18a.

　　졍ᄒ라 3:9a.

　　졍ᄒ리니 3:21b.

　　졍ᄒ리라 10:6b.

　　졍ᄒ여시니 5:14a.

　　졍ᄒ엿노라 7:3a.

　　졍흔 6:15b.

　　졍흔들 10:16b.

　　졍홀만 3:11a.

졍흠이 3:5a. 6:13b. 6:15b.

졔(저의, 자기의) tere 2:5a. 2:6a. 2:7a. 4:5a. 4:9a.
　　4:9b. 4:10a. 4:10b. 5:10b. 5:21b. 6:9b.

졔(때) 6:11b.

졔(祭) jukten
　졔를 10:14a.

졔어ᄒᆞ다(制御) tohorombumbi
　졔어ᄒᆞ기 5:14b.

졔ᄒᆞ다(祭) wecembi
　졔ᄒᆞ려 10:17b. 10:18b. 10:19b.

曹(人名) ts'oo 2:24b.
　曹의게 6:22b.

조(人名) ts'oo 6:5b.

曹公(人名) ts'oo gung
　曹公과 3:22b.
　曹公을 7:3a.
　曹公이 3:23a. 6:23b.

조샹 mafari
　조샹예 10:18b.
　조샹의 10:17b. 10:19a.
　조샹의게 10:14a.

조심ᄒᆞ다 olhombi
　조심ᄒᆞ여 7:21b.

조쓸 belhe 8:3b.

趙雲(人名) joo yūn
　趙雲이 10:9b.

曹仁(人名) ts'oo in 9:17b.
　曹仁을 9:17a.
　曹仁의 9:14a.
　曹仁이 9:14a. 9:18a.

趙子龍(人名) joo dz lung
　趙子龍이 10:11a. 10:14b.

曹操(人名) ts'oots'oo 5:24b.
　曹操ㅣ 2:1a. 2:2a. 2:2b. 2:4b. 2:5a. 2:6a. 2:7a.
　　2:10a. 2:10b. 2:11a. 2:12a. 2:13a. 2:13b.
　　2:14b. 2:19b. 3:6a. 3:6b. 3:8a. 3:10a.
　　3:18b. 3:25b. 3:26a. 4:3a. 4:15a. 4:16a.
　　4:19a. 5:2b. 5:3a. 5:4a. 5:5a. 5:12a. 5:7a.
　　5:7b. 5:9a. 6:4b. 6:5a. 6:6a. 6:7b. 6:11a.
　　6:12a. 6:12b. 6:13a. 6:14a. 6:14b. 6:15a.
　　6:16a. 6:16b. 6:17a. 6:17b. 6:18a. 6:19a.
　　6:19b. 6:25b. 7:1a. 7:2a. 7:4a. 7:12a.
　　7:13a. 7:13b. 7:14b. 7:15b. 7:16a. 7:16b.
　　7:17b. 7:18a. 7:19b. 7:20a. 7:21a. 7:21b.
　　7:22a. 8:5a. 8:6b. 8:7b. 8:8a. 8:8b. 8:9a.
　　8:9b. 8:10a. 8:12a. 8:13a. 8:15a. 8:19b.
　　8:20b. 8:21a. 8:22a. 9:1a. 9:2b. 9:3a.
　　9:4a. 9:4b. 9:5a. 9:5b. 9:6a. 9:6b. 9:8a.
　　9:9a. 9:10a. 9:10b. 9:11b. 9:12a. 9:13b.
　　9:14a. 9:14b. 9:15a. 9:16a. 9:16b. 9:17a.
　　9:18a. 9:21a. 10:12a.
　曹操과 3:5a. 3:10a.
　曹操를 2:14a. 3:15a. 3:16b. 3:21a. 3:22a.
　　4:23b. 5:2a. 5:20b. 5:22a. 7:7a.
　　7:6b. 7:23b. 9:5b. 9:12a. 9:12b.
　曹操의 2:1a. 2:23b. 3:5b. 3:15b. 3:19b. 3:21a.
　　4:1a. 4:7b. 4:14b. 4:15a. 4:15b. 4:17a.
　　4:22b. 6:17b. 6:19a. 7:12a. 7:17a. 9:5a.
　　9:7b. 9:11b. 9:21b.
　曹操의게 3:5b. 3:12b. 3:20b. 3:24b. 4:5a.
　　4:16a. 4:19a. 6:19b. 6:25a. 7:5b. 7:6a.
　　7:11a. 7:12a. 7:22b. 8:5a. 8:7a. 8:20b.

좃다(좇다) dahambi
　좃과댜 10:3a.
　좃노라 6:17a.
　좃지 3:9a. 10:19b.

죵요롭다 baitangga
　죵요로온 9:18b.

좇다 dahambi
　조차 1:1b. 1:14a. 1:17a. 2:19b. 2:22a. 3:1b.
　　5:5a. 5:15a. 6:2b. 6:3b. 6:9b. 6:10a. 7:4b.
　　8:12b. 9:5b. 9:9b. 10:8a. 10:24a.
　조찻ᄂᆞᆫ지라 8:18b.
　조차셔 3:11b. 5:13b.
　조차시니 10:4a.
　조찻더라 2:10b.
　조츠라 8:16b.
　조츤 2:8a. 2:17b. 9:13b. 10:1a. 10:3a. 10:20b.

조츰은 3:20b.

조츰을 10:15b.

조츨 6:23b.

좌우편 hashū ici ergi 1:10a. 1:20a. 5:14b. 5:15b.
　　5:17a. 5:23b. 6:11b. 7:6b. 7:7b.

　좌우편의 8:1a. 8:9a.

좌하(座下) soorin i fejile

　좌하의 10:4b.

죄 weile, sui 2:2b. 2:3b. 2:4a. 2:18a. 4:10a. 5:6a.
　　5:15b. 5:18a. 5:19a. 6:9b. 6:14a.

　죄를 2:18b. 3:17b. 5:16b. 5:17a.

죠고만 majige, ajige 2:4a. 2:13b. 2:14a. 4:23a.
　　6:2b. 8:6a. 9:18b.

죠곰 majige, ajige

　죠곰도 4:19b. 9:15b.

죡ᄒ다 elembi

　죡ᄒ리라 8:14b.

周(人名) jeo 10:25b.

주검 giran

　주검을 8:22a.

主公 ejen gung

　主公은 3:17a. 10:8a. 10:12b. 10:18b. 10:22b.
　　10:25a. 10:26a.

　主公을 3:16b. 10:12b. 10:10a.

　主公의 10:4b.

　主公이 10:10b. 10:11b.

주다 bumbi

　주고 1:11b. 2:3a. 2:12a. 5:6b.

　주니 1:12b. 2:12b. 4:18b. 4:25a. 6:19b. 10:4a.

　주는 2:13a.

　주다 4:22a. 6:17b. 7:22a. 10:3a.

　주려 1:15b. 8:14a.

　주마 1:3a. 5:4b. 9:18a.

　주시니 2:14b.

　주어 8:20b. 9:4b. 10:7b.

　주어셔 10:4b. 10:23b.

　주엇더니 10:9b.

　주쟈 1:4a.

　주지 1:3a.

준 2:5b. 2:12a. 2:12b.

周郎(人名) jeo lang 7:15b.

　周郎은 7:15b.

　周郎이 7:10a.

주리다 yuyumbi

　주려 9:1a.

주머니 fadu 10:26a.

　주머니를 10:9b. 10:10a. 10:11a.

周瑜(人名) jeo ioi 5:2b. 5:7b. 5:17b. 6:9a. 6:10a.
　　6:14a. 7:1b. 8:12a. 9:6b.

　周瑜ㅣ 4:1a. 4:4b. 4:5a. 4:5b. 4:6a. 4:7a. 4:7b.
　　4:8a. 4:8b. 4:9b. 4:12b. 4:22b. 4:23a.
　　4:24a. 4:23b. 4:25a. 5:1a. 5:1b. 5:5a.
　　5:6a. 5:6b. 5:7a. 5:7b. 5:9b. 5:10a. 5:10b.
　　5:11b. 5:12a. 5:13a. 5:13b. 5:15a. 5:15b.
　　5:16b. 5:17a. 5:18a. 5:21a. 5:21b. 5:22a.
　　7:2b. 7:3a. 7:4a. 7:4b. 7:5a. 7:7a. 7:12b.
　　8:14a. 10:3b. 10:4a. 10:5a.

　周瑜를 7:4a. 7:21a.

　周瑜의 4:23b. 10:9a.

　周瑜의게 4:4b. 4:12a. 4:22a. 4:24b. 5:1a. 5:9b.
　　5:21a. 7:1a. 7:4b. 7:20b. 8:4b. 10:3b.

周泰(人名) jeo tai 10:24a.

　周泰를 10:23b.

죽다 bucembi

　죽거든 10:16a.

　죽고져 1:16a. 3:25a.

　죽기를 2:21b. 4:5a.

　죽노라 6:14a.

　죽다 8:21b.

　죽도록 2:10a. 9:8a.

　죽어 1:17a.

　죽어도 10:17b.

　죽언지 9:16a.

　죽으라 6:13a.

　죽으리라 4:3b. 5:11b. 7:15b. 9:8b.

　죽으며 9:5a.

　죽으면 6:15a.

　죽은 7:17a. 9:4b. 10:14a.

죽을디 8:2a.

죽음을 4:9b. 9:21a.

죽지 1:16a. 10:16b.

죽이다 wambi

죽여 7:6a. 10:2b.

죽여도 9:12a.

죽여셔 5:15a.

죽여시니 5:6a. 5:7b.

죽여지라 2:4b.

죽엿고 5:3b.

죽이거든 6:12b.

죽이고 2:18a. 9:22a. 6:11b.

죽이고져 4:21b. 5:20a.

죽이라 2:4b. 5:15b. 6:11b. 6:12a. 6:12b. 9:4b.

죽이려 2:3b.

죽이리 7:21b.

죽이리라 5:14a. 9:3b. 9:5a.

죽이면 4:5a.

죽이지 5:14b. 7:21b. 9:13a.

죽인 2:20b. 4:1a.

죽일 4:4b.

죽일시 5:16a.

죽임을 8:21b. 8:22a. 9:10b.

죽임이라 8:1b.

줄(의존명사) 1:7a. 1:20b. 8:1a.

줄을 6:14b. 8:14a. 9:13a.

줄(線) jurgan

줄로 4:14b.

줍다 tomsombi

주어 1:21b.

中國 dulimbai gurun

中國에 3:11a.

仲謀(人名) ts'ung mu

仲謀ㅣ 3:27b.

中原(地名) dzung yuwan 7:18b.

쥬(州) jeo

쥐 8:1b.

쥬공(主公) ejen gung, jeo gung

쥬공을 3:15a. 3:24b. 3:25a.

쥬공의 8:11b.

쥬공이 3:22b. 8:18b.

쥬랑(人名) jeo lang

쥬랑이 6:6b.

쥬렴(珠簾) tuhebuku 1:7a.

쥬야 inenggi dobori 10:19a.

쥬옥 tana gui

쥬옥곳치 1:15b.

즁당 dulimbai boo

즁당에 1:5a. 1:6b.

즉시 uthai, gaitai 1:1a. 1:3b. 1:15a. 1:21a. 2:3a.
2:3b. 2:14b. 2:17b. 2:19a. 3:1b. 3:14a.
3:15a. 3:17b. 3:18a. 3:22a. 3:23b. 4:2b.
4:9a. 4:14a. 4:15b. 5:8a. 5:11b. 5:17a.
5:18a. 6:3a. 6:3b. 6:4b. 6:11b. 6:12b.
6:16a. 6:19b. 6:20b. 6:24b. 6:25a. 7:2a.
7:9a. 7:11b. 7:16b. 7:20a. 8:5a. 8:7a.
8:7b. 8:14b. 8:21b. 8:22a. 9:3b. 9:9b.
9:12a. 9:19a. 9:20a. 10:4a. 10:9b. 10:11a.
10:15a. 10:17b. 10:21b. 10:22a.

즉제(즉시) gaitai, andande 7:4a.

즐기다 sebjelembi

즐겨 8:11b.

즐기게 10:8b.

즐기다가 4:15b.

즐기더니 10:1b.

즐기되 6:1a.

즐겨ᄒ다 urgunjembi

즐겨ᄒ더라 1:8b.

즐다(질다) lifambi

즈다 9:3a.

지게(戶) uce 1:7a.

지경(地境) jase

지경의 10:24b.

지나다 dulembi

지나다 9:12b.

지나도록 7:12a. 8:6a. 8:7a.

지나지 7:14a.

지내다 dulembi

지내여 2:26a.

지다(負) unumbi
　지고 3:23b.

지다(結) talmambi, tuhembi
　져서 4:14a.
　졋고 4:16a.
　지니 10:13b.
　지믈 9:11b.
　지지 5:18b.

지다(敗) anabumbi
　지는 3:21b.
　지지 9:8b.

지다(보조동사)
　지리니 4:10a.

지댱(棒, 곤봉) mukšan
　지댱으로 5:15b.

지르다(불 지르다) dabumbi
　지르면 7:3a.

지ᄅ다(불 지르다) dabumbi
　지롤쏘 7:3b.

지ᄅ다(찌르다) gidalambi
　지ᄅ니 8:21b.

지아뷔(夫) eigen 10:19a.

지아비(夫) eigen 10:13b. 10:16b.
　지아비과 10:20a.
　지아비는 10:17a.

지위(번, 회) meyen 7:1b.

지치다 šadambi
　지쳣고 9:1a.

지혀다(기대다) nikembi
　지혀셔 1:20b.

직으다(伐) sacimbi
　직으려 2:26b.
　직을러니 7:6b.

직킈다(지키다) tuwambi
　직킐 8:20b.

직키다(찍히다) sacibumbi
　직키여 9:1b.

직희다(守) tuwambi

직희니 9:22a.

직희라 9:18a. 9:22a.

직희여 3:13a. 7:9b. 7:10a. 9:17a.

직희여셔 10:10b.

직희여시니 9:18b.

직희올꼬 9:18a.

직희쟈 8:6a.

진(陣) ing 3:8b. 5:12a.
　진에 7:12a.
　진을 7:13a.
　진의 7:6b.

陳武(人名) cen u 10:22a. 10:22b.

진실로 unenggi 2:5b. 2:7b. 3:15a. 4:20a. 6:15a.
　　6:19a. 6:24a. 7:11b. 7:13b. 7:14a. 7:21a.
　　8:6b. 10:17b. 10:21b.

진졍 unenggi mujilen
　진졍을 1:16a.

진짓(짐짓) unenggi 8:16a. 10:4a. 10:5a.

진ᄒ다(盡ᄒ다) wajimbi, mohombi
　진치 2:12b.
　진ᄒ거든 10:10a.
　진ᄒ여셔

짐줏(짐짓) jortai 3:17a.

집 boo 1:5b. 2:20a. 3:24b. 5:1b. 7:8b. 10:1a.
　　10:1b. 10:2a. 10:11b.
　집과 10:7b.
　집을 10:1b.
　집의 1:1b. 1:2a. 1:2b. 1:4b. 1:7b. 1:10b. 1:12a.
　　1:19b. 2:20a. 2:20b. 2:21a. 2:22a. 7:9b.
　　7:12a. 8:22a. 10:13b.
　집의셔 2:22b. 2:23a.
　집이 6:1a. 7:22a.

집다 jafambi
　집고 9:1a.

집ᄒ jeku orho
　집흘 4:13a.

짓(깃틸) dethe 4:12b.

짓다 arambi
　지어 1:7a. 2:4a. 5:19a. 7:4b. 7:14b. 8:6a.

186

지어셔 2:21b.

지으니 5:15b. 6:21a. 6:23a.

지으리라 5:18a.

지으면 4:10a.

지은 8:14b.

짓고 1:6a. 3:14a. 4:2b. 5:13b. 7:14a. 8:20a. 10:11b.

짓기 5:16b.

짓다 2:3a.

짓다(안장을 지우다) tohombi

지어셔 7:13a.

짓기 9:2a.

ᄌ(字) tukiyehe gebu

ᄌᄂᆞᆫ 2:17a. 3:1a. 6:1a. 7:9b. 8:19b.

ᄌ롤 2:8a.

ᄌ(文字) hergen

ᄌ롤 5:1a.

지라 5:1b.

지오 5:1a.

ᄌ녀 sargan jui

ᄌ녀와 10:7b.

ᄌ식 jui 1:3a.

ᄌ식을 1:2a.

ᄌ식들 juse 8:14a.

ᄌ식들과 3:24b.

ᄌ셔타(精) yargiyan 6:18a.

ᄌ셔히 getuken 6:13b.

졸다 narhūn

준 7:6b.

좀 amu

좀에 1:9b.

좀좀ᄒᆞ다 ekisaka

좀좀커놀 9:20b.

좀좀ᄒᆞ더라 9:17a.

지(塵) fulenggi 3:12b. 3:15b.

지간(재주) faksi

지간의 4:20b.

지간젓다(才ᄯᅳ스럽다) faksi

지간저은 7:23b.

지조 erdemu 3:5a.

지조롤 2:17b. 3:3a. 3:4b. 5:22b. 7:10a. 7:10b.

지조에 3:3b.

지조의 7:12b.

지조윗 7:13b.

지죄 3:13b. 4:7a. 8:4a. 9:21a.

지죄라 4:20b.

지조롭다(재주 있다) erdemungge

지조로온 6:21b.

지촉ᄒᆞ다 hacihiyambi

지촉ᄒᆞ여 2:8a. 10:24a.

<ㅊ>

차(茶) cai 3:4a.

차다(滿) jalumbi

찻ᄂᆞᆫ지라 4:18b.

착다 saišambi

착다 7:14a.

착히 saišame 2:6a.

착ᄒᆞ다 sain, saisa

착흔 1:17b. 3:16a. 4:24a. 5:8a. 7:16b. 7:20b. 10:16b.

참모(參謀) ts'an jiyūn, ts'an mu 5:23a. 6:2a. 6:5a.

창(窓) fa 1:5b.

창(槍, 矛) gida 1:13b. 1:14a. 1:14b. 1:18a. 1:20a. 2:16a. 8:15b. 8:16a.

창에 1:20b.

창으로 8:21b.

창을 1:21a. 1:21b. 2:16a. 10:1a. 8:15b.

창이 10:1b.

창고 ts'ang cahin

창고의 8:20a.

창극(槍戟) gida jangkū 8:9a.

瘡覇(人名) ts'ang ba

瘡覇과 8:7a.

瘡覇롤 8:7a.

蔡瑁(人名) ts'ai mao 4:1a. 7:6a.

蔡瑁롤 5:3b.

蔡瑁의 5:3b. 5:5b.

蔡陽(人名) ts'ai yang
　蔡陽으로 2:4b.
　蔡陽을 2:1b.
　蔡陽이 2:1a.
蔡中(人名) ts'ai dzung 5:3b. 5:5b. 5:6b. 5:9a. 5:10a.
　　6:18a. 6:20a. 6:21a. 6:22a. 6:23a. 6:24a.
　蔡中의 6:25a.
　蔡中이 6:22b. 7:6a.
蔡中들(人名) ts'ai dzung
　蔡中들이 6:25a.
蔡和(人名) ts'ai ho 5:3b. 5:6b. 6:21a. 7:6a.
　蔡和ㅣ 5:5b. 6:18a. 6:22a. 6:23a. 6:23b. 6:24a.
　蔡和를 5:9a. 6:20a.
　蔡和의 5:10a.
　蔡和의게 6:24a.
챠일(遮日) cacari 4:5b. 5:6a. 5:12a.
쳐녀 sargan 1:18b.
처음 da
　처음에 3:1b.
처지다 genembi
　처지고 5:18b.
靑州(地名) cing jeo
　靑州ㅣ 3:6b.
쳐(妻) sargan
　쳐와 2:21a. 2:22a.
쳐ᄌ(妻子) juse sargan 5:4b.
쳔(千) mingga 2:5b. 4:11b. 8:8a. 8:20a.
　쳔에 4:19b.
　쳔이 3:5b.
　쳘 2:7b.
쳘량(錢糧) ulin
　쳘량과 10:8b.
　쳘량을 2:5b. 10:8b.
청농도(靑龍刀) cinglung jangkū 2:14a.
　청농도를 2:8b. 9:7b.
청포(靑布) mocin 4:11b. 4:12b.
청ᄒ다(請) solimbi, henjimbi
　청ᄒ니 4:5b.
　청ᄒ여 3:17b. 7:5b. 7:10b.

청훈 7:4b.
체ᄒ다 arambi
　체ᄒ여 5:7a. 7:16b. 10:12a.
　체ᄒ여셔 6:9b. 6:21b.
초가(草家) elgen i boo
　초가의 1:1a.
貂蟬(人名) diyocan
　貂蟬과 1:20b.
　貂蟬도 1:17a.
　貂蟬으로 1:4b.
　貂蟬을 1:3b. 1:8a. 1:8b. 1:13a. 1:14b. 1:20a.
　貂蟬이 1:2a. 1:5b. 1:6a. 1:8b. 1:9a. 1:10a.
　　1:14b. 1:15a. 1:17b. 1:18a. 1:18b.
　貂蟬이라 1:3a.
　貂蟬인 1:7a.
초암(草庵) elben i boo
　초암의 7:10b.
초옥(草屋) elben i boo
　초옥이 7:8a.
초졈(草店) orho uri 8:20a.
초ᄒᄅ날(1월1일) ice inenggi 10:18a. 10:18b.
촌(寸) urhun
　촌의 7:20b.
총ᄒ다(聰) sure
　총코 6:16a.
춤추다 maksimbi
　춤추는 8:11b.
츈츄(春秋) cun cio 9:11a.
취ᄒ다(醉) soktombi
　취토록 7:5b.
　취한 3:27b.
　취ᄒ니 10:20b.
　취ᄒ여셔 8:12a. 8:22a.
　취혼 7:16b. 8:21b.
취ᄒ다(取) gaimbi
　취ᄒ여 10:24a.
칙다(치우다) jailambi
　칙여 8:3a. 3:10b.
치다(育) ujimbi

188

치며 2:3b.

치다(設置) cambi, ilimbi
　쳐 3:8b.
　쳐시니 5:12a.
　치고 4:11b. 4:12b.
　친 3:8b. 7:14a. 7:17b.

치다(打) tantambi
　쳐 3:23a. 5:15b. 5:17b.
　쳐셔 5:17a.
　치고 4:15a. 4:15b. 4:18a.
　치기를 5:18a.
　치니 6:6b. 7:1a.
　치는되 5:19a.
　치라 5:17a. 5:17b.
　친 5:20a. 5:22a. 6:18a.
　친다 5:21a.

치다(攻擊) afambi
　치지 5:10a.
　칠 4:24a.

치다(벼락치다) akjandambi
　침굿치 1:19a.

치우다(고리를 채우다) dubumbi =tubumbi
　치워셔 7:20b.

친ᄒ다(親) hajilambi
　친ᄒ여셔 8:14a.

칠빅(七百) nadan tanggū 9:19a.

침노ᄒ다(侵擄) nungnembi
　침노코져 3:9a.
　침노ᄒᄂ 3:12a.
　침노홈이 3:21b.

칩다(춥다) beiguwen
　칩고 9:2b.

츳다(冷) šahūrun
　츳고 6:3b. 7:8a.
　츤 9:2b.

츳다(着) ashambi
　츳고 10:1a.
　츤 1:13b. 10:23b.

츳례(次例) jergi, jalan 6:9b. 8:9b.

출히다(예의를 갓추다) bargiyambi, icihiyambi
　출혀 5:12b.
　출히라 1:8b.
　출힐 4:2a.

춤아(차마) jendembi 9:8b. 9:13a. 10:23b.

춤다 jendembi, katunjambi
　춤으려 8:17a.
　춤지 1:19.

춧다 baimbi
　츠자 3:17a. 7:11b.
　츠즈니 1:20a. 9:15a.
　츠즈라 1:14b. 2:24b.
　츠즐 2:15b.
　츠즘을 1:14b.

<ㅋ>

켜다(點火) dabumbi
　켜고 2:23a. 6:5a.
　켜니 9:14a.

콩(豆) liyoo 9:15b.

크다 amba
　커셔 6:1b.
　크게 1:8b. 1:21a. 2:6a. 1:10a. 1:10b. 2:20b.
　　2:13a. 3:1b. 3:9b. 3:14b. 3:16b. 3:21b.
　　3:23b. 4:1a. 4:4b. 4:6a. 4:8b. 4:12b.
　　4:22b. 4:25a. 5:1b. 5:6a. 5:8a. 5:8b.
　　5:12a. 5:13b. 5:15b. 6:1a. 6:12a. 6:13b.
　　6:16b. 7:2a. 7:4a. 7:14b. 7:16a. 7:17a.
　　8:3b. 8:4a. 8:5a. 8:6b. 8:12a. 8:13a.
　　8:14a. 8:14b. 8:16b. 8:19a. 8:20b. 8:21a.
　　9:3a. 9:4b. 9:6b. 9:9b. 9:15a. 9:16b.
　　10:4a. 10:8a. 10:12b. 10:14a. 10:18b.
　　10:20b. 10:22b. 10:23b. 10:24b.
　크모로 8:10a.
　크믈 6:2a.
　큰 1:11b. 2:3a. 2:4a. 2:6b. 2:8a. 2:13a. 2:17b.
　　2:22a. 3:8b. 3:17b. 3:24b. 4:6a. 4:7b. 4:13a.

4:14a. 4:20a. 4:20b. 5:2b. 5:8b. 6:2b. 6:4a.
6:5b. 6:8a. 6:9a. 8:16a. 7:3a. 7:6a. 7:14b.
7:18b. 7:19a. 7:21a. 8:8a. 8:9a. 8:8b. 9:1b.
9:11a. 9:18b. 9:20a. 9:20b. 10:5a. 10:6b.
10:7b. 10:8a. 10:18a. 10:15a.

큰지라 7:23a. 8:17a.

큰길ㅎ amba jugūn
    큰길희 10:18a.

ᄏ니와(물론이거니와) sere anggala 7:19a.

<ㅌ>

타다(乘) yalumbi
    타 2:16a. 7:18b.
    타셔 1:13a. 1:19b. 5:5a. 7:2a.

涿郡 dzu jiyūn
    涿郡의 10:19a.

탄식ᄒ다 sejilembi
    탄식ᄒ고 3:26a.
    탄식ᄒ여 4:22b.

탈(頉) fiktu 4:21b.

탐지ᄒ다
    탐지홈이 6:4b.
    탐지ᄒ여 4:1a.

탓 turgun, jalin, haran
    타스로 1:11a. 1:17a. 6:1b. 8:6a. 9:7a.
    타시니라 5:8b.
    타시라 3:13b. 9:7a.

태반(太半) amba dulin
    태반을 3:10a.
    태반이 9:4a.
    태반이라 9:2a.

太師(官職名) taise 1:3b.
    太師ㅣ 1:5a. 1:8a. 1:10b. 1:11a. 1:2b. 1:15b.
    太師의 1:3b. 1:4a.
    太師의게 1:7b.

泰山(地名) tai san alin 8:13b.

태평이(太平) taifin 7:18a.

太后 taiheo
    太后ㅣ 10:3b. 10:17a. 10:19b.
    太后와 10:15b. 10:19a.

터럭(털) funiyehe
    터럭이 6:22a.

텬디(天地) abka na 7:2b.

텬하(天下) abkai fejergi 2:5a. 6:8b. 10:15a.
    텬하를 1:11a. 3:10a. 8:10b.
    텬하에 9:20b.
    텬하의 2:12a. 5:8a. 8:4a. 8:16a. 9:9a.
    텬해 8:18b.

討虜(人名) too lu 3:2a.

토ᄒ다(吐) jurumbi
    토ᄒ여 7:17a.

統(人名) tung
    統이오 7:9b.

통ᄒ다 hafumbi
    통치 4:20a.
    통케 5:3a.
    통ᄒ면 6:14b.
    통ᄒ엿ᄂ니 9:11a.

투구 saca 8:20a.

튱(忠) tondo
    튱이 2:3b.

튱의(忠) tondo jurgangga
    튱의예 5:24a.
    튱의옛 2:13b. 6:17a.

틈 šolo 1:18a. 6:15b.

틧글 toron
    틧글이 10:24b.

틋다(奏) fithembi
    틋고 8:17b.

틋다(乘) yalumbi
    틋고 1:13b. 1:14a. 2:23a. 4:4b. 6:19b. 7:13a.
        8:4b. 8:7b. 8:9a. 9:2a. 9:7b. 9:19a. 10:20b.
    틋ᄂ 8:8a.
    틋다 8:8a.
    틋려 7:22b.
    틋면 7:19b.

튼 2:7a. 2:7b. 2:10a. 2:10a. 3:6a. 8:7a. 9:4a.
    10:20b.

틀 2:3a.

틔오다(乘) yalubumbi
    틔와셔 7:7b.

<p>

破虜(人名) po lu 5:11a. 5:15a.

파ㅎ다(破) efulembi
    파치 5:13b.
    파ㅎ거든 5:16b.
    파ㅎ고 3:6a. 8:16a. 3:10a.
    파ㅎ기도 5:13a.
    파ㅎㄴ니 5:15b. 8:21a.
    파ㅎ라 4:23b.
    파ㅎ려 7:3a.
    파ㅎ리 8:2b.
    파ㅎ리니 5:24b.
    파ㅎ리라 6:10a.
    파ㅎ면 3:21a. 7:7a.
    파ㅎ야 3:1b.
    파ㅎ야시니 3:23a.
    파ㅎ여 5:12a. 7:20a.
    파홀 3:15a. 7:6b.
    파홀찌면 7:21a.

팔십 jakūnju 8:1b. 8:1b.

沛國相(地名) pei guwe hiyang 8:19b.

覇陵(地名) ba ling 2:10a.

패ㅎ다 efujembi, gidabumbi
    패치 9:16b.
    패ㅎ고 9:10a.
    패ㅎ리라 6:23a.
    패ㅎ면 3:21a.
    패흔 9:7a.
    패홀 6:14b.
    패홈으로 3:19b.
    패홈을 9:14b.

퍼지다 serebumbi
    퍼져시니 6:23a.
    퍼젓다 9:9a.
    퍼지더라 1:5b.

퍼지오다 serebumbi, algimbi
    퍼지오리니 6:15b.
    퍼지오면 7:6b.

펴다(轉派) selgiyembi
    펴다 8:4b.

펴다(開) neimbi
    펴셔 10:3b. 10:4b.

편(偏) ashan, ergi 6:11b. 6:23b.
    편에 9:7b.
    편의 2:10b. 3:4a. 8:13a. 8:15a. 9:20b. 10:1a.

편안이 elhei 1:8b.

편안ㅎ다 elhe
    편안치 3:25a. 7:8a. 10:2a. 10:4a.
    편안ㅎ더니 1:15b. 9:14a.
    편안ㅎ신가 9:9b.
    편안홀 10:6b.

편쟝군(偏將軍) ashan i jiyangjiyūn 2:2b.

편ㅎ다(安) elhe
    편코 7:18a.

편ㅎ다(平) neciken
    편흔 9:5b.

평상(平床) besergen 1:9a.
    평상에 1:9a. 6:3a. 7:5b.

평히(平定) necin 3:6a. 3:6b. 3:8a. 8:10b.

폐ㅎ다(廢) waliyambi
    폐ㅎㄴ뇨 3:25b.

푸르다 sahahūn
    푸르고 3:3b.

풀다(解) sartabumbi
    푸러 8:17a.

풀어지다 efujembi
    푸러져 9:12a.

품다 hefeliyembi
    품어시니 3:12a.

품ㅎ다(稟) habšanambi

품ᄒ고 2:25b.

품ᄒ엿더니 2:11a.

풍뉴 kumun 8:8b.

플다(解) sumbi

프러 9:10b.

플어지다 bengnembi

프러지게 5:14b.

플(草) orho 1:21b.

플을 3:21b. 8:17b.

피(血) senggi 5:18b.

피곤ᄒ다 mohombi

피곤ᄒ여 9:4b.

피나다 senggilembi

피나게 6:8a. 6:10b.

피리 ficakū 8:17b.

픤잔저이 yertebumbi 6:20b

픤잔ᄒ다 yertembi

픤잔홈이 6:14a.

필(匹) 1:12b.

픠오다(파헤치다) fetembi

픠와 9:11b.

<ㅎ>

夏口(地名) hiya keo

夏口 8:9b.

夏口로 8:13a.

夏口에 9:19b.

하늘 abka 1:18b. 4:18a. 4:20a. 6:12a. 8:8b. 8:12a.

하늘에 4:21b. 6:3b.

하늘을 3:8b. 9:15a.

하늘의 3:13b. 6:9b. 6:17a.

하늘이 2:19b. 6:5a. 6:24a. 7:8a. 8:9a. 8:12b.
9:13b. 9:17a. 10:21a.

河北(地名) birai amargi 2:24b.

河北에 2:24b.

下邳城(地名) hiya pi hecen

下邳城의셔 2:2b.

夏候惇(人名) hiya heo dun

夏候惇으로 9:18a.

漢(國名) han 9:22a.

한거ᄒ다 jirgambi

한거홈이 2:3b.

한두어 emu udu 3:18b.

韓遂(人名) han sui 8:5a. 8:5b.

한숨지다 sejilembi

한숨지고 9:13a.

한숨지더니 5:23a.

한숨ᄒ다 sejilembi

한숨ᄒ니 6:22a.

한심ᄒ다 šahūrun

한심ᄒ니 10:2a.

할미 mama 10:1b. 10:2a.

合淝(地名) ho fei 8:19b. 9:18a.

合淝ᄂ 9:18b.

항복ᄒ다 dahambi

항복게 5:22a.

항복고져 3:24b. 5:14a. 7:1a.

항복지 3:12b. 3:13a.

항복ᄒ노라 5:3a.

항복ᄒᄂ 3:20b. 5:9a. 5:10b. 5:25a. 6:7b. 6:11a.
6:16b.

항복ᄒ라 5:5b. 5:6a. 5:7a. 5:7b.

항복ᄒ렴으나 5:13b.

항복ᄒ면 3:26a. 6:9b. 6:13b.

항복ᄒ여 3:13b. 5:4a. 6:7a.

항복ᄒ여시니 3:6a. 7:6a.

항복ᄒ 3:20b.

항복홀 3:11b. 7:23a.

항ᄒ다(降) dahambi

항코져 6:22b.

항ᄒ니 2:2b.

항ᄒ라 6:23b. 7:5b.

항ᄒ려니와 7:5b.

항ᄒ면 7:5b.

항홀 7:11a.

海內 mederi dorgi 3:9b.

해롭다 gejurembi

  해로온 8:10a.

해ᄒ다(害) necimbi, belembi, ehecumbi

  해ᄒ고 7:10a.

  해ᄒ려 2:1a.

  해홀 2:9a.

햐슈ᄒ다(下手하다) gala aššambi

  햐슈치 10:23b.

햐쳐ᄒ다(下處하다) tatambi

  햐쳐ᄒ여셔 10:9b.

  햐쳐흔 3:22a.

향ᄒ다 baru

  향ᄒ여 1:2b. 1:7a. 1:7b. 1:10a. 1:14a. 1:15a.
    2:23b. 2:24a. 3:1b. 3:2b. 3:4b. 3:5a.
    3:10a. 3:22b. 3:23a. 3:24a. 4:1b. 4:10b.
    4:14a. 4:19b. 5:5a. 6:3b. 6:6a. 6:12a.
    6:14a. 6:21a. 6:22a. 7:2b. 7:3a. 8:4a.
    8:9b. 8:13a. 8:13b. 8:15b. 9:9b. 9:12a.
    9:15a. 9:19a. 10:19b.

許都(地名) sioi du

  許都로 8:5a.

  許都에 9:17a.

허믈ᄒ다 ushambi

  허믈치 4:5a.

  허믈ᄒᄂ냐 9:20b.

허영다 šahūn

  허여케 2:20a.

許褚(人名) sioi cu 2:10b. 2:14b. 9:4a.

許昌(地名) sioi cang

  許昌으로 9:19a.

허ᄒ다(許諾) angga aljambi

  허ᄒ다 1:3a.

  허ᄒ여심으로 2:4b.

獻帝(황제) hiyandi han

  獻帝ᄋᆡ 1:14a.

헐다 efulembi

  허러 5:19a.

험ᄒ다 haksan

  험흔 9:5b.

헤치다 neimbi

  헤침 3:21b.

헷 untuhuri 6:20a.

혀 ilenggu

  혀로7:20b.

혁쏘다(射) niyamniyambi

  혁쏘더니 10:9b.

玄德(人名) hiowande 10:21a.

  玄德과 10:20a.

  玄德을 2:24b. 10:22b.

  玄德의 3:3b. 10:13a.

  玄德의게 9:19a. 9:19b. 10:8b. 10:11a. 10:11a.

  玄德이 10:1a. 10:1a. 10:2a. 10:2b. 10:3a.
    10:9a. 10:11b. 10:12b. 10:13a. 10:13b.
    10:14b. 10:15b. 10:16b. 10:17a. 10:17b.
    10:18a. 10:19a. 10:20b. 10:24a. 10:24b.
    10:25b.

형 ahūn 2:24b.

  형을 2:9a. 2:9b. 5:7b.

  형의게 5:6a.

형뎨 ahūn deo 5:4a.

  형뎨를 2:21b.

형졔 ahūn deo

  형졔라 7:5a.

荊州(地名) jing jeo

  荊州ㅣ 3:7a. 3:20b. 10:12b.

  荊州ㅣ롤 3:10a. 3:21b. 9:6a. 9:18a. 10:11b.
    10:14b. 10:15a.

  荊州ㅣ예 5:4b. 10:3a. 10:9a. 10:12b. 10:16a.

荊楚(地名) jing ts'u 3:8a.

혜다 tolombi, dabumbi

  혜니 4:22a.

  혜여도 7:17a. 9:4b.

  혜지 2:1a. 2:4a 4:9a

혜아리다 bodombi, seolembi

  혜아려 1:4a. 1:11b. 3:7a. 3:10a. 4:20b. 4:24b.
    5:14a. 8:9b.

  혜아렷노라 5:24b.

  혜아리고 3:7b.

혜아리니 4:7b. 4:15a. 5:2a. 5:3b. 7:16a. 10:22b.

혜아리라 3:10b.

혜아리면 8:4a.

혜아리지 8:13a.

혜아릴 5:5b.

혜아림을 6:14b.

혜아림의 4:22b.

혜아림이 5:3a. 5:9b. 7:19b. 9:6b.

胡(人名) hū

胡요 2:22b.

호걸 saisa mergese

호걸을 10:16a.

호령ᄒᆞ다 fafulambi

호령ᄒᆞ여 9:3b.

호통(砲) poo 9:7a.

胡華(人名) hū hūwa

胡華ㅣ 2:23a.

胡華의게 2:23a.

혼인ᄒᆞ다 gaimbi

혼인ᄒᆞ다 10:2b.

혼자 emhun 1:20a. 2:10a. 7:9b.

홀로 emhun 6:3b.

홀리다 holimbumbi = hūlimbumbi

홀려셔 10:9a.

홀연이 holkon de 5:5b. 5:23a. 6:21a. 7:5b. 7:17b.

華(人名) hūwa

華ㅣ라 2:22b.

化(人名) hūwa

化요 2:17a.

화(禍) jobolon

해 3:12a.

화극(槍) ji gida 1:13a.

華容(地名) hūwa žung 9:13b.

華容道(地名) hūwa žung doo

華容道로 9:1a. 9:21a.

華容道에셔 9:5a.

화ᄒᆞ다(和) acabumbi

화ᄒᆞ여 8:18b.

환도(環刀) loho 1:13b. 2:24a. 6:23a. 9:4b. 10:1b.

10:2b. 10:23b.

환도로 10:23b.

환도를 2:16b. 7:8b.

환도에 9:1b.

환도와 10:1a. 10:1b.

桓帝 hūwan di 2:22b.

활 beri 10:9b.

黃(人名) hūwang

黃이오 3:1a.

黃蓋(人名) hūwang g'ai   3:2b.   5:9b.   5:10a.
        5:10b. 5:11a. 5:11b. 5:13a. 5:15a. 5:15b.
        5:17b. 5:22b. 5:23a. 5:23b. 5:24a. 5:24b.
        5:25a. 6:2a. 6:3a. 6:8a. 6:9b. 6:10b.
        6:11a. 6:20a. 6:20b. 6:24a. 6:25b. 7:23a.

黃蓋게 6:20a.

黃蓋를   5:17b.   5:18a.   5:18b.   5:20a.   5:21a.
        5:22a. 6:18a. 7:1a.

黃公覆(人名) hūwang gung feo

黃公覆ㅣ 6:6a. 6:6b. 6:7b.

黃公覆과 6:16b. 6:18b.

黃公覆를 6:12a.

황뎨 han 1:13a. 1:13b. 1:18a. 2:17b.

황뎨의 3:13b.

황망이 ebuhu sabuhū 1:10b. 1:14a. 3:17b.

황망히 ebuhu sabuhū 3:24a. 3:22b.

皇帝 han

皇帝끠 7:21a.

會稽山陰(地名) hui ji san in 6:1a.

횡힝ᄒᆞ다 hetu undu yabumbi

횡힝ᄒᆞ여 5:15a.

효도 hiyoošun i doro

효도를 10:13b.

효도의 10:19b.

효되 10:14a

효렴ᄒᆞ다 hiyoošungga

효렴ᄒᆞᆫ 6:1b.

侯 heo

侯ㅣ 10:15b. 10:17a. 10:18b.

후(後) amala, manggi

후에 2:6a. 2:6b. 3:1b. 3:18b. 4:3a. 4:8b. 4:17b.
  7:12a. 10:6b.
후의 7:3b.
훗 2:4b.
후당(後堂) amargi boo
  후당에 1:1b. 1:14b. 1:20a. 3:15b. 3:18a. 3:24a.
  후당에셔 3:25a.
  후당으로 3:14a. 3:14a.
  후당의 10:21a.
후셰 amaga jalan
  후셰예 1:17a.
훗날 amaga inenggi 2:13b. 6:17a.
흐르다 eyembi
  흐르듯 6:1b. 7:16b.
  흐름 6:3b.
흐륵다 eyembi
  흐륵고 5:18b.
흐터지다 facambi, faksalambi
  흐터져 1:12a. 9:12a.
  흐터지게 10:6a.
  훗터지니 5:2a.
  훗터지다 8:4a.
  훗터지더라 3:14a.
  훗터지리라 7:3a.
  흐터지쟈 10:15b.
  흐터진 8:19b.
흔들다 acinggiyambi
  흔들미니라 8:13b.
흙 boihon
  흙과 3:12b.
  흙에 5:11a.
  흙을 9:3b.
훗허지다 facambi
  훗허지다 10:21a. 10:22b.
흉내다 yendembi
  흉내여 8:21a.
흩다 salambi
  흐터 10:3a.
희다 šanggiyan

흰 8:9a.
희롱ᄒ다 efimbi, efiyembi
  희롱ᄒᄂᄂ다 1:10a.
  희롱ᄒ여 4:8a.
힐란ᄒ다 mohobumbi
  힐란ᄒ여 3:2a.
힘 hūsun 1:16b. 6:10a. 8:11a. 8:20b.
  힘을 3:10b. 3:21a. 4:19b. 8:13a.
  힘이 6:24b. 9:8b. 9:10a.
힘쓰다 kicembi
  힘써 10:22a.
  힘쓰라 8:11b.
ᄒ다 sembi
  호되 1:16a. 2:11b. 2:18a. 3:26a.
  홈은 9:12a.
  홈이라 4:2b. 5:21b.
  ᄒ거든 6:2b.
  ᄒ고 1:3a. 1:3b. 1:4a. 1:5b. 1:10a. 1:12b.
    1:17a. 1:18a. 1:19a. 2:1b. 2:7a. 2:9b.
    2:10a. 2:13a. 2:14a. 2:21b. 2:22a. 2:22a.
    3:6a. 3:7b. 3:8a. 3:16b. 3:17b. 3:18a.
    4:4b. 4:9a. 4:12a. 4:14a. 4:14b. 4:16b.
    4:19a. 4:23a. 5:2a. 5:3a. 5:11b. 5:14b.
    5:15b. 5:18a. 6:4a. 6:6a. 6:11b. 6:14a.
    6:21b. 6:24b. 7:1a. 7:2b. 7:4a. 7:5a. 7:7b.
    7:8b. 7:10a. 7:15a. 8:4a. 8:12a. 8:14b.
    8:16b. 8:21a. 8:22a. 9:3b. 9:6a. 9:14b.
    9:16b. 9:18b. 9:20b. 10:2b. 10:6a. 10:6:a.
    10:6b. 10:7b. 10:8b. 10:16b. 10:18a.
    10:19b. 10:18b.
  ᄒ고져 8:10b.
  ᄒ노라 1:2b. 1:17a. 3:5a. 4:7a. 5:12b. 6:21a.
    7:3b. 7:17a. 7:17b.
  ᄒ니 1:2a. 1:3a. 1:8b. 1:17a. 2:1a. 2:4b. 2:9b.
    2:18b. 2:20b. 2:24a. 3:1a. 3:3a. 3:9a.
    3:16a. 3:23a. 3:26a. 4:6b. 4:13b. 5:5b.
    5:6a. 5:6b. 5:10b. 5:14a. 5:15b. 6:17b.
    7:5b. 7:9a. 7:10a. 7:14a. 7:20b. 7:21b.
    8:7a. 9:3a. 9:9a. 10:2a. 10:11a. 10:16b.

ᄒᆞᄂᆞ냐 4:9a. 5:7b. 5:23b. 5:24a. 6:4b.

ᄒᆞᄂᆞ뇨 5:7b. 6:22b.

ᄒᆞᄂᆞ니 2:2b. 2:2b. 2:12a. 8:20b.

ᄒᆞᄂᆞᆫ 2:3b. 2:4a. 2:5b. 3:9a. 3:12b. 3:16a. 3:24b. 3:25a. 3:25b. 4:5a. 4:8b. 5:7b. 5:20b. 5:22a. 5:25a. 6:11a. 6:12a. 6:14a. 6:22b. 8:21a. 9:12b.

ᄒᆞ다 3:22a. 7:2a. 9:5a. 9:22a. 10:3a. 10:8b. 10:11a. 10:22a.

ᄒᆞ더니 6:5b. 9:14a. 10:4a. 10:5a. 10:10b.

ᄒᆞ더라 4:3b. 4:12b. 4:18a. 5:6b. 7:16b. 8:5a.

ᄒᆞ되 7:6b. 8:10b. 8:18a. 10:15a.

ᄒᆞ라 10:2a.

ᄒᆞ리 4:10b. 7:4a.

ᄒᆞ리니 2:5a.

ᄒᆞ리라 2:13b. 6:23b. 7:11a. 8:10b.

ᄒᆞ리오 3:19a. 4:23a.

ᄒᆞ마 2:25b. 6:18b.

ᄒᆞ면 1:11a. 1:11b. 2:4b. 2:26a. 4:10a. 5:3b. 5:18a. 6:3a. 6:13a. 6:19a. 7:3a. 10:17b.

ᄒᆞ야 10:3a.

ᄒᆞ여 1:3a. 1:6b. 1:19a. 1:10b. 2:1a. 2:3a. 2:5b. 2:7a. 2:8a. 2:9a. 2:9b. 2:10b. 2:12b. 2:14a. 2:14b. 2:15a. 2:15b. 2:16b. 2:18a. 2:20a. 2:22a. 3:4a. 3:4a. 3:4a. 3:10a. 3:12a. 3:14a. 3:17a. 3:21a. 3:22a. 3:22b. 3:23b. 3:24a. 3:25a. 3:26a. 4:2b. 4:4a. 4:9b. 4:10b. 4:14b. 4:17a. 4:17b. 4:18b. 4:19a. 4:21b. 4:23b. 4:25a. 5:2b. 5:6a. 5:14a. 5:14b. 5:17b. 5:19a. 5:20a. 5:20b. 5:21a. 5:21b. 5:22a. 5:23a. 5:24a. 6:4a. 6:7a. 6:8b. 6:10a. 6:11b. 6:12b. 6:18a. 6:19a. 6:21b. 6:23b. 7:1a. 7:2b. 7:4a. 7:5a. 7:5b. 7:6b. 7:9a. 7:10b. 7:15a. 7:23a. 8:8a. 8:10b. 8:11a. 8:15a. 8:15b. 8:22a. 9:4a. 9:4b. 9:6b. 9:15a. 9:18a. 9:18b. 9:19a. 9:20a. 9:20b. 9:21a. 10:8b. 10:11a. 10:12a. 10:13a. 10:14b. 10:21a. 10:21b. 10:25a.

ᄒᆞ여도 1:17a. 2:5a. 2:7a. 2:8a. 2:9b. 5:2a. 5:11a. 5:11b. 5:13a. 7:19b. 8:17a. 8:22a. 10:17a.

ᄒᆞ여셔 4:18a. 5:11b. 7:12b. 10:6a. 10:6b. 10:12a. 10:22a.

ᄒᆞ여시니 4:10b. 8:2a. 9:20b.

ᄒᆞ엿노라 6:24a.

ᄒᆞ엿더니 2:22b. 4:21a. 8:4a.

ᄒᆞ엿더라 6:25b. 10:26b.

ᄒᆞ엿도라 6:10b.

ᄒᆞ쟈 1:16a. 2:2a. 2:7a. 2:21b.

ᄒᆞᆫ 2:4b. 2:13a. 3:7b. 4:21a. 5:7a. 5:9a. 5:9a. 5:11b. 5:22a. 7:3b. 7:6a. 8:6a. 8:6b. 8:7a. 8:9b. 8:14a.

ᄒᆞᆫ다 5:13a.

ᄒᆞᆫ대 2:21a. 4:13b. 5:15b. 5:17a.

ᄒᆞᆫ들 2:13b.

ᄒᆞᆯ 1:2b. 1:15b. 1:17a. 1:18a. 1:21a. 1:21b. 1:22a. 2:19a. 2:26b. 4:4a. 7:7a. 7:22b. 8:14a. 9:16b. 10:12b.

ᄒᆞᆯ랏다 9:16b.

ᄒᆞᆯ까 4:11a.

ᄒᆞᆷ을 2:2a. 6:20b. 7:11a.

ᄒᆞᆷ이 2:1a.

ᄒᆞᆷ이니 5:10b.

ᄒᆞᆷ이라 4:21a.

ᄒᆞᆷ애 2:17b.

ᄒᆞ리다(癒, 낫다) yebe
　ᄒᆞ리고 1:13a.

ᄒᆞᄅᆞ emu inenggi 2:7b. 5:12a.
　ᄒᆞᆯ론 1:9a. 1:14a. 1:17b.
　ᄒᆞᆯ롤 1:17b.

ᄒᆞᄅᆞ낫 emu inenggi 3:20a.

ᄒᆞᄅᆞ밤 emu dobori
　ᄒᆞᄅᆞ밤의 3:20a.

ᄒᆞᆶ며 tere anggala 4:16b.

흑당(學堂) tacikū boo
　흑당을 8:20a.

ᄒᆞᆷ아(벌써) elekei 3:17b.

196

ᄒᆡ이다(하게 하다) obumbi
  ᄒᆡ이고 2:2b. 2:3b. 5:4b. 5:6b.
  ᄒᆡ이다 6:2a.
  ᄒᆡ이엿더니 6:1b.
  ᄒᆡ임을 7:21a.
흔(一) emu 1:2a. 1:2b. 1:3a. 1:5b. 1:7a. 1:8b.
    1:9b. 1:17b. 1:18b. 1:22a. 2:6b. 2:7a.
    2:10a. 2:12b. 2:14a. 2:15a. 2:15b. 2:16a.
    2:20a. 2:23b. 3:11a. 3:16a. 3:17b.
    3:18b. 3:21a. 4:3a. 4:1b. 4:11b. 4:14b.
    4:21b. 4:23a. 4:23b. 4:24b. 5:1a. 5:1b.
    5:5a. 5:6b. 5:10b. 5:19b. 5:23b. 6:4b.
    6:17b. 6:21b. 6:22a. 6:25a. 7:1b. 7:2a.
    7:2b. 7:3a. 7:5b. 7:8a. 7:8b. 7:18a. 7:22b.
    8:2a. 8:3b. 8:7a. 8:14b. 8:19a. 9:5b. 9:6b.
    9:7a. 9:14a. 9:17b. 9:19b. 9:19b. 10:4a.
    10:9b. 10:13a. 10:25a.
흔가지 emgi, sasa 5:1b. 6:6b.
  흔가지로 1:5a. 2:21b. 3:21a. 6:2b. 6:16b.
    6:18b. 8:2b. 8:11a. 10:5b. 10:12b.
  흔가지며 4:24b.
흔나ᄒ emu, emge
  흔나 2:7a. emu
  흔나흘 10:9b.
  흔나히 10:26b.
  흔나히요 2:3b.
흔번(한번) emgeri, emu jergi 1:8a. 1:16a.
    10:20a. 1:20b. 2:3a. 2:13a. 2:15a. 3:15b.
    3:23a. 6:1b. 6:6a. 6:18b. 7:1b. 7:18b.
    8:21b. 9:7a. 9:7a. 9:22a. 10:10b. 10:15a.
    10:20a.
  흔번이나 2:13a.
흔ᄒ다(恨) korsombi
  흔ᄒ고 4:19a.
  흔ᄒ노라 5:10b.
홈씌 emgi 1:1a. 1:17a. 1:20b. 3:2b. 3:21a. 4:13b.
    4:15a. 4:23a. 5:6b. 5:19b. 6:25a. 7:13a.
    7:14b. 7:16a. 8:7a 8:12a. 9:12b 10:9b.
    10:17a. 10:17b. 10:18b. 10:19a. 10:20a.

희(日) šun 4:18b.
  희를 1:18b.
희(年) aniya 6:10b. 8:8a. 10:01b. 10:9b. 10:14a.
  희ᄀᆞ치 1:17b.
  희만의 10:9b.
희닉(海內) mederi dorgi 6:9a.
희ᄌᆞ(垓子) ulan 8:20a.
  희ᄌᆞ와 9:2b.
힝혀 aikabade 1:3a. 1:11b. 2:12b. 2:13b. 2:14a.
    2:16b. 3:6b. 3:9a. 3:11a. 3:26a. 4:4a.
    4:4b. 4:7a. 4:10b. 4:12a. 4:15a. 5:13b.
    5:14a. 5:18a. 5:20b. 6:15b. 6:17a. 7:11b.
    8:12b. 8:13b. 9:5a. 9:7a. 9:17a. 10:6b.
    10:8a. 10:15a. 10:16a.
힝ᄒ다 yabumbi
  힝치 9:2b. 10:11a.
  힝키도 7:19a.
  힝홈이 6:3a.
  힝ᄒ니 2:7b.
  힝ᄒᄂᆞ 8:16a. 9:3a.
  힝ᄒ다 6:3b.
  힝ᄒ라 2:7b. 5:2a. 6:20b. 9:17b. 10:8a. 10:25a.
  힝ᄒ며 9:1a.
  힝ᄒ면 5:11b.
  힝ᄒ여 10:13b.
  힝ᄒ여셔 10:2b. 10:24a.
  힝홀 2:17a. 2:17b. 5:10b. 6:9b.
  힝홀까 10:13a.
  힝홈을 5:10b.
  힝홈이 5:3b.
  힝홈이니라 6:15b.

만주어 어휘색인

\<A\>

abka 하늘 1:18b. 2:19b. 4:17b. 6:5a. 6:24a. 7:2b.
    7:8a. 8:8b. 9:13b. 9:16b. 10:21a.
  abka be 3:8b.
  abka de 4:21b. 6:9b. 6:17a.
  abka i 6:3b. 8:8b. 9:15a.
  abkai 3:13b. 4:20a. 6:11b. 8:12a. 8:12b.
abka i fejergi 천하 5:8a. 6:8b.
  abkai fejergi 2:4b. 8:18b. 9:20a. 10:15a.
  abkai fejergi be 1:11a. 3:10a. 8:10a.
  abkai fejergi de 8:16a.
abkai fejile 천하 2:1b. 2:12a. 2:22a. 8:4a. 9:9a.
absi 어디, 아무 1:20b. 2:24b. 10:15a.
acabumbi 만나게하다, 뵈게하다
  acabuha 1:3b.
  acabume 6:9b. 6:17a. 7:14a. 8:18b.
  acabure 6:23b. 7:11a. 7:11b.
  acaburengge 2:4a.
acambi 만나다, 뵈다
  acaci 2:13b. 4:2b.
  acafi 3:22b. 4:4b. 6:19b. 8:4b. 10:13a. 10:20b.
  acaha 1:16a. 2:24a. 3:4b. 4:6a. 4:10a. 6:5a. 7:4b.
    7:10a. 10:11a.
  acaha de 5:20b.
  acahabi 5:3a. 10:7b.
  acaki 7:9a.
  acambi 1:18a. 2:1b. 2:15a. 5:15b. 6:3a. 6:19b.
    6:24b. 8:16b. 8:22a. 9:6a. 9:19a. 9:19b.
    10:21b.
  acambihe 5:16b. 9:20b.
  acame 7:12a. 9:19b.

acara be 6:21b.
  acara de 3:3a. 4:5b.
  acarakū 1:8a. 2:1b. 2:2a. 2:2b. 2:11b. 7:17a.
    9:14b. 10:10b.

acanambi 만나러가다, 뵈러가다
  acanaci 2:11b.
  acanafi 5:21a. 7:12a.
  acanaha 5:9b.
  acanara 4:2a.
  acanarakū ni 4:3a.
acanjimbi 만나러 오다, 뵈러오다
  acanjifi 1:10b.
  acanjihakū 2:5a.
  acanjime 6:4a.
  acanjirengge 3:13b.
acinggiyambi 흔들다
  acinggiyambi 8:13b.
adali 처럼, 같이 1:15a. 1:15b. 1:18b. 3:13b. 3:15b.
    3:21b. 3:21b. 3:23b. 3:26b. 4:24b. 5:1b.
    6:1b. 6:2b. 6:5b. 6:16b. 7:15a. 7:16b. 8:9a.
    8:9b. 8:16b. 8:17b. 10:11b.
adalingge 같은 이 3:8a.
adambi 정렬하다
  adafi 7:19a. 7:19a.
  adame 3:4a. 4:13a.
adarame 어찌 1:8a. 1:11b. 2:2a. 2:21a. 3:6b.
    3:13b. 3:19a. 3:23b. 4:2b. 4:5a. 4:11a.
    4:20a. 4:21b. 5:8a. 5:20a. 5:20b. 5:22a.
    5:24a. 6:12b. 6:13a. 6:14a. 6:15b. 7:3a.
    7:3b. 7:10a. 7:20a. 7:23b. 8:2b. 8:20b.
    10:16b.
afabumbi 맡기다

afabuhabi 9:18a.

afabume 4:22a. 9:18b.

afambi 싸우다, 치다

afacibe 5:2a.

afaha 9:8b.

afaha de 6:14a. 9:8a. 10:6b. 10:12a.

afaki 3:25b.

afambi 2:10a. 3:22b.

afame 3:20b. 3:25a. 9:8a. 10:12a. 10:16a.

afara 3:7b. 3:7b. 3:8b. 3:9a. 3:19a. 3:19b. 6:10a.
7:14b. 8:20a. 10:16b.

afara de 5:22b. 6:6a.

afarakū 3:12a. 5:10a.

afarengge 4:24a. 9:17a.

aga 비 1:19a. 4:18a. 9:2b. 10:16b.

aga be 6:5b. 10:6b.

aga de 9:1b.

agambi 비오다

agara 1:19a. 4:18a. 9:2b. 10:16b.

agu 그대 5:11a. 8:3a.

agu be 8:17a.

agui 3:12b.

agūra 장기(仗器), 무기 2:8b. 2:10b. 6:7a. 8:20a.
9:1b. 9:5b. 9:19a. 10:2a.

agūra be 4:6a. 5:13b. 6:10a. 10:8b.

agūra de 10:2b.

ahūn 형 2:24b.

ahūn be 2:8b. 2:9b. 2:9b. 5:7b.

ahūn de 5:6a.

ahūn i 3:10b.

ahūn deo 형제 2:21b. 5:4a. 7:5a.

ai 무엇, 어찌 1:1b. 1:3b. 1:4a. 1:10a. 1:10b.
1:12b. 2:7b. 2:11a. 2:20a. 3:8b. 3:11a.
3:14a 3:14b. 3:25b. 4:2b. 4:5b. 4:7a. 4:8a.
4:13b. 5:8a. 5:9a. 5:14b. 5:15b. 5:18a.
5:19b. 5:21a. 6:5a. 6:11b. 6:12a. 6:13b.
6:14b. 6:20b. 6:22b. 7:15b. 7:21b. 8:3a.
8:11a. 8:13a. 8:17b. 8:19a. 8:20b. 8:21b.
9:6b. 9:10b. 9:15b. 9:16a.

ai ai 온갖 4:9b. 4:21a.

aibide 어디에 1:5a. 2:18a. 4:13b. 5:15a. 6:7b. 7:22a.

aifini 이미, 벌써 1:16b. 4:21b. 6:24a. 9:12b. 9:20b.

aifumbi 어기다

aifuha 2:12a.

aifure 2:12a.

aika 무엇 1:6b. 5:4a.

aikabade 행여 1:3a. 1:11a. 2:12a. 2:13b. 2:14a.
2:16b. 3:6b. 3:9a. 3:11a. 3:26a. 4:4a. 4:4b.
4:6b. 4:11a. 4:12a. 4:15a. 5:13a. 5:14a.
5:18a. 5:20b. 6:15b. 6:16b. 7:11b.
8:12b. 8:13b. 9:5a. 9:7a. 9:17a. 10:6b.
10:7b. 10:14b. 10:15b.

aimaka 무슨 7:6a.

ainaha seme 어떻든 2:8a. 5:2a.

ainambahambi 어찌하리오

ainambahafi 1:2a. 6:22b.

ainambi 어찌하느냐, 무엇하느냐

ainaha 2:7a. 2:15a. 2:16b. 5:10b. 7:10a. 7:17b.

ainaha i 10:15b.

ainahai 3:5b. 7:23a.

ainambi 4:15a. 6:12b. 7:16b. 8:1b. 10:24b.

ainara 2:12a. 3:19a. 3:26a. 3:26a. 4:6b. 4:23b.
6:10a. 7:6b. 10:7a. 10:26a.

ainci 그러나 3:7a. 6:18a. 8:15a.

ainu 어찌 1:11a. 2:8b. 2:21b. 2:25b. 3:1b. 3:11b.
3:13a. 3:15a. 3:16a. 3:17a. 3:26a. 4:3a.
4:23a. 4:24a. 5:1b. 5:4b. 5:7b. 5:10a.
5:19b. 5:19b. 5:20a. 5:20a. 6:2b. 6:6a.
6:13b. 6:14b. 6:22b. 7:4b. 7:5a. 7:9b.
7:19b. 8:2b. 8:15a. 9:2b. 9:5a. 9:20b.
10:2b. 10:10b. 10:22b.

aise 왜, 어찌 1:7b. 9:20b.

aiseme 왜 6:15a.

aisi 이익 5:16a.

aisilabumbi 돕게하다

aisilabumbi 3:16a.

aisilaburengge 6:24a.

aisilambi 돕다

aisilaci 6:2b. 6:24b.

aisilambi 3:5a. 7:1a.

aisilame 4:17a.

aisilara 6:21b.

aisilarengge 8:12b.

aisin 금 1:11b. 1:12a. 2:3a. 2:5b. 2:5b. 2:6b.
    2:11b. 2:12b. 3:1b. 3:9b. 5:6a. 6:19b.
    10:3a. 10:7b. 10:8b.

    aisin be 2:12b.

ajige 적은, 어린 1:2b. 1:4a. 1:8b. 1:11a. 2:3a.
    2:4a. 2:22b. 3:24b. 4:4a. 4:23a. 5:5a. 5:5b.
    6:3b. 6:19b. 7:2a. 7:7b. 7:14b. 7:18a.
    7:18b. 9:2b.

ajige deo 어린 아우 2:9b.

ajigen 적은, 어린 2:3a. 3:5b.

    ajigen ci 6:1b. 6:12b. 6:13b. 10:1b. 10:23a.

akacuka 애달픈 8:17a.

akambi 애쓰다

    akara be 6:22b.

akdambi 믿다

    akdaci 7:1b.

    akdafi 6:2a.

    akdahabi 8:11b.

    akdahangge 9:22a.

    akdambi ni 5:10b.

    akdarakū 5:2a.

akdulambi 믿다

    akdulame 9:17a.

    akdulara 4:8b.

    akdulara be 7:11a.

akdun 믿음, 신의 2:5a. 4:9b. 6:18b. 9:11a.

    akdun be 2:12a.

akjan 벼락 1:18b.

akjandambi 벼락치다

    akjandara 1:18b.

akū 아니다, 없다 1:5a. 1:6a. 1:6b. 1:7a. 1:7a.
    1:7b. 1:8a. 1:15b. 1:18b. 1:19b. 2:2a. 2:3b.
    2:4a. 2:5a. 2:5a. 2:8b. 2:8b. 2:9a. 2:12a.
    2:14b. 2:18b. 2:25a. 2:25b. 3:4b.

3:5b. 3:7a. 3:21b. 3:25a. 3:25a. 4:3a. 4:5a.
4:5b. 4:6b. 4:10a. 4:23b. 5:1b. 5:6a. 5:8a.
5:8a. 5:10b. 5:11a. 5:11b. 5:16a. 5:18b.
5:22b. 5:23b. 5:23b. 5:24b. 5:25a. 6:1b.
6:4b. 6:6b. 6:6b. 6:8a. 6:9a. 6:13b. 6:13b.
6:14a. 6:14a. 6:15a. 6:16a. 6:20a. 6:21b.
7:7b. 7:9b. 7:10b. 7:18b. 7:19b. 7:21a.
7:23b. 8:1a. 8:4a. 8:5b. 8:8b. 8:11a. 8:14a.
8:18b. 8:21a. 9:1b. 9:1b. 9:6a. 9:10a.
9:15b. 9:17b. 9:20b. 9:21a. 10:2a. 10:4a.
10:6b. 10:9a. 10:16a. 10:19a. 10:22a.
10:26a.

    akū be 2:10b. 7:18a.

    akūci 2:25b.

akūngge 없는 것 10:14a.

    akūngge be 6:9b.

akūmbumbi 진력하다

    akūmbukini 2:2a. 2:9b.

alabumbi 알리게하다

    alabufi 3:22a.

alambi 알리다

    ala 2:16b. 5:20b.

    alafi 2:19b. 3:3b. 3:4b. 5:17b. 7:5b.

    alaha 4:4b. 6:6b. 6:24a. 7:12a.

    alaha de 6:23a. 9:9a.

    alahakū 7:5b. 10:21a.

    alahangge 3:7b.

    alaki 7:5a. 10:21a.

    alambi 2:17b. 5:24a.

    alame 1:19b. 2:20a. 2:22b. 4:12a. 5:6a. 6:4b.
        7:9a. 9:14b. 10:2a.

    alara 2:11b. 4:10b. 4:22a. 6:19b. 6:23b. 7:15b.
        9:11b. 9:20a.

    alarakū 3:16b. 10:12b. 10:17b.

    alarangge 5:25a.

alanabumbi 알리러 가게하다

    alanabuha 4:15b. 6:24a.

    alanabuki 5:9a. 5:10a.

alanambi 알리러 가다

alana 6:4a. 7:2a.

alanaha 1:10b. 2:24a. 5:8a.

alanara 4:19a. 6:4b.

alanggimbi 알리러 보내다

alanggiha 10:3a. 10:3b.

alanggire 8:6b.

alanjimbi 알리러 오다

alanjiha 4:1a. 10:14b. 10:19b.

alanjihabi 6:18a. 10:11a.

alanjihakū 9:20b.

alanjime 1:1b. 5:5b. 5:23a. 8:4b. 8:5a. 10:11a.
    10:12a. 10:24b.

alanju 4:10a. 5:4a. 6:11b. 6:18b. 9:18b.

aldangga 멀리 2:5b. 10:7b.

algimbi 소문나다

algikabi 3:10a. 3:23a. 9:9a.

alhūdambi 본받다

alhūdaci 2:1b. 2:15a.

alibumbi 드리다, 주다

alibuha 6:7b. 6:8a. 6:10b.

alibuki 4:8a. 6:7a. 6:10a.

alibume 6:13b. 6:17b.

alibunjimbi 드리러 오다

alibunjihangge 7:23a.

alimbaharakū 대단히

alimbaharakū 6:17b. 6:21a. 7:16b. 10:3a. 10:3b.
    10:14a.

alimbi 받다

alifi 9:9b.

alime 2:14a. 2:18a. 3:14b. 3:16b. 3:18a. 4:1b.
    4:3a. 4:18a. 5:7a. 5:24b. 6:2a. 6:7a. 6:8b.
    6:10b. 6:16a. 6:19b. 9:10a. 9:10b. 9:17b.
    9:18a.

aliki 1:4a. 4:8a. 7:2a.

alimbi 9:21a.

alirakū 7:10a.

alin 산 7:13b. 8:18a. 8:18b.

alin be 9:3a.

alin ci 2:16a. 2:17a. 2:18a.

alin de 2:18a. 2:19b. 8:8b.

alin i 2:15b. 2:17b. 3:1a. 7:7a. 7:7b. 8:9b.
    8:13b. 9:2b. 9:5b. 9:11b. 9:13b.

alin i betge 산기슭 =alin i bethe

alin i betge be 10:25a.

alin holo 산골 6:8b.

alin i holo 9:13b.

ališambi 심란하다

ališame 5:2a. 7:7b. 8:17b.

ališara be 8:17a.

aliyakiyambi 기다리다

aliyakiyame 2:7b.

aliyambi 기다리다

aliya 1:14b. 4:11b. 10:18a.

aliyaci 4:7b.

aliyafi 3:4a.

aliyaha 1:2b. 1:15a. 8:22a.

aliyahabi 4:21b.

aliyame 9:9b. 10:25b.

aljambi 잃다

aljahakū 2:22a.

ama 아버지 3:10b. 6:16b. 10:13b. 10:19a.

ama be 8:22a.

amai 8:21b.

amaga inenggi 훗날 2:13b. 6:17a.

amaga jalan 후세 1:17a.

amala 뒤, 後 1:9a. 1:9b. 2:4b. 2:6a. 2:6b. 2:10a.
    3:1b. 4:3a. 4:8b. 4:17b. 7:3b. 7:8a. 9:3b.
    9:4a. 9:5a. 10:6b. 10:8a.

amargi 뒤, 後 1:14b. 1:20b. 3:6a. 3:20a. 3:21a.
    4:14a. 4:19b. 6:3b. 7:13b. 8:9b. 8:16a.
    9:4a. 10:8a. 10:19b.

amargi be 10:25a.

amargi ci 2:7b.

amargi de 4:13b. 7:7b. 8:2a.

amargi boo 후당

amargi boode 1:1b. 1:14b. 1:19b. 1:20a. 3:14a.
    3:14a. 3:15b. 3:18a. 3:23b. 3:25a. 10:20b.

amasi 뒤로, 북으로. 1:6b. 1:9b. 1:19b. 1:19b.

1:21a. 2:8a. 2:10a. 2:11b. 2:15a. 3:11b.
3:19b. 5:13b. 6:12a. 7:6b. 7:14b. 8:1a.
9:5b. 9:12b. 10:24b. 10:25b.

amba 큰 1:11a. 2:3a. 2:4a. 2:6b. 2:8a. 2:13a.
2:17b. 2:22a. 3:17a. 3:24b. 4:6a. 4:7b.
4:14a. 4:20a. 4:20b. 5:2b. 5:8b. 6:2a. 6:4a.
6:5b. 6:8a. 7:3a. 7:6a. 7:14b. 7:18a. 7:18a.
7:18b. 7:21a. 8:7b. 8:8b. 8:9a. 8:10a.
8:16a. 8:19a. 9:11a. 9:18b. 9:20a. 9:20a.
10:5a. 10:6b. 10:7b. 10:8a. 10:18a. 10:18b.

  amba i 6:9a.
amba dulin 태반(太半) 3:10a. 9:2a. 9:3b.
amba niyalma 대인 1:12b.
ambalinggū 거룩한 3:3b.
amban 신하 5:15b. 6:1b. 6:6b. 7:22b. 10:15a.
  amban be 6:2a.
ambasa 신하들 6:25b. 9:6a. 9:6b. 9:8a. 10:20b.
                10:21a.
  ambasa be 7:12b. 8:5a.
  ambasa i 8:13b. 8:15b.
  ambasai 3:11a. 3:22b. 8:12a.
ambula 큰, 많은 1:8b. 1:10a. 1:10b. 1:21a. 2:6a.
2:13a. 2:20b. 3:1a. 3:9b. 3:14b. 3:16b.
3:21b. 3:23a. 4:1a. 4:4b. 4:6a. 4:8a. 4:12b.
4:22a. 4:25a. 5:1b. 5:2a. 5:5b. 5:8a. 5:8a.
5:11b. 5:13b. 5:15a. 6:1a. 6:11b. 6:13b.
6:16b. 7:2a. 7:4a. 7:14a. 7:16a. 7:17a.
7:17a. 7:20b. 8:3b. 8:4a. 8:5a. 8:6b. 8:12a.
8:12b. 8:13b. 8:14b. 8:16b. 8:17a. 8:20a.
8:20b. 8:21a. 8:21a. 9:3a. 9:4b. 9:6b. 9:6b.
9:9b. 9:15a. 9:15a. 9:16b. 9:18a. 10:3a.
10:4a. 10:8a. 10:8a. 10:12a. 10:14a.
10:20b. 10:22a. 10:23b. 10:24b.
ambumbi 미치다, 이르다
  ambuhakū 4:19a.
  amburakū 1:21b.
amcabumbi 따르게하다
  amcabufi 2:4b.
  amcaburakū 2:1b.

amcambi 따르다, 미치다
  amcaci 1:21a. 2:15a. 4:19a. 10:21b.
  amcafi 2:4b. 10:22a.
  amcaha be 9:11a.
  amcaki 2:1a.
  amcame 1:21b. 1:21b. 2:15b. 9:6a. 10:24a.
  amcara 2:5a. 2:7b. 2:9a. 3:20a.
  amcara de 1:21a.
  amcarahū 9:4a.
  amcarakū 8:22a.
amdun 부레 4:12a.
amha 시아버지 1:3b. 10:19b.
amhambi 자다 =amgambi
  amhaha de 1:9a.
  amharakū 5:5a.
amtan 맛(味) 3:25a.
amu 잠(眠) 1:9b.
amuran 즐기다 6:1a. 10:1b. 10:23a.
anabumbi 지다(敗)
  anaburakū 2:18a. 9:8b.
  anabure be 3:5a.
  anaburengge 3:21b.
anambi 밀다, 미루다
  anambi 10:14b.
  aname 2:18b. 5:17a.
anatambi 밀치다
  anatame 6:11b.
andande 순간에 2:3b. 5:13b. 7:4a. 8:5a.
angga 입 8:3a.
  angga be 8:6a.
angga aljambi 허락하다
  angga aljaha 2:4b.
  angga aljahabi 1:3a.
aniya 해, 년(年) 6:10b. 6:10b. 8:8a. 10:9b. 10:10a.
10:10b. 10:14a. 10:18b.
  aniya i 1:17b. 5:12a.
aniya biya 정월
  aniya biyai 10:18a. 10:18b.
aniya i inenggi 설날 10:17b.

antaha 손님 5:19b. 7:12a.

  antaha be 6:15a. 8:17b.

antaka 어떠하냐 2:2a. 3:5a. 3:8a. 10:4a. 10:17b.

arabumbi 쓰게하다(書)

  arabufi 4:8b. 7:22a.

arabumbi 만들게하다, 하게하다

  arabufi 4:6b.

  arabumbi 4:9a.

arambi 만들다, 하다

  ara 4:10b. 5:7a.

  araci 4:7a. 4:10a.

  aracibe 4:21a.

  arafi 2:21b. 6:9b. 6:21a. 7:15b. 7:16b. 8:20a.
      9:9a. 9:9b. 9:22a. 10:4a. 10:6a. 10:11b.

  araha 2:3a. 2:22b. 7:22b. 8:14a.

  arahabi 7:14b.

  arambi 6:9b.

  arame 1:6a. 2:4a. 4:21a. 7:13b.

  arara 4:21a.

  arara be 1:16a.

arambi 쓰다(書)

  araci 10:7a.

  arafi 4:25a. 6:25a. 6:25a.

  araha 4:9b. 4:25a. 6:1b. 8:8a.

  araki 4:24b.

  arame 6:3a.

arbun 거동 8:16a. 10:5a.

  arbun be 3:25a. 4:20b. 6:8b. 6:20b. 10:13a.

arbušambi 거동하다

  arbušara be 1:9b. 4:24a. 5:24a.

arga 꾀 1:18b. 3:7b. 3:11a. 3:15a. 3:17a. 4:1a.
     4:12a. 4:22b. 4:23b. 4:24b. 5:1b. 5:9a.
     5:9b. 5:20a. 5:22a. 5:24a. 6:14b. 7:16a.
     8:3a. 8:7a. 9:6b. 9:17a. 10:5b. 10:5b.
     10:7b. 10:10a. 10:18a. 10:26a.

  arga be 3:11b. 3:15a. 3:16b. 4:20b. 4:21a. 4:24a.
     5:2a. 5:2b. 5:3a. 5:5a. 5:8b. 5:10b. 5:10b.
     5:11a. 5:22a. 5:24b. 6:11a. 6:12a. 7:3a.
     7:3b. 7:23a. 7:23a. 8:2a. 8:2b. 8:3a. 9:17b.
     10:4a. 10:8a. 10:10b. 10:11a. 10:18b. 10:26a.

  arga de 3:22b. 5:6b. 5:9a. 10:9a.

  arga i 4:3a. 4:23a. 7:23a. 9:17b.

  argai 3:11a.

argadambi 꾀 쓰다

  argadambi 2:16b.

  argadara 6:12b.

  argadarakū 5:20b.

argangga 간교한 4:15a. 10:5a.

arka 꾀 =arga 7:18a.

arki 소주(燒酒) 8:17a.

asha 날개 4:9b.

ashambi 차다(着)

  ashafi 10:1a.

  ashaha 10:23b.

  ashahai 1:13a.

ashan 옆, 곁

  ashan de 1:6b. 10:2b.

  ashan i 6:11b. 6:23b. 8:15a. 9:20b. 10:11a. 10:20b.

ashan i jiyangjiyūn 편장군 2:2b.

ashūmbi 물리치다

  ashūra 1:21b.

asiha 나이(歲) 6:9a. 7:12b.

  asiha be 2:26a.

aša 형수

  aša be 2:21a. 2:21b. 2:23a.

aša se 형수들

  aša se de 2:19b.

  aša sei 2:18b.

aššabumbi 움직이게하다

  aššabure 3:23b.

aššambi 움직이다

  aššaci 4:16b.

  aššahakū 4:13a.

  aššame 10:23b.

  aššara 4:24a. 5:24a. 6:25b.

  aššara be 3:24a.

ašumbi 머금다

ašuha 8:18b.

ayoo 어찌하리오 2:12a. 2:16b. 3:6b. 3:9a. 9:21a.

\<B\>

ba 곳, 땅, 바(의존명사) 1:1a. 3:20a. 3:21a. 3:21b.
   4:2a. 5:1b. 5:11a. 5:11b. 5:12a. 5:24b. 5:25a.
   6:6b. 6:6b. 6:14b. 8:9b. 9:6a. 9:17b.
   ba i 3:12b. 3:20a. 6:20a. 6:24b. 8:1b.
   bai 2:17a. 3:1a. 7:18b. 8:5a. 8:19a.
   babe 3:4b. 3:8a. 3:8a. 3:8b. 3:9b. 3:19a. 6:13a.
      7:20a. 8:10b. 8:19b.
   baci 3:19b. 6:16a. 8:19a. 8:19b. 9:1b. 9:20a.
   bade 2:22b. 3:15a. 3:21a. 6:1b. 6:21b. 6:24b.
      7:4b. 7:10a. 7:13a. 8:3a. 8:16a. 8:21b.
      9:5b. 9:10b. 9:13b. 9:20a. 10:6b. 10:8a.
      10:10b. 10:26b.

ba 리(里) 2:15b. 3:8b. 4:19a. 9:2b.
   babe 2:7b.

baba 곳곳
   baba de 9:15a.
   baba i 8:4b.

babi 곳이다 4:11b. 6:13b. 8:13b. 9:18a.

ba ling(地名) 覇陵 2:10a.

bahabumbi 얻게하다
   bahabumbi 7:18a.
   bahaburakū 4:10a.

bahambi 얻다
   baha 3:6b. 4:19b. 8:11a. 8:14b.
   baha ci 1:13a.
   baha de 7:22a. 8:6a. 8:10b. 8:13b. 10:7a.
   bahabi 3:7a. 3:10a. 4:22a. 4:22b. 9:15b. 9:15b.
   bahafi 1:8a. 1:8b. 1:16a. 1:17a. 2:11b. 2:13b.
      2:25a. 3:4b. 4:2b. 4:4b. 4:5a. 4:18a. 5:24a.
      6:8a. 7:3b. 7:22a. 7:23a. 7:23b. 8:2b. 8:7b.
      8:11b. 8:17b. 9:14b. 9:19b. 9:20a. 9:21b.
      10:10b. 10:22b.
   bahakū 2:3b. 9:19b.

bahambi 3:21a. 7:18b. 8:16b. 10:16b.
bahara 6:17a. 6:25b. 8:10b.
bahara be 6:15b. 8:3a.
baharakū 1:16a. 4:8a. 4:10b. 4:21a. 10:15a.
baharengge 5:2b.

bahanambi 알다
   bahanafi 4:20b.
   bahanambi 4:3a.
   bahaname 3:14b.
   bahanara 8:3a.
   bahanarakū 3:20b. 4:20a. 7:10b. 9:6b.

bai 단지 4:23b.

baicambi 찾다
   baicaci 9:15a.
   baici 1:20a.

baili 은혜 2:13b. 9:10b.
   baili be 2:4a. 8:18a. 9:21b.

baimbi 빌리다, 얻다
   baifi 4:1a. 4:6b. 6:1a. 6:18b. 7:11b. 7:20a.
   baiha 4:11a.
   baiha de 10:17a.
   baimbi 4:23b. 6:10b.
   baime 1:14b. 2:24b. 3:17a. 4:21a. 5:16a. 7:11b.
   baire 5:17b. 6:5b. 6:16b. 7:21b. 8:21b.
   baire be 1:14b. 2:15b. 5:17a.
   bairengge 4:4a. 4:9b. 4:11a. 6:5b. 6:18a.

baita 일, 연고 1:6b. 1:7b. 1:8b. 4:8b. 6:5a. 6:20b.
      7:21a. 8:6b.
   baita be 4:2a.

baitakū 일없음 10:9a.

baitalambi 쓰다(用)
   baitala 10:8b.
   baitalaci 4:6b.
   baitalafi 4:1a. 5:10a. 5:11a. 5:22a. 5:22b. 6:11a.
      10:6b.
   baitalaha de 4:6a.
   baitalahangge 5:9a.
   baitalaki 4:6b. 7:3a. 7:3b.
   baitalambi 4:7a. 5:2b. 10:5b.

baitalame 2:12b. 3:10b.

baitalara 2:6b. 2:12a. 2:12b. 4:6b. 4:11b. 5:8b.
7:23a. 8:19a.

baitalara be 4:6a. 7:15a.

baitalarakū 4:12a.

baitalarakū de 7:11a.

baitangga 종요롭다 9:18a.

bakcilambi 마주하다

bakcilafi 4:7b. 5:10a.

bakcilaha de 5:14a.

bakcilame 3:18a. 4:2a. 5:23a. 8:16b.

bakcin 적국(敵國) 2:24b.

baksan 무리

baksan i 9:13b. 9:14a. 10:25a.

baktambumbi 관용하다

baktambume 3:14b.

balai 함부로 2:4a. 3:16b. 3:23b. 5:15b. 7:3a. 7:15b.

baniha 사례 2:14b. 4:18b.

baniha arambi 사례하다

baniha arafi 1:4b. 1:12b.

baniha bumbi 사례하다

baniha bufi 5:6b. 5:11a.

baniha buhe 2:19a. 6:3a.

baniha bume 7:19b.

banjibumbi 편성하다

banjibuha 7:17b.

banjimbi 살다, 낳다, 내다

banjici 2:21b. 10:17b.

banjifi 6:2a.

banjiha 1:15b. 4:9b. 7:14a. 8:14a.

banjihabi 3:3b.

banjihangge 3:15b. 7:9a.

banjiki 1:18b. 2:18a. 8:11a.

banjimbi 1:17b.

banjirengge 9:5a.

bardanggilambi 교만하다

bardanggilarengge 6:14a.

bargiyambi 거두다

bargiyafi 8:19b.

bargiyaha 3:6a. 8:16a.

bargiyame 5:12b.

baru 향하여 1:2b. 1:7a. 1:7a. 1:10a. 1:14a. 1:15a.
2:21b. 2:23b. 2:24a. 3:1b. 3:2b. 3:4b. 3:5a.
3:10a. 3:22b. 3:22b. 3:24a. 4:1a. 4:10b.
4:14a. 4:19b. 5:5a. 6:3b. 6:6a. 6:11b. 6:14a.
6:21a. 6:22a. 7:2b. 7:2b. 7:3a. 8:3b. 8:5a.
8:9b. 8:13a. 8:13b. 8:15b.9:9b. 9:12a.
9:15a. 9:19a. 10:19b.

basubumbi 웃기다

basubumbi 4:5a.

bata 적(敵)

bata be 3:11b. 5:12b. 5:13a. 9:7a.

bata i 4:16a.

baturilembi 영웅이다 =baturilambi

baturileme 2:25b.

baturu 장군, 장수 3:7b. 3:13a. 3:13a. 4:15a. 4:24a.
8:10b. 10:5a.

baturu se 장수들 3:18b.

baturu jiyangjiyūn 영웅

baturu jiyangjiyūn be 3:20b.

bayambumbi 부유하게하다

bayambufi 10:7b.

bayan 부유한 3:24b. 7:21b. 8:10b. 8:11a.

be 우리 3:18b. 3:22b. 5:19a. 6:17a. 6:24a. 10:25b.

becunumbi 싸우다

becunure 2:25b.

bederebumbi 물러나게하다

bederebu 6:23b.

bederebuci 10:10a.

bederebufi 1:20a. 2:12a. 5:17a. 6:12a.

bederebuhe 2:1b. 2:5a.

bedereburakū 10:12b.

bederembi 물러나다

bedere 1:7b. 10:13a.

bedereci 6:18b.

bederefi 1:19b. 2:2a. 2:10a. 3:17a. 4:12a. 5:21a.
6:18a. 7:16a. 9:2b. 9:17a. 9:19b.

bederehe 1:7b. 1:10b. 9:19a.

bederehebi 2:22b.

bedereki 4:15b. 10:9a. 10:12b. 10:14b.

bederembi 7:18b.

bedereme 3:19b. 5:19a. 8:22a.

bederere 7:12b. 7:13b.

bederere de 1:13b. 2:15a.

beiguwen 추운 =beikuwen 9:2a.

belembi 해하다

beleme 7:10a.

belhe 조쌀

belhei 8:3a.

belhembi 준비하다

belheme 5:12b.

bema 白馬 9:10b.

benebumbi 보내게하다

benebuhe 6:10a. 6:25a. 6:25a.

benembi 보내다

bene 7:7a.

beneci 7:7a.

benefi 7:7b. 10:8b.

benehe 1:2a. 10:8b.

beneki 1:4b. 2:19a. 7:6b.

benekini 5:25a.

bengnabumbi 풀어지게하다 =bengnebumbi

bengnabume 5:14b.

benjibumbi 가져오게하다, 보내게하다

benjibuhe 3:4a.

benjibure 7:23a.

benjimbi 보내다, 가져오다

benjifi 2:23a.

benjihe 2:12b. 2:14a. 2:18a.

benjihebi 6:11a.

benjime 6:7a.

benju 3:4a.

beri 활 4:6a. 4:16b. 4:17a. 4:17b. 4:17b.

beri be 8:8a.

besergen 평상

besergen ci 6:3a.

besergen de 1:9a. 7:5b.

besergen i 1:9a. 1:9a.

betge 발(足) =bethe

betge i 3:21b.

beye 몸, 자신 1:3a. 1:4a. 1:5b. 1:16a. 3:2b. 4:15b.
4:16a. 4:17b. 6:25b. 8:2a. 8:2b. 8:3a.
8:11b. 9:9a. 9:9a. 9:9b. 9:11b. 10:13b.
10:26b.

beye be 1:9a. 1:15b. 2:11a. 4:19a. 5:10b. 6:1a.
6:3a. 6:9b. 6:21a. 7:10a. 7:11a. 7:16b.

beye de 1:7a. 2:8b. 2:14b. 2:16a. 7:2b. 7:22b.
7:23b. 10:10a.

beye i 1:7a. 7:23b.

bi 나 1:2b. 1:3a. 1:3a. 1:3a. 1:3b. 1:4a. 1:4a.
1:12a. 1:12b. 1:12b. 1:14b. 1:15a. 1:16b.
1:17a. 1:17b. 1:17b. 1:17b. 1:18b. 1:18b.
1:18b. 2:4b. 2:5a. 2:5b. 2:6b. 2:6b. 2:7a.
2:9b. 2:11a. 2:12a. 2:15a. 2:17b. 2:17b.
2:18a. 2:18a. 2:20a. 2:21b. 2:25a. 3:9b.
3:15a. 3:15a. 3:15a. 3:16a. 3:19a. 3:26b.
4:1b. 4:3b. 4:4b. 4:4b. 4:5a. 4:7a. 4:9b.
4:10a. 4:13b. 4:15a. 4:22b. 4:24a. 5:2a.
5:10a. 5:10b. 5:11b. 5:13b. 5:15a. 5:19b.
5:20a. 5:23b. 5:24b. 6:5a. 6:6a. 6:6b.
6:10a. 6:12a. 6:12b. 6:13a. 6:15a. 6:15a.
6:16b. 6:18b. 6:18b. 6:20a. 6:23b. 6:24a.
7:3a. 7:4b. 7:5b. 7:6a. 7:6b. 7:7a. 7:10a.
7:10b. 7:10b. 7:11a. 7:14a. 7:15a. 7:15b.
7:15b. 7:20b. 7:21a. 8:1a. 8:1b. 8:2a. 8:2a.
8:2b. 8:3b. 8:5a. 8:6a. 8:6b. 8:8b. 8:10a.
8:10b. 8:11b. 8:12b. 8:13b. 8:14a. 8:16b.
8:17b. 8:22a. 9:6b. 9:8b. 9:14b. 9:16a.
9:17a. 9:21a. 10:10b. 10:14a. 10:14a.
10:14b. 10:14b. 10:15a. 10:15a. 10:17a.
10:17a. 10:18a. 10:25a.

bibumbi 두다, 있게하다

bibuci 6:23a. 7:6b.

bibufi 5:10a.

bibuhe de 4:4b.

bibumbi 5:8a.

biburakū 3:26a.

bibure 10:6b.

bihan 들판 =bigan

  bihan be 8:18a.

  bihan i 8:17b.

bilambi 꺾다

  bilafi 9:4a.

bimbi 있다 1:2b. 1:3a. 1:5a. 2:5b. 2:7b. 2:9a.
2:11b. 2:18a. 2:20b. 3:5b. 3:5b. 3:7b.
3:11a. 3:11b. 3:13a. 3:15a. 3:19b. 3:19b.
3:25b. 3:26a. 4:12b. 4:13b. 4:16b. 4:19b.
4:21b. 4:24b. 5:4b. 5:9a. 5:9b. 5:12a. 5:23b.
6:4b. 6:7b. 6:15a. 7:8a. 7:9b. 7:12b. 7:15a.
7:17b. 7:18a. 8:11a. 8:13a. 9:1b. 9:2a.
9:5b. 9:13b. 9:17a. 10:5a. 10:10a. 10:13a.
10:25b. 10:26a. 10:26b.

  bici 1:15a. 2:18b. 3:1b. 4:2a. 4:15b. 5:4a. 5:16b.
6:19a. 6:20a. 6:23b. 7:6a. 7:11a. 7:11b.
7:19b. 7:19b. 8:2a. 8:18b. 9:7a. 9:14a.
9:16a. 10:24b.

  bicibe 1:15b. 4:15a. 8:5b. 9:8a. 10:19b.

  bifi 2:2b. 3:5a. 3:17a. 3:25b. 5:2b. 6:4a. 10:2a.
10:11a. 10:11b. 10:19a.

  bihe 1:2b. 1:4b. 1:15b. 1:16a. 1:19a. 1:20a. 2:5a.
2:11a. 2:17b. 2:22b. 3:6b. 3:6b. 3:10b.
4:10b. 4:21a. 5:14a. 5:15a. 5:16b. 6:1b.
6:5b. 6:8a. 6:20a. 7:5b. 7:10a. 7:15a. 8:2a.
8:4a. 8:14a. 8:17b. 9:9a. 9:9a. 9:16a.
9:16b. 10:9b. 10:10a. 10:26b.

  bihebi 5:12a. 6:1a. 6:4b. 7:4a. 7:17a.

  bihede 3:9a. 3:15a. 5:14a. 8:6b.

  bihei 10:9b.

  bihengge 2:1a.

  biheo 4:6a.

  bikai 2:18b. 3:26b. 5:25a. 7:10a. 10:1b.

  bikini 7:7a.

  bimbi 3:13b. 3:19a.

  bime 1:5b. 3:2a. 3:13a. 3:23a. 5:19b. 6:9a.

  bini 6:14b.

bio 1:6b. 2:12a. 6:16b. 7:16b. 9:3b. 9:11a.

bisirakū 10:7a.

bisire 4:9b. 8:6b. 8:10b. 9:1b. 10:5b.

  bisire be 5:23b. 8:2b.

  bisire de 1:19a. 3:4a. 3:25a. 5:2b. 7:7b. 7:17b.
8:14b. 8:21b. 9:13a. 9:14b. 9:19b. 10:1a.
10:3a.

  bisirengge 8:12b.

  bisirengge de 6:9b.

  bisu 2:25a. 9:3b.

bira 내(川)

  birai 8:14a.

birai amargi(地名) 河北 2:24b.

  birai amargi de 2:24b.

bithe 글 2:4a. 2:11b. 2:25a. 2:25a. 2:25b. 4:8b.
4:9b. 4:24b. 6:1a. 6:3a. 6:7a. 6:7a. 6:8a.
6:10a. 6:10b. 6:10b. 6:11a. 6:13b. 6:17b.
6:25a. 6:25a. 6:25b. 7:1a. 7:8a. 7:8b.
7:21b. 7:22a. 7:22a. 7:23a. 8:7b. 9:22a.
10:4a. 10:4b. 10:18b.

  bithe be 5:25a. 6:1b. 6:3a. 6:7b. 6:7b. 6:12b.
6:13b. 6:14b. 6:17b. 6:24b. 7:5b. 9:11a.
10:3b. 10:4b.

  bithe de 6:1a. 6:7b. 6:25a. 6:25b. 10:3b. 10:4b.
10:7a.

  bithe i 6:13a.

bithe cooha 문무

  bithe cooha i 3:22a.

  bithe coohai 3:4a. 8:9b. 8:11b. 10:21a. 10:21b.

bithe i hafasa 문관들 3:24b.

bithei niyalma 선비 3:2a.

biya 달, 월(月) 1:8b. 1:15a. 5:12b.

  biya de 5:13b. 6:10b.

  biyai 5:13a. 8:8a. 8:15a.

  biya i 5:12b. 5:13a. 8:8b. 8:17b. 8:18a. 8:20b.

boco 빛 8:8b. 10:8b.

  boco be 1:8a. 4:20a. 10:6a. 10:10b.

bodohon 헤아림 =bodogon 3:7b. 5:9a. 7:19b. 9:6b.

  bodohon be 6:14b.

bodohon de 4:22b.

bodombi 헤아리다

  bodo 3:10b.

  bodoci 4:7b. 4:15a. 5:2a. 5:3a. 5:3a. 7:15b. 8:4a. 10:22b.

  bodofi 3:10a.

  bodombi 5:24b.

  bodome 3:7a. 4:20b. 5:14a. 8:9b.

  bodorakū 8:13a.

  bodoro de 5:5a. 5:5b.

boihoji 주인 7:12a.

boihon 흙 3:12b. 9:3b.

  boihon de 5:11a.

bolgo 맑은 2:15b.

bolhombi 승부를 가리다 =bolgombi

  bolhoci 3:5a.

boljombi 결정하다

  boljoci 6:15b. 10:16b.

  boljoho 6:13b.

  boljoho de 6:15b.

boljon 물결 7:18b. 7:19b. 8:8b.

bolori 가을 2:6b.

bontoho morin 잔마(驏馬) 9:2a.

boo 집 3:24b. 6:1a. 7:22a. 8:19b. 10:6a. 10:7b. 10:11b.

  boo be 10:1a.

  boode 1:1a. 1:1a. 1:1b. 1:2a. 1:2b. 1:4b. 1:7b. 1:10a. 1:10b. 1:11b. 1:14a. 1:14b. 1:19b. 1:19b. 1:20a. 2:19b. 2:20b. 2:21a. 2:22a. 2:22b. 2:23a. 3:14a. 3:14b. 3:15b. 3:18a. 3:23b. 3:25a. 4:23a. 5:4a. 5:18a. 5:18b. 5:21a. 5:22b. 7:4a. 7:7a. 7:7a. 7:7b. 7:9b. 7:10b. 7:12a. 8:22a. 10:13a. 10:20b.

  boo i 2:20a. 5:1b. 10:1a. 10:2a. 10:2a.

  booi 1:5b. 2:20b. 6:5a. 6:20b. 7:7b. 7:8a. 7:8a. 8:10a. 10:1b.

bošombi 쫓다, 몰다

  bošombi 4:14b.

  bošome 1:10a. 1:11a. 3:20a.

bošoro 9:6a.

bucebumbi 죽이다

  bucebuci 6:13a.

bucembi 죽다

  buceci 2:21b. 6:15a. 10:17b.

  bucecibe 4:5a.

  bucefi 1:16b. 9:16a.

  bucehe 5:11b. 8:21b. 9:4b. 10:13b.

  bucehe de 10:16a.

  bucehengge 7:17a.

  buceki 1:16a. 3:25a.

  bucembi 4:3b. 6:14a. 7:15b. 9:8b.

  buceme 1:16a. 2:9b.

  bucerakūci 10:16b.

  bucere 9:5a.

  bucere be 4:9b. 9:21a.

  bucere de 8:1b.

  bucetei 9:8a.

buda 밥 1:6b. 7:13a. 9:15b.

  buda be 8:18b.

budun 어린 9:3b.

  budun be 9:8b.

buhū 사슴 8:17a.

bujan 수풀

  bujan de 7:13b.

buksimbi 숨기다

  buksiha 4:16b. 9:7a.

  buksibufi 8:8a.

bulekušembi 거울에 비추다

  bulekušeme 10:7a.

bumbi 주다

  buci 2:12b. 6:19b.

  bufi 1:11b. 4:25a. 5:6a. 9:4a. 10:4b. 10:20a. 10:23b.

  buhe 1:12a. 2:5b. 2:11b. 2:14b. 4:18b. 4:22a. 6:17b. 7:22a. 10:3a. 10:3b. 10:9b.

  buhengge be 2:12b.

  buki 1:3b.

  bumbi 1:3a. 1:15b.

bume 2:3a. 10:7b.

burakū 1:3a.

bure 2:13a. 5:4b. 8:14a. 9:18a.

burlambi 달아나다

    burlaha 1:21a. 9:1a. 9:15a.

    burlara de 9:1b.

    burlarengge 9:2a.

butambi 잡다, 포획하다

    butara 6:3b. 6:4b.

buya 어린, 적은 4:9a. 5:4a. 6:16b.

buyembi 원하다

    buyembi 3:4b. 3:9b. 5:10b. 7:11a. 7:21a. 8:3a.
        8:3b. 10:7a. 10:15b.

    buyeme 3:13b. 3:20b. 4:11a. 6:2a.

    buyere 1:17a. 1:17b. 3:17b. 6:15a. 7:13b.

    buyerengge 8:14b.

<C>

cacari 장막, 차일 4:5b. 4:22a. 5:6a. 5:11b.

cacumbi 술을 뿌리다

    cacufi 8:15b.

cambi 치다(設置)

    cafi 4:11b. 4:12b.

    cambi 9:3a.

canenggi 저때, 그때 6:20b. 7:1b. 10:5a.

cang ban(地名) 長坂

    cang ban de 3:19a.

canjurambi 읍하다

    canjurafi 8:3b.

cashūlambi 배반하다

    cashūlafi 6:15b. 6:22b.

cen u(人名) 陳武 10:22a. 10:22b.

cencileme(형태 불명) 가만히 1:5b.

cendembi 시험하다

    cendeme 4:1b. 10:13a.

ceng ioi(人名) 程昱 2:1b. 2:2a. 2:2b. 2:5a. 2:6a.
        2:7a. 9:8b.

ceng pu(人名) 程普 10:22b. 10:23a.

cenghiyang(官職名) 승상 2:2b. 2:6a. 2:8b. 2:9b.
        2:12a. 2:14b. 4:18b. 5:3b. 5:4b. 6:5b. 6:18b.
        7:20a. 7:21b. 8:6a. 8:12b. 8:19a. 9:6b. 9:9a.
        9:15b.

    cenghiyang be 2:3b. 9:9b.

    cenghiyang ci 2:24b.

    cenghiyang de 2:1b. 2:11a. 2:11b. 2:25a. 6:4a.
        6:7a. 6:24a.

    cenghiyang ni 1:1b. 1:5a. 1:8a. 1:14a. 2:2a.
        2:3b. 2:4a. 2:9a. 2:9a. 2:11b. 2:13a. 2:24b.
        6:8a. 6:24a. 7:15a. 7:20b. 9:10a.

ceni 그들의, 저희들의 4:17b. 5:6b. 6:9b.

ci(國名) 齊 3:13a. 8:10a.

cibi(地名) 赤壁

    cibi de 10:12a.

cihai 임의로 2:9b. 5:2a. 8:16a. 10:3a.

cihalambi 즐기다

    cihalafi 5:11a. 10:14b.

cikten 살대(矢) 4:12a.

cimaha 내일 4:19b.

cimaha inenggi 내일 1:2b. 1:4a. 1:11b.

    cimaha inenggi ci 1:12a. 4:8b.

cimari 아침 3:26b. 4:7b. 5:5a. 6:6a. 7:6b. 7:15b.
        8:16b. 9:2b. 10:12a. 10:21b.

cing jeo(地名) 青州

    cing jeo i 3:6b.

cinglung jangkū 청룡도

    cinglung jangkū be 2:8b. 9:7b.

    cinglung jangkū i 2:14a.

cira 엄한 4:24a.

cira 낯, 얼굴 1:6a. 10:11b

    cira be 1:7b. 3:17b. 6:16a.

    cira i 3:17a. 5:7b.

cira aljambi 안색이 변하다

    cira aljafi 3:13b. 4:2b. 5:13b. 7:4b. 10:1a.

    cira aljarakū 6:11b.

    cira aljahabi 6:22b.

cirhūmbi 거두다

cirhūfi 2:16b.

cisui 마음대로 4:9a. 4:12b. 4:25a. 6:6a. 6:9b.
9:10b.

citu morin 적토마 2:7b. 9:7b.

citu morin be 2:8b.

ciyaliyang 전량(戰糧) 9:19a.

ciyan tang(地名) 錢塘

ciyan tang ni 6:1b.

cohome 부려 1:3a. 2:9a. 2:24b. 4:14a. 4:21a. 5:5b.
5:6a. 5:10a. 5:23a. 6:4a. 6:7a. 6:24b. 7:1b.
7:5a.

coo(人名) 喬

coo be 8:14b.

coo da loo(人名) 喬公 8:13b.

cooha 군사, 군대 2:9b. 3:5a. 3:5b. 3:6b. 3:7a.
3:9b. 3:19b. 3:19b. 3:19b. 3:19b. 3:20b.
3:21a. 3:22a. 3:22b. 3:23a. 3:23a. 3:24a.
3:24b. 3:25b. 3:25b. 4:5b. 4:7a. 4:7b.
4:15a. 4:15b. 4:16b. 4:17a. 4:21b. 5:5a.
5:6b. 5:14a. 6:6a. 6:9a. 6:9b. 6:10a. 6:15b.
7:14b. 7:15a. 7:17a. 7:17b. 8:2b. 8:5a.
8:6a. 8:10a. 8:10b. 9:1a. 9:2b. 9:3a. 9:4a.
9:7a. 9:7b. 9:7b. 9:10a. 9:11b. 9:13b.
9:14a. 9:14a. 9:15a. 9:15b. 9:17a. 9:17b.
9:19a. 10:6b. 10:12a. 10:12a. 10:22a. 10:24a.
10:24b. 10:24b. 10:25a. 10:25b. 10:25b.

cooha be 3:7a. 3:10b. 3:11b. 3:19a. 3:23b.
4:16a. 4:19b. 5:4a. 5:5a. 7:17a. 8:6b. 8:6b.
8:10b. 9:4a. 9:13b. 9:19a. 9:19a. 10:18a.

cooha de 4:6b. 4:9b. 5:9b. 5:16a. 7:18a.

cooha i 4:5b. 4:8b. 4:20a. 4:20b. 5:14b. 6:7a.
6:7b. 6:18b.

coohai 3:20b. 4:2a. 4:16b. 6:12b. 6:13b. 7:8b.
7:16a. 8:2b. 8:20a. 9:1b. 9:19a. 10:1b.
10:2b. 10:23a. 10:24b.

cooha dolo 군중(軍中) 5:23b. 7:20a.

cooha i dolo 5:2b. 5:3a. 5:9a. 9:8a.

coohai dolo 7:16b. 8:5b.

cooha fafun 군법

cooha fafun be 4:8a.

cooha i fafun i 4:10b. 9:22a. 9:22a.

coohai fafun be 7:2a.

cooha i ba 군중(軍中)

cooha i bade 4:8a.

cooha i niyalma 군사, 군인 2:24a. 4:11a. 5:23a.
8:4b. 9:2b.

cooha niyalma 6:4b.

cooha i niyalma de 2:12b. 6:4b. 6:5a.

coohai niyalma 7:20b. 9:3b. 9:4b. 10:6b.

coohai niyalma be 4:9a. 7:7b. 9:4b. 10:20b.

coohai niyalma de 6:4a.

coohai niyalmai 9:12a. 10:9a.

coohai hafasa 무관들 3:3b. 8:11b. 10:21a.

coohai hafasa de 3:22a.

coohai hafasa be 8:9b. 10:18b. 10:21b.

cukumbi 피곤하다

cukuhe 3:19b.

cun cio 춘추(春秋) 9:11a.

cuse moo 대나무

cuse moo be 9:4a.

cuse moo i 7:22b.

cuwan 배(舟) 4:11a. 4:11b. 4:12b. 4:13a. 4:14b.
4:19a. 4:19b. 4:21b. 5:5b. 5:12b. 6:10a.
7:3a. 7:11b. 7:23a. 8:8b. 8:15b.

cuwan be 3:8b. 4:12b. 4:14a. 4:14a. 4:14b.
4:17b. 4:18b. 7:3a. 7:3b. 7:14b. 7:14b.
7:18b. 7:18b. 7:19a. 7:20a. 8:8a.

cuwan de 4:1b. 4:2a. 4:4a. 4:4a. 4:11a. 4:13b.
5:5a. 5:19a. 7:18b. 7:19b. 7:22b. 8:4a.

cuwan i 4:11a. 4:13a. 4:13b. 4:14a. 4:14b.
4:17a. 4:18b. 4:22a. 7:2a. 7:19a. 8:7b.
8:8a. 8:8a. 8:9a.

cuwangnambi 약탈하다

cuwangname 2:17a.

210

\<D\>

da 본(本) 2:1a. 8:13b. 8:21b. 9:13a.
    daci 2:16b. 3:1a. 3:17a. 3:18b. 5:11a. 5:15a.
        5:23b. 6:16a. 7:2b.
    dade 6:1a. 6:9a. 8:19b.
dabagan 재, 嶺
    dabagan be 2:23b.
    dabagan i 2:24a.
dabahan 재, 嶺 =dabagan
    dabahan be 9:5b.
dabala 따름 3:3b. 3:7a.
dabambi 넘다
    dabafi 9:5b.
    dabame 2:23b.
    dabaha 2:14b.
    dabahabi 3:14b.
dabgimbi 채찍질하다 =dabkimbi
    dabgime 2:8b.
dabumbi 켜다, (불)지르다
    dabufi 2:23a. 6:5a.
    dabuha de 7:3a.
    dabuhabi 9:14a.
    dabumbi 7:3b.
daburambi 계산하다
    daburakū 4:8b.
dagilabumbi 장만하게하다
    dagilabufi 8:8b.
dagilambi 장만하다
    dagilafi 1:2b. 1:3b. 3:18a. 4:8b. 6:17a. 7:16a.
    dagilame 8:20a.
dahabumbi 항복하게 ᄒ다
    dahaburengge 5:22a.
dahadumbi 좇다
    dahaduhai 6:10a. 10:24a.
dahambi 좇다, 항복하다
    daha 5:4a. 6:23b. 7:5a. 8:16b.
    dahaci 3:26a. 6:13b. 7:5a.

dahacibe 3:20b.
dahacina 5:13b.
dahafi 3:11a. 3:13b. 5:13b. 6:7a. 9:9a.
dahaha 2:2b. 3:6a. 5:3a.
dahaha de 6:9b.
dahahabi 2:10b. 7:6a. 8:18b.
dahahangge 3:20b. 3:20b. 5:9a.
dahahangge be 5:10a.
dahaki 3:24b. 5:14a. 6:22b. 7:1a.
dahakini 10:3a.
dahambi 6:17a. 7:5a.
dahame 1:1a. 1:14a. 1:16a. 2:4b. 2:19b. 2:22a.
    3:1a. 3:1b. 3:4b. 5:5a. 5:5b. 5:6a. 5:7a.
    5:7b. 5:8a. 5:15a. 6:2a. 6:6b. 6:9b. 6:18b.
    7:4b. 8:2b. 8:10a. 8:12b. 9:5b. 10:8a.
dahara 2:8a. 2:17b. 3:11b. 5:10b. 5:25a. 6:7a.
    6:11a. 6:23b. 7:11a. 7:23a. 9:13b. 10:1a.
    10:3a. 10:20a.
dahara be 10:15a.
daharakū 3:9a. 3:12b. 3:13a.
daharakūci 10:19b.
daharengge 6:16b.
dahashūn 쫓아 6:3b.
dahūmbi 다시 하다
    dahūci 10:4a.
dahūme 거푸, 다시 6:6a. 9:15b. 10:16a.
dahūn dahūn 거푸거푸
    dahūn dahūn i 6:10b. 6:19a. 7:17b.
daifu 의원(醫院) 7:16b.
dailambi 싸우다
    dailame 3:23a. 8:5b.
dain 전쟁
    dain de 10:15b. 10:16b.
    dain i 2:22a. 8:19a.
dalba 옆, 곁 4:18b.
    dalba be 4:13a.
    dalbade 1:9a. 1:14b. 1:15a. 2:21a. 3:3a. 4:11b.
    4:17a. 7:8a. 10:1a.
daldambi 감추다

daldame 4:25a.

daldara 6:4a. 6:7a. 7:5b. 10:4a.

dalibumbi 가리게하다

dalibufi 5:2b. 5:8b.

dalimbi 가리다, 막다

dalihabi 3:8b. 10:25b.

dalimbi 9:8b.

dalime 10:20b.

dalire 10:25a.

dalin 옆, 가

dalin de 1:6a. 4:11b. 4:16a. 4:21b. 4:21b. 7:11b. 7:22a. 7:22b. 8:14a. 10:17b. 10:19b.

dalin i 4:14a. 5:5a. 6:3b. 7:2a.

damtun 볼모 2:26a.

damu 다만 1:9b. 1:17a. 2:1a. 2:9b. 3:5b. 3:9a. 3:13b. 3:18b. 3:19a. 4:11a. 4:18a. 5:7a. 5:10b. 5:13a. 5:13b. 5:16a. 5:20b. 5:23a. 5:23b. 5:25a. 6:1a. 6:4b. 6:9a. 6:15a. 6:15b. 6:17a. 6:21a. 6:25b. 7:3b. 7:8a. 7:11a. 7:17b. 7:21b. 8:2b. 8:10b. 8:17a. 9:5b. 9:13b. 10:15b.

dargiyambi 빼들다

dargiyafi 2:26a.

dargiyaka 2:16b.

dasambi 고치다

dasafi 9:15b. 10:8a.

dasakini 7:17a.

dasame 1:6a. 6:18b. 7:14a. 8:19b. 8:20a.

dasan 국정, 정사 8:19b.

dasatambi 고치다, 정리하다

dasatafi 9:17a.

dasatambi 3:8b.

dasatame 3:17b.

dasatara 4:16a.

de žun(人名) 德潤 6:1a.

dedubumbi 눕히다

dedubufi 5:17a.

dedubuhe 5:18b.

dedubume 5:17b.

dedumbi 눕다

deduci 3:25a. 7:7b.

deducibe 7:15a.

dedufi 1:5a. 6:10b.

deduhe 1:5b. 2:23a. 7:5b. 10:6b.

deduhebi 5:22b.

deduki 2:19b.

dedure 3:25b.

dehi 40, 마흔 3:6b. 3:6b.

dekdembi 뜨다(飛)

dekdefi 8:15a.

dekdehebi 6:3b. 7:8a.

dekdere 7:19b.

deken 높은 7:13a.

dele 위 1:19a. 2:5b. 2:12b. 4:11b. 4:14b. 6:17a. 8:8a. 8:8a. 8:15b. 9:6b. 9:9a.

dele de 8:8b. 8:9a.

deleri 경솔히 2:3b.

delhembi 이별하다

delhefi 2:24b.

den 높은 1:5b. 1:20b. 3:24b. 5:15a. 6:11a. 8:20a. 9:12b. 10:25a.

den be 8:18b.

dengjan 등잔 2:23a. 6:5a.

dengjan i 7:8a. 7:8b.

deo 아우 2:20a. 5:5b.

dere ~이라 2:4b. 2:13a. 2:14b. 2:25a. 4:3a. 5:9b. 6:13a. 6:15a. 6:23b. 7:5a. 7:11a. 7:23b. 10:15b.

dere 낯, 얼굴 9:8a.

dere be 1:7a. 3:11b. 3:14b. 5:13b. 5:14a. 5:16b.

dere de 3:14a.

dere 상(床)

dere be 5:17a. 6:11a.

dere de 6:7b. 6:10b. 10:22a.

dere banimbi 인정하다

dere banici 2:6a. 9:22a.

dergi 東 2:2a. 4:18b. 5:15a. 6:2b. 6:4a. 8:8b. 8:9b. 10:8a. 10:9a.

dergi jiyangjiyūn 상장군 5:6a.

dergi u gurun(國名) 東吳나라

  dergi u gurun 5:3b. 6:4a.

  dergi u gurun be 7:19b.

  dergi u gurun de 5:3a. 5:4a. 6:2b. 10:8a.

  dergi u gurun i 5:15b. 6:5a. 6:6a. 6:6a. 6:7b. 6:9a.

deribumbi 시작하다

  deribuci 9:17b.

  deribufi 1:15b. 1:18b. 4:21a. 5:24b. 7:3b. 8:8b.

  deribuhe 4:20b. 5:24a.

  deribumbi 6:25a.

  deriburakū 8:2a.

dethe 깃, 깃털 4:12a.

deyembi 날다(飛)

  deyeme 4:9b. 8:14b. 8:18a. 8:21a.

  deyere 1:22a. 2:10a. 6:19b. 9:18b.

ding gung(人名) 丁公

  ding gung be 9:21b.

ding 솥

  ding ni 3:21a.

diyocan(人名) 貂蟬 1:2a. 1:3a. 1:5b. 1:6a. 1:8b.
    1:9a. 1:9b. 1:14b. 1:15a. 1:15a. 1:17a.
    1:17b. 1:18a. 1:18b. 1:20a.

  diyocan be 1:3b. 1:4b. 1:7a. 1:8a. 1:8a. 1:12b.
    1:14b.

  diyocan i 1:14b. 1:20b.

dobori 밤 1:4b. 2:11b. 2:22b. 3:20a. 4:14a. 4:24a.
    5:4a. 5:9b. 6:3a. 6:3b. 6:4a. 7:8a. 7:11b.
    7:20a. 8:6a. 8:7a. 8:15a. 8:22a. 9:15a.
    9:19a. 10:2b. 10:3a. 10:19a.   10:22a.
    10:24a.

dobori dulimbi 밤새다

  dobori dulime 2:11b. 7:11b. 7:20a. 8:6a. 8:7a.
    9:19a.

dobori dulin 밤중 8:12a.

dobumbi 건너다 =doobu

  dobume 7:7a.

doigon 미리

  doigonde 3:11a.

doigošombi 미리하다 =doigomšombi

  doigošome 3:12b.

dolo 속, 안 1:5b. 1:6b. 1:9b. 1:12a. 1:12b. 1:19b.
    1:21b. 2:1a. 2:2a. 2:22a. 3:25a. 3:25b.
    4:7a. 4:7b. 4:8a. 4:10b. 4:12b. 4:14a.
    4:18a. 5:2a. 6:5a. 6:20a. 6:20b. 7:4a. 7:7b.
    7:14b. 7:16b. 8:5b. 8:17a. 10:1a. 10:1b.
    10:2a. 10:2a. 10:5b. 10:7a. 10:10a. 10:26a.

dolori 속으로 3:3b. 5:21a. 5:22b. 6:17b. 7:1b.
    7:2b. 8:10a.

dombi 앉다

  dore 8:18b. 8:21a.

dombi 건너다 =doombi

  dome 4:1a. 5:7a. 5:19b. 6:18b. 8:18a.

donjimbi 듣다

  donjici 1:3a. 3:20a. 3:22a. 4:3b. 6:5a. 6:5b.
    7:17b. 9:8b.

  donjicibe 9:14a.

  donjifi 2:1a. 2:19a. 3:3a. 3:15b. 3:22b. 3:26b.
    4:4b. 4:15b. 7:2b. 7:4a. 7:8a. 7:20b. 8:14b.
    9:11a. 10:21a. 10:21b.

  donjiha 1:18b. 7:15a.

  donjiha de 4:4a.

  donjihabi 10:14a.

  donjiki 4:2a.

  donjimbi 1:13b. 4:18a.

  donjire be 3:9b. 6:15a.

doombi 건너다

  dooci 9:3a.

  dooha de 7:21b.

  doombi 7:19a.

  doome 3:16a.

doose 도사

  doose i 7:22b.

dorgi 안 1:2a. 1:7a. 1:15a. 6:22b. 6:23b. 7:1a.
    7:8a. 8:4b. 8:12b.

  dorgi be 6:13a.

  dorgi ci 6:25a. 8:17b.

  dorgi de 3:11b. 5:3a.

dulin 반(半) 1:7a.

dung ling guwan(地名) 東嶺關 2:23b.

dung taise(人名) 董太師

   dung taise de 1:7b.

dungdzo(人名) 董卓 1:4b. 1:5b. 1:6b. 1:6b. 1:7a.
      1:8a. 1:8b. 1:8b. 1:9a. 1:9b. 1:10b. 1:11b.
      1:11b. 1:13a. 1:14a. 1:19a. 1:20a. 1:20b.
      1:20b. 1:21a. 1:21a. 1:21a. 1:21b. 1:21b.
      1:22a.

   dungdzo be 1:9a. 1:13b. 1:21a.

   dungdzo de 1:10b.

   dungdzo i 1:12b. 1:22a.

durembi (북을) 치다

   dure 4:18a.

   dume 4:14b. 4:15b. 5:11b.

durimbi 빼앗다

   durifi 2:17b.

   durime 2:17a. 4:17a.

   durire 1:21a.

dz dzo žu dz(人名) 子濯孺子

   dz dzo žu dz be 9:11a.

dz jing(人名) 子敬 3:4b. 4:1b. 4:5a. 4:11a. 4:11b.
      4:12a. 4:13b. 4:15b. 5:8b. 5:19b. 5:20a.

   dz jing de 4:4a.

   dz jing ni 4:10a. 4:13b.

dz lung(人名) 子龍 10:9b. 10:11b. 10:12a. 10:12b.
      10:13a. 10:18b. 10:25a. 10:26a.

   dz lung be 10:18a. 10:20b.

   dz lung de 10:24b. 10:25b.

dze i(人名) 子翼 7:4b.

   dze i be 7:6b.

dzu jiyūn(地名) 涿郡

   dzu jiyūn de 10:19a.

dzung mu(人名) 仲謀 3:26a.

dzung yuwan(地名) 中原

   dzung yuwan i 7:18b.

<E>

eberi 부족하다 3:7a.

ebsi 부터 1:13a. 5:19b. 8:5b. 8:6a. 8:10a. 9:5a. 9:9b.

ebšembi 바쁘다

   ebšeme 1:1a. 1:16b.

   ebšere 10:11a.

ebubumbi 내리게하다

   ebubufi 2:21a.

   ebubuhe 3:22a.

ebuhu sabuhū 황망히 1:10b. 1:14a. 3:17b. 3:22b.
      3:24a.

ebumbi 내리다

   ebu 2:24a.

   ebufi 1:13a. 2:16b. 2:18b. 2:20a. 2:24a. 6:3a.
      7:19b. 9:4a. 9:13a. 10:25b.

   ebuhe 1:1a.

   eburakū 2:14a.

   ebure de 2:3a.

ecike 아저씨

   ecike i 2:17b.

   ecikei 8:2a.

ede 여기에 5:22a. 6:11a. 10:14b.

edun 바람(風) 7:18b. 7:19b. 8:8b.

   edun i 5:5a.

efimbi 놀다, 희롱하다

   efime 4:8a. 10:1b.

   efire be 8:21a.

efiyembi 놀다

   efiyembi 1:10a.

efujembi 망가지다

   efujembi 6:10a. 6:23a.

   efujeme 9:12a.

efulembi 허물다, 부수다

   efule 4:23b.

   efuleci 3:21a. 7:3a.

   efulefi 3:1a. 3:10a.

   efulehe 3:6a. 3:23a. 5:16b. 7:7a. 8:15b.

efulehe de 7:21a.

efulembi 5:15b. 5:24b. 7:6b. 8:2b. 8:21a.

efuleme 5:12a. 5:19a. 7:20a.

efulere 3:15a.

efulerengge 5:13a.

efulererakū 5:13b.

ehe 사나운 1:12a. 1:12b. 10:5a.

ehe be 8:10a.

ehei 10:2a.

ehecumbi 해(害)하다

ehecume 2:1a.

eigen 지아비 1:18b. 10:13b. 10:16a. 10:17a.

eigen i 10:19a. 10:19b.

einci 아마 2:16a. =ainci

eiterembi 속이다

eitereci 7:23b.

eiterehe 5:20a.

eiterembi 5:19b. 6:11b. 7:4b. 7:5a.

eiterere 6:12b.

eitereci 대체로 2:5a.

eitereme 대체로1:6a.

ejelembi 웅거하다

ejelehebi 3:9b.

ejembi 기록하다

ejefi 5:16b.

ejehebio 9:10b.

ejen 主公, 임금 2:4a. 2:11a. 2:20a. 3:14a. 5:14a.
10:18b.

ejen be 2:1a. 3:13a. 6:15a. 6:24b. 10:10a.

ejen de 2:2a.

ejen i 2:5a. 2:6a. 2:9a. 8:11b.

ejen gung 主公 3:16b. 3:22b. 10:8a. 10:10b.
10:11b. 10:12b. 10:22b. 10:25a. 10:26a.

ejen gung be 3:15a. 3:16b. 3:24a. 10:12b.

ejen gung ni 3:24b. 10:4b. 10:7a.

ekisaka 묵묵히 9:16b. 9:20b.

ekiyehun 부족한 3:23a.

ekšembi 급하다

ekšeme 2:25a. 4:15b. 4:18b. 6:23a. 8:1a. 10:24a.

ekšere 8:6b.

elbembi 덥다

elbehe 9:20a.

elbehebi 3:13b.

elben i boo 초가집 7:8a.

elben i boode 1:1a. 7:10b.

eldembi 밝다, 비추다

elde 7:8b.

eldekebi 7:8b.

eldekengge 8:9a.

eldengge 당당한 3:3b.

elebumbi 충분하게하다

elebufi 10:6a.

elekei 거의 3:17b.

elemangga 도리어, 더욱 1:19a. 6:13b. 10:5a.

elembi 족하다

elembi 8:14b.

elerakū 8:18b. 8:18b.

elgei 거의 =elekei, elei 9:14b.

elhe 편안한 1:15b. 3:25a. 7:7b. 7:18a. 10:2a. 10:4a.

elhei 2:7b. 2:7b.

elheken 편안한 9:14a.

elhešembi 느리다

elhešeci 6:3a.

eljembi 항거하다

eljeci 3:10b. 3:23b.

eljeme 3:10b. 3:11a.

eljerakū 3:12b.

emdubei 자주, 여러번 1:9b. 4:16b. 4:17b. 5:18b.

eme 어머니 10:19a.

eme be 6:16b.

emge 하나, 1 2:6b. 10:26a.

emgeri 한번 1:8a. 1:16a. 1:20a. 2:3a. 2:3a. 2:13a.
2:15a. 3:15b. 3:23a. 6:18b. 7:1b. 7:18b.
7:18b. 8:21a. 9:7a. 9:22a. 10:10b. 10:15a.

emgi 함께 1:1a. 1:5a. 1:17a. 1:20b. 3:2a. 3:21a.
4:13b. 4:23a. 5:6b. 5:19b. 6:6b. 6:16b.
6:18a. 6:25a. 7:13a. 7:14b. 7:16a. 8:2b.
8:7a. 8:11a. 8:12a. 9:12b. 10:5b. 10:9a.

emhe 시어머니
  emhe be 10:19b.
emhun 혼자, 홀로
  emhun 1:20a. 2:9b. 2:19b. 6:3b. 7:9b. 10:13b.
emken 하나
  emken be 10:9b.
emu 하나, 1   1:1b. 1:2b. 1:2b. 1:3a. 1:5b. 1:6b.
  1:8b. 1:8b. 1:9a. 1:9a. 1:17b. 1:18b. 1:22a.
  2:3b. 2:6b. 2:7a. 2:10a. 2:12b. 2:14a.
  2:14b. 2:14b. 2:15b. 2:16a. 2:19b. 2:23b.
  3:7a. 3:11a. 3:16a. 3:17a. 3:18a. 3:18b.
  3:19b. 3:20a. 3:20b. 4:1b. 4:3a. 4:11a.
  4:14b. 4:21a. 4:23a. 4:23b. 4:24b. 4:24b.
  5:1a. 5:1b. 5:1b. 5:5a. 5:6b. 5:10b. 5:19b.
  5:23b. 6:1b. 6:4b. 6:6a. 6:17a. 6:21b.
  6:22a. 6:24b. 6:25a. 6:25b. 7:1b. 7:2a.
  7:2a. 7:3a. 7:5b. 7:8a. 7:8b. 7:18a. 7:22b.
  8:1b. 8:2a. 8:3b. 8:14b. 8:19a. 9:4a. 9:5a.
  9:5b. 9:5b. 9:5b. 9:6a. 9:7a. 9:7a. 9:13b.
  9:14a. 9:17a. 9:19b. 9:19b. 10:4a. 10:9b.
  10:13a. 10:20a. 10:24a. 10:25a.
emu inenggi 하루 1:13b. 2:7b. 3:20a. 5:12a.
  emu inenggi be 1:17b.
encu 다른, 달리 2:9a. 2:13b. 2:21b. 4:12a. 4:24b.
  6:25a. 10:13a. 10:13b.
encu hacin 비범한
  encu hacin i 4:11b. 7:8b.
enculeme 사사로이 2:17a.
enduri 신(神) 4:22b. 7:15a. 10:10b.
enduri hutu 귀신
  enduri hutu i 10:10a.
enduri sargan jui 성녀(仙女) 1:15a.
enduringge niyalma 성인(聖人) 4:20a.
enenggi 오늘 1:2b. 1:3b. 1:7b. 3:4b. 4:10b. 4:20a.
  4:20b. 5:19a. 5:20a. 5:21a. 5:22a. 8:11b.
  8:22a. 9:7a. 9:10b. 10:19a.
  enenggi ci 3:22a.

enenggi be 4:8b.
enggemu 길마 9:2a. 9:2a.
eniye 어머니 10:3b.
  eniye be 10:13b.
  eniye de 10:17a. 10:19b.
enteheme 영원히 10:7a.
enteke 이런 7:19a. 7:23a.
erde 이른(朝) 6:4a. 8:16b.
erdemu 일찍, 재주 3:4b. 3:13b. 4:6b. 4:20b. 8:4a.
  9:21a.
  erdemu be 2:17b. 3:3a. 3:4b. 5:22b. 7:9b. 7:10b.
  erdemu de 7:12b.
erdemungge 유능한 6:21a. 7:13b.
erdemungge niyalma 영웅 3:10a.
ere 이, 이것 1:4a. 1:11a. 1:17a. 1:19a. 2:9a.
  2:12b. 2:13a. 2:14b. 2:24b. 3:3b. 3:4a.
  3:12b. 3:14a. 3:16a. 3:21b. 3:23b. 4:3a.
  4:3b. 4:4a. 4:4b. 4:6a. 4:7a. 4:9a. 4:19b.
  4:20b. 4:20b. 4:21a. 5:2a. 5:3a. 5:4a. 5:7a.
  5:7b. 5:9a. 5:10b. 5:11a. 5:13b. 5:14b.
  5:20a. 5:21b. 5:24b. 5:25a. 6:5b. 7:2b.
  7:3b. 7:8b. 7:11b. 7:19b. 7:21a.
  8:1b. 8:2a. 8:7a. 8:8b. 8:9b. 8:10b. 8:15a.
  8:15b. 8:16a. 8:19a. 8:20b. 9:2b. 9:9a.
  9:11b. 9:12a. 9:17b. 9:17b. 9:21b. 10:4a.
  10:10b. 10:12a. 10:16a. 10:19b. 10:21b.
  10:22b. 10:23b.
  ere be 1:10a. 3:7a. 6:14b. 7:15b. 8:4a.
  ere ci 7:14a.
  erei 5:16b.
ese 이들, 이 사람들
  ese be 6:23a.
erembi 바라다
  erembi 7:15b. 9:10a.
ergelembi 권하다
  ergelehengge 4:9b.
ergen 목숨 6:14a. 7:11a. 8:3b. 10:10a. 10:26b.
  ergen be 6:2b. 6:2b. 7:1b. 8:1b. 8:11a. 8:19a.
ergi 편, 쪽 1:10a. 6:11b. 7:6b. 7:7a. 9:20b.

ergi de 2:10b. 3:4a. 8:1a. 8:8a. 8:9a. 8:13a.
9:7b.

erhembi 편안하다 =ergembi

erhendere 10:6b.

erimbi 쓸다

erime 8:10a.

erin 때 1:8b. 8:15a. 8:19a. 9:2a.

erin be 6:13b. 8:12a.

erin de 4:7a. 6:10a. 7:7a. 8:17b.

erin i 3:17a.

erindari 때때로 2:7a.

eršembi 모시다

eršembi 1:8b.

ertumbi 믿다

ertufi 7:9b. 7:12b.

esukiyembi 꾸짖다

esukiyembi 1:10a. 2:1b. 5:14b. 5:15a. 5:15b.
5:16a. 5:17a. 5:17b. 5:23a. 9:4b.

esukiyere 1:20b. 9:12b.

etembi 이기다

etembi 4:6a. 5:22b. 9:17b.

eterakū 3:25b.

etere 3:5a. 3:21b.

etenggi 강한 8:10b. 10:23a.

etenggi de 3:12b.

etuhun 강한 9:19b.

etuku 옷 1:8b. 2:6b. 2:14b. 2:16a. 2:19b. 7:22b.
8:9a. 9:1b. 9:5b.

etuku be 1:18a. 2:14a. 2:14a. 3:17b. 5:17b. 9:2a.

etuku i 8:17a.

etumbi 입다

etufi 2:23a. 7:22b. 8:9a.

etuhe 9:2a.

etuhebi 2:16a. 2:16a.

eture 2:6b.

eyembi 흐르다

eyembi 5:18b.

eyere 6:1b. 7:16b.

eyen 흐름

eyen i 6:3b.

eyun 누이

eyun i 3:26a.

<F>

fa 창(窓) 1:5b.

facambi 흩어지다

facaha 3:14a. 10:21a.

facahabi 5:2a.

facuhūn 어지러운 2:25b. 10:21b.

facuhūrambi 어지럽다

facuhūrara 3:9b.

fadu 주머니 10:9b.

fadu be 10:10a. 10:10a. 10:10b. 10:10b.

fadu i 10:26a.

fafulambi 금하다, 호령하다

fafulafi 1:10a.

fafulame 4:16a. 9:3b.

fafun 법 4:17a. 4:17b. 4:24a. 7:15a. 7:20a. 9:22a.

fafun be 2:3b. 5:15b. 9:9b. 10:23a.

fafun de 2:25b.

fafun i 10:25b.

fafuršambi 분발하다

fafuršame 3:7b.

fahūn 간(肝) 5:11a.

faidabumbi 정렬시키다,

faidabufi 4:14b.

faidambi 늘어서다, 정렬하다

faida 9:12a.

faidafi 9:7b. 10:1a.

faidaha 8:8a. 10:2a.

faidahabi 5:12a. 7:14b.

faidame 2:10b. 3:4a. 4:16a.

faidan 진(陣)

faidan de 10:16b.

faidan i 7:16a.

faidan 의장(儀仗) 4:20b.

faihacambi 번민하다
　faihacame 1:12a.
faitambi (옷을) 마르다, 베다
　faitaci 5:16b.
fakambi 던지다 =fahambi
　faka 7:14a. =fahaha
fakcambi 떠나다, 흩어지다
　fakcafi 2:19b. 2:23a. 4:9a. 6:19b. 7:22b. 8:4a.
　　8:7a.
　fakcaha 6:18b. 8:4a. 10:22b.
　fakcaha ci 9:9b.
　fakcaki 4:3b. 10:15b.
　fakcame 1:19a. 9:12a.
faksalambi 흩어지다
　faksalafi 10:6a.
faksi 장인(匠人) 4:20b. 4:21a. 6:20a. 7:20a. 7:23a.
faksisa 장인들
　faksisa be 4:9b.
falanggū 손바닥 5:1a.
　falanggū de 5:1a.
falhambi 따르다 =falgambi
　falhara 10:24b. 10:24b. 10:25b.
falgambi 따르다
　falgaha 10:23a.
fambi 마르다
　faha 7:5a.
fan 반(半) 2:6b. 2:12b.
fan san(地名) 樊山 8:9b.
farambi 기절하다
　faraka 5:18b.
farhūn 어두운 4:15a. 4:16a.
faššambi 진력하다
　faššame 3:24b.
fayangga 영혼 1:7a. 7:23b. 9:7b.
fe 옛 2:2a. 2:4a. 2:11a. 5:3a. 5:15b. 7:5a. 7:5b.
　　7:6a. 7:12b. 8:1a. 8:18a.
fehutembi 밟다
　fehuteme 9:4b.
fejergi 아래 1:15a. 3:1b. 3:7b. 4:19a. 5:19a. 6:9b.

　　8:10b. 9:21b. 10:15a.
fejile 아래 1:20b. 2:25a. 3:13b. 3:19a. 4:5b. 5:6a.
　　5:12a. 6:8a. 10:4b. 10:5b. 10:16a.
feksimbi 달리다
　feksihei 9:13a.
feksitembi 함께 달리다
　feksiteme 9:12b.
fekumbi 뛰다
　fekuki 1:16b.
fempilembi 봉(封)하다
　fempilefi 2:11b.
fengsin 덕(德) =fengšen 7:10a.
feniyen 무리 8:14b.
　feniyen i 3:15b.
ferguwecuke 특이한, 신기한 4:11b. 4:22b. 4:23a.
　　4:23b. 7:17a. 8:16b.
ferguwembi 경탄하다
　ferguwehe 4:21b. 5:22b.
feser seme 부서지는 모양(의성어) 1:9b. 10:22b.
fetembi 파헤치다
　feteme 9:11b.
feye 우리, 둥지 9:15b.
feye bahambi 부상당하다
　feye baha 9:3b.
　feye bahangge 9:15a.
　feye bahambi 10:16b.
fi 붓(筆) 4:25a. 4:25a.
ficambi 피리불다
　ficara 8:17b.
ficakū 피리 8:17b.
fik seme 빽빽이 4:11b. 10:1a.
fiktu 탈(頉) 4:21a.
firgembi 누설하다
　firgembi 7:11b.
firgembumbi 누설하게하다
　firgembuci 4:12a.
　firgembumbi 5:1b. 6:19a.
　firgemburahū 8:12b.
　firgembure 5:1b. 10:17b.

fithembi 타다, 연주하다
  fitheme 8:17b.
fon 때, 시절 8:8a. 10:18b.
  fonci 1:18b.
  fonde 1:8b. 2:22b. 3:6b. 4:10a. 4:16a. 5:15a.
      7:17a. 9:1a. 9:4b. 9:11b. 9:19a.
fondolomembi 꿰뚫다
  fondolome 3:20a.
fonjimbi 묻다
  fonjici 2:17b. 5:22b. 7:12a.
  fonjifi 5:19a. 6:12b. 8:15a.
  fonjiha 1:8a. 1:19b. 7:18a. 10:11b.
  fonjiha de 3:5a.
  fonjimbi 4:24a. 7:16b.
  fonjime 1:5a. 1:6b. 1:7b. 2:16b. 2:16b. 2:20a.
      3:11a. 3:25a. 4:5b. 4:13b. 5:9b. 6:20b.
      7:16b. 8:1a. 9:2b. 9:6b. 10:24b. 10:25b.
  fonjirakū 3:15a. 3:17a. 7:17b.
  fonjirakū ni 6:6a.
  fonjire 1:20a. 2:17b. 2:22b. 4:5a. 4:13b. 7:9a. 7:17b.
  fonjire be 3:3b. 6:5b.
  fonjire de3:2a.
  fonjirengge 4:7a.
fonjinjimbi 물으러 오다
  fonjinjiha 5:23a.
forimbi 두드리다
  forime 6:11a. 9:16b.
forombi 돌리다
  forofi 1:9b. 1:19b. 1:21a. 2:8a. 3:11b. 5:13b.
      7:14b. 8:1a. 8:13b. 10:24b.
fu(人名) 馥 8:19b.
fu 담장 8:20a.
fucihiyalabumbi 그슬리게하다
  fucihiyalabufi 9:1a.
fudambi 토하다
  fudame 7:17a.
fudasihūn 거스른, 거역한 10:14a.
fudembi 전송하다
  fudeci 2:19a.

fudehe be 2:19b.
fudehekū 2:9b.
fudeki 2:6b.
fudembi 2:6b.
fudeme 2:9a. 2:12b.
fujin 부인(夫人) 2:17b. 2:18a. 2:18b. 2:20b. 2:22b.
    10:2b. 10:13b. 10:14b. 10:15b. 10:16a.
    10:17a.
  fujin be 2:17b. 2:21a. 10:2b. 10:13a. 10:15b.
  fujin ci 10:15a.
  fujin I 2:21a. 2:22a. 10:12b. 10:12b. 10:15b.
      10:16a. 10:18a.
  fujin de 10:2a.
fujin gege 부인(夫人) 10:1b.
  fujin gegei 10:1b.
fulahūn 붉은 3:3b.
fulgiyan 붉은 2:6b. 2:13b.
fulenggi 재(塵) 3:12b. 3:15b.
fulibumbi 이루다
  fuliburakū 10:25b.
fulmiyembi 묶다
  fulmiyehe 4:18b.
fulmiyen (한) 뭇, 묶음 4:11b.
fulung fungts'u(人名) 鳳雛 7:9b.
  fulung fungts'u i 8:4a.
fumbi 씻다
  fuhe 5:1b.
  fumbi 1:6a.
funcembi 남다
  funcehe 7:3a.
  funcehebi 3:18b.
  funcembi 3:6a. 3:7a. 3:7b.
  funceme 2:15a. 2:16a. 2:16a. 2:18b. 3:20a. 4:17b.
      4:19a. 4:19b.4:22a. 4:22b. 4:22b. 5:12a.
      6:11a. 8:8a. 8:20a. 9:5b. 9:18b. 10:8b.
  funcere 3:7a.
  funcetala 1:8b.
funde 대신 4:3b. 8:5b.
fung i ting(地名) 鳳儀亭

fung i ting ni 1:14b. 1:15a. 1:20b.

fung siyan(人名) 奉先 1:7b.

  fung siyan be 1:10b.

  fung siyan de 1:3a. 1:3b.

fung siyo(人名) 奉孝 9:16a. 9:16a. 9:16b.

fungku 수건 1:6a.

funglu 봉록(俸祿) 5:4b.

  funglu i 6:17a.

fungnembi 봉(封)하다

  fungneme 9:22a.

funiyaga 도량 =funiyagan 5:21b.

funiyehe 머리 털, 털 1:5b. 2:20a. 6:21b.

furdan 관(關), 관문 2:26a.

  furdan ci 2:24a.

  furdan de 8:6a. 8:6b. 9:10b. 9:11b.

  furdan i 2:23b. 2:25a.

furdan duka 관문 2:23b.

  furdan duka de 2:23b.

furgimbi 뿜다

  furgime 7:18b.

  furgire 7:19b.

fusihūlambi 업신여기다

  fusihūlambi 5:18a.

  fusihūlame 3:14b.

  fusihūlame 7:12b.

fusihūn 낮은

  fusihūn be 9:8b.

fusihūlabumbi 무시당하다

  fusihūlabume 10:5b.

futa 노, 줄 7:19a.

  futa i 4:14a.

  futai 7:3b. 7:20a.

<G>

gabtambi 쏘다

  gabta 4:17a.

  gabtaha 4:18a.

gabtame 4:19b. 10:9b.

gabtara 4:18a.

gabtara de 4:17b.

gabtabumbi 쏘이다

  gabtabufi 9:1b.

  gabtabuki 4:16b.

  gabtabumbi 4:17b.

gaha 까마귀 8:14b. 8:15a. 8:18a. 8:21a.

gaibumbi 빼앗기다

  gaibufi 4:22a.

  gaibuha 5:2a.

  gaibuha de 10:14b.

  gaibuhabi 4:22b.

gaimbi 가지다, 거느리다

  gaici 2:13a. 6:8b.

  gaicibe 9:10a.

  gaifi 1:4b. 2:7a. 2:9b. 2:10a. 2:14a. 2:15a. 2:16a.
    2:19a. 2:19b. 3:20b. 3:21b. 3:23a. 4:1b.
    4:17b. 4:25a. 5:4a. 5:5a. 5:6b. 5:12a. 5:14a.
    5:24b. 6:2a. 6:3a. 6:7b. 6:9b. 7:11a. 8:5b.
    8:15b. 8:14b. 9:1a. 9:10b. 9:19a. 9:19a.
    10:20a. 10:20b. 10:22a. 10:23b. 10:24a.

  gaiha 5:7a. 5:13a. 9:17b. 10:2b.

  gaihabi 9:1b.

  gaihaci 1:8a.

  gaihakū 2:19b. 6:19b.

  gaihangge 9:1b.

  gaiki 1:11a. 3:8b. 6:11a.

  gaimbi 3:9a. 4:18a.

  gaimbihe 6:20a.

  gaime 1:5a. 1:17b. 2:6b. 3:14b. 3:16b. 4:1b.
    9:15b. 9:17a. 10:12a. 10:24a.

  gaisu 5:13a. 5:13a. 9:18a.

gaijambi 가지다

  gaijara 1:21b. 3:25b. 6:6b. 6:7a.

  gaijara be 6:10b. 8:14a.

  gaijarakū 4:3a. 7:12b.

  gaijarakū be 6:7a.

  gaijare 3:25b.

gaitai 즉시, 빨리 3:17b. 5:2b. 5:17b. 6:11a. 8:14b.
     8:19a. 9:20a. 10:9b.

gaitai andande 갑자기 2:3b. 5:13b. 7:4a.

gajimbi 데려오다, 가져오다
     gaji 4:25a. 6:17b. 8:15b.
     gajifi 1:11b. 1:11b. 3:16a. 5:6a. 5:7a. 6:2a.
          10:21b. 10:23b.
     gajiha 3:16a. 5:6a. 6:4b.
     gajihabi 2:25a.
     gajihao 9:21b.
     gajime 4:17a. 5:23a. 6:5a. 10:23b.
     gaju 10:22a.

gala 손(手) 2:21a. 3:3a. 3:15b. 9:7a. 10:23b.
     gala be 4:1a. 5:19b.
     gala de 2:8b. 2:10b. 4:3b. 6:14a. 7:8b.
     gala i 6:11a.
     galai 1:9a. 1:9a. 2:14a. 7:17a.

gala i falanggū 손바닥
     gala i falanggū de 4:24b.

gamambi 데려가다, 가져가다.
     gamaci 6:12a.
     gamafi 1:3b. 2:6b. 3:25a. 5:16b. 5:18b. 6:11b.
          8:21b.
     gamaha 1:3b. 1:4b. 2:17b.
     gamaki 3:18a.
     gamambi 2:4b. 4:10b. 9:10b.
     gamame 2:8a. 2:23b. 3:2a. 8:22a. 9:12b. 10:18a.
     gamara be 2:2a.
     gamara de 6:11b.

ganabumbi 가져가게하다
     ganabufi 4:21a.
     ganabuha 6:4b. 7:4a.

ganambi 가져가다
     gana 2:18b. 5:5b.
     ganafi 3:17b. 7:7b.
     ganahakū 2:25a.
     ganaki 4:13b.
     ganara 3:15a.

ganjimbi 가져오다 =gajimbi

ganjime 10:23b

ganjimeju 5:14b. =gajime jio

garhan 가지(枝) =gargan 8:18b. 8:21a.
     garhan i 5:6b.

gasambi 근심하다
     gasambi 5:20b. 5:21b. 6:22b.
     gasambio 5:21a.
     gasara 1:6a. 5:11b.
     gasarengge 5:21b.

gashūmbi 맹세하다
     gashūfi 8:2a. 8:10a.
     gashūhebi 2:21b.

gašan 마을
     gašan de 10:13b.

gebu 이름 1:3a. 2:15b. 2:16b. 2:17a. 2:20a. 2:22b.
          2:22b. 2:23b. 2:23b. 3:1a. 3:11b. 3:23a.
          6:1a. 7:9a. 7:9a. 7:9a. 8:11a. 8:19b. 8:19b.
     gebu be 1:18b. 6:2a.

gecuheri 망농(蟒龍:용무늬가 있는 비단)
     gecuheri 1:12a. 2:6b. 2:14a. 2:14a. 2:16a. 8:9a.
          10:8b.

gege 공주
     gege be 10:23a.

gegešembi 끄덕이다 =gehešembi
     gegešeme 3:2b.

gehešembi 끄덕이다
     gehešembi 1:9b.

gejureku 해로운
     gejureku be 8:10a.

gelembi 두려워하다
     geleci 1:18a.
     gelembihe 8:2a.
     geleme 1:8a. 3:20b.
     gelerakū 9:8a.

gelgun akū 감히 =gelhun 1:3b. 1:4a. 1:10a. 1:12b.
          4:7a. 4:8a. 5:15b. 5:18a. 5:19a. 5:24a. 6:11b.
          7:1b. 7:15b. 7:16b. 7:21b. 8:21a. 9:10b.
          10:14b. 10:23a.

geli 또 1:21b. 3:1b. 3:5b. 3:6b. 3:7a. 3:7b. 3:8a.

3:12a.　3:24a.　3:26a.　4:13a.　4:16b.　5:1a.
5:11a.　5:11b.　5:15a.　5:17a.　5:17b.　7:1a.
7:2b.　7:6a.　7:7a.　7:14a.　7:18a.　7:18b.
7:19a.　7:20b.　7:23a.　8:7b.　8:13a.　8:13b.
8:15a.　9:6a.　9:17b.　10:5b.　10:8b.　10:21a.
10:23a.

gemu 다, 모두　1:13b.　1:20a.　2:1b.　2:2a.　2:4b.
2:5b.　2:10b.　2:11b.　2:20a.　3:12b.　3:14a.
3:15b.　3:18b.　3:21b.　3:25b.　4:11b.　4:12b.
4:13a.　4:14a.　4:16a.　4:17b.4:19a.　4:22a.
5:1b.　5:2a.　5:4b.　5:4b.　5:7b.　5:11b.　5:12b.
5:16a.　5:18b.　5:19a.　5:21a.　6:8b.　6:9a.
6:12b.　7:3b.　7:6a.　7:12b.　7:15a.　7:17b.
7:18a.　7:18b.　7:20b.　8:1b.　8:8a.　8:9b.　8:9b.
8:11b.　8:11b.　8:13a.　9:1a.　9:2a.　9:2b.　9:3b.
9:5a.　9:6a.　9:6b.　9:7a.　9:13a.　9:13a.　9:15a.
9:16b.　9:18a.　9:19a.　10:2b.　10:19a.　10:21a.
10:23a.　10:26a.　10:26a.

genembi 가다
gene 2:8a.　6:19a.　7:2a.　8:7a.　8:22a.
geneci 1:5a.　1:18a.　2:1b.　2:4a.　2:7b.　2:19b.
4:9b.　5:8b.　6:19a.　6:19b.　6:20b.　8:5b.　8:6b.
9:14b.　9:15b.　10:17b.　10:21a.
genecibe 10:15a.
genefi 1:1a.　1:1a.　1:6a.　1:9a.　1:9b.　1:14a.　1:14b.
1:15a.　1:20b.　2:6b.　2:7a.　2:9b.　2:9b.　3:16a.
4:10a.　4:10a.　4:24a.　5:3a.　5:4a.　5:8a.
5:18b.　5:19a.　7:5b.　7:8a.　7:8b.　7:13a.
7:14b.　8:6a.　9:6a.　9:7b.　10:15b.　10:17b.
10:19b.　10:20a.
genehe 1:4b.　1:5b.　2:1a.　2:2a.　2:14b.　2:19b.
4:4a.　4:9a.　4:18b.　8:7a.　9:19a.　9:21a.
10:16a.　10:20a.　10:24a.
genehe be 1:20b.
genehe de 4:13b.
genehebi 9:12b.
genehei 2:19b.　10:24a.
genehekū 2:6b.　9:21a.
genehengge 2:3b.　2:5a.

geneki 1:2b.　1:18a.　2:26a.　6:20a.　7:1b.　7:11b.
8:3a.　10:15a.
genembi 2:7a.　2:9a.　2:24b.　2:24b.　3:21a.　9:1b.
9:3b.
genembihe de 6:15b.
genembihede 1:13a.
genembime 2:13a.
geneme 2:3b.　2:15b.　7:2a.　9:2b.
generakū 1:13a.
generakūci 2:11b.　10:14b.
genere 1:14b.　1:15a.　7:1b.　8:2b.　8:14b.　9:4b.
9:7b.　9:10a.　10:18a.　10:25a.　10:26a.
genere de 2:7b.　2:23b.　2:25a.　3:2b.　4:14a.　10:12b.
generengge 8:17a.
genggiyelembi 밝히다
genggiyelerakū 4:20b.
genggiyen 밝은, 맑은　2:1b.　2:1b.　6:16a.　6:24b.
8:8b.　8:17b.　10:7a.
genggiyen be 8:15a.
genggiyen de 8:18a.　8:20b.
genggiyen gung(人名) 明公　3:6b.　3:12b.
genggiyen gung ni 3:5a.
genggiyen gung be 3:9a.
gerembi 밝다
gereke 2:23a.　8:15a.
gereme 4:17b.
gerenere 6:5a.
geren 여러　2:2a.　2:2b.　2:10b.　2:15a.　3:2a.　3:11a.
3:13b.　3:14a.　3:19a.　3:19b.　3:22b.　3:25b.
4:1b.　4:5b.　5:2a.　5:10a.　5:11b.　5:12b.
5:12b.　5:14a.　5:16a.　5:16b.　5:17a.　5:17a.
5:17b.　5:18a.　5:21a.　5:22b.　6:6b.　6:8b.
6:17a.　6:25b.　7:10a.　7:18a.　7:20b.　8:5a.
8:8a.　8:8b.　8:10b.　8:11a.　8:11b.　8:12a.
8:12b.　8:13b.　8:15b.　8:18b.　8:19a.　9:6a.
9:6b.　9:8a.　9:11b.　9:12a.　9:12b.　9:12b.
9:13a.　9:15a.　9:16a.　9:16b.　9:19a.　10:6a.
10:21a.　10:23a.
geren be 2:15a.　3:12a.　3:15a.　3:23a.　5:12a.　6:8b.

6:9b. 7:12b. 9:19b.

  geren de 7:12b.

  geren i 2:10b. 4:9b.

geren mergensei faidan i nirugan 諸家陳圖
=geren mergesei 7:16a.

gese 같은 1:17b. 1:19a. 1:22a. 2:10a. 3:1b. 3:9b.
      3:10b. 3:16a. 3:26b. 4:18a. 5:23b. 6:2b.
      6:19b. 7:14b. 8:3a. 8:9a. 8:13a. 8:13a.
      8:13b. :11b. 9:15b. 9:18b. 10:5b. 10:16b.

getembi (잠을) 깨다

  getehe 3:26b.

geterembumbi 소멸시키다

  geterembuhe 9:20a.

  geterembuki 3:10a.

  geterembume 8:10a.

getuken 자세히, 맑은

  getuken 8:8b. 8:10a.

  getuken i 6:13b.

gicuke 부끄러운 6:2b.

gida 창(槍) 1:13a. 1:14a. 1:14b. 1:18a. 1:20a.
     2:16a. 2:16b. 8:9a. 8:15a. 8:15b.10:1a. 10:1b.

  gida be 1:21a. 1:21b. 1:21b. 1:21b. 8:15b.

  gida de 1:20b.

gidabumbi 패하다

  gidabucibe 3:19a.

  gidabufi 9:10a.

  gidabuha be 9:14a.

  gidabuha de 3:21a.

  gidabuhangge 9:7a.

  gidabure be 6:14b.

gidalambi 찌르다

  gidalara 8:21b.

gidambi 숙이다, 속이다

  gidaci 4:1b. 4:1b.

  gidafi 1:13b. 3:11b. 6:22a. 9:11a.

  gidambi 10:14b.

  gidara 10:14a.

  gidarakū 7:13b.

gidašambi 업신여기다

gidašambi 2:25b.

gidašame 7:12b.

gidašarakū 9:8b.

gin 근(斤) 1:12a.

ging 경(更) 6:3b.

  ging de 4:13a. 4:14b.

  ging ni 10:21a.

ginggulembi 공경하다

  gingguleme 5:11a. 6:8a. 10:3b.

giran 시체, 주검 10:19a.

  giran be 8:21b. 8:22a.

giranggi 골육

  giranggi 6:6b.

girubumbi 부끄럽게하다

  girubuhakū bi 3:13a.

  girubumbi 3:5a.

  girubume 6:6b. 7:12b.

girucun 부끄러움 2:19a.

girumbi 부끄럽다

  girufi 7:1a.

  girumbi 6:21b. 7:1b.

  girure 6:13b.

gisun 말(言語) 1:2b. 1:7a. 2:3b. 2:9a. 2:15a.
     2:18a. 3:1b. 3:14a. 3:14b. 3:21b. 4:1b.
     4:6a. 4:10a. 4:12a. 5:8a. 5:8a. 5:12b.
     5:14b. 5:19b. 6:2a. 6:15a. 6:20a. 6:22a.
     8:3b. 8:4a. 8:4b. 8:5b. 8:16b. 8:19a. 8:21a.
     9:7a. 9:11a.

  gisun be 1:12a. 1:13b. 2:12a. 2:12a. 2:19a. 3:2b.
     3:3a. 3:9a. 3:9b. 3:11a. 3:14b. 3:15b.
     3:16b. 3:18a. 3:26a. 4:1b. 4:22a. 5:7a.
     5:13b. 5:20a. 5:24a. 6:5b. 6:15a. 6:23b.
     7:5a. 7:12b. 7:17b. 8:1b. 8:11b. 8:20b.
     9:3b. 9:9a. 9:10a. 10:7a. 10:9a. 10:16a.
     10:19b.

  gisun de 3:23b. 7:19b. 7:23b.

  gisun i 1:11b. 2:4a. 3:13a. 4:3b. 7:6a. 10:2b.

gisurebumbi 말시키다

  gisurebume 6:14b.

gisurembi 말하다

  gisure 6:23b.

  gisureci 1:4a. 3:3b. 4:8a. 6:23b. 7:16a.

  gisurecibe 8:18a.

  gisurefi 3:22b. 4:3b. 6:25a.

  gisurehe 1:12a. 2:25b. 3:2b. 3:17a. 5:22b. 8:11b.

  gisurehe de 3:4a.

  gisurehekū 1:17a.

  gisurekei 1:1a.

  gisureki 7:20b.

  gisurembi 1:14a. 3:15a. 7:15b. 8:4b.

  gisurembihe 9:6b.

  gisureme 5:15b. 6:13a. 9:2a. 9:8a.

  gisurerakū 3:2a. 5:21b. 5:23a. 6:21b.

  gisurere 1:1a. 3:3b. 3:16a. 4:4a. 4:24b. 5:8a.
    5:20b. 6:13b. 6:15a. 8:12b.

  gisurere de 7:10b. 8:13a.

  gisurerengge 5:14a. 8:5b.

giyalabumbi 떠나다

  giyalabufi 8:18a.

giyan 도리(道理) 3:12b. 4:12a. 5:16a. 9:5a.

  giyan be 4:20a. 6:14b.

  giyan i 7:8a.

giyan giyan 낱낱이

  giyan giyan i 6:19b.

giyang 강(江) 4:1a. 5:7a. 5:8b. 7:7a. 7:21b.

  giyang be 3:16a. 5:19b. 6:4a.

  giyang de 4:6a. 4:14a. 4:16a. 5:2b. 7:3a. 8:9a.
    8:15b.

  giyang ni 3:8b. 4:11b. 4:16a. 4:21b. 7:11b.
    7:18a. 7:22a. 7:22b. 8:7b. 10:17b. 10:19b.

giyang han(地名) 江漢

  giyang han de 3:25b.

giyang hiya(地名) 江夏

  giyang hiya i 3:19b.

giyang ni amargi(地名) 江北

  giyang ni amargi ci 5:5b.

  giyang ni amargi de 8:2a.

giyang ni angga 강어귀

giyang ni angga de 5:5b.

giyang ni dergi(地名) 江東 3:7b. 3:9b. 3:12b.
  4:19b. 4:22b. 4:23b. 5:11b. 6:8b. 6:21b.
  7:1b. 7:20b.

  giyang ni dergi de 4:3a. 5:2b. 6:18a. 6:19b.

  giyang ni dergi ci 6:18b.

giyang ni julergi(地名) 江南

  giyang ni julergi 4:17a. 7:2a. 8:1b. 8:10b. 8:10b.

  giyang ni julergi be 3:8b. 3:25b. 7:15a. 8:11a.
    8:12a. 8:13b. 8:14b.

  giyang ni julergi de 3:9b.

gocimbi 뽑다, 빼다

  gocifi 6:23a.

goidambi 더디다, 오래다

  goidaci 8:7a.

  goidafi 6:18a.

  goidaha 3:4b. 5:11b. 6:19a. 9:9b. 9:16a. 10:25b.

  goidaha de 7:11b.

  goidahakū 2:18b. 5:5b.

  goidame 1:6a. 5:10a. 6:19a. 8:20b. 10:5b.

  goidarakū 5:16b. 7:7a. 9:6a.

golmin 긴 5:23a. 6:22a. 8:9a. 9:13a.

golombi 놀라다

  golofi 2:15b. 4:2b. 4:15a. 8:5a. 10:4a. 10:24b.
    10:25b.

  goloho 2:18b. 10:11b. 10:11b.

  golohobi 1:21a.

  golorahū 3:7b.

goro 먼 1:21b. 2:6b. 2:9a. 3:19b. 4:5b. 4:19a.
  5:8b. 8:3a. 9:14b. 9:20a. 9:20b. 10:6a.

gosiholombi 괴로워하다

  gosiholocibe 5:24b.

  gosiholome 5:19a. 5:20b. 5:21a. 5:22a. 5:24a.
    7:23a. 10:17a.

  gosiholoro 6:11a. 6:12a.

gosihūn 괴로움 =gosihon

  gosihūn be 6:20a. 9:2a.

gosimbi 사랑하다

  gosici 1:17b.

gosiha be 2:13a. 10:16a.

gosiha ci 8:6a.

gosime 1:15b. 2:12b. 10:15b.

gosire 2:3a.

gosin 사랑 1:15b. 9:8b.

gu 옥돌 8:2b. 10:8b. 10:22a.

gu i 3:9b.

gui 3:1b.

gucu 벗 2:17a. 7:5b. 7:6a. 8:18a.

gucu be 8:1a.

gucu arabumbi 친구 삼게하다

gucu arabuha 2:22a.

gucu arambi 친구 삼다

gucu araha 2:22b.

gucuse 벗들 7:2b.

gucuse be 2:19a. 2:19b.

guculembi 사귀다

guculehe 7:5a.

guculehe be 9:13a.

guculerakū 2:13b.

gung 公 2:3a. 2:23b. 3:1a. 3:1b. 4:23b. 5:25a.
6:2a. 6:9b. 6:11a. 6:16b. 6:17a. 6:20a.
6:23a. 7:2b. 7:10a. 7:10b. 8:6b. 8:10b.
8:11a. 8:11b. 8:13a. 8:20b. 9:20a.

gung be 3:9a. 7:1b. 7:18a. 7:21a. 10:12b.

gung de 2:13a. 3:8a. 6:23b.

gung ni 5:24a. 7:21a. 8:11a. 8:22a.

gung feo(人名) 公覆 5:15b. 6:2b. 6:5b. 6:6a. 6:7a.

gung feo be 5:19a. 6:12a.

gung feo i 5:9b. 6:16b. 6:18a.

gung fu(人名) 公覆 =gung feo 3:1a.

gung jin(人名) 公瑾 4:2b. 4:4a. 4:20b. 4:21b. 5:9a.
5:19a. 5:20a.

gung jin de 4:10b. 4:11b. 5:20b.

gung jin i 5:8b. 5:9a. 5:24a. 10:7b. 10:8a.

gungge amban 공신(功臣) 6:6b.

gurimbi 옮기다

guriburakū 1:9a.

gurun 나라 2:25b. 8:10a. 8:10b.

gurun be 7:19b.

gurun de 8:14a.

gurun i 2:3b. 3:13a. 5:3a. 6:5a. 9:22a.

guwan gung(人名) 關公 2:8a. 2:8b. 2:9a. 2:9b.
2:10b. 2:11a. 2:12b. 2:13a. 2:15b. 2:16a.
2:16a. 2:18a. 2:18a. 2:18b. 2:18b. 2:19a.
2:19a. 2:19a. 2:20a. 2:20b. 2:20b. 2:20b.
2:21a. 2:21a. 2:21b. 2:21b. 2:22b. 2:23a.
2:23a. 2:23b. 2:24a. 2:24b. 2:25a. 10:7b.

guwan gung be 2:1a. 2:19a. 2:21a. 2:24a.

guwan gung de 2:22b.

guwan gung ni 2:10b.

guwan ioi(人名) 關羽 2:1b. 2:2b. 2:4a. 9:9b.
9:10a. 9:21a. 10:5a. 10:6a.

guwan ioi de 2:2b. 9:21a.

guwan mu(人名) 關某 2:11a. 2:11b. 2:13a. 2:20a.

guwan mu de 2:18b.

guwan yūn cang(人名) 關雲長 9:7b. 9:19a.

guwan yūn cang de 3:19b.

guwebumbi 사면시키다, 면하게하다

guwebuci 4:11a. 4:11a. 5:15b. 9:22a.

guwebuhe 8:7a.

guwebure 7:21b.

guwebure be 3:17b. 5:17b.

guwedebumbi 속이다

guwedebuci 7:3b.

guwembi 면하다

guwehe 8:3b.

guwembi 8:2b. 8:15a. 8:15a.

guweme 8:14b. 9:7a.

gūnimbi 생각하다

gūni 10:18b.

gūnici 1:6a. 2:13a. 3:7a. 4:1b. 6:6b. 10:15b.

gūnifi 3:24a. 5:10a. 10:4a. 10:10b.

gūniha 1:16a. 1:19a. 1:19a. 5:24a. 6:24b. 7:5a.
7:10b. 8:14a.

gūnihai 3:26b.

gūnihakū 10:4a. 10:5a.

gūnihangge 3:18b. 6:5b. 8:18a.

gūniki 10:17b.

gūnikini 2:7a.

gūnimbi 1:12b. 8:17a. 8:18a.

gūnimbio 3:8a.

gūnime 1:8a. 2:8a. 3:3b. 3:4a. 6:17b. 7:3b. 7:5a.
7:8b. 8:2a. 9:12a. 9:13a. 9:16a. 9:21b.
10:9b. 10:19a.

gūnirakū 6:21b. 7:6a. 10:16a.

gūnirakūn 10:11b.

gūnire 1:12a. 6:16a. 9:11b.

gūnire be 5:16a. 10:7a.

gūnirengge 8:17b.

gūnin 생각 1:16b. 2:9a. 3:9a. 3:21b. 3:25b. 3:25b.
4:13b. 5:25a. 6:9a. 6:21b. 7:12b. 8:16a.
9:12a. 9:16a. 10:9a. 10:13a.

gūnin be 2:5b. 4:4b. 4:12b. 6:21a. 8:17a. 10:6a.

gūnin de 1:15b. 4:6a. 5:3a. 10:7b.

gūsin 삼십, 30 2:15b. 3:7a. 3:7a. 4:11a. 5:13a.
7:18b.

gūsita 설흔씩 4:12b.

gūwa 다른 3:8a. 4:6b. 6:18b. 6:19a. 7:3a. 8:11a.

gūwa be 6:13a.

gūwa de 6:1a.

gūwaliyambi 변하다

gūwaliyaka de 1:11a.

gūwaliyambi 5:4b.

gūwaliyandambi 변하다

gūwaliyandara 2:6a. 5:4b.

gūwaliyandarahū 2:14a.

g'an dze(人名) 闞澤 5:23b. 5:24a. 5:24a. 5:25a.
6:2a. 6:2b. 6:3a. 6:3a. 6:4a. 6:5b. 6:6a.
6:7b. 6:12a. 6:12b. 6:13a. 6:13b. 6:14a.
6:15a. 6:15a. 6:16b. 6:17a. 6:17b. 6:18b.
6:19a. 6:19b. 6:20a. 6:20b. 6:20b. 6:21a.
6:22a. 6:22a. 6:22b. 6:22b. 6:24a. 6:24a.
6:25a.

g'an dze de 6:4a.

g'an dze be 6:5a. 6:11b. 7:1a. 7:23a.

g'an dze i 6:1a. 6:11b. 6:21a. 6:25b.

g'an mi(人名) 甘

g'an mi 2:21a.

g'an ning(人名) 甘寧 5:7a. 5:15b. 6:20a. 6:20b.
6:21a. 6:21a. 6:21b. 6:22a. 6:23a. 6:23b.
6:23b. 6:24b. 6:24b. 6:25a. 7:1a.

g'an ning be 5:6b. 5:15b. 5:16a.

g'an ning ni 5:6b. 6:20b. 6:21a. 6:22a. 6:22a.

g'ao dzu(人名) 高祖 ㅣ 9:21b.

g'ei(人名) 蓋 3:1a.

g'u fung siyo(人名) 郭奉孝 9:16a.

g'u fung siyo be 9:16a.

g'u jiya(人名) 郭嘉 ㅣ 9:16a.

\<H\>

habšambi 품하다

habšaha 2:11a.

habšanambi 품하러 가다

habšanafi 2:25a.

hacihiyambi 재촉하다

hacihiyame 2:8a. 10:24a.

hada 바위

hadai 7:8a.

hadala 굴레 2:7b. 9:2a. 10:24a.

hadambi 박다

hadafi 7:3b. 7:19a.

hadahangge 4:18b.

hafan 관원 2:22b. 2:22b. 3:1b. 3:12b. 5:23a. 6:1b.
6:2a. 6:5a. 6:7b. 6:17a. 6:17a. 7:21a.
8:19a. 9:15a.

hafan be 2:3b. 4:8b.

hafasa 관원들 1:3b. 5:14a. 5:16a. 5:17a. 5:17b.
5:18a. 9:12b. 9:15b.

hafasa be 4:5b. 5:17a.

hafasa i 5:16b. 9:12b.

hafasai 8:19a.

hafirabumbi 긴박하다

hafirabufi 2:2b. 9:2a.

hafirabuha 9:17b.

　hafirabuhabi 10:12b. 10:14b.

hafirahūn 긴박히 6:15b.

hafumbi 통하다

　hafubi 9:11a.

　hafuci 6:14b.

hafumbumbi 통하게하다

　hafumbukini 5:3a.

hafundambi 통달하다

　hafundarakū 4:20a.

haha 사나이 1:17b. 2:1b. 2:5b. 6:2a. 6:24b. 9:11a.
　　10:16b.

　haha i 8:16a.

hahi 급히 3:12a. 8:6b. 9:17a.

hairambi 아깝다

　hairaka 6:14a. 7:17b. 8:1b. 9:16b.

　hairambi 6:2b.

hairandarambi 아끼다

　hairandara 7:15b.

　hairandarakū 6:2b. 8:11a.

haji 사랑하는 1:10a. 1:11a.

hajilambi 친하다

　hajilafi 8:14a.

haksan 험한, 급한 4:19a. 9:5b.

hala 성(姓) 2:17a. 2:20a. 2:21b. 2:21b. 2:22b.
　　2:23b. 3:1a. 7:9a. 8:19b.

　hala be 2:16b. 2:22b. 7:9a.

　hala i 6:8a.

　halai 8:1b.

halambi 바꾸다

　halarakū 2:5b.

halanjambi 교대하다

　halanjame 3:2a.

hamimbi 다다르다(到)

　hamime 9:13b.

　hamirakū 4:6b.

hamika 거의 4:7b. 10:9b. 10:10a. 10:10b.

han 漢 9:21b.

han 황제(皇帝)

han de 7:21a.

　han i 1:13a. 1:13a. 1:17b. 2:17b. 3:13a.

han sui(人名) 韓遂 8:5a.

　han sui 8:5b.

hanci 가까이 1:20b. 4:18a. 6:10a. 7:2a. 8:4b.
　　9:14b. 10:14a.

hanciki 가까운 5:3b.

hanggabumbi 막히다

　hanggabuha de 10:10a.

hanjan 청렴한 6:1b.

haran 탓 3:13b.

harangga 속한 2:1a. 2:23b.

hasa 급히 9:22a.

hashū ici 좌우 1:20a.

hashū ici ergi 좌우편 1:10a. 5:14b. 5:16a. 5:16b.
　　5:23a. 6:11b. 7:6b. 7:7a.

　hashū ici ergi de 8:1a. 8:9a.

hebe 의논

　hebei 3:11a. 3:22b. 6:25b. 8:5a.

hebedembi 의논하다

　hebedere 3:21b.

hebešembi 함께 의논하다

　hebešehe 10:5a.

　hebešehe de 10:12b.

　hebešeki 10:12b.

　hebešere de 10:21b.

hebušembi 함께 의논하다 =hebešembi

　hebušembi 6:25b.

　hebušeme 8:5a. 10:18a.

hecen 성(城) 10:18a. 10:20a.

　hecen de 1:13a. 2:2b.

　hecen i 7:14b. 10:9b.

hefeli 배(腹) 6:22b. 6:23b. 8:12b.

hefeliyembi 품다

　hefeliyehebi 3:12a.

hehe 계집

　hehe be 1:11a.

　hehe i 1:10a.

　hehei 10:10b.

228

hehesi 계집들 1:5a. 10:1a.

  hehesi be 2:20b. 2:22a. 10:1b.

  hehesi de 1:5a. 1:20a.

helme 그림자 1:5b.

hendumbi 이르다, 말하다

  hendu 6:4a.

  hendufi 2:12b. 2:14b. 2:15a. 2:22a. 4:18b. 7:6b.
      7:10b. 10:13a.

  henduhe 3:1a. 6:6a.

  henduhebi 9:18b.

  henduhengge 3:12a. 6:7b. 6:25a. 6:25b. 8:4a.
      10:3b. 10:4b.

  hendumbi 7:5a. 10:11b. 10:15b.

  hendumbio 5:22a.

  hendume 1:1a. 1:1b. 1:1b. 1:2a. 1:2a. 1:2a. 1:2b.
      1:2b. 1:3b. 1:4a. 1:4a. 1:7a. 1:7b. 1:10a.
      1:10b. 1:11a. 1:11a. 1:11b. 1:11b. 1:11b.
      1:12a. 1:12b. 1:14b. 1:15a. 1:16b. 1:17a.
      1:17b. 1:17b. 1:17b. 1:18a. 1:18b. 1:18b.
      2:1a. 2:1b. 2:2a. 2:2a. 2:2b. 2:2b. 2:4b.
      2:5a. 2:5a. 2:6a. 2:6a. 2:7a. 2:7a. 2:8b.
      2:8b. 2:9a. 2:9a. 2:9b. 2:11a. 2:11a. 2:12a.
      2:12b. 2:13a. 2:13a. 2:13b. 2:14b. 2:14b.
      2:15a. 2:18a. 2:18a. 2:18b. 2:18b. 2:20b.
      2:20b. 2:20b. 2:21a. 2:21b. 2:21b. 2:22a.
      2:24a. 2:24b. 2:24b. 2:25a. 2:25a. 2:25b.
      2:25b. 2:26a. 2:26a. 3:1b. 3:2a. 3:2b. 3:4b.
      3:4b. 3:5a. 3:5a. 3:5b. 3:5b. 3:6b. 3:6b.
      3:7b. 3:7b. 3:8a. 3:8a. 3:8a. 3:8b. 3:9a.
      3:9a. 3:9b. 3:9b. 3:11a. 3:11b. 3:12a.
      3:12b. 3:13a. 3:14a. 3:14b. 3:15a. 3:15a.
      3:16a. 3:16a. 3:16b. 3:17a. 3:17b. 3:18a.
      3:18b. 3:19a. 3:21b. 3:22b. 3:24a. 3:25b.
      3:26a. 4:1a. 4:2a. 4:2a. 4:2b. 4:2b. 4:2b.
      4:3a. 4:4a. 4:4b. 4:4b. 4:5a. 4:5a. 4:5a.
      4:6a. 4:6a. 4:7a. 4:7a.4:7a. 4:7b. 4:7b.
      4:8a. 4:8a. 4:8b. 4:8b. 4:9a. 4:9a. 4:10a.
      4:11a. 4:11a. 4:13b. 4:13b. 4:13b. 4:15a.
      4:15a. 4:16a. 4:19b. 4:19b. 4:20a. 4:22a.

4:23a. 4:23a. 4:23b. 4:23b. 4:24a. 4:24b.
5:1b. 5:1b. 5:2b. 5:3a. 5:3b. 5:4a. 5:4b.
5:5b. 5:7a. 5:7b. 5:7b. 5:8a. 5:8b. 5:9b.
5:10a. 5:10b. 5:10b. 5:11a. 5:11a. 5:11b.
5:12a. 5:13a. 5:13a. 5:13a. 5:13b. 5:15a.
5:15b. 5:15b. 5:16a. 5:16b. 5:18a. 5:19a.
5:19b. 5:19b. 5:20a. 5:20b. 5:21a. 5:21a.
5:21a. 5:21b. 5:21b. 5:21b. 5:21b. 5:22a.
5:23b. 5:23b. 5:24a. 5:24a. 5:24a. 5:24b.
5:25a. 5:25a. 6:2a. 6:3a. 6:3a. 6:4a. 6:4b.
6:5a. 6:5b. 6:6a. 6:6a. 6:7a. 6:11a. 6:12a.
6:12a. 6:12b. 6:12b. 6:13a. 6:13a. 6:13b.
6:14a. 6:14a. 6:14b. 6:15a. 6:15a. 6:15a.
6:16a. 6:16b. 6:16b. 6:17a. 6:17b. 6:18a.
6:18b. 6:19a. 6:19a. 6:20a. 6:20a. 6:20a.
6:20b. 6:21a. 6:22a. 6:22b. 6:22b. 6:23a.
6:23a. 6:23b. 6:23b. 6:24a. 6:24a. 6:24a.
6:24b. 7:1a. 7:1b. 7:2b. 7:3a. 7:3a. 7:3a.
7:3b. 7:4b. 7:4b. 7:5a. 7:6b. 7:9b. 7:9b.
7:9b. 7:10b. 7:11a. 7:11a. 7:11a. 7:12b.
7:13a. 7:13b. 7:13b. 7:15a. 7:15a. 7:15b.
7:15b. 7:16b. 7:16b. 7:17b. 7:18a. 7:18a.
7:19b. 7:20a. 7:20b. 7:21a. 7:21a. 7:21b.
7:22a. 7:22a. 7:22b. 8:1b. 8:1b. 8:1b. 8:2a.
8:3a. 8:3b. 8:3b. 8:5a. 8:6a. 8:6b. 8:10a.
8:11b. 8:12a. 8:12b. 8:12b. 8:13a. 8:13b.
8:15a. 8:15b. 8:19a. 8:20b. 8:20b. 8:20b.
8:21a. 8:22a. 9:2b. 9:3a. 9:3b. 9:5a. 9:6a.
9:6a. 9:6b. 9:8a. 9:8a. 9:8b. 9:9b. 9:10a.
9:10a. 9:10b. 9:12a. 9:14a. 9:14a. 9:14b.
9:15b. 9:16a. 9:16a. 9:16a. 9:16b. 9:17a.
9:17b. 9:18a. 9:18a. 9:20a. 9:20b. 9:20b.
9:21a. 9:21a. 9:21a. 9:21b. 9:21b. 9:21b.
10:1b. 10:1b. 10:2a. 10:7b. 10:11b. 10:11b.
10:12a. 10:12b. 10:12b. 10:13a. 10:13b.
10:13b. 10:14a. 10:14b. 10:15a. 10:15b.
10:16a. 10:16b. 10:16b. 10:17a. 10:17a.
10:17b. 10:18a. 10:18b. 10:19a. 10:19b.
10:21b. 10:22a. 10:22b. 10:22b. 10:23a.

5:10b. 5:22a. 5:25a. 6:11a. 6:23b. 7:23a.

holtorakū 4:9a.

holtoro de 5:9a.

holtošoro 10:2b.

hono 오히려, 마저 1:12a. 2:12b. 3:13a. 3:23a.
    4:19b. 9:15b. 9:19b.

horimbi 가두다
  horifi 10:5b.

horon 위엄 3:10a. 3:23a.
  horon de 3:20b.
  horon i 3:7b.

horonggo 엄한 3:17b. 10:23a.

hošo 구석 7:13b.

hoton 성(城)
  hoton de 9:15b.

hui ji san in(地名) 會稽山陰
  hui ji san in i 6:1a.

hukun 두엄 3:15b.

hungkerembi 기울이다
  hungkereme 6:16b.

huthubumbi 결박하게하다
  huthubu 10:25b.
  huthubumbihe 9:7a.

huweki 비옥한 8:10b.

huwekiyebumbi 꾀다
  huwekiyebume 7:6a.

hū 석(石:부피의 단위) 8:20a.

hū(人名) 胡 2:22b.

hū hūwa(人名) 胡華
  hū hūwa ci 2:23a.
  hū hūwa 2:23a.

hūdulembi 빨리 하다 =hūdulambi
  hūduleme 6:4a.

hūdun 빨리 1:17b. 1:18a. 1:21a. 2:11a. 2:18b.
    4:14b. 4:17a. 4:23b. 6:23b. 8:11b. 10:8a.
    10:12b. 10:21b. 10:25b.

hūlambi 부르다, 읽다
  hūlafi 1:10a. 2:8a. 4:8b. 5:14b. 6:11b. 6:12b.
    7:6b. 9:17a. 10:18a.

hūlaha 6:13b.

hūlambi 2:15b. 6:1b. 7:8b.

hūlame 2:7b. 2:20b. 4:18b. 5:15a. 5:21a. 6:11a.
    8:7a. 8:17a. 10:11a. 10:23b. 10:25a.

hūlara 2:8a. 7:8a.

hūlašambi 바꾸다
  hūlašame 7:11a.

hūlha 도적 1:18a. 5:3a. 5:6a.
  hūlha be 3:1a. 5:16b. 5:24b. 8:15b.
  hūlha de 1:18a.

hūlhambi 도적질하다
  hūlhafi 7:5b.
  hūlhame 1:5b. 1:6b. 1:11a. 1:18a. 3:3b. 5:4a.
    8:4b. 10:13a. 10:18a.

hūncihin 친족 3:13a.

hūntaha 잔(杯) 4:9a. 8:15b.
  hūntaha be 9:20a.

hūsun 힘 6:24b. 9:8a. 9:10a.
  hūsun be 3:10b. 4:19b. 8:13a.
  hūsun i 3:21a.

hūsun bumbi 힘쓰다
  hūsun buci 1:16a.
  hūsun bume 8:20b.
  hūsun burengge 6:10a.

hūsun tucimbi 힘쓰다
  hūsun tucici 8:11a.

hūsurengge 세찬, 힘센 =hūsungge
  hūsurengge 4:16b.

hūturi 복(福) 2:13b.
  hūturi de 8:11b.

hūwa(人名) 華 2:22b.

hūwa(人名) 化 2:17a.

hūwa 뜰
  hūwa de 1:13b.

hūwa žung doo(地名) 華容道
  hūwa žung doo be 9:1a. 9:21a.
  hūwa žung doo ci 9:5a.

hūwa žung(地名) 華容
  hūwa žung ni 9:13b.

hūwaitabumbi 매게하다

    hūwaitabufi 7:4b.

hūwaitambi 매다

    hūwaitafi 1:14b. 4:13a. 4:14a.

    hūwaitahabi 1:19b.

hūwan di han(人名) 桓帝

    hūwan di han i 2:22b.

hūwang(人名) 黃 3:1a.

hūwang g'ai(人名) 黃蓋 3:2a. 5:9b. 5:9b. 5:10b.
        5:11a. 5:11b. 5:12b. 5:13a. 5:15a. 5:16a.
        5:17b. 5:17b. 5:22b. 5:22b. 5:23a. 5:23a.
        5:23b. 5:24a. 5:24b. 5:25a. 6:2a. 6:3a. 6:3a.
        6:8a. 6:9b. 6:10b. 6:11a. 6:20a. 6:20a.
        6:20a. 6:24a. 6:25b. 7:23a.

    hūwang g'ai be 5:17a. 5:18a. 5:20a. 5:21a.
        5:22a. 6:18a. 7:1a.

    hūwang g'ai de 6:19b.

hūwang gung feo(人名) 黃公覆 6:5b. 6:6a. 6:7a.

    hūwang gung feo be 6:12a.

    hūwang gung feo i 6:16b. 6:18a.

＜I＞

i 저, 그 2:22b. 4:19a.

i lang(人名) 議郞 2:22b.

ibembi 나아가다

    ibefi 5:12b. 5:15b. 7:1b. 8:6a. 8:19a. 9:9a.

    ibere 7:13b.

ice 새(新) 1:5a. 3:6a. 3:7a. 7:6a. 8:14a. 10:18a.
        10:18b.

icihiyambi 처리하다

    icihiyame 1:8b.

    icihiyara de 4:2a.

ijimbi 빗다

    ijime 1:5b.

ijishūn 순한1:7a.

ilaci 셋째 4:9a. 4:11b. 4:13a. 6:3b. 10:10a.

ilan 셋, 3 2:2b. 2:3a. 2:4a. 3:5b. 3:20a. 4:7b. 4:8a.
    4:10b. 4:20b. 5:12a. 5:12b. 5:13a. 6:6a.
    7:20b. 7:21a. 8:1b. 8:4b. 8:6a. 8:6b. 8:15b.
    8:18a. 8:21a. 8:22a. 9:5a. 9:5b. 10:9b.
    10:26a.

    ilan i 8:4b.

ilan bodon ninggun dobton 三略六韜

    ilan bodon ninggun dobton be 7:16a.

ilan jalan 삼대(三代) 5:15a.

    ilan jalan i 5:24b.

ilata 셋씩 4:17a.

ilenggu 혀 7:20b.

iletu 분명한 5:21b. 5:22b.

iletuken 분명히 9:12a.

iletulembi 분명하다, 나타나다

    iletuleme 4:9b.

    iletulerakū 4:4b.

ilgambi 분별하다

    ilgarakū 8:2b.

ilga moo 꽃나무 10:8a.

ilibumbi 세우다, 머물게하다

    ilibu 2:6b. 2:7a. 2:9b.

    ilibufi 1:1a. 3:1a. 4:11b. 8:9a. 8:19b.

    ilibuha 2:10b. 3:7a.

    ilibuhabi 3:1b. 4:13a. 8:20b.

    ilibumbi 10:17a.

    ilibume 4:16a. 6:2b. 6:17a.

ilimbahambi 익숙하다

    ilimbaharakū 7:18b.

ilimbi 머물다, 서다

    ili 2:10b. 2:15b.

    ilici 10:4a.

    ilicibe 7:15a.

    ilifi 1:5b. 1:6b. 1:9a. 1:15a. 1:18b. 2:10a. 3:4a.
        3:9b. 3:14a. 3:22a.3:22b. 3:23b. 4:18a.
        5:17b. 6:23a. 7:13a. 8:11b. 8:15b. 9:8a.
        10:24a. 10:25a.

    iliha 1:9a. 2:21a. 8:10a. 8:13a.

    iliha be 2:10b.

    ilihabi 1:6a. 1:9b. 1:20b. 3:4a. 9:2b. 9:3a. 9:7b.

10:1a.

ilihai 9:5a.

ilihangge 3:8b. 7:14a.

ilimbi 1:13b.

ilirakū 1:4b. 2:7a.

ilire 1:5a. 3:24b.

ilire be 3:22a.

iling(地名) 夷陵

  iling ni 9:1b.

imbe 저를 2:2b. 9:12a.

in yang 음양

  in yang be 4:20a.

inde 저에게 4:12a.

ineku 또한, 도 5:1a. 9:9b. 9:21b.

inenggi 날 1:3b. 1:9a. 1:18b. 2:3a. 2:3a. 3:12a.
    4:7a. 4:7b. 4:7b. 4:8a.4:9a. 4:10b. 4:11b.
    4:13a. 4:13a. 4:14b. 4:20b. 4:21a. 5:1a.
    5:12a. 6:13b. 6:15b. 8:8a. 8:9a. 9:1a. 9:9a.
    9:10a. 10:3a. 10:8a. 10:10b. 10:11a.
    10:17b. 10:18a. 10:18b. 10:19a. 10:20b.
    10:22a.

  inenggi be 1:17b. 4:7b. 6:15b. 6:18b. 6:25b.

inenggidari 날마다 1:8a. 4:2a. 10:9a.

ing 진(陣) 3:8b. 3:8b. 5:12a. 7:13b. 7:17b.

  ing be 7:13a. 8:7b.

  ing ci 4:22b.

  ing de 6:4b. 6:20b. 6:23a. 7:1b. 7:4b. 7:6b.
    7:11b. 7:16a. 8:4b.

  ing ni 6:20a. 8:4b.

ing ilimbi 진 치다

  ing ilifi 3:8b.

  ing ilihabi 5:12a.

ing ilibumbi 진 치게하다

  ing ilibuhangge 7:17b.

ini 저의 1:9a. 2:5a. 2:19a. 2:19b. 2:20b. 3:3b.
    4:9a. 4:12b. 4:16a. 4:19a.4:25a. 6:1a. 6:9b.
    6:21a. 7:2b. 7:9b. 7:12b. 7:16b. 7:21b.
    8:4b. 8:7b. 8:12b. 8:14a. 8:21b. 10:3a.
    10:8b.

injecembi 함께 웃다

  injecefi 5:1b. 8:4a. 8:12b.

  injeceme 3:14a.

injembi 웃다

  injefi 2:13b.

  injembi 5:8a. 5:8a. 6:11b. 6:12a. 6:12a. 6:17b.
    9:6b. 9:6b. 9:7a.

  injeme 3:14b. 3:16b. 4:15a. 5:19b. 5:21b. 6:13b.
    6:21a. 7:4b. 7:15a.8:3a. 8:3b. 8:14b. 8:15a.
    10:2a.

  injerengge 5:8b. 6:12a.

inu 도(조사) 1:17a. 2:20b. 3:9b. 3:12a. 3:16a.
    3:18a. 3:19b. 4:2a. 4:2a. 4:4a. 4:5a. 4:12a.
    4:12a. 4:21a. 4:24a. 4:25a. 5:1a. 5:9a.
    5:11b. 5:12a. 5:13a. 5:18b. 5:20b. 5:21b.
    6:5b. 6:13a. 6:24a. 7:3a. 7:9b. 7:10b.
    7:17b. 7:19a. 8:7a. 9:14b.

ioi gung dz se 庚公之斯 9:11a.

ioi jin(人名) 于禁 2:10a. 4:15b. 4:17a.

  ioi jin be 4:3b.

irgen 백성 3:12b. 3:20b.

  irgen be 7:21b. 7:21b. 7:21b. 8:1b. 8:19b.

isabumbi 모이게하다, 쌓이다

  isabufi 4:5b. 5:11b. 6:25b. 8:5a.

  isabuha 5:12b. 10:18b.

  isabuhabi 2:17a.

  isabume 8:20a.

isambi 모이다

  isaha 7:10a.

  isame 7:22b.

isgung 서로 =ishun 5:14a.

ishunde 서로 1:19a. 3:3a. 3:18a. 4:14a. 5:10a.
    7:10b. 7:13b. 9:8a. 10:2a.

isibumbi 이르게하다, 도달하게하다

  isibuha 9:9a. 9:10b.

  isibuha de 5:3b.

  isibukini 5:7a.

  isibure 2:13b.

isimbi 이르다, 도달하다

isifi 10:10a.

isika 10:26b.

isika be 9:11b.

isikabi 4:5b.

isime 3:19b. 4:19b.

isirakū 3:5b. 3:11a. 4:22b. 4:23a. 7:15b. 10:12b.

isire 8:9a.

isitala 1:4b. 8:16a.

isinambi 이르다, 다다르다

isinafi 1:14a. 3:2b. 4:14b. 4:21b. 6:4a. 7:2a. 9:13b.

isinaha 2:3a. 2:23b. 5:17b. 10:24b.

isinaha de 9:6a. 10:9b.

isiname 7:11b. 9:13b.

isinara 4:17a. 9:2b.

isinjimbi 이르다(至)

isinjici 9:10a.

isinjifi 9:8a. 9:14b. 9:15b.

isinjiha 10:24b.

isinjiha de 8:2b. 10:24b.

isinjihabi 5:5b. 7:1a. 9:20a.

isinjimbi 3:12a.

isinjime 4:7b.

isinjire 4:17b.

<J>

ja 쉬이

ja i 4:24a.

jabcambi 원망하다

jabcara 2:6a.

jabdumbi 한가하다

jabdurakū 9:2a.

jabdurakūci 6:15b.

jabšan 요행

jabšan de 1:16a. 3:4b. 8:12a.

jabumbi 대답하다

jabufi 1:6b.

jabuha 3:2b.

jabuhakū 3:11b. 3:12a. 3:23b.

jabuki 7:7a.

jabume 1:5a. 1:20a. 2:16b. 4:3b. 7:9b. 7:10a. 7:10b. 8:1a. 8:15a. 9:9b. 10:17a.

jaburakū 3:2a. 6:21a. 9:11a.

jabure 4:10a. 5:8a.

jabure be 3:4a.

jaburengge 6:1b. 7:16a.

jaci 매우 2:14b.

jafabumbi 잡히다

jafabufi 2:14a. 4:16b. 9:4a. 10:1b. 10:20a.

jafabuha 6:4a.

jafabumbi 6:14a.

jafambi 잡다

jafafi 1:6a. 1:13a. 1:14a. 1:16b. 1:16b. 1:17a. 1:18a. 1:18a. 1:20a. 2:8a. 2:8b. 2:16a. 2:23a. 2:24a. 7:22b. 8:15b. 8:15b. 9:1a. 9:7b. 9:20a. 10:22a.

jafaha 1:21b. 2:23b. 4:17a. 4:17b. 4:17b. 8:9a. 8:16a. 9:7b. 9:19a.

jafahai 1:13a. 1:14b.

jafahakū 9:21b.

jafaki 2:14b.

jafame 2:8b.

jafara 3:16b.

jafarakū 10:22b.

jai 또, 다시 jai 1:6a. 1:8a. 1:10a. 3:8b. 3:21b. 4:5a. 5:1b. 5:14a. 5:18a. 6:18b. 6:19a. 8:11a. 9:5a. 10:3a. 10:5b. 10:10a. 10:10b. 10:16a. 10:26a.

jai ging 이경(二更)

jai ging ni 10:24a.

jai inenggi 이튿날 1:4b. 1:11b. 4:5b. 4:13a. 5:5a. 5:11b. 8:4b. 8:21b. 9:16b.

jailambi 비키다

jailame 3:10b. 8:3a.

jaka 것 1:4b. 2:12a. 2:12b. 2:13a. 2:23a. 7:10b.

jaka be 2:11b. 4:9b. 4:12a. 4:21a. 8:20a. 10:20a.

jaka ci 1:12a.

jaka i 6:2b.

jakade 1:2b. 1:5b. 1:5b. 1:14b. 1:15b. 1:20a.
　　1:20b. 1:21a. 1:21b. 2:1a. 2:17b. 2:22a.
　　2:22b. 2:24a. 3:9b. 3:16a. 3:20a. 4:13a.
　　4:13b. 4:14b. 4:17b. 4:22a. 4:22a. 5:7b.
　　5:8b. 5:15a. 5:17a. 5:17b. 6:4b. 6:6b.
　　6:17b. 6:17b. 6:20a. 6:20b. 6:21a. 6:22a.
　　6:24a. 6:24b. 6:25b. 7:1a. 7:9a. 7:9a.
　　7:17b. 7:20b. 7:21b. 7:22b. 8:3b. 8:3b.
　　8:7b. 8:14a. 8:21b. 8:21b. 9:2a. 9:2b. 9:4b.
　　9:4b. 9:6a. 9:11b. 9:12b. 9:20a. 10:2b.
　　10:11a. 10:13b. 10:14a. 10:22b.

jakalambi 열다 =jakarambi
　jakalam 7:8b.

jakan 방금 3:19a.

jakarame 곁, 가(邊) 3:8b. 8:7b.

jakūnju 여든, 80 8:1b. 8:1b.

jalan 세상 6:9a.
　jalan be 9:20a.
　jalan de 1:17a. 1:19a. 3:13b. 6:2a. 9:11a.
　jalan i 1:17b. 3:2a. 6:6b.

jalbarimbi 빌다, 기도하다
　jalbarime 7:2b.

jalgan 명, 목숨 4:21b. 9:14a.

jalin 위하여, 때문 2:6a. 2:9a. 3:24b. 7:21b.
　jalin de 1:17a. 2:5a. 6:17a. 7:20b. 8:2a. 8:6a.
　　8:10a.

jalukiyambi 가득차다
　jalukiyame 10:8b.

jalumbi 가득하다, 차다(滿)
　jalu 6:3b. 7:8a. 8:15b.
　jaluka 3:7b.
　jalukabi 4:18b.

jampan 장막 4:11b. 4:12b.

jancuhūn 단, 달콤한
　jancuhūn i 7:2a.

jang ide(人名) 張翼德
　jang ide i 2:21b.

jang cin(人名) 蔣欽 10:23b. 10:24a.

jang fei(人名) 張飛 10:5b. 10:6a.
　jang fei ci 10:7b.

jang ho(地名) 漳水 8:14a.

jang joo(人名) 張昭ㅣ 3:22a. 3:22b. 10:7b. 10:21b.
　jang joo de 10:7a.
　jang joo i 3:24a.

jang dz bu(人名) 張子布
　jang dz bu i 3:24a. 5:13b.

jang yūn(人名) 張允
　jang yūn be 4:1a. 7:5b.

jangkū 장검, 언월도 2:23a. 2:26a. 8:9a. 9:7b. 9:19a.
　jangkū be 2:10b. 9:7b.

jangliyoo(人名) 張遼 2:6b. 2:8a. 2:8b. 2:9a. 4:16b.
　　9:4a. 9:13a. 9:14b.
　jangliyoo be 2:7a. 9:18a.

jase 경계
　jase de 10:24b.

jeku 곡식 3:5b. 3:23a. 8:20a. 9:19a.

jeku orho 양초(糧草) 5:12b. 5:13a. 5:13b. 6:7a. 6:10a.
　jeku orho be 3:1b. 4:12b. 5:12b. 6:7b.

jembi 먹다
　jeci 3:25a. 7:7b.
　jecibe 8:18a.
　jefi 2:23a.
　jembi 1:6b. 8:17b.
　jetere 2:23a. 5:12b.
　jetere be 3:25b.
　jeterengge 5:13a.

jenderakū 차마 못하는 1:19a. 9:8b. 9:13a. 10:23b.

jenduken 가만히 5:6b. 5:9b. 6:6b. 8:4b. 9:17b.
　　9:17b. 10:5b.

jeo 주(州)
　jeo i 8:1b.

jeo dudu(人名) 周都督
　jeo dudu i 10:25b.

jeo gung(人名) 주공 8:18b.

jeo ioi(人名) 周瑜 4:1a. 4:1a. 4:4b. 4:5a. 4:5a.
　　4:5b. 4:6a. 4:7a. 4:7b. 4:8a. 4:8a. 4:8b.

4:9a. 4:12b. 4:22a. 4:22b. 4:23a. 4:23a.
4:24a. 4:24b. 5:1a. 5:1b. 5:2b. 5:5a. 5:5b.
5:6a. 5:6b. 5:7b. 5:7b. 5:9b. 5:10a. 5:10b.
5:11a. 5:12a. 5:13a. 5:13b. 5:15a. 5:15b.
5:16b. 5:17a. 5:17b. 5:17b. 5:21a. 5:21b.
5:21b. 5:22a. 6:9a. 6:9b. 6:14a. 7:1b. 7:2b.
7:2b. 7:3a. 7:3b. 7:4a. 7:4b. 7:5a. 7:7a.
7:12b. 8:12a. 8:14a. 9:6b. 10:3b. 10:4a.
10:4b. 10:9a.

jeo ioi be 7:4a. 7:21a.

jeo ioi de 4:4b. 4:12a. 4:22a. 4:23b. 4:24b. 5:1a.
5:9b. 5:21a. 7:4b. 7:20b. 8:4a. 10:3b.

jeo lang(人名) 周郎 6:6b. 7:9b. 7:15a. 7:15b.

jeo tai(人名) 周泰 10:24a.

jeo tai be 10:23b.

jeo u(人名) 周瑜

jeo u de 7:1a.

jergi 등, 번 2:5a. 2:10a. 3:1b. 3:3a. 3:18a. 3:24a.
3:24a. 4:4a. 4:12a. 4:20b. 4:23b. 5:2a. 5:15b.
5:18b. 6:1b. 6:6a. 6:11a. 6:21a. 6:22a. 7:9a.
7:21a. 8:9b. 8:14a. 8:18a. 8:21a. 8:22a. 9:7a.
9:17b. 9:17b. 10:13a. 10:20a.

jerguwen 난간

jerguwen be 1:16b.

jerguwen i 1:15a.

jeyen 칼날

jeyen de 3:24b.

jeyengge 날이 있는 7:8b.

ji gida 화극(畫戟) 1:13a.

jilambi 불쌍하다

jilaka 9:16b.

jilgan 소리 9:4b. 9:7a.

jilgan be 4:18a. 7:8a. 8:14b.

jilgan de 10:8b.

jilgan i 1:20b. 5:15a. 6:11a. 9:12b. 10:25a.

jili 성, 화 3:17a.

jili de 3:17a.

jili banjimbi 성내다

jili banjifi 1:10a. 1:10b. 2:25b. 2:26a. 3:14a.

3:17b. 4:4b. 5:13b. 5:15a. 8:21a. 9:3a.
9:5a. 10:22a. 10:23b.

jili banjimbi 10:22b.

jili banjiha 3:16b.

jili banjihabi 2:2b.

jili banjihangge 3:15b.

jili banjibumbi 성내게하다

jili banjibume 3:3b. 3:4a. 3:17a.

jing 바로, 꼭 1:7a. 1:8b. 1:9a. 2:11b. 2:12b. 2:24b.
5:7b. 5:10a. 7:3b. 7:17b. 9:2a. 9:13a.
9:19b. 10:13a.

jimbi 오다

jici 1:3a. 2:1b. 5:8b. 6:6a. 6:7a.

jiderakū 8:2a. 8:8b.

jidere 8:12b.

jidere be 8:17b.

jiderengge 2:9a. 4:16a.

jifi 1:2b. 1:4a. 2:19a. 4:1a. 4:5b. 4:11b. 4:16a.
4:17a. 4:21b. 5:5b. 5:7b. 5:19a. 5:22b.
6:5a. 6:19b. 7:22b. 9:5b. 9:14a. 10:10b.
10:12a. 10:14a. 10:19a. 10:25a. 10:25b.

jihe 1:3a. 1:14a. 1:18a. 1:20a. 2:5a. 2:9b. 2:12a.
2:17b. 2:20a. 3:10b. 4:1b. 4:2b. 4:13a.
5:5a. 5:5b. 5:6a. 6:5a. 6:7a. 6:20b. 6:20b.
6:21a. 6:24b. 7:2b. 7:4a. 7:5a. 7:11b. 8:4b.
9:15a. 9:19b. 9:21a. 10:11b.

jihe ci 5:19b. 8:5b. 9:5a.

jihebi 3:20a. 3:24a. 5:7b. 5:7b. 6:4a. 7:6a. 9:5b.

jihei 2:23b.

jihekū 2:8b.

jihengge 4:16a. 5:7a. 5:9b.

jiki 4:19b.

jimbi 1:15a. 2:8b. 2:9a. 2:10a. 2:16a. 2:18b.
7:18b. 8:5a. 9:13a. 9:14a. 9:17a.

jime 1:22a. 3:19b.

jio 3:25a.

jing jeo(人名) 荊州 10:12a. 10:14b.

jing jeo be 3:10a. 3:21a. 9:6a. 9:18a. 10:11b. 10:14a.

jing jeo de 5:4b. 10:3a. 10:9a. 10:12a. 10:15b.

jing jeo i 3:7a. 3:20b.

jing ts'u(地名) 荊楚 3:8a.

jingji 진중한 10:23a.

jiramilambi 후대하다

    jiramilame 8:22a.

jiramin 두터운 5:3b. 6:8a. 9:10a.

jirgambi 한거하다

    jirgara 2:3a.

jiyan nan(人名) 建安

    jiyan nan i 6:10b. 8:8a. 10:18b.

jiyang g'an(人名) 蔣幹 7:1b. 7:2a. 7:4a. 7:4a.
    7:4b. 7:7a. 7:7b. 7:8a. 7:8b. 7:9a. 7:9b.
    7:9b. 7:10a. 7:10b. 7:11a. 7:11b. 7:12a.

    jiyang g'an be 4:3a. 7:2a. 7:2b. 7:4a. 7:7b.

jiyangjiyūn 장군 1:1b. 1:2a. 1:4a. 1:16a. 1:18a.
    2:12b. 2:18b. 2:20a. 2:22a. 2:23b. 2:23b.
    2:24b. 2:25a. 3:5b. 3:7b. 3:9b. 3:10b.
    3:11b. 3:20b. 3:23a. 4:20a. 5:3b. 5:11a.
    6:8a. 6:22a. 7:13b. 9:9b. 9:10b. 9:11a.
    9:16a. 9:18b. 9:18b. 9:20a. 9:20b. 10:5b.
    10:22b. 10:23a. 10:25a.

    jiyangjiyūn be 1:16a. 2:14a. 4:1b. 5:15a. 6:20b.
    9:11b.

    jiyangjiyūn de 1:15b. 2:12a. 3:2a. 5:23b.

    jiyangjiyūn i 1:4b. 1:16b. 1:16b. 1:17a. 1:17a.
    1:18b. 1:19a. 2:13a. 2:17b. 2:24b. 9:10a.

    jiyangjiyūn sa 쟝수들 2:15a. 4:19a. 5:12b. 5:12b.
    5:21a. 5:22b. 10:23a.

    jiyangjiyūn sa be 2:10b. 5:11b. 8:8b. 9:21b. 10:6a.

    jiyangjiyūn sai 2:1a. 2:2a. 6:6b.

jiyansi 첩자 =giyansi 4:1a. 5:8b. 6:4b.

jiyūn 군(郡)

    jiyūn i 6:8b.

jiyūn jeng sy 군정사(軍政司) 4:8a.

jiyūn sy 군사(軍師) 10:26b.

    jiyūn sy i 9:9b. 10:18b. 10:26a.

jobombi 근심하다

    jobofi 8:16b.

    joboho de 4:8b.

jobombi 10:15a.

jobome 7:7b. 7:17b. 10:13b.

joborakū 8:6b.

joboro 1:6a. 1:7b. 4:15b. 6:23a. 8:11a. 8:17a.
    10:17a. 10:26a.

joborongge 8:5b.

jobolon 근심, 고통 2:6a. 3:12a. 4:3a. 4:11a. 8:12b.
    10:8a. 10:21b.

    jobolon be 2:4b. 9:8b. 9:10b. 9:20a.

    jobolon ci 8:2b. 9:9a. 9:13b. 9:15b.

jolambi 두 손을 모으다 =joolambi

    jolafi 2:21a.

jombi 멈추다, 그치다 =joombi

    jokai 7:14a.

jombumbi 권하다

    jombume 1:3a.

jongdon 장단(粧鍛)

    jongdon i 8:9a.

joo dz lung(人名) 趙子龍 10:11a. 10:14a.

joo yūn(人名) 趙雲 10:9a.

joolambi 모으다

    joolafi 9:7a.

jorimbi 가리키다(指)

    joriha de 8:3a.

    jorimbi 1:9a.

    jorime 1:9a. 5:18a. 7:15a. 8:12a. 8:13a.

    jorire be 7:15b.

jortai 부러, 짐짓 1:6a. 3:17a. 6:22a. 9:21b.

jugūn 길 9:2b. 9:3a. 9:10a. 10:10a. 10:26a.

    jugūn be 2:8a. 7:11b. 7:14b. 8:2b. 9:7b. 9:13b.
    10:25a.

    jugūn de 2:6b. 2:12a. 2:12b. 2:15a. 9:4b. 10:18a.
    10:24a.

    jugūn i 1:14b.

jui 아들, 자식 1:3a. 8:21b.

jukimbi 메우다

    jukifi 9:3b.

    jukiha 9:4a.

julergi 남녁 5:5a. 7:13b. 8:2b. 8:3a. 8:9b. 9:2b.

julergi be 3:23a. 8:5b.

julergi de 5:15a.

juleri 앞 1:13a. 1:13a. 1:13b. 1:13b. 1:16b. 4:5b.
    4:7a. 4:8b. 4:9b. 5:17a. 6:6b. 6:10a. 7:8b.
    9:3b. 10:9a.

julesi 남으로, 앞으로 1:7a. 2:18b. 2:20a. 4:13b.
    5:15b. 7:14b. 7:14b. 8:14b. 8:18a. 8:21a.
    9:2b. 9:9a. 10:25a. 10:25b.

julge 옛 2:2b.

    julge i 3:12a.

    julgei 4:23a. 7:14a. 9:10b. 9:21b.

jurambi 떠나다, 출발하다

    juraka 6:3b. 10:20b.

    jurame 2:25a.

jurandambi 출발하다

    jurandarakū 4:13a.

jurcembi 어긋나다

    jurcehe de 9:3b.

    jurcembi 1:3b. 10:23a.

    jurcere 2:6a.

jurgan 의(義) 6:16b. 9:9a.

    jurgan be 2:2a. 2:5b. 2:6a. 2:9b. 3:13a. 5:25a.
        9:11a. 9:11b.

    jurgan i 3:3b. 4:14b. 8:10a.

jurgangga 절의(節義) 2:1b. 2:13b. 2:22a. 5:23b.

jursu 겹 5:18a.

jurumbi 토하다

    jurume 7:17a.

juse 자식들 3:24b. 6:16b.

    juse be 8:14a.

juse sargan 처자식(妻子息) 5:4b.

juwan 열, 10 1:12a. 2:10a. 3:19a. 4:6b. 4:7a. 4:7a.
    4:7b. 4:7b. 4:10b. 4:19b. 4:21a. 5:5b.
    6:10b. 6:11a. 8:8a. 9:2b. 10:8b. 10:20a.

juwe 둘, 2 2:4a. 2:5a. 2:10b. 2:14a. 2:17b. 2:18a.
    2:18b. 2:20b. 2:21a. 2:21a. 2:21a. 2:21b.
    2:22a. 2:22b. 2:23a. 3:4a. 3:7b. 3:18b.
    4:3b. 4:7a. 4:9b. 4:11b. 4:13a. 4:15b.
    4:18b. 5:1b. 5:1b. 5:2a. 5:2b. 5:2b. 5:3b.
    5:4a. 5:4a. 5:4b. 5:6a. 5:6b. 5:7a. 5:7a.
    5:7b. 5:14a. 6:11b. 6:16b. 6:23a. 6:23a.
    6:23b. 6:25b. 7:6a. 7:7b. 7:8b. 7:13a. 8:4a.
    8:8a. 8:13a. 8:14a. 8:14b. 8:15a. 9:7b.
    9:20b. 10:1a. 10:18a. 10:22b. 10:23b.
    10:25a. 10:26a.

juwe ci 6:10b. 8:8a.

juwebumbi 나르게하다

    juwebu 4:9a.

    juwebume 9:3b.

juwembi 나르다

    juwembi 4:21b.

jug'uliyang(人名) 諸葛亮 3:7a. 3:15b. 4:2a. 4:2b.
    4:20b. 4:23b. 5:2b. 5:20b. 8:13a.

    jug'uliyang be 3:1a. 4:4a. 4:4a. 5:20b. 9:6b.

    jug'uliyang de 4:24a.

    jug'uliyang ni 3:8a. 3:18a. 10:5b.

<K>

kadalambi 다스리다

    kadalame 1:8a.

    kadalara 3:1b. 6:7b. 8:6b. 10:1a.

    kadalambime 3:19a.

kadalabumbi 다스리게하다

    kadalabure be 1:19a.

kai 리라 1:11b. 1:11b. 1:17b. 2:3a. 2:4b. 2:5a. 2:5a.
    2:5b. 2:15b. 2:21b. 2:22a. 2:24b. 3:5a.
    3:12a. 3:12b. 3:13b. 3:15b. 3:16b. 3:18b.
    3:21b. 3:23b. 4:3a. 4:4a. 4:5a. 4:6b. 4:7b.
    4:9b. 4:10a. 4:10b. 4:11a. 4:20a. 4:20b.
    4:21a. 4:23a. 4:24a. 5:1b. 5:3a. 5:7a. 5:8b.
    5:9a. 5:11b. 5:15b. 5:20a. 5:22a. 5:22a.
    6:2b. 6:5a. 6:12a. 6:14a. 6:14b. 6:15b.
    6:16b. 6:17a. 6:18a. 6:19a. 6:23a. 6:24a.
    6:24a. 7:2b. 7:3a. 7:6a. 7:6a. 7:7a. 7:11b.
    7:13b. 7:14a. 7:15b. 7:18b. 7:19a. 7:21a.
    7:22a. 7:22b. 8:1a. 8:1b. 8:5b. 8:10b. 8:11a.

8:12b.　8:13b.　8:14b.　8:15a.　8:16a.　8:19a.
8:21a.　9:3a.　9:5a.　9:6a.　9:7a.　9:7a.　9:8a.
9:9a.　9:11a.　9:12a.　9:14a.　9:14b.　9:16a.
9:21b.　9:22a.　10:14a.　10:14b.　10:16a.
10:17a.　10:20a.　10:23b.

kaicambi 아우성치다
　kaicambi 4:15a.
　kaicara 4:18a.
　kaicara be 4:15b.
kambi 막다
　kame 9:13b. 10:25a.
kamcambi 어우르다 =kamci
　kamcame 7:18b.
kamni 막힌
　kamni 8:6a.
karcambi 마주치다
　karcafi 1:22a.
karmambi 막다
　karmaci 3:11a. 3:11a. 7:22a.
　karmame 3:19a.
　karmara 5:7a.
karu jabumbi 대답하다
　karu jaburengge 6:1b. 7:16a.
karu gaijambi 원수 갚다
　karu gaijara 6:6b.
　karu gaime 9:15b. 9:17a. 10:12a.
　karu gaiki 5:6a. 5:7b.
karulambi 답례하다, 갚다
　karulaha 2:13b. 3:3a.
　karulahakū 8:6a.
　karulaki 4:8b.
　karulara 5:24b.
　karulara be 8:2a.
　karularengge 2:13a.
karun 복병
　karun i 9:14a.
katunjembi 참다, 강잉하다 =katunjambi
　katunjecibe 8:17a.
　katunjeme 9:1b.

kederembi 순찰하다
　kederere 6:4a.
kejine 한동안 6:18a.
kemuni 매양 2:1a. 8:17a. 9:10b.
kenehunjebumbi 의심받다
　kenehunjeburakūngge 5:9a.
kenehunjembi 의심하다
　kenehunjeci 5:8a.
　kenehunjembi 2:8b.
　kenehunjeme 1:7b. 1:19b. 3:25a. 3:26a. 4:12b.
　　　6:25b. 7:4b. 9:13a.
　kenehunjerahū 1:18a. 6:19a.
　kenehunjerakū 5:3b. 7:12b.
　kenehunjere 5:1b. 5:4b. 6:10a.
kesi 덕(德) 5:11b. 9:9a.
　kesi be 2:13a. 5:3b. 5:24b. 6:8a. 8:2a. 9:10a.
ki 기운
　ki be 6:6b.
kicembi 힘쓰다, 노력하다
　kice 8:11b.
　kiceme 10:22a.
kimu 원수 =kimun 5:6a. 5:7b.
kimun 원수 5:23b.
kiru 작은 기 9:1b.
kiyangkiyan 건장한 9:3b.
kiyoo 다리 9:3a.
　kiyoo ci 2:14b.
　kiyoo i 2:10a. 2:10b.
komso 적은 3:4b. 3:17b. 3:23a. 3:25b. 5:10a. 6:8b.
　komso i 3:12a.
koro 설움 2:4a.
koro arambi 서럽게하다
　koro arambi 6:9b.
korsombi 원망하다
　korsofi 10:12a.
　korsohongge 7:20b.
　korsombi 1:17a. 5:10b. 6:21a. 6:22b. 8:6a. 10:14a.
　korsome 4:19a.
　korsoro 5:11a. 5:25a.

kumun 풍류 8:8b.

kundulembi 대접하다

  kunduleci 9:20b.

  kundulembi 2:21b. 3:3a. 7:16b.

  kunduleme 3:18a. 7:13a. 9:19b.

  kundulere 6:15a.

  kundulere de 4:8b. 4:23a.

kung sio(人名) 孔秀 2:24a. 2:24a. 2:24b. 2:25a. 2:25b. 2:26a.

  kung sio be 2:26a.

  kung sio de 2:24a.

  kung sio i 2:24a.

kungming(人名) 孔明 3:2a. 3:2b. 3:2b. 3:3a. 3:3a. 3:3b. 3:4b. 3:5a. 3:5b. 3:6b. 3:7b. 3:8a. 3:8b. 3:9a. 3:9b. 3:11a. 3:11b. 3:12a. 3:13a. 3:14b. 3:15a. 3:16b. 3:16b. 3:18a. 3:19a. 4:1b. 4:2a. 4:2b. 4:3a. 4:4a. 4:5b. 4:6a. 4:7a. 4:7a. 4:7b. 4:8a. 4:8b. 4:9a. 4:10a. 4:11a. 4:13a. 4:13b. 4:13b. 4:14a. 4:14b. 4:15a. 4:17b. 4:18b. 4:18b. 4:19a. 4:20a. 4:22a. 4:23a. 4:23b. 4:24b. 4:25a. 5:1a. 5:1a. 5:1b. 5:8a. 5:8a. 5:8b. 5:12a. 5:19b. 5:20a. 5:20b. 5:21b. 9:19b. 9:20a. 9:20b. 9:21a. 9:21b. 9:21b. 10:7b. 10:9b. 10:26a.

  kungming be 3:2a. 3:3a. 3:14a. 3:16a. 3:17b. 3:22a. 4:1b. 4:4b. 4:5b.

  kungming ci 4:3b.

  kungming de 3:17a. 4:5b. 4:10a. 4:25a. 5:8a.

  kungming ni 3:1b. 3:2b. 3:3a. 3:4a. 3:4b. 3:22b. 3:23b. 4:1b. 4:8b. 4:13a. 4:14b. 4:22a. 4:22b. 5:19a. 5:22b. 10:9a. 10:12a.

\<L\>

labdo 많은 =labdu 3:19b. 3:23a. 5:21b. 8:3a.

lak seme 마침, 바로 4:21a.

lakcambi 끊다

lakcakini 1:16b.

lakcarakū 3:8b. 9:4b.

lakiyambi 걸다

  lakiyafi 2:11b.

lasha lasha 문둥문둥 5:18b.

lashalambi 끊다

  lashalaci 8:17b.

  lashalame 2:4b. 3:26a.

  lashalarakū 3:12a. 9:8a.

lefu 곰

  lefui 10:5b.

leolembi 논란하다

  leoleme 4:24b.

li diyan(人名) 李典

  li diyan be 9:18b.

li diyan se(人名) 李典들

  li diyan se i 2:10a.

li žu(人名) 李儒 1:10b. 1:11a. 1:11b.

  li žu de 1:10b.

lifambi 질다

  lifambi 9:3a.

  lifame 9:3a.

ling ling cuwan ling(地名) 零陵泉陵

  ling ling cuwan ling ni 3:1a.

lio(人名) 劉 8:19b.

lio biyoo(人名) 劉表 3:18b.

lio ci(人名) 劉琦

  lio ci de 3:19b.

lio fu(人名) 劉馥 8:20b. 8:20b. 8:21b.

  lio fu be 8:21b.

  lio fu i 8:21b.

lio han ecikei(人名) 劉皇叔 8:3b.

  lio han i ecikei 8:2a.

lio hiowande(人名) 劉玄德 2:21b.

  lio hiowande de 3:5a.

  lio hiowande i 2:20a.

lio ioi jeo(人名) 劉豫州 3:9b. 3:10b. 3:13a. 3:13a. 3:18b. 3:18b. 3:19a.

  lio ioi jeo be 3:20a.

lio ioi jeo de 3:5a.

lio ioi jeo i 3:21a.

lio ts'ung(人名) 劉琮 3:6a.

lio si(人名) 劉漑 8:21b.

liobei(人名) 劉備 7:21a. 8:13a. 10:13b. 10:14a.
    10:14b. 10:15b. 10:16a. 10:23b. 10:25a.

    liobei be 10:5b. 10:7b. 10:15a. 10:15b. 10:21b.

    liobei de 10:3b. 10:5a.

lioi bu(人名) 呂布 1:1a. 1:1b. 1:2a. 1:4a. 1:4a.
    1:4b. 1:4b. 1:5b. 1:6a. 1:6a. 1:6b. 1:7a.
    1:7b. 1:7b. 1:8a. 1:9a. 1:9b. 1:10b. 1:12b.
    1:13a. 1:13a. 1:13b. 1:13b. 1:14a. 1:15a.
    1:16b. 1:17b. 1:17b. 1:18b. 1:19b. 1:20a.
    1:20b. 1:20b. 1:21a. 1:21a. 1:21b. 1:21b.
    3:18b.

    lioi bu be 1:1b. 1:6b. 1:9a. 1:10a. 1:10a. 1:11b.
    1:17a. 3:5b. 8:15b.

    lioi bu i 1:7a. 1:7b. 1:9b. 1:14a. 1:15a. 1:19b.
    1:21a.

liyoo 콩 9:15b.

liyoo(人名) 廖 2:17a. 2:18b.

liyoo dung(地名) 遼東

    liyoo dung be 3:6a.

    liyoo dung de 8:16a.

liyoo hūwa(人名) 廖化 2:18a. 2:19a. 2:19a. 2:19b.

    liyoo hūwa de 2:19a.

loho 환도 1:13a. 2:24a. 6:23a. 9:4a. 10:1a. 10:1b.
    10:1b. 10:2b. 10:23b.

    loho be 2:16b. 7:8b.

    loho de 9:1b.

    loho i 10:23b.

lu su(人名) 魯肅 3:2b. 3:4a. 3:14a. 3:15a. 3:15a.
    3:15b. 3:16a. 3:24a. 4:1b. 4:2a. 4:2b. 4:2b.
    4:3b. 4:4a. 4:4b. 4:5a. 4:9a. 4:10a. 4:11a.
    4:12a. 4:12b. 4:13a. 4:13b. 4:13b. 4:14a.
    4:15a. 4:19b. 4:21b. 4:22a. 5:7a. 5:8a. 5:8a.
    5:9b. 5:18b. 5:19a. 5:19b. 5:20a. 5:21a.
    5:21a. 5:21a. 5:21b. 5:21b. 5:22b. 8:12a.

    lu su be 3:15b. 3:22a.

lu su i 3:2a. 4:1a. 4:19a. 6:9a.

<M>

macoo(人名) 馬超 8:5a.

    macoo de 8:5b

madaga 퍼지다 =madaha 1:5b.

mafari 조상 10:19a.

    mafari de 10:13b. 10:17b. 10:18a.

mahala 관(冠) 2:16a. 7:22b. 8:15b.

majige 조그만, 적은 1:4b. 1:12b. 1:14a. 2:13a.
    2:13b. 2:14a. 4:19a. 8:1a. 8:5a. 8:6a. 8:7b.
    9:3b. 9:6a. 9:15b. 9:18b.

maksimbi 춤추다

    maksirengge 8:11b.

maktambi 던지다

    maktaha 1:21b.

    maktafi 3:14b. 5:13b.

    maktara 10:22a.

mama 할머니 10:1a. 10:2a.

mangga 강한, 어려운 1:17b. 3:20a. 5:2b. 5:8b.
    5:10a. 5:13a. 5:14b. 5:17b. 6:2a.   7:16b.
    8:3a. 8:17a. 9:3b.

    mangga de 9:8b.

manggi 후(後) 1:1a. 1:4b. 1:19b. 2:1b. 2:14a.
    2:19b. 2:20b. 2:21a. 2:23a. 3:2b. 3:14a.
    3:18a. 4:1a. 4:5b. 4:8b. 4:10a. 4:13a.
    4:18b. 5:5b. 5:6b. 5:8a. 5:9b. 5:16a. 5:16b.
    5:17b. 5:18b. 5:21a. 5:23b. 6:1b. 6:5a.
    6:6a. 6:6b. 6:17b. 6:19a. 6:21a. 6:22a.
    6:24a. 7:5a. 7:7a. 7:12a. 7:13a. 7:18a.
    8:7a. 8:11a. 8:12a. 8:14b. 9:16b. 10:10a.
    10:11a. 10:21a.

mao jiyai(人名) 毛玠 4:3b. 4:15b. 4:17a.

marambi 거스르다

    marafi 3:3a. 6:19a.

    marambi 1:4a.

    marame 10:3b.

marara 4:6b.

maribumbi 돌이키다

  maribufi 2:14b. 4:17b. 4:18b. 9:12a. 10:25b.

  maribure be 9:12b.

marimbi 돌아오다

  marifi 9:5b.

  marire 9:12b.

medege 기별 1:5a.

mederi 바닷물 6:8b. 7:5a. 8:10a.

  mederi de 3:13b.

mederi dorgi 海內 3:9b. 6:8b.

  mederi dorgi be 8:10a.

mehumbi 구부리다

  mehume 2:11a. 3:2b. 9:9a. 9:9b.

meijembi 부서지다

  meijefi 9:7b.

meimeni 각각 7:18b.

meiren 부(副)

  meiren i 5:3b. 9:18b.

mejige 기별 1:5a. 4:1b. 5:2b. 5:4a. 5:9a. 6:18b. 9:18b.

  mejige be 4:1a. 5:3a. 5:7a. 5:10a. 6:18a. 10:3a.

mekele 속절없이 8:18a.

membe 우리를 6:23b.

mende 우리에게 6:24a.

meni 우리의 2:2b. 2:17a. 3:14a. 3:18b. 5:4b.
    6:22b. 6:23b.

menggun 은(銀) 2:3a. 2:5b. 2:6b. 2:19a.

  menggun be 2:11b.

meni meni 각각 2:6a. 2:9a. 3:24b. 4:24b. 6:24b. 10:6a.

mentuhun 어리석은 6:9a.

  mentuhun i 4:6a. 7:20a. 10:5b.

mergen 어진 6:9a.

mergese 어진이들 3:7b.

  mergese be 7:20b. 8:17b. 10:16a.

meyen (한) 번, 무리 7:1b. 7:6a.

micihiyan 얕은 6:9a. 7:20a. 10:16a.

mimbe 나를 1:8a. 1:12b. 1:14b. 1:15b. 2:5a. 2:7a.
    2:8a. 2:8b. 2:9b. 3:9a. 3:17a. 3:26a. 4:2b.
    4:11a. 4:10b. 4:21a. 4:21a. 4:21b. 5:11a.

    5:18a. 5:19b. 6:11b. 6:13a. 6:14a. 6:19a.
    7:4b. 7:5a. 7:11a. 7:23b. 8:6a. 9:16b.
    9:20b. 10:9b. 10:17a.

mimimbi 다물다

  mimifi 8:3a.

minde 나에게 1:1b. 1:2b. 2:5b. 3:11a. 3:15a.
    3:15a. 3:16a. 5:25a. 6:6b. 6:14b. 6:21b.
    7:5b. 7:6a. 7:18a. 8:13b. 8:14a. 9:17a.
    10:9b. 10:13a. 10:14a.

mingga 천(千) =minggan 2:5b. 2:7b. 3:5b. 3:7b.
    4:17a. 4:19b. 8:6a. 8:6b. 8:8a. 8:20a. 10:24a.

minggata 각 천 4:11b.

mini 나의 1:1a. 1:1b. 1:2b. 1:3a. 1:4a. 1:10a.
    1:11a. 1:12a. 1:15b. 1:15b. 2:5b. 2:8a.
    2:8b. 2:13b. 2:22b. 3:9a. 3:9a. 3:21b.
    3:25b. 3:26a. 4:9b. 4:12a. 4:15b. 4:21b.
    5:3a. 5:6a. 5:8b. 5:11a. 5:14b. 5:15b.
    6:14a. 6:20b. 6:25a. 7:2b. 7:5b. 7:6a. 7:6b.
    7:9a. 7:11a. 7:20a. 7:20b. 7:22a. 8:2b.
    8:2b. 8:3a. 8:3b. 8:4a. 8:5b. 8:5b. 8:13a.
    8:13a. 8:14a. 8:14b. 8:15b. 8:21a. 9:3b.
    9:7a. 9:10b. 9:14a. 10:2a. 10:3b. 10:7b.
    10:19a. 10:23a. 10:23b.

miyalimbi 재다(測量)

  miyaliha 3:8a.

miyamiga 단장, 치장 =miyamigan

  miyamiga i 1:4b.

miyoo 묘(廟) 7:7a. 7:7b. 7:7b. 7:8a.

mocin 청포 4:12b.

  mocin i 4:11b.

mohobumbi 힐난하다

  mohobume 3:2a.

mohombi 피곤하다, 진하다

  mohofi 9:4b. 9:10a.

monggo 몽고

  monggo be 3:6a.

monggo boo 장막

  monggo booi 6:5a. 6:20b.

  monggo boode 4:23a. 5:4a. 5:18a. 5:18b. 5:21a.

5:22b. 7:4a. 7:7a.

monggo boo ci 7:12a.

moo 나무 5:18a. 7:1a.

  moo be 5:17a. 8:18a. 8:21a. 9:4a.

  moo ci 8:15a.

  moo de 5:17b.

morilambi 말타다

  morilafi 2:23a. 7:13a.

  morilahai 2:10a. 2:10b.

morin 말(馬) 1:13a. 1:13b. 1:14a. 1:19b. 2:3a.
    2:8a. 2:14b. 2:14b. 2:16a. 2:16b. 7:7a.
    7:13a. 7:19a. 8:7b. 9:1a. 9:2a. 9:2b. 9:3a.
    9:5a. 9:6a. 9:7b. 9:12a. 9:12b. 9:15b.
    9:18b. 9:19a. 9:19b. 10:20a. 10:25b.

  morin be 1:14a. 2:7b. 9:17a. 9:17b.

  morin ci 1:1a. 2:3a. 2:14a. 2:16b. 2:18b. 2:20a.
    2:24a. 2:24a. 9:4a. 9:13a. 10:25a.

  morin de 9:2a.

  morin i 2:11a. 2:12b. 8:1b. 9:6b. 9:8a. 9:9a.

morin erin 오시(午時)

  morin erin de 1:4b.

moringga 말 탄 3:6a. 8:6b. 9:4a.

  moringga be 2:7a. 2:10a. 10:20a.

morohon 부릅뜬 6:11a.

mudan 모퉁이, 정세 7:13b.

  mudan be 4:20b.

  mudan i 7:4b.

muduri 용(龍) 2:25b. 9:15b. 10:6b.

muheren 고리 7:3b. 7:19a. 7:20a.

mujakū 극히 4:24a.

mujilen 마음 1:11a. 2:9a. 2:11a. 3:14b. 5:4b.
    5:11a. 5:23b. 6:23b. 7:4a. 7:7b. 7:11a.
    7:11b. 7:14a. 8:1a. 8:7b. 8:18a. 8:18b.
    9:12a. 9:14a. 10:3a. 10:15b.

  mujilen be 1:15b. 1:16a. 1:16b. 5:4b. 5:14b.
    5:14b. 6:16b. 6:19a. 6:22a. 10:6a.

  mujilen de 2:14a. 6:16a. 8:11b.

  mujilen i 5:23b. 6:13b. 7:12b.

mujilen niyalma 심복

mujilen niyalma 8:13a

mujimbi 신음하다

  mujire de 6:21b.

mukdembi 돋다, 높다

  mukdefi 4:18a. 8:9a.

muke 물 3:13b. 4:19a. 6:1b. 6:3b. 7:5a. 7:16b.
    7:18b. 7:19b. 8:18b. 9:3a.

  muke be 9:3a.

  muke de 3:20a. 7:17a.

  mukei 7:18a.

muke i jugūn 물길

  muke i jugūn de 4:5b.

mukei boljon 물결 8:8b.

mukei cooha 수군(水軍)

  mukei cooha be 4:16a. 4:16b.

  muke i cooha 3:6a. 4:3b. 6:7b.

mukei ing 물진(陣)

  mukei ing de 6:3b.

  mukei ing be 4:17a. 7:14b. 8:7b.

  mukei ing ni 4:15b. 4:18a. 7:2a. 7:17a.

  muke i ing be 4:24a.

  muke ing ni 4:14b.

mukiyebumbi 멸망시키다

  mukiyebuhe 3:6a. 8:16a.

  mukiyebuki 3:22a.

  mukiyebure 3:23b.

mukiyembi 멸망하다

  mukiyehe 3:18b.

mukšan 곤봉

  mukšan i 5:16a.

mukūn 친척, 종족

  mukūn be 7:21b. 7:22a.

mungga 언덕 7:22b.

murambi 울다

  murame 8:17a.

murikū 고집세운 6:9a.

murimbi 고집세우다

  murimbi 9:8b.

muse 우리 1:18b. 2:15a. 4:15a. 5:1b. 9:7a.

muse be 5:9a.

muse de 8:12a. 8:12b.

muse i 5:10a.

musei 3:25b. 5:12a. 6:21a. 6:23a. 6:23a. 9:7a.
10:6b. 10:23a.

mutebumbi 이루게하다

mutebuhekū 7:1b. 7:1b.

mutebuhekūngge 7:6a.

muteburakū 4:6b.

muteburakūngge 3:13b.

muteburengge 7:2b.

mutembi 이루다

mutehe de 5:4b. 6:17a. 7:21a.

mutehekū 4:3b. 10:13b.

mutehekūngge 10:14a.

mutembi 1:8a. 3:4a. 3:21a.

mutembihe 7:20a.

muterakū 1:11b. 1:17b. 3:11a. 3:14b. 3:16b. 3:19a.
3:20a. 3:26a. 4:12a. 6:2b. 8:11a. 9:8a.

muterakū be 6:9a.

mutere 3:10b. 6:9b.

muterei 6:24b.

muterengge 5:12a.

<N>

na 땅

na de 1:22a. 2:16b. 2:17b. 5:17b. 9:13a. 10:22a.

na i 4:20a. 7:2b.

nadan 일곱, 7 9:13b. 9:18b.

nakambi 그치다

nakafi 2:22b. 3:11b. 8:21b.

nakambi 8:17b.

nakara 3:15b. 5:18a. 9:3a.

nakara be 3:9a.

nakarakū 3:16b. 5:18a. 8:14b. 8:15a. 8:21b. 10:19a.

nan bing san(地名) 南屏山 8:9b.

nan jiyūn(地名) 南郡

nan jiyūn be 9:17a.

nan jiyūn de 9:13b. 9:14b. 9:15a.

nan sioi(地名) 南徐

nan sioi ci 10:20b.

nan sioi de 10:9b.

nantuhūn 더러운 1:16a. 1:16a.

narambi 그리워하다

nararangge 3:24b.

narhūn 잔, 가는 7:6b.

nasambi 뉘우치다, 끌탕하다

nasaha 4:19a. 4:19a.

nasame 2:15a. 8:21b.

necimbi 해치다

necihe 3:17b. 6:16a.

necirakū 2:8a.

necire 2:9a.

necihiyembi 평평히 하다

necihiyefi 3:6b. 3:8a.

necihiyehe 3:6a.

neciken 약간 평탄한 9:5b.

necin 평평한 8:10a.

neimbi 열다

nei 10:9b. 10:10a. 10:10a.

neifi 6:7b. 6:11a. 10:3b. 10:4b. 10:10b. 10:26a.
10:26b.

neihe 3:21b.

neihe de 9:17b.

neimbi 9:3a.

neime 10:10b.

neire 9:17b.

nekeliyen 엷은 2:13b. 3:20a. 5:21b. 6:8a.

nekgeri 엷게 =nekeliyen 7:10a.

nememe 더욱 1:7b. 10:5a.

nemum 더욱 =nememe 5:6a.

nenehe 전(前) 2:12a. 2:12a. 6:19b. 7:12a. 9:9a.
9:10a. 9:10a. 9:21b. 10:18b.

nenehe ci 9:19b.

neneme 먼저 2:4b. 2:6b. 2:7a. 2:9b. 2:11a. 5:1a.
5:16a. 5:22a. 6:18b. 7:5b. 7:12a. 7:21a.

8:7b. 10:3a. 10:18a. 10:19a. 10:26a.

nerembi 걸치다
nerefi 2:14b.

nicumbi (눈을) 감다
nicumbi 6:13a.

nikai ~도다 1:2a. 3:17a. 6:5b. 7:15a.

nikembi 의지하다
nikefi 1:20b. 3:10a.
nikeme 7:13b.

nimaha 고기 6:3b. 6:4b.
nimaha be 8:20a.

nimembi 병들다, 앓다
nimeme 1:12a. 7:17a.
nimere de 1:8b.

nimedembi 함께 병들다 =nimetembi
nimedembi 7:17a.

nimeku 병 1:8b. 1:12b. 7:18a. 7:18b.

ninggu 위
ninggu i 2:24a.
ningguci 2:15b.
ninggude 2:17b. 4:13a.

ninggun 위 =ninggu
ninggun de 2:10a. 2:10b. 2:11a.

ninggun 여섯, 6 6:8b.

nirumbi 그리다
niruha 10:7b. 10:11b.

nirugan 그림 7:16a.
nirugan i 8:9b.

niyakūrambi 꿇다
niyakūrafi 1:13b. 2:17b. 5:6a. 5:16a. 10:14b.
niyakūraha 2:16b. 9:13a.

niyalma 사람 1:1b. 1:3a. 1:6b. 1:10b. 1:22a. 2:1b.
2:4b. 2:6a. 2:7b. 2:8a. 2:13b. 2:14b. 2:14b.
2:15b. 2:16a. 2:16b. 2:16b. 2:17a. 2:17a.
2:18b. 2:20b. 2:20b. 2:20b. 2:21a. 2:21b.
2:22a. 2:22a. 2:22a. 2:22b. 2:25a. 3:1a.
3:1a. 3:19a. 3:20a. 4:3b. 4:9a. 4:12b.
4:18b. 4:20a. 4:22b. 4:23b. 5:4a. 5:10b.
5:18b. 5:19a. 5:23a. 5:23b. 6:1a. 6:3b.

6:4b. 6:8b. 6:16a. 6:17a. 6:17b. 6:24b.
7:3b. 7:8b. 7:8b. 7:9a. 7:9a. 7:9a. 7:9a.
7:9b. 7:10a. 7:18b. 7:19a. 7:19a. 7:20b.
7:21b. 7:22b. 8:1a. 8:1b. 8:4b. 8:5a. 8:12b.
8:13a. 8:15a. 8:16b. 8:19a. 8:19b. 9:1a.
9:3b. 9:3b. 9:4b. 9:5a. 9:5b. 9:6b. 9:8a.
9:10b. 9:11b. 9:14a. 9:15b. 9:19b. 10:1b.
10:3b. 10:5b. 10:6b. 10:12a. 10:15a.
10:16b. 10:21b. 10:24b.

niyalma be 1:1b. 2:4a. 2:5b. 2:6a. 2:8a. 3:3b.
3:7b. 3:16a. 3:16a. 3:18b. 4:4b. 4:6b.
4:17a. 4:17b. 5:2b. 6:2a. 6:11b. 6:12a.
6:12b. 6:18b. 6:21b. 7:2a. 7:4b. 7:7b. 8:4b.
8:9a. 9:3b. 9:4a. 9:4b. 9:4b. 9:5a. 9:20b.
9:22a. 10:22b.

niyalma de 1:19a. 2:15a. 3:4b. 6:4a. 6:21b.
6:23a. 9:1b. 9:1b. 10:4b. 10:11a. 10:15a.

niyalma i 1:5a. 1:5b. 3:12a. 3:13b. 5:14b. 5:15b.
6:5b. 6:8b. 6:14a. 6:17a. 7:2b. 10:5b.

niyalmai 3:16b. 3:19a. 7:18a. 9:8b. 9:12a.

niyambi 썩다
niyaha 6:2b. 7:5a.
niyarakū 2:15b.

niyamniyambi 말타고 활쏘다
niyamniyame 10:9b.

niyengniyeri 봄 1:8b.

nofi 놈, 사람
nofi 2:4a. 3:18b. 4:15b. 5:2b. 5:3b. 5:4a. 5:4a.
5:4b. 5:6a. 5:6b. 5:7a. 5:7b. 6:21b. 6:24b.
7:6a. 7:13a. 8:4a. 10:18a. 10:23b.

non 누이
non be 10:3b. 10:8b.
non i 10:23b.

nu 노(弩), 쇠뇌 4:16b. 4:17a. 4:17b. 4:17b. 8:8a.
nu be 4:6a.
nu i 3:20a.

nungnebumbi 침범하게하다
nungneburahū 2:18a.
nungneburakū 3:21a.

nunggimbi 침범하다 =nungge

  nunggire 3:11b.

nungnembi 침범하다

  nungneci 4:21b.

  nungneki 3:9a.

  nungnembi 4:4a. 4:10b.

nure 술 3:18a. 4:8b. 4:9a. 4:15a. 4:23a. 5:2a. 6:24b. 7:13a. 7:16a. 8:12a. 8:17a.

  nure be 8:15b.

  nure de 8:15a. 8:16b.

  nure i 9:20a.

<O>

obumbi 되게하다

  obuci 8:10b.

  obufi 2:2b. 2:10b. 4:18a. 5:6b. 6:3b. 7:18a. 8:7a. 8:10a. 9:18b. 10:6a.

  obuha 6:1b. 6:2a.

  obuhabi 9:11a.

  obuhengge 2:5b.

  obuki 8:10b. 10:7b.

  obumbi 4:6a. 7:10a.

  obume 2:3a. 7:6a.

  obure 5:4b.

  obure be 7:21a. 9:10a.

  oburengge 5:22a.

oilo 위(上) 7:19a.

ogo 겨드랑 =oho

  ogo de 4:9b.

okdobumbi 맞게하다

  okdobure 6:18b.

okdojimbi 맞으러오다

  okdojihakū 7:4a.

okdombi 맞다, 맞이하다

  okdofi 2:18b. 4:22b. 9:20a. 9:20a.

  okdoko 3:2b. 7:9a. 9:14b. 9:20b.

  okdome 1:14b. 2:20a. 4:2a. 6:15b. 7:12a. 9:14a.

okson 걸음 2:10a. 10:25b.

  okson i 1:21b.

olhombi 조심하다, 두려워하다

  olho 7:21b.

  olhoho 9:15b.

  olhombi 7:11a. 7:19b. 10:2b. 10:23a.

  olhome 4:15a. 4:17a. 5:21b. 9:4a.

  olhoro 1:12b. 10:1b.

  olhorakū 2:15a.

  olhorakūci 8:5b.

olhon ing 뭍진(陣)

  olhon i ing be 7:13a. 8:7b.

  olhon i ing de 6:4b.

  olhon ing de 4:16b.

ombi 되다

  oci 1:2a. 1:7b. 1:11b. 1:11b. 1:17a. 1:17b. 2:25a. 3:2a. 3:8b. 3:10b. 3:11a. 3:11b. 3:11b. 3:12a. 3:13a. 4:8a. 4:20b. 5:1b. 5:10b. 5:13b. 5:20b. 6:15a. 7:1b. 7:14a. 8:2b. 9:8a. 9:17a. 9:17b. 10:5a. 10:25b. 10:25b.

  ofi 1:8b. 1:12a. 1:12b. 1:18b. 1:21a. 2:9b. 2:11b. 2:13b. 2:15b. 2:17b. 2:18a.2:25a. 2:25b. 3:12a. 3:14b. 3:16b. 3:17b. 3:23a. 4:6b. 4:16a. 4:19a. 5:3a. 5:8a. 5:8b. 5:10b. 5:14a. 5:19a. 5:24b. 6:1a. 6:1b. 6:5a. 6:6b. 6:6b. 6:10a. 6:15b. 6:16a. 6:16a. 7:1b. 7:12b. 7:12b. 7:17a. 7:18b. 8:7b. 8:8b. 8:12a. 9:2a. 9:2b. 9:11b. 9:15a. 9:21a. 10:1b. 10:4a. 10:9a. 10:15a. 10:21a. 10:23a.

  oho 1:7a. 1:16a. 1:18b. 1:21b. 2:11a. 3:26b. 4:10b. 4:19a. 4:20a. 5:15a. 6:8a. 7:23b. 8:1a. 8:12a. 8:13b. 8:18a. 9:14a. 10:3b. 10:15a. 10:26a.

  oho be 1:16a.

  ohobi 2:16a. 3:1b. 5:3b. 6:10a. 6:21b. 9:19b.

  ohode 2:6a. 2:25b. 3:12a. 3:19a. 3:25b. 3:26a. 4:10a. 4:10b. 5:14b. 8:12b. 10:6b. 10:17b.

  ojoro 3:4b. 3:5b. 4:11a. 4:24b. 4:24b. 5:8b.

10:5a. 10:14a.

ojoro be 1:17a. 4:24b. 10:5a.

ojorahū 4:6b.

ojorakū 1:3a. 1:16a. 1:17a. 2:11b. 2:13a. 2:15a.
  3:2a. 3:3b. 3:10b. 3:12a. 4:1b. 4:8a. 4:9b.
  4:16b. 4:24b. 6:3a. 6:18b. 6:19a. 6:23a.
  7:1b. 8:5b. 8:7a. 8:17b. 9:3a. 9:14b. 9:22a.

okini 2:14a.

ombi 3:11a. 3:11a. 3:12b. 3:15b. 3:23b. 4:1b.
  4:2b. 4:3a. 4:10a. 4:11a. 4:12a. 4:21b.
  5:3a. 5:3b. 5:16a. 5:20b. 6:13a. 6:13a.
  6:15b. 6:17a. 7:3b. 7:19a. 7:21a. 7:22a.
  7:23b. 7:23b. 8:5b. 8:10b. 9:15b. 9:18a.
  10:6b. 10:8a. 10:10a. 10:16b. 10:20a.

ombihe 2:19a.

ombio 2:6a. 2:25b. 9:8a. 9:22a. 10:19b.

ome 6:3b.

oso 5:6b.

otolo 2:15b. 10:2a.

omibumbi 마시게하다

omibufi 7:5b.

omibume 7:13a.

omicambi 함께 마시다

omicaha 3:18a.

omicame 6:17a. 6:24b. 7:16a. 8:12a.

omihon 굵은

omihon de 9:4b.

omimbi 마시다

omici 3:25a.

omifi 4:9a. 8:15b.

omime 4:15a. 5:2a. 10:3a.

omire de 4:23a.

omo 못, 연못

omo i 10:7a.

omoi 1:5b. 1:6a.

omšon biya 11월

omšon biya de 6:10b.

omšon biyai 8:8a.

on gaimbi 부지런히 가다

on gaime 10:24a.

onco 넓은 3:14b. 7:19a. 8:10a.

onco i 5:16b.

oncohon 젖힌 3:14b.

ondombi 희롱하다

ondohongge 2:4a.

onggobumbi 잊게하다

onggobume 10:6a.

onggolo 전(前) 4:17a. 4:20b. 9:2b.

onggombi 잊다

onggofi 2:4a. 10:9a.

onggoho 3:26a. 7:10b.

onggoho ni 7:10b.

onggorakū 3:26b. 8:11b. 10:17b.

onggorakūngge 2:1a.

onggoro 8:2a. 8:17a.

onggorongge 6:1b.

orho 풀, 억새 4:11b. 6:7a. 6:10a. 8:20a. 9:3b.

orho be 3:21b. 3:23b. 6:7b. 8:17b.

orho de 4:18b.

orho i 1:21b.

orin 스물, 20 1:12a. 2:15a. 2:16a. 3:7a. 3:7a.
  4:11a. 4:12b. 4:14a. 4:18b. 4:19a.
  7:14b. 9:13b.

oyonggo 긴요한 4:6a.

<P>

pan jang(人名) 潘璋 10:22b.

pan jang be 10:22a.

pang(人名) 龐 7:9a.

pangtung(人名) 龐統 7:2b. 7:3a. 7:9b. 7:9b. 7:10b.
  7:11a. 7:11a. 7:11b. 7:13a. 7:13b. 7:14a.
  7:14a. 7:15a. 7:15b. 7:16b. 7:16b. 7:17b.
  7:18a. 7:18a. 7:20a. 7:20b. 7:21a. 7:21b.
  7:22a. 7:22b. 7:23b. 8:1a. 8:1a. 8:1a. 8:1b.
  8:3a. 8:3b. 8:4a. 8:7a.

pangtung be 7:12a. 7:22b.

pangtung de 7:12a. 7:22a.

pangtung ni 7:13a. 7:16a. 7:16a. 7:17b.

pei guwe hiyang(地名) 沛國相

pei guwe hiyang ni 8:19a.

po lu(人名) 破虜 5:11a. 5:15a.

poo 호통

poo i 9:7a.

<S>

sabumbi 뵈다

sabure 1:18b.

sabufi 1:6b. 1:9b. 1:14b. 1:21a. 3:16a. 3:24a.
9:7b. 9:11b.

sabuha de 10:23b.

sabumbi 1:5b. 4:14a.

saburakū 1:20a. 2:15b. 4:14a.

saca 투구 8:20a.

sacimbi 찍다, 베다(伐)

saciki 2:26b.

sacimbihe 7:6a.

sacibumbi 찍히다

sacibufi 9:1b.

sahambi 쌓다

sahafi 8:20a.

sahahūn 검은 3:3b.

saimbi (이) 갈다

saime 5:17b. 6:21b.

sai be(地名) 塞北 8:16a.

sain 좋은, 어진, 착한 1:3b. 1:11b. 3:15a. 3:16a.
3:17a. 4:16b. 5:9b. 6:20b. 7:12b. 7:19b.
8:2b. 8:17b. 10:2b. 10:5a. 10:6a. 10:8b.
10:16b. 10:20a.

sain be 2:4a.

saisa 착한 3:13a. 4:24a. 7:20b. 10:16a.

saisa be 5:8a. 6:5b.

saisa i 7:10a.

saisai 3:13b.

saišambi 착하게 여기다

saišambi 2:6a.

saišara 7:14a.

saiyūn 편안하냐 9:9b.

sakda 늙은 1:1b. 1:3a. 1:18a. 1:18a. 2:20a. 2:20b.
2:20b. 2:21a. 2:21b. 2:22a. 2:22a. 2:22b.
2:26a. 9:3b.

salambi 흘다

salame 10:3a.

sambi 알다

sa 10:7a.

safi 1:7a. 1:7b. 1:9b. 2:4a. 2:10b. 2:11a. 3:25a.
5:23b. 6:2a. 6:20b. 6:22a. 6:24b. 9:12b.
9:13a. 10:11a.

saha 1:16b. 4:2b. 4:20a. 5:24a. 6:14b. 7:20a.

sahangge 3:17b.

sahabi 4:24a.

saci 10:14b.

sambi 1:2a. 4:4a. 4:5a. 5:20b. 6:9a. 6:12b. 6:22b.

sambio 4:1b. 5:21b.

sara 5:25a. 6:7a.

sara de 8:3a.

sarefi 6:12a. =safi의 誤記

sarengge 6:9a.

sarkū 1:2a. 1:12a. 1:20b. 3:2a. 3:6b. 4:20a.
4:24b. 5:2a. 5:7a. 5:8b. 5:20a. 6:14b.
6:25b. 8:12a. 9:11a. 10:10a.

sarkūn 4:1b. 4:2b.

salu 수염 2:20a. 3:3b.

samsimbi 흘어지다

samsiha 8:19b.

samsimbi 7:3a.

san guwan(地名) 散關 8:6a. 8:6b.

sargan 처, 아내 1:7b. 1:8a. 1:17a. 1:17a. 1:18b.
2:20b. 2:22a. 3:24b. 10:15a.

sargan de 10:19a.

sargan jui 계집아이, 딸 1:1b. 1:3a. 1:4b. 1:15b.
1:18b. 10:23a.

sargan jui be 8:14a. 8:14a.

sargan juse 계집아이들 10:2b. 10:7b. 10:8b. 10:11a.

  sargan juse be 10:3a.

sarilambi 잔치하다

  sarilame 10:18b.

  sarilara 1:2b.

  sarilara de 8:8b.

sarin 잔치 1:2b. 1:3b. 2:3a. 2:3a. 6:17a. 8:8b.
     8:21b. 10:18b.

  sarin de 5:1a.

sartabumbi 그르치다, 어긋나다

  sartabuha 3:17b.

  sartabumbi 4:7b. 4:10a. 4:21a.

  sartabume 10:6a.

  sartaburengge 8:17a.

sasa 함께 2:21b. 4:15a. 9:12b.

se 나이 2:16a. 8:13b. 8:16b. 10:2a.

sebjembi 즐거움

  sebjele 10:8b.

  sebjeleki 4:15a.

  sebjelembihe 10:1b.

sebjen 즐거움 8:11a.

sefu 스승 7:15b.

  sefu i 4:22b.

sehehun 뻣뻣이 서다 6:21b.

seibeni 저때, 지난번 3:23a. 8:3b. 8:13b.

sejen 수레

  sejen be 2:7b. 2:8a. 2:15b. 2:18b. 2:18b. 2:19b.
     2:23b. 10:20b.

  sejen ci 1:13a. 2:21a.

  sejen de 1:1b. 1:19b. 2:20b. 2:23a. 3:8a. 10:20a.

  sejen i 1:13a.

sejilembi 탄식하다

  sejilefi 3:26a. 9:13a.

  sejilehe 6:22a.

  sejilembi 5:23a.

  sejileme 4:22a.

sektembi 깔다

  sektehe de 7:19a.

sele 쇠 7:3b. 7:3b. 7:19a. 7:19a. 7:20a. 7:20a.

selgiyembi 분부하다

  selgiyefi 7:20a.

  selgiyehe 8:4b.

  selgiyeme 3:22a.

sembi 하다

  seci 1:11a. 1:16a. 2:13b. 2:18a. 2:26a. 3:1a.
    3:25b. 4:23b. 6:19a. 7:3b. 7:5a. 7:6b.
    8:10b. 10:15a.

  sefi 1:10a. 1:12a. 1:12b. 1:16b. 1:18a. 1:19a. 2:1b.
    2:7a. 2:10a. 2:18b. 3:18a. 3:22a. 4:4a. 4:9a.
    4:12a. 4:14a. 4:16b. 4:23a. 5:2a. 5:11b.
    5:14b. 5:20a. 6:11b. 6:21b. 6:24b. 7:2b.
    7:8b. 7:15a. 8:4a. 8:14b. 8:16b. 9:14b.
    9:16b. 9:18b. 9:20b. 10:2b. 10:17b.

  sehe 2:5b. 2:20b. 4:10b. 4:21a. 4:22b. 4:23a. 5:5b.
    5:6b. 5:6b. 5:13a. 5:14a. 5:16a. 6:5b. 6:8b.
    7:2a. 8:4a. 8:7a. 9:5a. 9:9a. 9:12a. 9:14a.
    9:22a. 10:10a. 10:17a. 10:22a. 10:26b.

  sehe de 2:4b.

  sehebi 6:10b. 6:25a.

  sehei 10:4a. 10:5a.

  sehengge 2:3b. 3:7b. 3:12b. 3:16a. 4:21a. 8:21a.

  sembi 1:2a. 2:5a. 2:9b. 3:9a. 3:16b. 3:19a.
    3:20a. 4:6b. 4:6b. 4:10b. 4:12b. 4:13b.
    4:23a. 5:5b. 5:10a. 7:1a. 7:17a. 7:21b.
    10:2a.

  sembime 2:12a.

  sembio 5:7b.

  seme 1:3a. 1:3a. 1:3b. 1:3b. 1:5b. 1:6b. 1:10a.
    1:19a. 2:1a. 2:3a. 2:5b. 2:7a. 2:7a. 2:8a.
    2:9a. 2:9b. 2:9b. 2:10b. 2:12a. 2:12b.
    2:14a. 2:14a. 2:14b. 2:15a. 2:15b. 2:16b.
    2:18a. 2:19b. 2:21b. 2:22a. 2:22a. 2:26a.
    3:4a. 3:4a. 3:7a. 3:8a. 3:10a. 3:10b. 3:12a.
    3:17b. 3:20a. 3:22b. 3:23b. 3:24a. 3:25a.
    3:26a. 4:2b. 4:4a. 4:9b. 4:14b. 4:17a.
    4:17a. 4:18a. 4:19a. 4:21b. 4:23a. 4:23b.
    4:25a. 5:2a. 5:6a. 5:11a. 5:11b. 5:13a.
    5:14a. 5:17b. 5:18a. 5:20b. 5:20b. 5:21b.

5:23a. 6:4a. 6:6a. 6:7a. 6:8b. 6:10a. 6:11a.
6:12a. 6:13b. 6:18a. 6:19a. 6:21b. 6:23b.
7:1a. 7:2b. 7:2b. 7:2b. 7:3b. 7:4a. 7:4a.
7:5a. 7:5a. 7:5a. 7:5b. 7:6a. 7:6b. 7:7b.
7:9a. 7:9b. 7:10b. 7:14a. 7:15a. 7:19b.
8:7b. 8:11a. 8:15a. 8:15b. 8:21a. 8:21b.
8:22a. 8:22a. 9:3a. 9:3a. 9:4a. 9:4a. 9:6a.
9:6b. 9:15a. 9:18a. 9:18b. 9:19a. 9:20a.
9:20b. 9:21a. 10:3a. 10:8b. 10:8b. 10:10b.
10:13a. 10:14b. 10:14b. 10:16a. 10:16b.
10:17a. 10:17b. 10:18a. 10:19b. 10:21a.
10:21b. 10:23a. 10:25a.

    semeo 2:8b. 2:20b. 4:9a. 5:23b. 5:24a. 6:4b.
        6:22b. 7:9b.

    serakū 3:8b. =sere akū

    sere 1:2b. 1:3a. 1:15b. 2:1a. 2:24a. 3:9a. 3:22b.
        4:3b. 4:13b. 5:1a. 5:1b. 5:12b. 5:15a.
        5:17a. 6:5a. 6:17b. 7:9a. 8:5a. 8:14a.
        9:12a. 10:9a. 10:12b. 10:14b.

    sere de 1:16b. 1:18a. 2:19a. 2:21a. 2:26b. 3:3a.
        4:3b. 7:7a. 7:22b. 9:16b.

    serengge 3:24b. 3:25a. 4:5a. 5:7a. 5:9a. 5:25a.
        6:14a. 6:22b.

    serengge be 5:7b.

senggi 피 5:18b. 6:8a. 6:10b.

seolembi 헤아리다
    seole 1:4a.
    seoleme 7:20a.

ser sere 조그만 6:2b.

sere anggala 뿐 아니라 7:19a.

serebumbi 드러나다
    serebuhe 6:23a.
    serebuhe de 7:6b.
    serebuhekū 5:21b.
    serebumbi 6:15b.

seri 드문 8:18a. 8:20b.

sese noho 금사(金絲) 2:6b. 2:13b. 2:16a.

sesulembi 놀라다
    sesulefi 4:22a.

setu(官職名) 司徒 1:4a.

seyembi 벼르다
    seyeme 1:10b. 5:18a. 10:22a.

si 너 1:7b. 1:10a. 1:12a. 1:14b. 2:6b. 2:16b. 2:25b.
    2:26a. 2:26a. 3:5a. 3:9a. 3:16a. 3:26a. 4:1b.
    4:10a. 5:3a. 5:8a. 5:14a. 5:15a. 5:15b.
    5:18a. 5:19a. 6:5a. 6:11a. 6:12b. 6:13a.
    6:13b. 6:13b. 6:14a. 6:16a. 6:22a. 6:22b.
    6:22b. 7:4b. 7:5a. 7:5b. 7:6a. 7:6a. 7:9b.
    7:9b. 7:10a. 7:10a. 7:11a. 7:15b. 7:23a.
    8:1a. 8:1b. 8:1b. 8:6b. 8:21a. 9:15b. 9:17a.
    9:18a. 10:13a. 10:14a. 10:14b. 10:15a.
    10:17b. 10:18a. 10:18b. 10:19b.

si liyang jeo(地名) 西凉州 8:5a.

siden 사이
    sidende 1:21b. 4:19a. 9:12b.

sikse 어제 1:12a. 4:23b. 8:22a.

sikse inenggi 어제 1:2a.

silenggi 이슬 8:16b.

silhi 담, 쓸게 5:11a. 6:1b. 6:2a. 7:22b. 9:7b.

silimbi 정선(精選)하다
    silifi 10:12a. 10:22a.
    siliha 3:19b.

silkabumbi 교활하다
    silkabuha 7:3b.

simbe 너를 1:1b. 1:3a. 1:12a. 1:17a. 4:2b. 5:14b.
    5:19b. 6:13a. 6:15a. 7:5a. 7:5b. 7:6a. 7:6b.
    7:6b. 7:7a. 7:10a. 9:14b.

simbi 막다
    sihe 3:21b.

sin 말(斗)
    sin de 3:8a.

sin yei(地名) 新野
    sin yei de 3:5a.

sin yei hoton(地名) 新野城 3:5b.

sinahalambi 장례 치르다 =sinagala
    sinahalaci 8:22a.

sindambi 놓다, 두다
    sinda 6:14b.

sindafi 2:4a. 2:21a. 2:25a. 2:26a. 4:12b. 6:7b.
6:10b. 9:12a. 9:12a. 9:13a. 9:14b. 10:6b.
10:7b. 10:24a.

sindaha 5:17a. 10:22a.

sindahabi 4:3b. 7:14b. 9:4a. 9:21b.

sindaki 8:21b.

sindame 7:13b.

sindara 7:23a.

sindarakū 2:7b.

sinde 너에게 1:3a. 6:12a. 6:13b. 9:17b. 9:18a.

sini 네, 너의 1:2a. 1:2b. 1:16b. 2:16b. 3:4b. 3:10b.
4:11a. 5:16b. 5:25a. 6:5b. 6:6a. 6:12a.
6:13a. 6:14a. 6:24a. 7:10b. 7:13b. 7:17b.
7:22b. 8:2b. 8:22a. 10:17a. 10:17a.

sio(人名) 秀 2:23b.

sioi cu(人名) 許楮 2:10a. 2:14b. 9:4a.

sioi du(地名) 許都 8:5a.
sioi du de 9:17a.

sioi hūwang(人名) 徐晃 2:10a.
sio hūwang de 9:4a.
sioi hūwang be 4:16b.

sioi cang(地名) 許昌
sioi cang ni 9:19a.

sioi šu(人名) 徐庶 8:1a. 8:1b. 8:2a. 8:3b. 8:3b.
8:3b. 8:4b. 8:6a. 8:7a.
sioi šu be 8:7a. 8:7b.
sioi šu ci 8:4a.

sirambi 연(連)하다, 이어받다
sirafi 3:10b.
siraha 8:9a.

siran 잇달아
siran i 6:25b.

siran siran 잇달아 5:12a.
siran siran i 3:8b.

sirdan 살(矢), 화살 4:6b. 4:9a. 4:9a. 4:10b. 4:11b.
4:13b. 4:13b. 4:18a. 4:18b. 4:19b. 4:19b.
4:21b. 4:22b. 4:22b. 5:2a.
sirdan be 4:6b. 4:7a. 4:7b. 4:10b. 4:14a. 4:18a.
4:22a. 4:22a.

sirdan de 9:1a.
sirdan i 3:20a. 4:18b. 4:19b.

sirkedembi 더디다
sirkedeme 10:13a.

sisimbi 꽂다
sisifi 4:13a. 5:19b.
sisiha be 6:25b.

sitahūn 부족한 3:18b. 3:19a.

siyan fung 先鋒 5:6b. 5:14a. 6:7b. 6:10a. 8:7a.

siyan seng 先生 3:14a. 4:2b. 4:6a. 4:7b. 4:19b.
4:24a. 4:24b. 5:19a. 6:20b. 6:22b. 7:9b.
7:13b. 7:21a. 8:20b.
siyan seng be 4:6b. 6:7a. 7:15b.
siyan seng de 5:23b. 6:18a.
siyan seng ni 3:14b. 3:21b. 4:6a. 4:23b. 5:19b.
7:19b. 7:22a. 8:3b.

siyun ioi(人名) 荀攸 5:2b. 5:3b. 8:12b.

sokdombi 취하다 =soktombi
sokdotolo 7:5b.

soktombi 취하다
soktofi 8:12a. 8:22a.
soktoho 7:16b. 10:20b.
soktohongge 3:26b. 8:21b.

solimbi 초청하다
solime 3:17b.

solinambi 초청하러 가다
solinaha 4:5b.

somimbi 감추다
somifi 7:14b.

songgocombi 함께 울다
songgocome 9:13a.

songgombi 울다
songgoho 9:5a.
songgombi 9:5a. 9:16a. 9:16a. 10:13b.
songgome 1:15a. 1:16b. 5:6a. 6:8a. 6:10b. 8:22a.
9:16b.
songgoro 9:4b.
songgoro de 9:15a.
songgorongge 9:16a.

songkoi 대로 3:13a. 9:17b.

sonjombi 가리다

  sonjofi 4:12b. 5:2b.

soorin 좌하(座下)

  soorin i 10:4b.

sorombi 불길하다

  sorombi 8:20b.

  sorondoro 8:19a. 8:20b. 8:21a.

subumbi 잠을 깨다

  subufi 8:21b.

  subuha 3:26b.

  subure 10:21a.

sui 죄 6:14a.

suilambi 수고하다

  suilaha be 2:13b.

suilabumbi 수고롭게하다

  suilabume 2:13a.

  suilaburakū 5:10b.

sujambi 겨루다

  sujaci 3:5b. 5:10a.

  sujaki 5:12b.

suje 비단 2:5b. 2:19a. 8:9a. 10:8b. 10:8b.

  suje be 3:20a. 5:6a.

sujumbi 달리다

  sujume 1:22a.

  sujure 1:21a.

sulaka 느긋한 =sulakan 2:11a. 8:1a. 8:7b.

sumbi 열다, 벗다

  su 7:9a.

  sufi 5:17b. 7:9a. 10:2b. 10:23b.

  sume 9:10b.

  surakū 1:8b.

sun ciyan(人名) 孫乾

  sun ciyan be 10:3a.

sun cuwan(人名) 孫權 3:2b. 3:3a. 3:4a. 3:4b. 3:5a.
    3:5b. 3:6a. 3:7b. 3:8a. 3:8a. 3:9a. 3:9b.
    3:11a. 3:11b. 3:12a. 3:12b. 3:13b. 3:14a.
    3:15b. 3:17a. 3:18b. 3:21b. 3:23b. 3:25a.
    3:25b. 3:26b. 6:1b. 10:3b. 10:4b. 10:7a.
    10:8a. 10:20b. 10:21a. 10:21a. 10:22a. 10:22a.
    10:22b. 10:23b.

  sun cuwan be 3:3b. 3:15b.

  sun cuwan de 3:22b. 10:4b.

  sun cuwan i 3:1b. 3:17b. 3:22a. 3:24a. 3:25a.
    10:19a.

sun fujin(人名) 孫夫人 10:2a. 10:14a. 10:16a.
    10:17a. 10:19a. 10:20a.

  sun fujin be 10:2b. 10:20a.

  sun fujin de 10:13a.

  sun fujin i 10:1a. 10:19a. 10:21a.

sun hala(人名) 손씨(孫氏)

  sun hala i 6:8a.

sun dz(人名) 孫子 4:23a.

sun jiyan(人名) 孫堅

  sun jiyan be 3:1a.

sun ts'e(人名) 孫策 8:14a.

  sun ts'e be 3:1b.

sun u(人名) 孫吳 7:14a.

  sun u i 7:8b. 7:16a.

sunja 다섯, 5 2:3a. 2:17a. 4:19b. 4:21b. 5:5a.
    8:4b. 9:7b. 9:10b. 9:11b. 9:19a. 10:9a.
    10:20b. 10:22a.

sunjaci 다섯 번째 4:14b. 10:21a.

sunjai 다섯씩 8:4b.

sure 총명한 6:16a.

susai 쉰, 50 1:21b. 3:6b. 3:6b. 3:7a. 5:17b. 5:18a.
    7:1a. 7:19a. 8:13b. 10:2a. 10:12a.

suwaliyabumbi 섞이다

  suwaliyabumbi 4:12a.

suwaliyambi 섞다

  suwaliyame 1:9b.

suwayan 누런 2:16a. 8:15b.

suwe 너희 2:1b. 3:15a. 7:23a. 8:16b. 9:20b.

  suweni 2:15a. 5:4a. 6:16b. 8:13a. 10:23b.

sy 비파 8:17b.

sy yuwan(人名) 士元 7:9b.

<š>

šadambi 지치다
   šadahabi 9:6a. 9:8a.
   šadahai 9:1a.
šahūn 담백한 2:20a.
šahūrun 찬, 추운 6:3b. 7:4b. 7:8a. 10:2a.
   šahūrun i 9:2a.
šambi 보다
   šame 5:14a.
šame tuwambi 바라보다
   šame tuwambi 5:14a.
   šame 9:8a.
šan 귀
   šan i 6:17b. 8:3b.
   šan be 10:6a.
šanggambi 완성하다
   šanggambi 4:7b.
šanggiyan 흰, 백 3:24b. 8:9a.
šangnambi 포상하다
   šangna 2:12b.
   šangnaha 5:4b.
   šangname 1:11b. 1:12a. 5:6a. 6:19b.
   šangnarakū 6:9b.
šarambi (머리털이) 세다
   šarakafi 2:20a.
šelembi 赦하다
   šelefi 7:1b.
šenggi 이마 =šenggin 8:4b. 9:1a.
šeo ding heo(官職名) 壽亭侯 2:3a.
šeri 샘 10:16a.
šolo 틈, 사이 1:18a. 6:15b. 10:6b.
šu ilgai omo 연못
   šu ilgai omo de 1:16b.
šumhun 손가락 8:12a. 8:13a.
šumileme 깊이 =šumilame 7:1b.
šumin 깊은 8:3a. 8:16a. 8:20a. 9:6b. 9:11a. 10:11b.
   šumin be 8:18b.

šun 해, 태양 4:18a.
   šun be 1:18b.
šungkumbi 꺼지다
   šungkure de 7:19b.
šurdembi 돌다
   šurdeci 8:18b. 8:21a.
   šurdeme 10:25a.
šurumbi 노를 젓다
   šurume 6:3b.
šušunjambi 수군거리다
   šušunjaha 6:17b.
   šušunjara 6:22a.

<T>

tacibumbi 가르치다(敎)
   tacibuha 7:2b.
   tacibume 5:4a. 5:7a. 10:9b. 10:18a.
   tacibure 4:6a.
   tacibure be 3:4b. 4:2a. 4:23b. 7:13b. 7:15b. 8:3b.
tacihiyan 교육
   tacihiyan be 8:19b.
tacikū 학교 8:19b.
tacimbi 배우다
   taciha 3:4b. 6:14a.
   tacihakū 6:14a.
tafambi 오르다
   tafa 4:13b.
   tafaka 3:2b.
tafukū 계단
   tafukū i 1:13b.
tafulambi 말리다, 충고하다
   tafulahakū 5:19a.
   tafulambi 5:20a.
   tafulame 3:24b. 3:24a. 4:4b. 5:15b. 10:17a.
tafumbi 오르다 =tafambi
   tafumbi 1:13a.
tai san(地名) 泰山 8:13b.

taifin 태평 7:18a.

taiheo(人名) 太后 10:17a.

taise(官職名) 太師 1:2a. 1:2b. 1:3b. 1:5a. 1:5a.
      1:8a. 1:10b. 1:11a. 1:15b.

  taise de 1:3b.

  taise i 1:3a. 1:4a.

taka 아직, 잠시 1:7b. 2:7b. 2:15b. 4:11b. 4:16b.
      4:24b. 5:16b. 5:18a. 6:14b. 7:7a. 9:15a.
      9:17a. 10:2a. 10:2a. 10:13a. 10:15b.

takambi 알다

  takafi 1:7a. 8:1a.

  takarakū 6:12a. 10:19b.

  takarakūngge 6:12b.

takūrabumbi 보내게하다, 부리게하다

  takūrabumbi 10:2b.

takūrambi 보내다, 부리다

  takūra 7:7b.

  takūrafi 2:25a. 4:2b. 4:9a. 5:4a. 5:9a. 5:23a.
     6:7a. 8:4b.

  takūraha 4:17a. 10:4b. 10:12a.

  takūrahabi 4:23b. 7:1a.

  takūrahangge 5:7a. 6:23b.

  takūrame 5:22a. 10:3b.

  takūrara 1:5a. 1:20a.

talman 안개 4:14a. 4:15b. 4:16a. 4:18a.

  talman be 4:20a. 4:20b.

  talman de 4:15a.

  talman i 4:18a.

talmambi (안개) 끼다

  talmafi 4:14a.

  talmakabi 4:16a.

tana 구슬 6:19b.

tana gui 주옥 1:15b.

tanggū 백, 100 1:13b. 2:16a. 2:17a. 2:18b. 3:6a.
     3:7a. 3:7a. 3:8b. 3:15a. 3:20a. 3:23a.
     4:21b. 5:5a. 5:12a. 5:17a. 6:8b. 8:1b. 8:9a.
     8:10b. 8:20a. 9:4a. 9:5b. 9:7b. 9:17b.
     9:17b. 9:18b. 9:19a. 9:19b. 10:9a. 10:20b.
     10:22a.

tanggūnggeri 백번 6:8a. 6:10b. 10:4b.

tantabumbi 치게하다, 맞다

  tantabuhangge 5:24a.

tantambi 치다

  tanta 5:17a. 5:17b.

  tantafi 5:17a.

  tantaha 5:21a. 6:18a.

  tantaha de 5:18b.

  tantahangge 5:20a. 5:22a.

  tantame 5:16a. 5:17b.

  tantara 6:6b. 7:1a.

  tantara be 5:18a.

  tantara de 5:19a.

targarambi 꺼리다

  targarakū 1:12b.

targū 살찐 =tarhūn 1:21a.

tasha 범 2:25b. 9:15b. 10:5b.

  tasha be 2:4a.

tašan 잘못 6:5b. 8:4a.

  tašan be 4:10a.

tašarambi 그르치다

  tašaraha 1:4a.

  tašarahabi 6:6a.

  tašarame 2:17b. 6:16a. 8:22a.

tatambi 당기다, 머물다

  tatafi 2:8b. 2:16b. 3:25b. 10:9a.

  tatame 1:17a. 1:18a. 2:7b. 3:21b. 7:22b.

tatara yamun 공소(公所)

  tatara yamun de 3:22a.

te 이제 1:16a. 1:16a. 2:11a. 2:25b. 3:1b. 3:7a. 3:8a.
     3:8b. 3:9b. 3:10a. 3:20a. 3:20b. 3:23a.
     3:25b. 4:6b. 4:24a. 5:6a. 5:14a. 6:3a. 6:5b.
     6:6b. 6:13b. 6:19b. 6:20a.   6:21b. 6:23a.
     7:1a. 7:1b. 7:6a. 7:6b. 7:9b. 7:11b. 7:12b.
     7:15a. 7:18b. 8:2a. 8:3b. 8:5b. 8:6a. 8:6b.
     8:10b. 8:13b. 9:15b. 9:16a. 9:17a. 10:4a.
     10:7b. 10:14a. 10:15a. 10:21b. 10:26a.

tebeliyembi 안다

  tebeliyeme 1:16b.

tebumbi 앉히다
  tebufi 2:23a. 7:7b. 10:20a.
  tebuhe de 8:14b.
tebumbi 담다, 싣다
  tebu 5:12b.
  tebufi 1:1b. 4:12b. 6:16a. 8:11b. 10:8a.
  tebuhe 3:8a. 10:8b.
  tebume 8:20a.
tecebumbi 모두 앉히다
  tecebufi 8:9b.
tecembi 모두 앉다
  tecefi 3:18a. 6:21b.
  tecehe 5:23a. 7:12a. 8:12b.
teherembi 같다
  tehererakū be 6:8b.
teifun 막대 9:1a.
teike 아까, 갓 1:20a. 3:18a. 5:13a. 6:16a. 7:16b.
teile 뿐, 만 1:19a. 6:24b.
teisu teisu 각각 4:16a.
teisulebumbi 마주치게하다
  teisulebuhe 8:16a.
teksin 가지런히 4:16b.
tembi 앉다, 타다
  te 2:21a. 3:3a.
  tere 8:7b.
  teci 3:25a. 10:4a.
  tefi 1:6b. 1:14a. 1:19a. 1:19b. 3:3a. 3:24b. 4:4a.
    4:14a. 5:5a. 6:3b. 6:19b. 6:24b. 7:2a. 7:4a.
    7:7b. 8:4a. 8:9a. 9:3a. 9:19b. 10:11b.10:24a.
  tehe 4:2a. 4:5b. 5:12a. 6:16a. 7:19b. 8:8a. 8:19b.
    9:20a.
  tehe de 7:19b.
  tehebi 6:5a. 7:22a. 7:22a.
  tehei 2:23a.
  teki 7:22b.
  tembi 2:21a.
  teme 7:18b.
temšembi 다투다
  temšembi 3:10a.

temšere 2:25b.
teni 갓, 방금 2:17a. 3:2b. 3:24a. 5:9b. 5:20a. 8:1a.
  9:14a. 10:14a.
tenteke 저런 2:5b.
tere 그, 저 1:2a. 1:4b. 1:8b. 2:3b. 2:3b. 2:4a. 2:5a.
  2:5a. 2:6a. 2:7a. 2:13a. 2:14b. 2:16b. 2:19a.
  2:22b. 3:15b. 3:18b. 4:4b. 4:5a. 4:9a. 4:10a.
  4:10b. 4:13a. 4:14a. 4:14b. 4:16a. 5:1a.
  5:3a. 5:4a. 5:10b. 5:15a. 5:17a. 5:19a.
  5:20a. 5:21b. 6:3a. 6:3b. 6:4a. 6:17b. 6:18a.
  7:8a. 7:9a. 7:9a. 7:9a. 7:17a. 7:19b. 7:23b.
  8:4b. 8:8a. 8:8a. 8:12b. 8:15a. 8:16b. 9:1a.
  9:1a. 9:2a. 9:4b. 9:9a. 9:11b. 9:15a. 9:19a.
  10:2b. 10:8a. 10:11a. 10:18b. 10:20b. 10:24a.
tere be 1:10b. 1:11b. 2:16b. 2:18a. 5:9a. 5:22a.
  10:10a.
tere i 3:4a. 3:23a. 4:10a. 5:7b. 5:9a. 5:19a. 6:2a.
tereci 1:5b. 1:8a. 1:12b. 2:15b. 2:19b. 3:25a.
  4:1a. 4:15b. 5:2a. 5:5a. 5:9b. 5:22b. 6:25b.
  7:11b. 8:4b. 9:19a. 10:1a. 10:3a. 10:3b.
  10:9a. 10:20a. 10:21a. 10:21a. 10:24a.
terei 3:20b. 3:25b. 4:12a. 4:12b. 4:24a. 6:2a.
  6:9a. 7:3b. 10:6a. 10:6a. 10:6b. 10:10a.
  te de 2:3a.
  tede 4:9b. 4:10a. 4:16b. 5:21b.
tere anggala 하물며, 더군다나 3:20a. 4:16b.
tese 저들
  tesei 9:6b.
tetendere 그러면 4:15b. 5:1b. 6:2b.
tetun 그릇 10:8b.
teyembi 쉬다
  teyeci 9:6a. 9:6a.
  teyeme 10:24a.
  teyenu 9:15a.
teyen 쉼 7:18b.
tiyan heng(人名) 田横 3:13a.
tob seme 마침 4:6a. 5:3a. 5:9a.
todabumbi 같다 =toodabumbi
  todabu 5:17a.

ts'oo in be 9:16b.

ts'oots'oo(人名) 曹操 2:1a. 2:2a. 2:2b. 2:4b. 2:5a.
　　2:6a. 2:7a. 2:10a. 2:10b. 2:11a. 2:12a.
　　2:13a. 2:13b. 2:14b. 3:5b. 3:6b. 3:8a.
　　3:10a. 3:19b. 3:21a. 3:25b. 3:26a. 4:3a.
　　4:7b. 4:15a. 4:16a. 4:19a. 5:2a. 5:3a. 5:4a.
　　5:4b. 5:6a. 5:7a. 5:7b. 5:8b. 5:12a. 5:24b.
　　6:4a. 6:4b. 6:4b. 6:5a. 6:5a. 6:6a. 6:7a.
　　6:7b. 6:10b. 6:12a. 6:12b. 6:12b. 6:13a.
　　6:14a. 6:14b. 6:15a. 6:16a. 6:16b. 6:17a.
　　6:17b. 6:17b. 6:18a. 6:18a. 6:19a. 6:19b.
　　6:25b. 7:1a. 7:2a. 7:3b. 7:12a. 7:12b.
　　7:13a. 7:13b. 7:14a. 7:15b. 7:16a. 7:16b.
　　7:16b. 7:17a. 7:17b. 7:18a. 7:19b. 7:20a.
　　7:21a. 7:21b. 7:22a. 7:22a. 8:5a. 8:6b.
　　8:7a. 8:7b. 8:8a. 8:8b. 8:9a. 8:9b. 8:10a.
　　8:12a. 8:12a. 8:12b. 8:15a. 8:15a. 8:19a.
　　8:20b. 8:21a. 8:22a. 9:1a. 9:2b. 9:3a. 9:4a.
　　9:4b. 9:5a. 9:5b. 9:6a. 9:6a. 9:6b. 9:6b.
　　9:8a. 9:9a. 9:9b. 9:10a. 9:10b. 9:11b.
　　9:12b. 9:13b. 9:14a. 9:14a. 9:14b. 9:15a.
　　9:15a. 9:16a. 9:16a. 9:16b. 9:17b. 9:18a.
　　9:21a. 10:12a.

ts'oots'oo be 2:14a. 3:15a. 3:16b. 3:21a. 3:22a.
　　4:23b. 5:2a. 5:20b. 5:22a. 7:6b. 7:7a.
　　7:23b. 9:5b. 9:12a. 9:12b.

ts'oots'oo ci 6:19b. 7:22b. 8:7a.

ts'oots'oo de 3:5b. 3:12b. 3:20b. 3:24b. 4:4b.
　　4:15b. 4:19a. 6:25a. 6:25a. 7:5a. 7:5b.
　　7:11a. 7:12a. 8:5a. 8:20b.

ts'oots'oo i 2:1a. 2:19b. 2:23b. 3:5a. 3:5b. 3:10a.
　　3:15a. 3:18b. 4:1a. 4:14b. 4:15a. 4:15b.
　　4:17a. 4:22b. 6:17b. 6:19a. 7:11b. 7:17a.
　　9:5a. 9:7b. 9:11b. 9:21b.

tsetse(人名) 刺史 8:19a.

tu 큰 기 3:8b. 4:13a. 6:25b. 9:1b.
　tu be 8:8a.
　tu i 6:8a.

tuba 그곳, 저곳

tubabe 2:17a. 10:13b.
tubade 7:3b. 9:21a.

tucibumbi 내다
　tucibu 5:16a. 10:2a.
　tucibuci 5:1a.
　tucibufi 1:3b. 1:7a. 2:21a. 3:20b. 4:17b. 4:18b.
　　5:1a. 5:14b. 6:7b. 6:13a. 8:7a. 9:22a. 10:22a.
　tucibuhe 1:10a. 1:11a. 5:23b. 10:2b.
　tucibuhekū 4:19b.
　tucibuki 1:16a. 7:21b.
　tucibukini 10:2a.
　tucibume 6:11b.
　tucibure 2:25a. 6:6b.
　tucibure be 1:17b.

tucimbi 나다(進)
　tucifi 1:14a. 1:14b. 2:24a. 3:17b. 4:22b. 7:8a.
　　7:12a. 8:19b. 9:9a. 10:9b. 10:18a. 10:20b.
　tucike 2:15a. 2:20a. 3:14a. 3:18a. 5:11b. 5:14b.
　　10:13a.
　tucike be 3:24a.
　tucike de 4:15a. 8:1b. 9:18b.
　tucikebi 10:24b.
　tucimbi 5:20a. 8:19a. 8:20b. 9:9a. 10:16b. 10:21b.
　tucime 1:6a.
　tucirakū 1:8b. 4:15a.
　tucire 7:13b. 8:3a. 9:17a.
　tucire de 1:22a. 9:15b.

tugi 구름 10:6b.

tuhebuku 주렴
　tuhebuku 1:6b.

tuhebumbi 내리치다, 떨치다
　tuhebufi 5:17a.
　tuhebumbi 1:9b.
　tuhebume 1:19a.
　tuheburakūngge 5:18b.
　tuhebure 9:11b. 10:13b.

tuhembi 떨어지다
　tuheke 1:22a.
　tuherengge 10:16b.

tuhenembi 넘어지다, 빠지다
    tuhenehe 1:21b.
    tuhenehebi 9:1a. 9:5b.
    tuhenere 9:4b.
tukiyecembi 받들다
    tukiyeceme 3:3a.
tukiyelambi 들다 =tukiyembi
    tukiyelaha de 3:15b.
tukiyehe gebu 자(字)
    tukiyehe gebu 2:17a. 3:1a.
    tukiyehe gebu be 2:8a.
tukiyembi 들다
    tukiyeci 5:18b.
    tukiyefi 2:12b. 8:8a.
    tukiyeme 2:14a. 8:11b.
    tukiyehe 6:1a. 7:9a. 8:19b.
tule 밖 1:6b. 1:19b. 10:9b.
tulergi 바깥쪽 1:7a.
    tulergi ci 1:22a.
    tulergi de 3:11b.
tulergi gurun 외국
    tulergi gurun be 3:10a.
tulesi 밖으로 1:5b.
tumen 만(萬) 3:6a. 3:6b. 3:6b. 3:7a. 3:7a. 3:7a.
    3:7a. 3:15a. 3:19a. 3:19b. 3:19b. 3:20b.
    3:23a. 4:4a. 4:6b. 4:7a. 4:7b. 4:10b. 4:17b.
    4:19b. 4:22a. 4:22b. 4:22b. 5:11b. 5:12a.
    6:8b. 7:21b.8:1b. 8:10b. 10:12a.
    tumen de 2:13a.
tumen jalan 만대(萬代)
    tumen jalan de 2:15b.
tung(人名) 統 7:9a.
tung coo tai(地名) 銅雀臺
    tung coo tai de 8:14a.
tunggen 가슴
    tunggen be 9:16b.
    tunggen de 1:22a.
tunggu 소(潭) 9:15b.
tungken 북 3:23a. 4:14b. 4:15b. 4:18a. 5:11b.

turgun 연고, 일
    turgun be 1:1a. 2:17b. 4:20a. 10:11b.
    turgunde 1:1b. 1:10b. 1:11a. 1:11a. 3:14a. 5:8a.
        5:8b. 5:14b. 5:21a. 6:1b. 6:12a. 6:22b.
        8:19a. 8:20b. 9:6b. 9:6b. 9:7a. 9:16a.
        10:13b. 10:16a.
turibumbi 잃다
    turibuhe 9:21a.
turimbi 고통하다
    turifi 6:1a.
tusa 이익 3:4b. 10:16a.
tusa arambi 도움 되다
    tusa arame 8:6a.
tutambi 떨어지다
    tutaha 9:4a.
    tutahabi 9:5a.
tuttu 그러므로 1:2b. 2:4b. 2:4b. 3:3a. 3:10b. 3:10b.
    3:16b. 3:17a. 3:21a. 3:26a. 4:3a.b 4:20b.
    5:3a. 5:1b. 5:24a. 5:24b. 6:2a. 6:8b. 6:10a.
    6:14b. 6:24a. 6:24a. 7:4a. 7:4b. 7:5a. 7:18b.
    9:14b. 10:1b. 10:19b.
tuwabumbi 보이다
    tuwabuci 5:1a.
    tuwabuha 10:7b.
    tuwabuki 2:12a.
    tuwabume 10:4b.
tuwakiyabumbi 지키게하다
    tuwakiyabuhabi 9:18b.
tuwakiyambi 지키다
    tuwakiya 9:17a. 9:18a.
    tuwakiyaci 9:18a.
    tuwakiyafi 10:10a.
    tuwakiyaki 8:6a.
    tuwakiyame 1:8b. 3:13a. 7:9b. 7:10a.
    tuwakiyara 8:20a.
tuwambi 보다
    tuwa 4:1b. 4:11b. 4:24b. 6:13a. 6:25b. 7:20a.
        10:26b.
    tuwaci 1:5b. 1:6a. 1:6b. 1:6b. 1:9b. 1:14a. 1:15a.

1:19b. 1:19b. 1:20b. 2:8a. 2:10a. 2:16a.
3:3b. 3:15a. 3:15a. 4:18b. 4:21b. 4:24a.
5:1a. 5:23b. 6:5b. 6:7b. 6:15a. 7:8a. 7:8b.
7:9a. 7:10b. 7:14b. 7:15a. 7:17a. 7:20b.
8:1a. 8:9b. 8:9b. 8:14a. 8:19a. 9:5b. 9:13b.
9:14a. 10:1a. 10:3b. 10:4b. 10:24b.

tuwara 1:11a. 10:1b.

tuwara be 1:7a.

tuwara de 7:13a.

tuwarakū 4:20b. 5:16b.

tuwafi 1:6a. 1:18a. 3:17a. 4:10a. 5:24b. 6:11a.
7:15a. 8:7b. 8:7b. 9:20b. 10:10b.

tuwaha 10:26a.

tuwaha de 10:10a.

tuwaki 1:5b. 4:24b. 6:14b. 6:17b.

tuwambi 1:7a. 1:9a. 3:4b. 6:8b.

tuwame 3:10b. 4:6b. 5:7b. 5:19b. 6:11b. 6:15b.
6:17b. 6:20b. 7:13b. 9:15a. 10:4a. 10:7a.
10:10b. 10:19b.

tuwanambi 보러 가다
tuwaname 6:20a. 7:13a. 7:14b.

tuwancihiyambi 바로잡다
tuwancihiya 9:22a.
tuwancihiyahabi 9:22a.

tuwanjimbi 보러 오다
tuwanjihala 5:18b.
tuwanjime 5:18b. 5:22b.

tuweri 겨울 6:10b.

<U>

u(國名) 吳
u i 3:19a.

u(人名) 오
u be 6:22b.

u dz(人名) 吳子 4:23a.

u fujin(人名) 吳夫人 3:25a. 3:26a.

u gurun(地名) 吳나라

u gurun i 3:21a. 5:13b. 10:5a.

u gurun ci 6:25a.

u heo(人名) 吳侯 3:2b. 4:23b. 10:15b. 10:17a. 10:18b.

u heo i 5:24b.

u iowai(人名) 吳越 3:10b.

u lin(地名) 烏林
u lin be 8:9b.

u taiheo(人名) 吳太后 10:3b. 10:15b. 10:19a. 10:19b.

uba 이곳, 여기 1:1a. 2:2a.
ubade 1:20a. 2:17a. 3:10b. 4:15b. 6:6a. 7:10a.
8:2b. 9:7a. 9:8a. 9:10a. 10:13b. 10:25b.
ubai 6:15b. 8:1b.

ubaliyambi 뒤치다
ubaliyakai 6:3a.

ubašambi 배반하다
ubašafi 6:25a. 8:5a.
ubašara 6:22a.
ubašara de 6:15b.

ubu 떼, 分 9:5a. 9:5a. 9:5b. 9:5b. 9:19b.
ubu be 5:24b.

ucarambi 만나다
ucaraci 6:24b. 9:3a. 9:3a.
ucarafi 1:15b.
ucarahangge 6:8a.

uce 문(門)
ucei 1:6b.

ucubumbi 섞이다
ucubuha 5:11a.

uculembi 노래 부르다
uculeci 8:16b.
uculehe 8:16b.
uculeme 8:11b. 8:18b.
uculere 8:16b.

ucun 노래
ucun i 8:16b.

ucuri 때, 시기 2:25b. 3:21b. 8:19a.

udu 몇, 얼마 1:15a. 2:3a. 2:9b. 2:10a. 2:22a.
2:25b. 3:5b. 3:7b. 3:10a. 3:12a. 3:18a.
3:18b. 3:19a. 3:20a. 3:20b. 3:20b. 4:7b.

4:9a. 4:9b. 4:15a. 4:21a. 4:23a. 5:2a. 5:5a.
5:5b. 5:11a. 5:12a. 5:12b. 5:13a. 5:13a.
5:24b. 6:22a. 7:8a. 7:14a. 7:14a. 7:19b.
8:3b. 8:5b. 8:16b. 9:6a. 9:8a. 9:10a. 9:14a.
10:13a. 10:16a. 10:17a.10:19b.

udu juwan 여남은 2:7a. 2:10a. 10:20a.

ududu 여러 3:1b. 3:3a. 3:8b. 5:18b. 8:20a.

ufarabumbi 그르치게하다
  ufaraburakū 9:16b.

ufarambi 그르치다
  ufaraha 4:2a.
  ufarame 3:18a.
  ufarara 3:2b. 10:18b.

uhe 모두 6:6b.
  uhei 3:21a. 3:22a. 8:11a.

uheri 모두 3:5b. 3:6a. 8:6b.

uhumbi 싸다, 감싸다
  uhufi 3:11b.

ujelembi 중하다
  ujeleme 5:4b. 5:11a. 5:20a.

ujen 중한, 무거운 5:4b. 5:25a. 9:10a. 9:11a. 9:11b.
  ujen be 8:13b.

ujimbi 치다, 기르다
  ujihengge 2:3a.
  ujimbihe 1:15b.

uju 머리 1:9b. 1:13b. 3:2b. 3:11b. 4:14b. 4:17b.
    6:22a. 7:19a. 8:4a. 8:4b. 9:1a. 9:11a. 10:23b.
  uju be 2:18a. 5:14b. 5:16b. 10:23b.
  uju de 2:16a. 7:22b.

ukambi 도망하다
  uka 8:19b.
  ukaci 10:21b.
  ukaka 10:21b.
  ukaka be 10:21a.
  ukame 7:5b.

ukcambi 벗어나다
  ukcafi 9:13b.

uksilembi 갑옷 입다
  uksilehe 2:22a.

uksin 갑옷 2:8b. 2:23a. 8:20a. 9:1b. 9:5b.
  uksin be 3:11b. 5:13b.

uksin i cooha 갑군
  uksin i cooha 3:19b.

uksun 종실(宗室) 7:21b.
  uksun i 5:3b.

ulambi 전하다
  ulame 6:23a.

ulan 해자(垓子) 8:20a. 9:2b.
  ulan be 9:3b. 9:4a.
  ulan de 9:5b.

ulebumbi 먹이다
  ulebume 7:13a.

ulhi 소매
  ulhi de 5:19b.

ulhibumbi 알리다
  ulhibure 4:12a.

ulhimbi 알다
  ulhifi 6:16a. 6:21a.
  ulhihe 5:9b. 5:20a. 6:16a.
  ulhihekū 4:12b.
  ulhirakū 4:20a. 5:22a. 6:14b.
  ulhire 6:9a.

ulhiyen ulhiyen 점점
  ulhiyen ulhiyen i 4:18a.

ulimbi 알다, 깨치다
  ulifi 7:8b.
  ulime 7:19a. 7:20a.

ulin 재물 1:11b. 10:3a. 10:8b.
  ulin be 2:5b. 2:5b. 10:7b. 10:8b.

umai 아주, 일절 1:5a. 1:12b. 2:9a. 3:12a. 3:23b.
    4:3b. 5:5a. 5:6a. 5:23a. 6:4b. 6:21b. 6:21b.
    10:9a.

ume 말다 1:4a. 1:10a. 1:12a. 1:12a. 2:5a. 2:6a.
    2:9a. 2:12a. 3:2b. 3:23b. 3:24b. 4:4a. 4:5a.
    4:6b. 4:10b. 4:11b. 4:13b. 4:15b. 4:24b.
    5:1b. 5:4b. 5:4b. 5:7a. 5:20b. 6:10a. 6:16a.
    6:23a. 7:15b. 7:21b. 8:12b. 9:17a. 9:17b.
    10:1b. 10:14a. 10:16a. 10:17a. 10:17b.

10:18b. 10:26a.

umesi 아주 2:6b. 4:18b. 6:5b.

umušuhun 엎드린 6:10b.

uncehen 꼬리 4:14b. 4:17b.

  uncehen de 7:19a.

unde 못, 아니 1:5a. 3:15b. 4:2a. 4:16a. 5:25a.
    6:5a. 6:7a. 6:9a. 8:2a. 10:21a.

  undengge 8:10b.

undehen 널

  undehen 7:19a.

unenggi 진실 1:16a. 2:5b. 2:7b. 3:15a. 4:20a.
    6:14b. 6:19a. 6:24a. 7:11b. 7:13a. 7:14a.
    7:21a. 8:6b. 8:16a. 10:17b. 10:21b.

unenggilembi 진실하다

  unenggilere 10:5a.

  unenggilere be 10:4a.

unggimbi 보내다

  unggifi 2:8a.

  unggihe 2:7a. 2:9b. 6:24b. 7:2b. 8:22b. 9:13a.
    9:15a. 10:4b. 10:26a.

  unggihe be 9:12a. 9:14b.

  unggihe de 10:6b. 10:8a.

  unggiki 9:12a. 10:17a.

  unggimbi 6:2a. 10:17a.

  unggime 8:10a.

  unggirakū 2:26a. 2:26a.

  unggire 8:7b. 10:15b.

  unggicina 6:18b.

unnakū 반드시 =urunakū 7:11b.

untuhun 속절없는 9:19b.

untuhuri 속절없이, 헛되어 6:20a. 10:22b.

unumbi 짊어지다

  unufi 3:23b.

urebumbi 익숙하게하다

  urebume 6:12b. 6:13b. 10:7a.

urembi 익숙하다

  urehebi 4:7a.

urgun 기쁨 3:17a. 4:2b.

  urgun i 4:2a. 4:2b. 4:3a. 10:3a.

urgunjembi 기뻐하다

  urgunjehe 1:8b. 7:20b.

  urgunjembi 6:18a. 10:3a.

  urgunjeme 2:20b. 3:21b. 4:1a. 4:5b. 4:6a. 4:8a.
    4:25a. 5:5b. 6:2a. 6:16b. 6:17b. 7:2a. 7:4a.
    7:14a. 7:16a. 8:6b. 8:10a. 8:12a. 10:8a.

  urgunjere 8:13b.

urhumbi 기울다

  urhufi 6:9a.

urhun 기쁨 =urgun 8:11a.

urhun 촌(寸)

  urhun i 7:20b.

urse 무리 2:10b. 3:7b. 3:24a. 3:24a. 5:17a. 6:11b.
    6:23b. 7:7a. 8:13a.

  urse be 1:10a. 1:20a. 4:17b. 5:14b. 5:16a. 5:23a.
    7:6b.

  urse de 2:17b. 10:20a.

urun 며느리

  urun be 1:3b.

  urun i 10:20a.

urunakū 반드시 2:9a. 2:25a. 2:26a. 3:21a. 3:21a.
    3:24a. 4:3a. 4:3b. 4:4a. 4:10a. 4:10b.
    4:10b. 4:16b. 5:2a. 5:3b. 5:9b. 5:14a.
    5:22b. 6:10a. 6:14a. 6:14b. 6:15a. 6:15b.
    6:17a. 6:17b. 6:19a. 7:8b. 7:15b. 9:8b.9:8b.
    9:9a. 9:11a. 9:17a. 9:21b. 10:5b. 10:12b.
    10:17a. 10:17a. 10:22b.

usacuka 슬픈 9:16b.

ushacun 원망 4:5a.

ushambi 원망하다

  ushambi 9:20b.

usiha 별 6:3b. 7:8a. 8:18a. 8:20b.

usihiyambi 젖다 =usihimbi의 誤記

  usihiyafi 9:1b.

usin 밭 6:1a. 8:19b.

usin weilembi 농사 짓다

  usin weileme 6:1a

ušambi 끌다

  ušafi 5:17b.

ušame 5:14b.

utala 여러 10:10b.

uthai 즉시 1:1a. 1:3b. 1:3b. 1:14b. 1:21a. 1:21a. 2:3a. 2:3b. 2:14b. 2:17b. 2:19a. 3:1b. 3:12b. 3:13b. 3:15a. 3:16b. 3:18a. 3:22a. 3:22a 3:23b. 4:2b. 4:8b. 4:13b. 4:15b. 5:8a. 5:11b. 5:17a. 6:3a. 6:3a. 6:4b. 6:11b. 6:12b. 6:16a. 6:16b. 6:19b. 6:20b. 6:24b. 6:25a. 7:2a. 7:9a. 7:11b. 7:16b. 7:20a. 8:5a. 8:6b. 8:7b. 8:9b. 8:21b. 8:22a. 9:3b. 9:9a. 9:12a. 9:18b. 10:4a. 10:11a. 10:15a. 10:17b. 10:21b. 10:22a.

uttu 이리, 이렇게 1:4a. 1:11b. 1:11b. 1:18a. 2:11a. 2:21b. 2:25b. 3:14b. 4:20a. 5:8a. 5:10a. 7:2b. 8:3a. 9:16a. 9:16b. 10:5a. 10:5a. 10:11b. 10:14b. 10:14b. 10:15a. 10:15b. 10:17b.

uyun 아홉, 9 4:22a. 4:22b. 5:24b. 10:16a.

\<W\>

wacihiyambi 마치다
  wacihiya 4:21a.
  wacihiyafi 5:12b.
  wacihiyame 7:3b. 7:12a. 7:23a.

wajimbi 마치다
  wajifi 4:16a. 5:2a. 6:17b. 9:18b. 10:4a. 10:7a. 10:16b.
  wajiha 1:11b. 4:8b. 6:15a. 7:12a. 7:13a. 8:18b. 9:14a.
  wajihabi 6:3a.
  wajime 10:10b.
  wajinggala 5:12b. 8:5b. 9:7a. 10:25a.
  wajirakū 2:12b. 3:8a. 4:19a. 7:17a. 9:4b. 9:2a. 10:7a.
  wajirengge 6:2b.
  wajireo 4:7a.

waka 아니 1:1a. 1:2a. 1:15b. 1:17b. 2:4b. 2:6a. 2:20b. 3:20b. 3:25a. 4:9b. 4:24a. 5:7a. 5:12a. 5:23b. 5:24a. 6:4b. 6:12a. 6:14b. 6:17a. 6:22b. 7:9a. 7:9b. 7:21b. 10:2a. 10:5b.
  waka be 3:18a. 4:3a. 6:16a.
  wakao 5:25a.

wakalabumbi 나무라게하다
  wakalabuha 1:7b.

wakalambi 나무라다
  wakalaha 1:10b.
  wakalaha be 1:12b.
  wakalahabi 1:12a.
  wakalahakū 3:14b.
  wakalambi 1:1b. 1:11a.
  wakalame 3:14a. 4:19a.
  wakalara 1:4a. 3:16a. 7:14a.

waliyambi 버리다
  waliyafi 2:3b. 2:16b. 5:13b. 9:14b.
  waliyaha 3:25b.
  waliyahabi 9:1b.
  waliyahangge 9:1b.
  waliyame 2:2a. 2:4b. 3:18a. 10:13b.
  waliyara 9:2a.
  waliyara de 8:18b.

waliyambi 제사지내다
  waliyaha de 10:20a.

wambi 죽이다
  wa 5:15a. 6:12b. 9:4a.
  waci 6:12b.
  wacibe 9:12a.
  waki 2:3b. 2:4b. 4:21a. 5:20a.
  wambi 5:14a. 7:21b. 8:1b. 9:3b. 9:5a.
  wame 6:12a. 9:13a. 9:22a. 10:2a.
  wafi 2:18a. 5:14b. 6:11b.
  waha 2:4b. 2:20b. 4:1a. 5:3b. 5:6a. 7:6a.
  waha be 8:21b. 8:22a. 9:10b.
  waha de 4:4b. 4:5a.
  wahabi 5:7b.
  wara 4:4b. 5:16a. 6:11b. 7:21b.
  warakū 5:14b.

wang setu(人名) 王司徒

wang setu i 1:15b.

wang yun(人名) 王允 1:1a. 1:1b. 1:1b. 1:2a. 1:2a. 1:4a.

   wang yun be 1:1a.

   wang yun i 1:1a.

wargi 서(西) 7:6b. 7:7b. 8:9b.

wasihūn 서(西)로 4:14b. 4:17b.

wasimbi 내리다

   wasifi 2:14b. 2:17a. 6:16a. 9:20a.

   wasime 2:16a. 2:18a. 5:5a.

we 누구 1:2a. 1:16a. 1:19a. 2:20a. 3:1a. 5:3a.
      7:1b. 8:1a. 8:5b. 8:14a. 9:18a.

wecembi 제사지내다

   weceki 10:19b.

   wecembi 10:17b. 10:18a.

wehe 돌 7:5a.

   wehe be 8:2b. 10:22a.

wei ping 병풍

   wei ping ni 1:9b.

weihe 이, 치아 5:17b. 6:21b.

weihu 마상이 6:19b.

   weihu be 7:4b.

   weihu de 6:3b. 7:2a.

weihukelembi 가볍게 여기다

   weihukelehe 9:7a.

   weihukeleme 3:17a. 4:16b.

weihuken 가벼운 3:16b. 4:12b. 4:19a.

weile 죄 2:2b. 2:3b. 2:4a. 2:4a. 2:18a. 2:18b.
      4:10a. 5:1b. 5:6a. 6:9b.

   weile be 3:17b. 5:16b. 5:17a.

weile 일 1:11b. 3:4a. 3:12a. 3:13b. 4:7b. 6:4a.
      6:23a. 6:23a. 7:6b. 7:11b. 8:11a. 10:2a.
      10:5a. 10:5a. 10:11a. 10:11b. 10:19b.

   weile be 1:2a. 1:4a. 3:2a. 3:17a. 4:4a. 4:4b.
      4:7a. 4:12a. 4:21a. 5:4b. 6:3a. 6:16a.
      6:19a. 6:19b. 6:24a. 6:24b. 6:25a. 7:1b.
      7:6a. 7:10b. 7:12a. 9:11b. 10:4a. 10:6b.
      10:18b.

   weile de 4:2b. 5:19b. 6:18a. 10:1b. 10:23a.

   weile i 8:2a.

weilei 1:11a.

weile arambi 죄짓다

   weile araci 5:16a. 5:16b.

   weile arafi 5:19a.

   weile arambi 5:18a.

weilebumbi 일하게하다

   weilebume 8:19b.

weilembi 일하다

   weilembime 6:1a.

weilembi 섬기다

   weilerakū 3:11b.

   weilere 10:16a.

wen ceo(人名) 文醜

   wen ceo be 2:20b.

wen heo(人名) 溫侯 1:19b. 1:20a.

   wen heo i 1:11a.

wen yuwan(人名) 文遠 2:8b.

wenjembi 달이다

   wenjefi 8:15a.

werimbi 두다

   weri 2:26a.

   werihe 7:7b.

   werihebi 2:18a.

   werihengge 2:5b.

   werire 9:17b.

wesihun 높은, 귀한 5:22b. 6:15a. 6:16a. 7:9b.
      8:11a. 9:15a. 10:1b. 10:11a.

   wesihun be 3:24b. 7:10a. 9:8b.

   wesihun i 7:21b.

wesihun 위로, 東 4:14b. 4:17b.

wesimbumbi 올리다

   wesimbufi 6:1b. 7:21a.

   wesimbumbi 10:4b.

\<Y\>

ya 어디

   ya be 6:13a.

yabumbi 가다

  yabu 2:7b. 4:14b. 5:2a. 6:20b. 9:6a. 9:17b.
      10:8a. 10:13a. 10:25a.

  yabuci 5:3b. 6:3a. 7:19a.

  yabufi 9:6a. 10:2b. 10:24a.

  yabuha de 5:11a.

  yabuhai 2:17a.

  yabuhangge 8:16a.

  yabumbi 1:13a. 1:13b. 2:7b. 2:11a. 6:15b. 9:1a.

  yabume 1:7a. 1:12b. 5:15a. 10:13b.

  yaburakū 9:2b. 10:10b.

  yabure 5:10b. 7:14b. 9:3a.

  yabure be 5:10b.

  yabure de 2:17a. 6:9a.

yacin 아청(鴉靑) 6:25b. 8:17a.

yadahūn 가난한 6:1a.

yadalingge 약한

  yadalingge i 3:12b.

yafaha 걷는 =yafahan 3:6a. 8:6b.

  yafaha be 2:16a.

yafan 동산

  yafan de 1:15a. 1:20b.

  yafan i 1:14b. 1:22a.

yala 진정, 과연 2:1b. 2:1b. 2:5b. 4:10b. 5:21b.

yali 살, 고기 5:18b. 5:24a. 5:24b. 6:6b.

  yali be 5:20b. 5:22a. 6:11a. 6:12a. 7:23a.

yalumbi 타다

  yalufi 1:13a. 1:13b. 1:14a. 2:16a. 8:7b. 9:2a.
      9:7b. 9:18b. 10:20a.

  yaluha 2:7b.

  yalure de 2:3a.

yalubumbi 태우다

  yalubufi 7:7b.

yamji 저녁 3:26b. 4:7b. 5:5a. 6:6a. 7:6b. 7:15b.
      8:4b. 10:21b.

  yamji de 8:8b.

yamjimbi 저물다

  yamjiha 2:19b. 9:16b. 10:21a.

  yamjime 8:8b. 9:13b.

yamulambi 조회(朝會)하다

  yamulame 1:14a.

yamun 아문(衙門) 10:7b.

  yamun be 10:8a.

  yamun ci 1:13b. 1:18a.

  yamun de 1:2b. 1:5a. 1:8a. 1:13a. 2:11b. 3:2b. 3:22a.
      3:24b. 4:21a. 9:19b. 10:11b. 10:18b.

  yamun i 1:13a. 1:13b. 10:9a.

yan 양(兩) 2:5b.

yang jeo(地名) 楊州

  yan jeo de 3:6b.

  yang jeo 8:19b.

  yang jeo i 8:19a.

yan liyang(人名) 顔良 2:20b.

yangsalambi 꾸미다 =yanselambi

  yangsalame 10:6a.

yargiyan 분명한 1:6a. 4:10a. 4:10b. 6:13b. 6:18a.
      7:12b. 7:15a. 8:5b. 10:26a.

  yargiyan i 2:26a. 4:21a. 5:25a. 6:2b. 8:13b. 10:9a.

yarkiyambi 유혹하다

  yarkiyame 6:22a.

yasa 눈 3:3b. 6:11a. 6:13a. 10:6a.

  yasai 4:7a. 8:3a.

  yasa i 4:5b.

yasa arambi 눈짓하다

  yasa arame 1:7a.

  yasa arara 6:21a.

yasai faha 눈망울 1:9a.

yasa muke 눈물 10:16b.

  yasai muke 1:6a. 1:9a. 1:19a. 9:11b. 10:13a.

  yasa i muke 5:18b.

yaya 온갖, 무릇 4:20a. 6:1b. 7:7a. 8:20a. 9:5b.

yebe 조금 좋은 1:12b.

yebelembi 좋아하다

  yebelerakū 2:1a.

yendebumbi 일으키다

  yendebuhe 8:19b.

yendembi 흥 내다

  yendefi 8:21a.

yerguwe 개미
   yerguwei 3:15a. 8:13a.
   yerguwei i 6:2b.
yertebumbi 핀잔하게하다
   yertebuhe be 6:20b.
yertembi 핀잔하다
   yertere 6:13b.
yo jin(人名) 樂進 9:18b.
yohindambi 업신여기다
   yohindarakū 2:3b.
yohoron 구렁
   yohoron de 9:3a.
yokcin akū 채신머리없이 2:4a.
yongkiyambi 온전하다
   yongkiyakakū 7:17b.
yooni 오로지 3:19a. 5:12b. 6:7a. 7:18a. 7:22a. 9:5b.
yūn cang(人名) 雲長 2:5b. 2:6a. 2:6b. 2:7a. 2:7b.
       2:11a. 2:13b. 2:14a. 2:15b. 2:16b 2:19b.
       2:25b. 2:26a. 2:26a. 9:8b. 9:9b. 9:10a.
       9:11a. 9:11b. 9:11b. 9:12b. 9:12b. 9:13a.
       9:13a. 9:19b. 9:20a. 9:20b. 9:21a. 9:21a.
       9:21b. 9:21b.

yūn cang be 2:15a.
   yūn cang ni 2:5a. 2:7a. 9:9b. 9:12b. 9:14b.
yung ts'e(人名) 雍齒
   yung ts'e be 9:22a.
yuwan 벼루 4:25a.
   yuwan be 4:25a.
yuwan ing(人名) 元頻 8:19b.
yuwan ji(人名) 元直 8:3a. 8:6b.
yuwan jiyan(人名) 元儉 2:17a.
yuwan šoo(人名) 袁紹 2:24b.
   yuwan šoo be 3:6a. 3:6b. 3:23a. 8:16a.
   yuwan šoo de 2:4a. 2:11a.
yuwan šu(人名) 袁術 3:18b.
   yuwan šu be 3:6a. 8:16a.
yuwansuwai(官職名) 元帥 6:8a. 8:7b.
yuyumbi 주리다
   yuyume 9:1a.

žang jioi(人名) 穰苴 7:14a.

• 저자 •

최동권
상지대학교 국어국문학과
한국몽골학회 회장

강성춘
상지대학교 국어국문학과

T.otgontuul
National University of Mongolia, Department of Altaic Studies.

만문 삼국지 (三譯總解)

• 초판 인쇄	2008년 9월 30일
• 초판 발행	2008년 9월 30일
• 지 은 이	최동권, 강성춘, T.otgontuul
• 펴 낸 이	채종준
• 펴 낸 곳	한국학술정보㈜
	경기도 파주시 교하읍 문발리 513-5
	파주출판문화정보산업단지
	전화 031) 908-3181(대표) · 팩스 031) 908-3189
	홈페이지 http://www.kstudy.com
	e-mail(출판사업부) publish@kstudy.com
• 등 록	제일산-115호(2000. 6. 19)
• 가 격	27,000원

iSBN 978-89-534-0238-6 93700(Paper Book)
      978-89-534-0239-3 98700(e-Book)